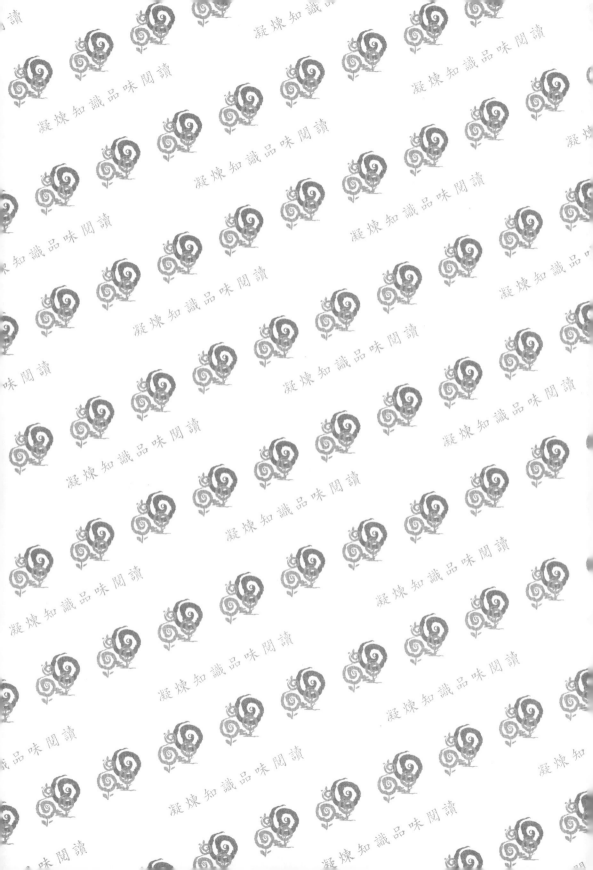

臺 灣 體 育 史

張妙瑛、林玫君、林建宇、劉進枰、李炳昭、
陳明坤、范春源、林明宏、蔡榮捷　著

五南圖書出版有限公司

叢書主編序

奠定臺灣研究基礎　認識本土文化內涵

　　臺灣歷史的發展，並不算很長，有文字紀錄可考者僅數百年而已。但數百年以來，以漢人族群與原住民族群為主體的臺灣，由於歷史發展的特殊，曾歷經不同政權的統治，與中國大陸的關係時分時合；再加上臺灣四面臨海，地理位置優越，自古以來歷史的發展便兼具海洋與國際雙重性格。因此，臺灣本土文化發展多元，與中國文化、日本文化，乃至美國文化相較，均有相當程度的差異性，值得重視與認識。

　　臺灣歷史與文化的研究，以往由於特殊的政治環境，並未受到應有的關注與鼓勵。解嚴以來，隨著國內政治情勢的變化、社會日趨多元與開放，以及本土文化的蓬勃發展，臺灣研究備受海內外人士的重視。臺海對岸的中國學術教育機關亦先後成立臺灣研究所或臺灣研究中心等單位，以研究臺灣政治、經濟、社會、文化各方面的發展。塵封的臺灣史料大量出土，專書、論叢的出版有如雨後春筍；學術研討會的舉辦、學者的參與研究，以及各地文史工作室的相繼成立，積極投入臺灣各角落文史資料的發掘與蒐集工作，終使臺灣研究形成一股熱潮，蔚為「顯學」，與過去的情況相較實不可同日而語。

　　為了回應臺灣歷史與文化研究的熱潮，五南圖書公司特於數年前邀請張勝彥教授、吳文星教授與本人，各就學術專長領域，分工合作，共同完成《臺灣史》一書，以臺灣通史形式刊行問世，藉以幫助讀者對臺灣歷史發展獲得進一步認識。同時，並邀請本人主持《臺灣史研究叢書》出版計畫，預定出版一系列的臺灣專史。各部專史均各就臺灣歷史與文化的專門領域分別加以論述，以加強臺灣研究的廣度與深度，為臺灣研究奠定堅實的基礎；並透過各部專史精采生動的論述，以幫助讀者認識本土文化的內涵，豐富臺灣住民的精神食糧。

　　本研究叢書共十六部，目前規畫有臺灣政治史、臺灣經濟史、臺灣社會史、臺灣水利史、臺灣婦女史、臺灣佛教史、臺灣道教史、臺灣教會史、臺灣體育史、臺灣教育史、臺灣新聞史、臺灣文學史、臺灣建築史、臺灣音樂史、臺灣美術史、臺灣環境史。各部專史的撰稿人俱為海內外臺灣研究各個領域的知名學者。各部專史的時間斷限，上起開闢，下迄西元二〇〇九年為原則。

　　本研究叢書採語體文撰述，引用資料均於各頁附加註釋（隨頁註），說明資料來源，藉以徵信查考。朝代先後依臺灣歷史發展之實況，分別稱史前時代、荷西時代（或荷據時期）、鄭氏時代（或明鄭時期）、清領時期（或清代、清治等）、日治時期（或日據時期）、戰後（或光復後、中華民國在臺灣等）。年號以使用西元為原則，並於第一次出現時附註當時紀元，以便參照。

　　本研究叢書之撰述，使用當時地名，並附註現今地名，以便閱讀；所附圖表盡量以隨文方式編排，俾便讀者參閱。

　　本研究叢書各個作者，分別任職於中央研究院及海內外著名大學。他們均在本身繁忙的教學與研究工作之餘，抽空撰寫。由於撰稿時間匆促，或有部分論述因引用資料未能及時取得，以致出現若干錯誤與疏失；或因史事取材與史觀解釋所限，而未臻周延。這些都有賴學界先進與所有讀者的不吝指教，以為再版修訂之參考。是為序。

國立中興大學歷史學系教授

黃秀政　謹識

自序

　　本書的編寫內容取材力求客觀平實，章節架構盡量配合臺灣體育運動發展的脈絡，文字敘述也力求淺近通順，以便於讀者閱讀。研究者們大量參考資料，嚴謹解釋史實，希望能有助於讀者進一步了解臺灣體育運動發展，以達成體育教育的目的。此外由於本書為大學用書，為顧及讀者的需求及可讀性，各章節均予加註或註明資料來源出處，或就專有名詞加以解釋，以便讀者參考。

　　本書全文約二十四萬字，除緒論及結語之外，共分八章敘述，文末並附錄「戰後臺灣體育大事紀」，期能呈現更完整的臺灣體育運動發展脈絡，以提供國內大專院校體育運動相關課程領域之最佳參考資料。九位撰稿人可說是國內鑽研體育史專家或體育專業科班出身之一時之選，目前均仍任教於國內各大專院校體育相關系所，基於對臺灣體育推展的熱中，乃就各專長領域，分工合作共同完成此書。惟臺灣體育運動發展歷程錯綜複雜，加以教科書的編寫本屬不易，且在史料取材及史觀詮釋上，不免有不同見解，因此雖然諸位撰寫者都已竭盡心力，仍難免有疏漏錯誤之處，敬請學界先進，不吝賜教。

　　本書得以順利出版，得感謝國史館謝嘉梁館長以及前國立中興大學文學院院長黃秀政教授的鼓勵與鞭策；撰寫期間承蒙恩師前國立體育學院邱金松校長的隨時指正；五南圖書出版有限公司楊榮川先生以及盧宜穗小姐的關心與協助，在此一併致謝。

張妙瑛　謹識

二〇〇九年六月三十日於國立中興大學

目錄

緒　論

　　體育的本質特性，是以人體動作的諸般活動為唯一條件及標準，故體育史學的本質特性，在於各種人體動作及其活動之際，傳承物質和精神互動的研究。換言之，即體育教材理論及其人物言論內容的應用與演化，所形成的硬體建設和軟體制度思想、活動的來龍去脈之說明與推論或假設。而從古至今，體育傳承的功能價值，在於人體動作及其活動之間，必須求得健康、教育、休閒、輔助專業技能四者之間的平衡發展與相互協調。故體育史學的功能價值，亦在於忠實的記載此類事實與活動的過程，先後相呈的現象，並期盼以之作為其後人類繼續推行發展體育的教訓[1]。而體育史的宗旨，在於敘述「人事物」的各種紀錄，為體育留下回憶；說明體育「地法理」形成的過程，為體育訴說創業維艱；掌握體育現在的優勢弱勢，為體育了解現況；展望體育未來的時空願景，為體育提供希望；串連體育過去、現在與未來的場景，為體育推論趨勢。因此，體育史的撰述，乃以體育為重心的敘述，說明解釋其演化過程，以及過去、現在和未來體育的「人事物地法理」的史料、史論、史評、史鑑、史觀等組合而成的史相，因此體育的功能目標，遂成為撰寫體育史任務的前提[2]。

　　學校體育是教育組成要素之一，是養成學生健全發展的重要方法，培養國民道德、陶冶心靈情操的重要方式，可提升國民體質水準，奠定國民體育的基礎，也是發掘和培養優秀運動員人才的搖籃。臺灣學校體育課的實施是日治時期引進，並有制度化的教學，學校體育的實施受到西方思潮的影響所致，經過多次課程的修訂，至一九二○年代已在體操科加入運動競技、游泳、球類運動等項目，對於體操科的實施，不論是教育法令或是體育制度的制定，逐步具體化。

　　一九四五年二次世界大戰結束，日本投降，結束日本長達五十年的殖

---

[1]　樊正治，《體育通史新論》（臺北現：正中書局，2004），頁（1）。
[2]　同註1，頁39。

民統治。同年十月二十五日，臺灣省行政長官陳儀在臺北市中山堂接受臺灣總督安藤利吉遞投降書，臺灣重回中華民國的版圖；爾後因國共內戰，迫使中央政府於一九四九年退守臺灣，使得臺灣體育政策導向「體育軍事化」和「體育教育化」兩大主軸。體育軍事化的原因在於，中央政府播遷來臺初期，仍爲「反共抗俄」做準備；教育政策也爲配合當時的情勢，頒訂了「戡亂建國教育實施綱要」以及「戡亂時高中以上學校學生精神、軍事、體格及技能訓練綱要」，主要目的在藉由學校教育來加強學生的民族意識，透過體育課程來強健體魄，並啓發學生尚武精神[3]。而初期在社會體育方面尚無計畫性的實施方案，僅有零星的體育活動。

日治五十年的學校體育教學工作，確實爲臺灣的體育教育奠定一定的基礎，雖然一九四五年日本戰敗，各級學校曾經一度陷入「眞空狀態」，但在國民政府宣告「行政不中斷，工廠不停工，學校不停課」三原則的要求下，以及中國大陸體育師資的部分支援，復加上日治時代所建設的學校體育場地和設施的存續，戰後學校體育教學工作不至於停擺。

隨後蔣中正總統於一九五三年手著〈民生主義育樂兩篇補述〉中，曾對國民體育有剴切的指示，「一個人要有休息才能從疲勞中恢復，也要有運動才能調節體力和心力，保持身心平衡。所以無論兒童或老年都要運動，無論男女也都要運動。劇烈的運動是應當節制的，但溫和的運動卻要經常有恆的踐履。」這一指示，才開創了「全民運動」的先聲[4]。爾後政府推展體育，雖然有學校體育、社會體育、國際體育、國防體育、體育師資、運動教練、行政組織、硬體設備……等等各種層面，但總以發展全民體育和培養優秀運動人才爲兩大主軸。

隨著全球化的趨勢發展迅速，各國間的體育交流因之頻仍，而國際體

[3] 徐元民，《體育史》（臺北市：品度，2005），頁328。
[4] 邱金松，〈臺灣省推展社區全民運動之探討〉，《體育學報》7（1985.12），頁1。

育所提供的活動舞臺已為各國重要國際交流的途徑。體壇上常說「政治不干預體育」，然而往往反其道而行，體育運動不僅脫離不了政治枷鎖，相關國際競賽與事務常為政治勢力所左右，各國並以體育運動為工具，進行國際外交活動。大抵而言，國際體育運動的蓬勃發展，包括參與國際體育運動賽事、會議及學術研討會等等，各國運動選手及體育學術人才，無不藉由相關活動互相交流切磋，除能了解國際體壇最新發展概況，也能增進彼此間的情誼。體認世界潮流的發展與國際體育交流的重要性，我國政府將之視為國家整體建設重點之一，對於國際體育的參與，不遺餘力，期望臺灣在國際體育運動相關事務上，能夠獲得他國的重視。臺灣參與國際體育運動事務的意願極為強烈，也希望扮演好世界公民的角色，超過半個世紀，臺灣因而積極參與並舉辦多項國際賽事活動、會議或學術研討交流，贏得國際人士的肯定。

臺灣體育運動設施的發展受到時代背景、社會環境、政府政策、相關法令、經濟發展及國民所得等因素的影響，而呈現不同的發展與變遷，對運動設施之發展與統計資料更是貧乏，實有待完整的建構。

臺灣目前的體育學術研究蓬勃發展，一年之中舉辦的體育學術研討會及出版的體育期刊數量非常多，但質卻仍有很大的提升空間。對於此一現象，已有學者大聲疾呼要正視此一事實並進行檢討。然而，臺灣的體育學術研究為何有此現象？為釐清問題原委，必須對臺灣體育學術發展的脈絡有所了解，進而從變遷過程中，省思體育學術，研究今後的走向。

休閒運動的發展與歷史和文化息息相關，臺灣一般民眾對於休閒的概念，一直到一九四五年光復之後才逐漸重視，因此，從民國四十年代開始，臺灣休閒運動產業才慢慢的萌芽。

至於臺灣民俗體育的概念，源自於民國六十四年（一九七五）政府以中國傳統民俗的踢毽子、跳繩、放風箏等身體活動，做為推廣中華文化象徵，並透過教育行政系統大力的從學校開始推展。在一系列的教材教法研

發、教師研習、區域及全國性的比賽，乃至於選派團隊出國表演後，成為當時臺灣學校體育活動的特色之一。相對於全球性的奧林匹克運動會競技項目而言，小區域的、地方的、傳統的身體活動，應是我們探討民俗體育的範圍。然而現今民俗體育的定義、內容、範疇等日漸模糊，學界更有「傳統體育」、「固有體育」、「民族體育」、「民族運動」、「鄉土體育」等不同的名詞，用以指涉類似範圍的活動，但互有強調的重點以及意涵，所以有必要從宏觀的角度，再次探討民俗體育的概念。

臺灣體育運動的發展受到時代背景、社會環境、政府政策、相關法令、經濟發展及國民所得等因素的影響，而呈現不同的發展與變遷。臺灣自一六二四年荷蘭入侵以來，先後經歷明朝鄭成功、滿清及日治等階段，後來中央政府遷臺至今數十年。一九四五年之前的臺灣體育史實，鮮少有人提及；一九四五年臺灣光復後，才有臺灣當前體育之描述。但體育史的編撰必須以原始的史料為基礎，在各項發展與統計之資料仍貧乏的情況下，要完整的建構出臺灣體育史實屬不易。

本書邀集國內九位專家學者共同撰寫，蒐集民國三十四年（一九四五）至民國九十八年（二○○九）間發表於期刊、學報、專案研究、體育白皮書、網際網路等，有關探討臺灣體育史動向的文章，予以歸納與分析。全書內容如下：整體規劃及緒論由國立中興大學張妙瑛教授執筆；第一章為學校體育史，由國立臺灣師範大學林玫君副教授執筆；分別就學校體育政策及行政組織、學校體育課程之演進、體育師資培育與養成、體育專業相關科系發展、體能教育計畫之實施等五節，提出說明。第二章為社會體育史，由國立中興大學林建宇副教授執筆；將全民運動政策的發展分成政府遷臺時期、經濟成長時期、解嚴時期及現代時期等四階段來探究。第三章為運動競技史，由弘光科技大學劉進枰副教授執筆；以教育部國民體育委員會時期、教育部體育司時期、行政院體育委員會時期為分期，探討臺灣運動競技，並列出「奧運會得獎者略傳」，以記載具特殊表現選手的貢

獻。第四章爲國際體育史，由臺中教育大學李炳昭副教授執筆；敘述國際
體育交流、國際體育運動組織之參與、兩岸體育交流，以及運動名人傳
記。第五章爲運動設施發展史，由國立中興大學陳明坤副教授執筆；分爲
臺灣運動設施的演進、日治時期的運動設施發展、光復後的運動設施發
展、經濟起飛時期的運動設施發展、解嚴後的運動設施發展、運動設施的
現況與未來等六節來敘述。第六章爲體育學術研究發展史，由國立臺東大
學范春源教授執筆；分成體育學術的研究伊始、體育學術研究的開展，以
及體育學術研究的蓬勃發展等三節敘述。第七章休閒運動產業發展史由國
立中興大學林明宏副教授執筆；以休閒運動定義、奠基期、前發展期與後
發展期、轉型期以及休閒運動產業教育之發展等五節來敘述。第八章民俗
體育史，由彰化民靖國小校長蔡榮捷博士執筆；針對臺灣民俗體育的概
念、孕育、推展、輸出及評價等五節詳加敘述。最後，由國立中興大學張
妙瑛教授綜理本書結語，並彙整「戰後臺灣體育大事紀」，附錄於書末，
以供查閱。

第一章　學校體育史

臺灣在清代之前，雖有私塾與書院，但在科舉制度之下，根本沒有實施體育。學校體育的開始導入和實施，是百年前因中日甲午戰爭，清廷的敗戰，把臺灣割讓給日本之後的一八九五年，亦即在日本統治下開始實施新式教育才設置的。

日本在各級學校將體育做爲其中的一個教學科目（當時稱爲「體操科」）來實行，初始是從教育臺灣人的初等教育機關——當時稱爲「國語傳習所」——開始實施的，接著進展到師範學校、中等學校、實業學校和高等學校。

然而，最初日本引進的「體操科」，一開始卻被視爲最劣等的技藝，甚至被臺灣學生或家長誤認爲日後徵兵所做的準備訓練，以不上學的消極方式排斥體操科教學，這樣的文獻散見於時人的論述中[1]，在此不再贅述。

從日治時代教育內容看來，日本殖民者相當重視學校體育，經過日本殖民者的努力，學生一改過去排拒體操，或視體操爲兵伕活動的觀念。[2]學校課程除了體操科的正課之外，也重視課外活動，如運動會等，另外還包括遠足、修學旅行、登山、團體操（朝會後的體操與課間體操，日治後期尚有廣播體操）、課後體育活動（有弓道、網球、舞蹈、拔河、排球、籃球、田徑運動、游泳、戶外運動等），經常可以在學校的紀錄中看出，連女學生也不例外。[3]

---

[1]　有關臺灣學生及家長對體操科的反應及引述資料，見謝仕淵，〈殖民主義與體育——日治前期（一八九五至一九二二）臺灣公學校體操科之研究〉（桃園：國立中央大學歷史研究所碩士論文，2002），頁56-60。

[2]　美國的臺灣領事同時是教育顧問阿諾德（Arnold, Julean H.），在日明治四十一年（一九〇八）所寫的報告中指出，臺灣兒童在運動遊戲中展現歡樂，使學生喜歡參與並樂在其中。Julean H. Arnold, *Education in Formosa*, p.37. 引自E. Patricia Tsurumi, *Japanese Colonial Education in Taiwan, 1895-1945* (Cambridge, Mass. : Harvard University Press, 1977), p.60.

[3]　有關日治時代學校體育的相關內容，可以參考蔡禎雄，〈日本統治下臺灣における初等學校教科體育の歷史的考察〉（東京：日本筑波大學修士論文，1987）。謝仕淵，〈殖民主義與體育——日治前期（1895-1922）臺灣公學校體操科之研究〉。另外，女學生的學校體育活動的發展，可詳見游鑑明，〈日治時期臺灣學校女子體育的發展〉，《中央研究院近代史研究所集刊》33（2000. 06），頁5-75。

　　從教育法令來看，日大正八年（一九一九）臺灣總督府公布的「臺灣教育令」提到體操科以遊戲爲主，再逐漸傳授普通體操[4]；日大正十一年（一九二二）因應「撤廢日臺人差別教育」和「日臺共學」，修正公布新的「臺灣教育令」[5]，體育課程的教材除了原有項目外，增加教練項目，另外加授運動生理學，並依各地情況提供戶外運動或游泳教學。

　　依體育的制度加以審視，臺灣於日大正六年（一九一七）公布有史以來第一次的「學校體操教授要目」[6]，體操科的內容爲體操、教練、遊技等三大項目，此要目對臺灣的學校體育之發展有其意義。體操科實施十餘年後，鑑於教練的重視和運動的興盛，加上社會情勢的變化與體操界的視野擴大，爲減少枯燥無味的體操項目，日本政府將原有要目重加修正，日大正十五年（一九二六），日本政府修正公布新的學校體育教授要目[7]，臺灣於隔年公布，將教材分爲體操、教練、遊戲及競技三大項目，正課外行戶外運動及游泳，並講授運動生理。再經過十年，由於整體時事和體育界情勢的改變等因素，日本強調國家主義，並發現學校體育和運動相剋，加上歐洲體操的移入和體育思想的抬頭，於日昭和十一年（一九三六）再修正「學校體操教授要目」。[8]日昭和十六年（一九四一），因爲太平洋戰爭緣故，體操科改爲「體鍊科」，體育課內加入了軍事意味。

　　以下各節即從戰後談起，分別就學校體育政策及行政組織、學校體育課程演進、體育師資培育與養成、體育專業相關科系發展、體能教育計畫之實施，說明如後。

---

[4] 臺灣教育會編，《臺灣教育沿革誌》（臺北：臺灣教育會自印，1939），頁338。

[5] 臺灣教育會編，《臺灣教育沿革誌》，頁367。

[6] 井上一男，《學校體育制度史》（東京：大修館，1971），頁75；81。

[7] 修正的「學校體操教授要目」，將教材分爲體操、教練、遊戲及競技三大項目，正課外行戶外運動及游泳並講授運動生理的初步，來指導學理的學習，而臺灣在翌年六月十四日臺灣總督府以訓令三十一號公布。井上一男，《學校體育制度史》，頁92-93。

[8] 井上一男，《學校體育制度史》，頁103。臺灣在同年十二月六日以訓令第六十號公布。

　　本章共分五節。第一節開宗明義介紹負責學校體育之行政組織，並配合臺灣學校體育政策的制定及發展面貌，依其時序詳述之；接著在第二節以學校體育課程的演進為主軸，逐步將國小、國中、高中及大學等四種學制訂定體育課程的歷史過程加以陳述，並在每種學制的文末，介紹現今體育課程設計的精神和方向；其次，在學校體育「教」與「學」的運行空間裡，除了學生體育課程的實施外，體育師資的培育和養成自然不能忽視，第三節的內容即針對體育師資做主題探討，並以民國八十三年（一九九四）師資培育法做為斷限，說明前後的差別，並剖析現今體育師資培育過程所遇之問題；另外，針對大學科系的突增，本章於第四節以體育相關科系發展加以剖析，其中發現因應大學法的公布以及教育政策的改變，使得傳統「體育」概念瓦解，朝向多元的方向前進，此一體育相關科系的變化，看似單純，卻是牽動了整個體育思潮和結構的轉向；最後談到現今甚為重視的學生體適能現象，在第五節的內容當中，除了介紹歷次的體適能政策推廣之外，一方面呈現體適能從運動適能轉變到健康適能的過程，另一方面則是涉及臺灣學生在體能檢測上的各項數據；最後提出本章的結語。

第一節　學校體育政策及行政組織

　　戰後初期的臺灣，限於政治等客觀環境之影響，體育行政工作並無負責之專責單位，體育政策之重點係「以自衛衛國，培養民族意識，提振民族精神爲首要」[9]，民國三十年（一九四一）抗戰期間修訂之「國民體育法」遂成爲體育政策之依據[10]，在「反共復國」爲政府最高目標的前提之下，教育政策被執政者認爲是復國建國的核心工作之一，屬於教育一環之學校體育，自然擔負了復國建國之重大責任，也因此，學校體育是「以培養學生之民族精神、愛國精神等尚武目標和強健體格、健身強國之國防目標爲主」[11]，這是可以理解的。

　　民國四十三年（一九五四）七月，教育部恢復設置「國民體育委員會」，下設「學校體育組」、「社會體育組」、「研究實驗組」，其中的學校體育組由蕭保源擔任主任一職，唯限於人事、經費短缺影響，以致功能未能發揮，至民國四十七年（一九五八），國民體育委員會遭到裁撤，停會期間，體育行政工作由社教司代理相關業務，民國五十年（一九六一）五月，國民體育委員會始復會，重新掌理全國體育業務。從教育部國民體育委員會履置履廢的情況看來，當時推展體育的工作應是困難重重。

　　復會後的國民體育委員會聘請二十七位資深的教育及體育專家爲委員（包括常務委員、專任祕書，下設學校體育組、社會體育組、研究實驗組三組），恢復體育政策之規劃與推動，學校體育組的主任先後由吳文忠、

---

[9]　許義雄，〈從建國八十年談——我國學校體育的過去、現在與未來〉，《臺灣省學校體育》1（1991.01），頁3。

[10]　曾瑞成，〈我國學校體育政策之研究（1949-1997）〉（臺北市：國立臺灣師範大學體育研究所博士論文，2000），頁128。

[11]　曾瑞成，〈我國學校體育政策之研究（1949-1997）〉，頁110、132。

焦嘉誥兩人擔任，但因該會的性質是以設計、諮詢爲主，只有建議權，並無行政權。雖然，整體而言「並未規劃整體之體育政策，僅以配合政治、軍事之需求」[12]，但學校體育的推動仍是實踐體育政策的主要途徑。

民國五十九年（一九七〇）八月，教育部召開第五次全國教育會議，政府接受該次會議的結論與建議，於教育部增設體育司，統籌體育相關業務。民國六十二年（一九七三）體育司成立，延攬當時旅美學人蔡敏忠博士返臺首任司長之職，積極規劃及督導學校體育的推動，臺灣體育政策之推動始步入制度化階段。

依「教育部組織法」第十二條規定，體育司掌管事項如下：「一、關於學校體育之推行及督導事項。二、關於國民體育之策畫及推行事項。三、關於體育學術之研究發展事項。四、關於國際體育活動事項。五、關於其他體育事項。」[13]從體育司的職掌來看，已將體育業務粗分爲學校體育、國民體育、學術研究以及國際體育活動四個範疇。體育司成立之初，原擬計畫依照這四個範疇分別設科，掌理各項業務，唯因組織法已修訂通過，不便更改，只能暫設三科，其中，學校體育爲體育發展的扎根工作，任重道遠，獨立設立第一科「學校體育科」；國際體育活動業務併入社會體育辦理，設立第二科「社會體育與國際科」；另外，發展體育必先建立完整的理論基礎，將研究發展單獨設立第三科「體育學術研究科」，可見當時政府即視學校體育爲全國體育行政業務之首要。

「教育部處務規程」第十三條規定體育司各科負責之相關業務，其中，學校體育科的職掌內容如下：

一、關於各級學校體育實施辦法之釐訂與推行事項。

二、關於各級學校體育課程標準之編訂事項。

[12] 曾瑞成，〈我國學校體育政策之研究（1949-1997）〉，頁133。
[13] 李仁德，《體育法令彙編》（臺北市：一品文化，1995），頁5-12。

三、關於各級學校體育場地設備標準之編訂事項。

四、關於各級學校體育之輔導與獎助事項。

五、關於各級學校運動競賽之推行與督導事項。

六、關於各級學校體育師資之培養與進修之策畫事項。

七、其他有關學校體育事項。[14]

　　根據上述掌管的事項看來，學校體育科涵蓋所有與學校體育有關的業務，舉凡學校的體育實施計畫、體育課程、體育場地與設備、輔助學校體育、運動競賽、體育師資，均是其業務內容，範圍甚多且龐雜。

　　體育司是當時負責全國體育策畫、領導、推行之專責機構，在學校體育政策上加速推展體育教學正常化和普遍化，提供體育專業化基礎的契機和多元面貌。

　　為求建立完整的體育行政體系，以利政策之推展，體育司成立後，一改原來各省（市）政府教育廳（局）社會教育科兼管體育業務的現象，積極輔導省（市）廳（局）建立體育專責單位。經過一番努力後，高雄市於民國六十八年（一九七九）改制院轄市時，首先在教育局設置「體育科」，接著臺北市亦於隔年七月於教育局內設立「體育科」，民國七十年（一九八一）元月臺灣省教育廳也設置「體育科」後[15]，學校體育行政主管機關從中央到省（市）政府都有了專責單位。

　　體育司成立後，在體育事業的根基上有諸多重要而具體的作為。至於學校體育有關政策，曾瑞成的研究分為兩個階段，第一階段是成立至戒嚴前的民國七十六年（一九八七）為止；第二階段是從戒嚴後至行政院體育委員會（以下簡稱體委會）成立的民國八十六年（一九九七）年為

---

[14] 李仁德，《體育法令彙編》，頁13-51。

[15] 羅開明，〈近三十年來我國體育政策的演進〉，《國立教育資料館教育資料集刊》10（1985.06），頁10。

止。[16]此外，自體委會成立後至今（二〇〇九）年，已有十年的時間，此段時期的體育政策有了較大的改變，將於本節文末提及。

　　第一階段的學校體育政策，是以教育化和競技化導向為基本主軸，軍事化導向為輔，其具體策略有八點（見表1-1）。

　　由表1-1可見，教育化導向有四項，是為政策之重心，競技化導向有三項，軍事化導向政策一項，民國六十八年（一九七九）年以後，因國際空間受到打壓，學校體育政策一度趨向競技化導向和軍事化導向。綜合而言，整個時期的學校體育政策在於推動健全行政組織，擴充場地設備，改進教學活動及加強舉辦運動競賽。

表1-1　一九七三～一九八六年學校體育政策內容分析表

政策特質	教育化導向	競技化導向	軍事化導向
政策內容	1. 加強大專院校體育輔導。 2. 督導各校有效使用體育經費與充實場地設備。 3. 提升體育教師素質，積極推展研究進修。 4. 實施大專院校體育正課興趣分組教學。	1. 改進體育成績優良學生保送升學辦法。 2. 重點發展學校體育單項運動。 3. 輔導各級學校舉行運動會及體育表演會。	1. 舉辦體育行政人員研討會，主題為配合時勢而定，國防成為重點之一。

資料來源：曾瑞成，〈我國學校體育政策之研究（1949-1997）〉（臺北市：國立臺灣師範大學體育研究所博士論文，2000年），頁205。

　　第二階段的體育政策，是從民國七十六年（一九八七）七月十五日政府解嚴後開始，軍事化導向的政策已減少，學校體育政策是以推展全民體育與提升競技運動成績為主，其特質是以教育化和競技化導向為兩大主軸（見表1-2）。

---

[16] 曾瑞成，〈我國學校體育政策之研究（1949-1997）〉，頁202-286。

　　從表1-2的內容數量看來，第二階段的體育政策，競技化導向的比例較高，並以舉行校際間的大型比賽爲其重點。

表1-2　一九八七～一九九七年學校體育政策內容分析表

政策特質	教育化導向	競技化導向
政策內容	1. 加強輔導並獎助學校體育正常發展。 2. 輔導大專體育院校總會會務。 3. 輔導大專院校體育之實施。 4. 充實學校體育場地設備。	1. 輔導大專體育院校總會業務。 2. 辦理大專院校體育之實施。 3. 輔導辦理臺灣區中等學校運動會。 4. 運動績優生升學輔導。 5. 充實學校運動訓練科學儀器。 6. 建立各級學校聯賽制度。 7. 加強輔導各校辦理運動競賽。 8. 建立體育人力及場地資料。

資料來源：同表1-1。

　　體育司在經過二十年主政全國體育業務，進入九〇年代後，隨著體育業務的擴大，體育司的編制、權責已呈現飽和，因而有設立中央級體育行政主管機關的呼聲。其後在民國八十六年（一九九七）七月十六日成立「行政院體育委員會」，該會與體育司的權責區分如下：有關全民體育、競技體育、社會體育、國際體育業務由體委會負責執行；學校體育除國際競技體育及其相關特優選手培訓外，其餘均由體育司執行；另外學校優秀選手培訓、國際體育交流及兩岸體育交流之整體規劃由雙方配合實施，正式畫分體育業務之權責，也使得體育司在重新思考和定位後，促使全力發展學校體育工作。

　　目前體育司設置「學校體育」和「學校衛生」兩科，分別辦理相關業務。其中，學校體育科的業務爲：「一、學校體育之推行及督導事項；二、國民體育之策畫及推行事項；三、體育學術之研究發展事項；四、國

際體育活動事項；五、其他體育事項。」。[17]另外，全國的學校體育行政體系，除了教育部體育司之外，直轄市政府教育局下設「體育及衛生保健科」，縣（市）政府教育局下設「體育保健課」，中部辦公室的第四科也負責學校體育相關業務事宜，以利政策之推展。此外，另有三個縣（市）設置「體育處」，專司校園以外的體育推廣，分別是臺北市體育處，於民國九十三年（二〇〇四）八月七日由臺北市立體育場正式升格；臺北縣則於民國九十六年（二〇〇七）十月一日升格爲準直轄市時，縣屬三大運動場整併爲臺北縣政府體育處，並於該處設置全民運動科，專責推展全民體育業務；高雄市政府因應二〇〇九世運會的舉辦，於民國九十七年（二〇〇八）一月一日將高雄市立體育場改制編修爲高雄市體育處。

　　體委會成立後，體育司爲因應環境變遷、組織調整及國人健康需求，學校體育政策的實施方向勢必有所調整。在學校體育政策的實施方面，全力研訂和建構完備的法令制度爲先，包括民國九十一年（二〇〇二）六月十六日修正公布的「各級學校體育實施辦法」；民國九十年（二〇〇一）三月八日公布的「各級學校運動會舉辦要點」；民國八十九年（二〇〇〇）八月七日公布的「加強運動安全實施要點」；民國九十一年（二〇〇二）六月十日公布的「民間參與學校游泳池興建營運作業要點」……等十餘件有關學校體育之重要法令。

　　其次，體育司制定的學校體育政策可從教育化導向和競技化導向兩大主軸著手，亦即推展全民體育（含體育教學、體育活動）與提升競技運動成績之體現。

---

[17] 教育部體育司，《2007年教育部體育司成果彙編》（臺北：教育部體育司自印，2007. 11），頁8。

一、在教育化導向方面

　　透過體育教學活動之實施，使各級學校學生參與運動、培養運動習慣、增強體適能、學習運動技能、享受樂趣、促進身心健全發展。體育司為培養活力青少年，近年來頒發不少計畫，如：

　　（一）民國八十三年（一九九四）訂頒「改進特殊體育教學計畫」，進行和了解國內適應體育教學現況的各項調查，對國內各級學校適應體育教學的困難和需求做系統整理，確立計畫執行和改進推展的重點。

　　（二）民國八十八年（一九九九）和民國九十一年（二〇〇二）分別訂頒「學校體育教學中程計畫」和「學校體育教學發展中程計畫」，以創新體育課程教學、活絡體育活動競賽、促進健康體適能發展、充實學校體育設施、改善運動參與環境及提升學校體育品質為目標，推動「學校體育一二三希望工程」來達成計畫目標，透過學校體育的扎根工作，為讓學生養成主動運動之習慣。

　　（三）民國八十八年（一九九九）「提升學生體適能中程計畫（三三三計畫）」，以提升規律運動人口，並提高學生體適能知能，養成學生規律運動習慣及提升學生體適能水準。

　　（四）民國八十九年（二〇〇〇）「發展學校民俗體育中程計畫」，培養學生愛鄉土和落實本土化體育教學。

　　（五）民國八十八年（一九九九）提出「適應體育教學中程發展計畫」，落實五育並重，有教無類教育理念，重視身心障礙學生之運動權利，積極改進適應體育教學。

　　（六）民國九十年（二〇〇一）推動「提升學生游泳能力中程計畫」，養成學生親水能力及培養學生游泳運動習慣，豐富其休閒運動內涵。

　　（七）民國九十年（二〇〇一）頒布「改善各級學校運動場地中程計

畫」，提供各級學校學生及一般大眾體育、運動、休閒之基本設施，達到增強全體學生和國民體適能。

（八）民國九十一年（二〇〇二）「一人一運動，一校一團隊計畫」，展現學生青春活潑的特質，積極推動利用課外時段，增加身體活動時間，培養每位學生至少學會一種運動技能，並推展班際團隊運動，擴大參與機會，提供學生運動環境，活絡校園體育活動，培養運動習慣，以促進健康與體適能並達成的目標。

（九）民國九十二年（二〇〇三）「增進適應體育發展方案」，以加強適應體育理念之推廣，健全適應體育師資進修和培訓，強化適應體育課程與教學，改善適應體育學習環境，落實適應體育輔導機制。

（十）民國九十三年（二〇〇四）「推動中小學生健康體位五年計畫」，營造健康體位優質環境，提高學生體適能知能，養成學生規律運動習慣，提升學生體適能水準。

（十一）民國九十三年（二〇〇四）實施「增加學生運動時間方案」，倡導校園運動風氣，建立規律運動習慣，提升學生運動人口，達成每位學生每天至少累積三十至六十分鐘的身體活動時間，以享受運動樂趣。

（十二）民國九十四年（二〇〇五）確立海洋臺灣的推動體系，實施「推動學生游泳能力方案」，以落實海洋國家政策。

（十三）民國九十五年（二〇〇六）推動「學校運動志工實施計畫」，進行學校運動志工實習與授證、制定學校運動志工法制作業等。

（十四）民國九十六年（二〇〇七）實施「二一〇活力晨光體適能推展計畫」，推動身體活動促進相關措施，提升學生體適能水準。

（十五）民國九十六年（二〇〇七）七月公布「快活計畫」方案，強調「促進學生身體活動，讓運動帶給學生健康與智慧」，自即日起實施至民國一〇〇年（二〇一一）年，為期五年，本計畫的實施理念為快樂

（Happy）、活力（Hearty）、健康（Healthy），其具體作法分爲十大項、三十三小項**18**，積極促進學生身體活動質量，以培育學生運動知能，激發學生運動動機與興趣，養成規律運動習慣，奠定終身參與身體活動的能力與態度。

　　另外，還有「推廣舞蹈運動實施計畫」、「國民中小學自行車推廣教育計畫」、「推動各級學校圍棋運動實施計畫」、「推動學生水域運動方案」、「推動學生海洋運動方案」、「學生足球推展整合計畫」、「推展學校民俗體育方案」、「推動幼稚園運動遊戲方案」、「替代役—體育役學校體育類方案」等，皆依學生身心條件發展，舉辦多項活動。

二、在競技化導向方面

　　爲養成運動專業人才，提高運動競賽實力，依國家重點運動種類、學校特色及資源，輔導成立體育班，以發掘運動優秀人才，並推展校際運動競技聯賽制度，建立地區性運動人才培育網絡。

　　（一）民國八十七年（一九九八）實施「培育原住民學生田徑人才計畫」，早期發掘具潛能之原住民學生，施以長期、計畫與衛續之培育，進行發揮其潛能，提升我國田徑運動水準，增進參加國際賽會奪牌實力。

　　（二）民國九十二年（二〇〇三）「培育優秀原住民學生運動人才中

---

18 教育部，《快活計畫》（臺北：教育部自印，2007），頁19-21。十大項具體作法分別是：一、督導各級學校訂定完備的運動推展措施；二、鼓勵與輔導各級學校增加體育運動時間；三、鼓勵輔導各級學校加強教育學生規劃假日及寒暑假之運動休閒活動；四、推動團體運動種類，增加學生參與運動機會、擴展學生參與運動人數；五、支援及鼓勵各級學校發展學校本位之運動特色；六、檢討現行入學制度納入學生運動績效與表現；七、整合與擴充運動設施，提供足夠的運動空間；八、輔導創新校內及校外運動組織，協助學校推展運動；九、發展校園運動文化，進而提升社會運動文化；十、推動體育運動評鑑與獎勵。

程計畫」，針對田徑、跆拳道、柔道、舉重、體操等五項運動種類，進行有計畫的培育訓練，提升運動水準。

（三）民國九十二年（二〇〇三）針對國人重視的棒球運動和風靡全世界的足球運動，提出「改善學生棒球運動方案」和「振興學生足球運動方案」，藉由廣植運動人口，提高運動技術水準，厚植國際競技能力。

（四）民國九十四年（二〇〇五）推動「我國高級中等學校體育班重點發展方案」，以配合挑戰二〇〇八黃金計畫及二〇〇九年高雄世界運動會，提高競技運動實力。

總體而言，臺灣學校體育政策的推展與內容，或為因應時代之潮流或為配合教育改革之需要而有所變動，並隨著體育政策的走向為依歸，但大多以推展教育化導向為主，並重視競技化導向之目標。

第二節　學校體育課程之演進

　　戰後初期，先是由「行政長官公署教育處」掌管全臺的教育業務，公布以「闡揚三民主義，培養民族文化」為教育宗旨，主要的目的是要以民族精神教育、儒學教育、中文教育來同化臺灣人認同中國。[19]

　　民國三十八年（一九四九）國民政府遷臺，教育政策依據三民主義的精神加以調整，以達復國建國的神聖使命。教育部於民國三十九年（一九五〇）六月十五日，訂頒〈戡亂建國教育實施綱要〉，以為反共復國時期教育設施之準繩，確定「積極準備反共大陸」之政治，其中，加強民族精神教育與文武合一教育，受到特別之重視。體育政策以「鍛鍊國民強健體格，培養民族正氣，達到全國國民具有自衛之能力」為最高目標，培養民族正氣即在培養民族精神，鍛鍊體格即在培養國民國防體格，進而達到自衛衛國的政治目標[20]，體育被賦予軍事能力的特質。

　　學校課程或因教育思想之轉移，或因學校制度之改革，或因時代情勢之需要，屢有變更。教學科目和教學時數，亦有加減；教材內容，更因社會環境變遷，而與時更新。其中，學校體育課程標準指的是各級學校體育課程應達到之目標、教材綱要、必授與選授及教學時數等規定的法規，大體而言，舉凡政治理念或體育理念，多能反應在課程標準上。以下即針對國小、國中、高中、大專體育課程發展過程敘述如下。

---

[19] 莊萬壽、林淑慧，〈本土化的教育改革〉，《國家政策季刊》2：3（2003.09），頁34。
[20] 曾瑞成，〈我國學校體育政策之研究（1949-1997）〉，頁128。

一、國小體育課程標準

以下分爲民國五十一年（一九六二）、民國五十七年（一九六八）、民國六十四年（一九七五）、民國八十二年（一九九三）和民國九十二年（二○○三）加以說明國小體育課程標準的修訂。

從戰後到民國五十一年（一九六二）之前，課程標準承襲大陸舊制，體育課偏重「軍事化」的訓練，內容多爲整隊與走步、技巧運動、球類運動、體操等，其間雖經兩次修訂，唯變動不大。爲適應國家社會的需要，總統府臨時行政改革委員會建議，自民國四十八年（一九五九）六月起至民國五十年（一九六一）十二月止，大幅修訂國民學校課程標準，民國五十一年（一九六二）公布國民小學體育課程標準，此爲戰後首次全面性的課程改革。此次修訂分爲低年級唱遊和中、高年級體育，低年級每週一百八十分鐘（六節，每節三十分鐘），中年級每週一百二十分鐘（四節）、高年級每週一百五十分鐘（五節），中高年級的體育教材爲遊戲、舞蹈、機巧運動、田徑運動、體操、球類運動、整隊與行進、水上、雪上、冰上遊戲等。[21]

民國五十七年（一九六八）開始實施九年國民教育，以提升國民的素質。教育部根據行政院頒布之〈九年國民教育實施綱要〉進行國民中小學課程標準之修定工作，因自民國五十六年（一九六七）九月初至十二月倉卒完成，因而定名爲暫行課程標準。體育課程仍分低年級唱遊和中、高年級體育，低年級每週上課時間不變，中高年級改爲每週一百二十分鐘（三節或四節），體育課的教材區分爲必授和選授兩部分[22]，必授教材占百分

21 教育部，《國民學校課程標準》（1964）。引自曾瑞成，〈我國學校體育政策之研究（1949-1997）〉，頁167。
22 臺灣省國民體育委員會編印，〈國民小學中高年級體育暫行課程標準〉，《體育法令彙編》（1971），頁174-192。

之八十五,有國術、體操、遊戲、田徑、球類、舞蹈六種;選授部分占百分之十五,有水上運動、冰上及雪上運動、球類、鄉土教材四種。

上述課程標準修訂後,由於過程較為倉卒,疏漏恐難避免,教育部因而委託九所師範專科學校,指定九十六所國民小學進行實驗研究,實施六年後,受到教育思潮不斷地進展,基於課程必須配合國家政策、時代要求和生活需要而隨時加以研討與改進之性質,教育乃於民國六十四年(一九七五)著手修訂國小課程標準。課程仍然分為低年級唱遊和中、高年級體育,體育課低年級唱遊每週一百六十分鐘(四節),中高年級每週一百二十分鐘(三節),新頒定的體育課程仍分必授與選授[23],但必授教材比例降低,是為百分之八十,取消遊戲,為國術、體操、田徑、球類、舞蹈五大類;選授部分占百分之二十,增加自衛活動,其他的水上運動、冰上及雪上運動、球類、鄉土教材不變,共五種。

值得注意的是,國民小學因係包班制教學,為貫徹國民小學體育課教學正常化,臺灣省政府教育廳積極倡導循環式的協同教學,於民國七十一年(一九八二)年二月十九日頒布「臺灣省國民中小學體育課循環教學實施要點」[24],將體育教材分項,分由各項專長級任導師擔任教學,各教學集團學生,在同一時間內依序輪轉,分別接受各運動項目的教學。依當時各縣市的體育科輔導員所[25],大部分縣市的體育教學實施循環教學,使體育教學得以正常化。

前次課程標準公布不久,即面臨民國七十六年(一九八七)解嚴的巨大衝擊,臺灣的政治、經濟、社會、文化等環境產生劇烈的改變,先前制定的課程標準已不適用,教育部遂於民國七十八年(一九八九)一月成立

---

[23] 教育部,《國民小學課程標準》(臺北:正中書局,1975),頁261-308。

[24] 「循環教學」亦稱教師專長教學。李勝雄,〈小學體育循環教學法的省思(上)(下)〉,《臺灣省學校體育》17、18(1993. 09、11),頁28-31、11-17。

[25] 張進德,〈體育科輔導員雜感〉,《臺灣省學校體育》10(1992. 07),頁46-47。

「國民小學課程標準修訂委員會」，後於民國八十二年（一九九三）九月公布新的課程標準。在上課時間方面，低年級改爲每週二節（共八十分鐘），中、高年級每週三節（共一百二十分鐘），教材綱要取消必授和選授規定，依低、中、高年級分段規定，低年級有徒手遊戲、器械遊戲、球類運動、舞蹈遊戲等四種十四項；中年級有體操、田徑、球類、舞蹈、其他等五種二十五項；高年級有體操、田徑、球類、舞蹈、國術、其他等六種三十三項。[26]此次教材的選編原則和精神，有一項爲「教材鄉土化」，也就是在課程中，發揮本土既有的傳統，並配合「鄉土教學活動」，大量將民俗體育活動納入其中[27]，這是過去所未見的。

　　教育部爲了「迎接二十一世紀的來臨與世界各國之教改脈動」，並在「國家發展的需求」和「對社會期待的回應」兩大主要背景下，依據行政院核定之「教育改革行動方案」，進行國民教育階段之課程與教學革新。[28]是以從民國八十六年開始，分三個階段進行，先成立「國民中小學課程發展專案小組」；再成立「國民中小學各學習領域綱要研修小組」；最後成立「國民中小學課程修訂審議委員會」，規劃九年一貫的課程綱要。教育部於民國九十二年（二〇〇三）一月十五日臺國字第092006026號發布「國民中小學九年一貫課程綱要」的學習領域，計有語文領域、健康與體育領域、生活課程、社會領域、綜合活動領域、藝術與人文領域，取代了分化過多的學科。

　　此次規劃的九年一貫課程中的「健康與體育」學習領域，並無教材綱要，但在實施原則裡，明白表示其內涵應包括：課程目標、基本能力、學

---

[26] 李仁德，《體育法令彙編》，頁811-832。陳鴻等執行編輯，《臺灣省體育法規彙編》（臺中：臺灣省政府教育廳，1997），頁348-373。

[27] 相關之民俗體育課程內容，可見謝辰育，〈國民小學民俗體育課程變遷過程之研究—以民64年至民89年爲中心〉（臺南：臺南師範學院體育研究所碩士論文，2004），頁95。

[28] 〈國民中小學九年一貫課程綱要〉，見教育部部網站，http://www.edu.tw，2008年2月11日。

習領域、實施原則、各年級學力指標的規範，同時保留地方政府、學校教師專業自主與課程設計所必需的彈性空間。

「健康與體育」學習領域的課程目標為：

1.養成尊重生命的觀念，豐富全人健康的生活。

2.充實促進健康的知識、態度與技能。

3.發展運動概念與運動技能，提升體適能。

4.培養增進人際關係與互動的能力。

5.培養營造健康社區與環境的責任感和能力。

6.培養擬定健康與體育策略與實踐的能力。

7.培養運用健康與體育的資訊、產品和服務的能力。

此學習領域配合學生生長發育及現有學制，平均分為三學習階段。第一學習階段為小學一至三年級，第二學習階段為小學四至六年級，第三學習階段為國中一至三年級。各階段的能力指標分成七類，分別是：生長、發展（十五項）；人與食物（十六項）；運動技能（十三項）；運動參與（十五項）；安全生活（十五項）；健康心理（十六項）；群體健康（十六項），總計七類一〇六項具體指標，相當廣泛與繁瑣。

此次的九年一貫課程，是以「課程綱要」取代行之有年的「課程標準」，不再巨細靡遺的規定各科要實施的內容，同時給予教學者較大的專業自主空間，各校可依據各校的特性建立「學校本位」的課程發展模式。

由於九年一貫課程係能力導向的設計，但鑑於新課程實施以來，體育教材無固定內容，學習成效也無檢核依據，教育部體育司委託臺灣師範大學體育與研究發展中心，訂定中小學生運動能力分級指標，民國九十五年（二〇〇六）完成基本運動能力、田徑（跑）、體操（地板）、游泳、桌球、籃球、民俗運動等七類之規劃與撰寫；民國九十六年（二〇〇七）實際實驗已規劃項目，並增加羽球、排球、棒壘球、田徑（跳）、體操（單

槓）、足球等七類之規劃與撰寫[29]，一方面做爲體育教學之參考內容，一方面據以檢核學生學習成效。

二、國中體育課程標準

以下分爲民國五十一年（一九六二）、民國五十七年（一九六八）、民國六十一年（一九七二）、民國七十二年（一九八三）、民國八十三年（一九九四）和民國九十二年（二○○三）加以說明國中體育課程標準的修訂。

戰後初期，初中持續延用民國三十七年（一九四八）修訂頒布的體育課程標準，期間曾兩次局部修訂中學課程標準或教學科目及時數表，但變動不大。民國五十一年（一九六二）之所以修訂公布初級中學體育課程標準，係因課程內容已無法適應社會變遷及國策之需求，加上總統府臨時行政改革委員會鑑於升學主義產生諸多弊端，乃促成該次的修訂。公布後體育課程標準的總綱部分，分成初中與高中的教育目標，將初級中學定位於興趣試探。根據李建興的研究指出，體育課程的「新目標意圖將體育的功能轉化至生活層面，開始注意到運動習慣的養成與康樂生活的建立，使體育課的外延性質加大，使之擴大到生活之中與生涯的歷程」[30]，是一大改變。國中的體育課每學年每週均爲二小時；體育教材綱要則分主授和選授教材[31]，主授教材占全部教材百分之七十，包括體操、遊戲、田徑、球類及舞蹈等五項；選授教材不得超過全部教材百分之三十，有自衛活動、水

---

[29] 教育部體育司，《2007年教育部體育司成果彙編》，頁15。

[30] 李建興，〈政府遷臺後初級中學體育課程標準修訂之歷史考察～以民國五十一年爲中心〉（臺北：國立臺灣師範大學體育研究所碩士論文，1995）。

[31] 教育部中等教育司，《中學課程標準》（臺北：正中書局，1962），頁123。

上運動、冰上及雪上運動、騎射、滑翔、爬山等其他運動。

　　民國五十七年（一九六八）同樣為配合九年國民教育的實施，訂定「國民中學暫行課程標準」。體育課時間同樣為每週二小時，教材大綱包含必授與選授教材[32]，必授教材最少占全部教材百分之八十，包括體操、遊戲、田徑運動、球類運動、舞蹈及國術等六大類；選授教材最高占全部教材百分之二十，有自衛活動、水上運動、冰上及雪上運動、田徑運動、球類運動及其他運動（包含騎射、爬山、滑翔等）六大類。

　　唯因「國民中學暫行課程標準」修訂十分倉卒，各科標準，均待實驗、試教及檢討，因而於九年國民教育實施告一段落後的民國六十年（一九七一）九月著手籌畫全面修訂。民國六十一年（一九七二）公布國民中學課程標準，明確規範教育目標、教材綱要及教學方法，基本上是「以培養身心健全發展之國民為主要目標，並培養復國建國之精神」[33]，其中的內容與民國五十七年（一九六八）頒布的體育目標、時間分配、教材種類相同，僅教材大綱內容略有變動。

　　為了適應快速變遷的社會，民國七十一年（一九八二）研擬修訂課程標準，民國七十二年（一九八三）公布實施，體育課每學年每週二小時，教材綱要列有田徑類、體操類、國術類、舞蹈類、球類、體育常識及其他類等七大教材，並編訂選修體育（甲），取代以必授教材與選授教材之分類[34]，使體育資優生能發揮潛能。此次的修訂，除了將不合時宜的內容，如冰上及雪上運動項目刪除，並將體育常識列入教材種類，是一大改變。

　　國中課程標準公布未久，同樣面臨解嚴後帶來的衝擊，教育部遂於民國七十八年（一九八九）成立「國民中學課程標準修訂委員會」，展開課

---

[32] 教育部中等教育司，《國民中學暫行課程標準》（臺北：正中書局，1968），頁122-124。
[33] 曾瑞成，〈中學體育三十年〉，收於《學校體育三十年——教育部體育司成立三十週年特刊》（臺北：國立臺灣師範大學體育與研究發展中心，2003），頁85-94。
[34] 教育部，《國民中學課程標準》（臺北：正中書局，1983）。

程修訂的工作，後於民國八十三年（一九九四）四月十三日發布實施，最大的特色「在於施教內容，盡量以功能取向列出，較少做技術動作的說明」[35]，該次課程標準的體育目標增列了運動樂趣，奠定終身從事運動之基礎，增進運動基本知識與方法的認知，教材綱要訂有體操、田徑、球類、舞蹈、國術、體育知識及其他（凡具有運動價值而未在上列各類教材範圍者，如水上運動、民俗運動、自衛活動等）[36]，每週上課二節，另外得實施一次健身運動（含健身操）。其次，該次修訂重點和特色還有課程中設有必修與選修教材，三個學年每週均列有二節必修時數，另第二學年起每週一至二小時，第三學年每週二小時之選修時數[37]，均是一大突破。

最後，民國九十二年（二○○三）公布「國民中小學九年一貫課程綱要」，國中階段包括三十六個能力指標，其他相關內容已於國小體育課程標準部分陳述，在此不再贅述。

三、高中體育課程標準

以下分民國五十一年（一九六二）、民國六十年（一九七一）、民國七十二年（一九八三）、民國八十四年（一九九五）、民國九十七年（二○○八）加以說明高中體育課程標準的修訂。

與前述相同，戰後初期雖修正數次，但均為小幅修訂，變動不大。至民國五十一年（一九六二）修訂完成公布的中學體育課程標準，其中分為初級中學和高級中學課程標準。高中體育教材綱要亦分主授和選授教材，

---

[35] 許義雄，〈體育課程將更具彈性—就新訂國中體育課程標準談起〉，《臺灣省學校體育》9（1992.05），頁4-5。

[36] 陳鴻等執行編輯，《臺灣省體育法規彙編》，頁331-341。

[37] 曾瑞成，〈我國學校體育政策之研究（1949-1997）〉，頁337。

主授教材包括體操、遊戲、田徑、球類及舞蹈等五項；選授教材包括自衛活動、水上運動、冰上運動及其他運動[38]，與初級中學的教材內容極為相似。

民國五十七年（一九六八）九年國民教育實施以後，至民國六十年（一九七一）首屆學生即將畢業，為配合該批學生進入高中就讀，教育部乃著手修訂高級中學課程標準。該次體育課程標準將教材分為必授與選授兩類，必授教材最低占全部教材百分之八十，其種類包含體操、遊戲、田徑運動、球類運動、舞蹈和國術。選授教材最高占全部教材百分之二十，種類包括自衛活動、水上運動、冰上及雪上運動、田徑運動、球類運動及越野、騎射等其他運動，其運動種類與國民中學教材大綱大致相同，唯教材內容有所不同。[39]

民國七十二年（一九八三）為配合高級中學法，修訂高級中學課程標準。體育課程每學年每週二小時，體育教材大綱分為必授和選授兩大部分，必授教材最低占全部教材百分之八十，為體操、田徑運動、球類運動、舞蹈、國術及體育常識；選授部分最高占全部教材百分之二十，有水上運動、田徑運動、球類運動、自衛活動、民俗運動及其他運動。[40]與前相較，取消了遊戲、冰上及雪上運動，增加民俗運體育，另外，因政治社會等因素，體育中的田徑、體操、球類均列有國防體育項目，具有尚武精神與軍事知能之軍事化導向特質。

高中課程標準公布未久，自然也同樣面臨解嚴後帶來的衝擊，為配合國中、國小課程標準修訂及因應社會變遷，教育部於民國七十八年（一九八九）著手修訂高級中學課程標準，並於隔年成立「高級中學課程

---

[38] 教育部，《中學課程標準》。
[39] 曾瑞成，〈我國學校體育政策之研究（1949-1997）〉，頁187。
[40] 教育部，《高級中學課程標準》（臺北：正中書局，1983）。

標準修訂委員會」，聘請各方代表和學者專家，積極展開修訂工作，後於民國八十四年（一九九五）頒布實施。高中體育課每週上課二節；教材綱要包括必授教材與選授教材[41]，必授教材包含了田徑、體操、球類、舞蹈、國術、體適能及體育知識，占體育科總節數的百分之七十；選授部分則有田徑、體操、球類、舞蹈、自衛活動（含國術）、體適能、體育知識、水上運動、民俗運動及其他運動，占體育科總節數的百分之三十。

現今，爲考慮九年一貫課程銜接問題，教育部經過多年的修訂工作，於民國九十七年（二〇〇八）一月二十四日臺中（一）字第0970011604B號令發布「普通高級中學課程綱要總綱」（八月一日開始實施）[42]，爲了能與國中九年一貫課程銜接，高中課程綱要也以領域爲課程架構。

課程綱要包含課程目標、核心能力、時間分配、教材類別及配置比例、教材內容、實施方法等表現很周延。體育科課綱專案委員小組提議應以比較彈性的方式訂定教材內容，並且考慮與九年一貫課程銜接問題及配合九年一貫課程之學校本位課程精神，發展學校特色、以學校現有的條件發展課程，所以改以百分比的方式訂定教材類別之分配比例。

普通高級中學必修科目「體育」課程欲培養之核心能力如下：

1.了解體育活動的意義、功能及方法，並能運用於日常生活中。

2.培養個人擅長的運動項目，確立運動嗜好，提升運動技能水準。

3.做到定期適量運動，執行終身運動計畫，增進體適能。

4.發揮運動精神，培養良好品德，並表現符合社會規範之行爲。

5.力行動態生活，參與健康休閒活動，享受運動樂趣，促進生活品質。

---

[41] 陳鴻等執行編輯，《臺灣省體育法規彙編》，頁210-247。

[42] 教育部資訊網，http://www.edu.tw/EDU_WEB/EDU_MGT/HIGH-SCHOOL/EDU7273001/main/1-3.htm，見教育部中等教育司公布之「普通高級中學課程綱要總綱」，2008年2月10日。

　　本課程綱要的教材內容延續九年一貫課程，教材的配置比例保有彈性，學校可發展本位課程；教材內容以達成核心能力、分項指標爲依據，並以指標內涵闡述學生所要達到的能力範疇。各校課程發展委員會至少應規劃三種主要運動種類或項目，作爲學校體育發展的核心教材內容，以建立學校體育發展特色。教材類別之分配比例爲：1.競技運動類：百分之五十～七十五；2.戶外活動類：百分之五～十；3.健康體適能類：百分之五～二十；4.舞蹈類：百分之五～二十；5.鄉土活動類：百分之五～二十；6.健康管理類：百分之五～十；7.體育知識類：融入各類教材。

　　其中，普通高級中學必修科目「體育」課程十二學分，各校得根據學校特性、學生特質、資源特點及發展特色，自訂教材內容與百分比評量項目及比例，提學校課程發展委員會議通過後實施。

四、大專體育課程

　　大學正式列入體育課程，可以追溯到戰前的民國二十五年（一九三六），教育部公布「暫行大學體育課程綱要」，明訂體育授課時數每週二小時[43]，但未規定必修。直至民國二十八年（一九三九）教育部頒布「大學各學院分系必修及選修科目表實施要點」，規定黨義、體育、軍訓爲必授科目；隔年公布的「專科以上學校體育實施方案」，亦規定專科以上學校應將體育列爲必授科目，不計學分，成績不及格不得畢業[44]，從此體育成爲大學每年必修之課程。爾後，教育部雖多次修訂相關的體育實施方案，但仍未改選體育必修的規定。直到民國八十三年（一九九四）「大學

---

[43] 吳文忠，《中國體育發展史》（臺北：三民書局，1981），頁123。
[44] 曾瑞成，〈我國學校體育政策之研究（1949-1997）〉，頁306。

法」的公布，才有極大變化。

　　其中，對於大學體育課程有較大影響的是「體育興趣分組教學」。體育興趣選項分組教學的實施，在使學生能依據自己本身的運動興趣和需求，選擇喜歡且適合自己能力的運動項目，從事有效且有趣的學習活動，以達預定的教學目標，教師亦能就其專長，充分發揮個人技術，提高教學效果。

　　體育興趣分組教學的構想是自民國五十三年（一九六四）教育部修正公布「專科以上學校體育實施方案」，其中有關體育課的規定在實施方法，指出了專科學校最後一年及大學院校修滿兩年後，各校得視實際情形需要，採用興趣選項分組實施之，此爲教育部以法規條文鼓勵各校酌情實施體育興趣分組教學之始。

　　民國六十二年（一九七三）教育部修正公布之「高級中等以上學校體育實施方案」，在體育課程中，也規定「五專後二年及大專院校修滿兩年後，可採用興趣選項分組授課，或混合編組，或按其體能及個別差異分組，以提高運動技及養成其畢業後繼續運動之習慣」。因此，教育部體育司指示十二所學校，於六十四學年度實驗體育興趣分組教學一年，並根據實驗學校的實證資料，作爲支持革新課程實施的理論依據，後通令全國各大專院校於六十五學年度起全面實施體育興趣選分組教學，開啓大專體育教學的另一頁。至此興趣選項分組的體育課，就成爲大專體育課的主流。

　　此外，民國八十三年（一九九四）元月五日修正「大學法」公布後，對於大學體育課程產生很大的衝擊。

　　其中，該法第二十三條第二項規定：「大學生成績優異，在規定修業期限屆滿前一學期或一學年修滿該學系應修學分者，得准提前畢業；未在

規定修業期限修滿應修學分者，得延長其修業期限。」[45]此舉引起行之有年的大學體育必修制度面臨重大的轉變，大專院校面臨了「體育課實施之法律基礎為何？體育課必修或選修之法律基礎為何？體育課不及格不得畢業之法律基礎為何？體育學分是否計算？」[46]等問題，為了因應大學法修訂後所產生的效應，教育部於民國八十四年（一九九五）召開全國大學校院長會議，並於該會議後決議將大學體育課由原來的四年必修，改為前三年必修，不計學分；四年級的體育課為選修，計學分[47]，以因應之。至於體育選修課程學分數是否計入各學系應修最低畢業學分數，授權由各校自訂，各校並應依課程訂定相關規定與程序辦理。

民國八十四年（一九九五）五月二十六日，司法院大法官解釋字號第380號[48]，針對「大學法細則就共同必修科目之研訂等規定違憲？」的問題進行釋憲，指出大學訂定共同必修科目缺乏法源基礎，並與大學法旨意不符，體育課共同必修的立場當然完全消失。目前，各大學體育課程的規劃已完全由各校決定之。

至於大學體育課程實施的情形，許多學者或單位曾針對大學體育實施必修、選修一事進行調查研究，其中，張思敏和黃英哲在民國八十五年（一九九六）調查四十三所大學，發現大學的體育課程四年必修占百分之十四‧三，三年必修一年選修占百分之七十六‧二，二年必休二年選修占百分之二‧四，一年必修三年選修占百分之二‧四[49]；但到九十五學年度

[45] 臺灣省政府公報網，http://www.tpg.gov.tw，2008年1月5日查詢。見《臺灣省政府公報》八十三年春字第二十三期，頁2-5。
[46] 李仁德，〈大學法有關體育之規定〉，《國民體育季刊》3：1（1994.03），頁93-104。
[47] 楊建隆，〈臺灣地區大四學生選修「體育課」考量因素之研究〉（臺北：國立臺灣師範大學體育研究所碩士論文，1996）。
[48] 司法院大法官解釋網站，http://www.judicial.gov.tw，其中解釋字號第380號，對於該條文之解釋文、理由書、相關法規、意見書等均有詳細的說明。
[49] 張思敏、黃英哲，〈臺灣地區大學院校於大學法修訂後體育行政組織暨課程教學現況之研究〉，收編於《中華民國大專院校八十五年度體育學術研討會專刊》（1996），頁295。

時，大學體育課四年必修占百分之四‧○九，三年必修一年選修占百分之
十六‧七八，二年必修二年選修占百分之四十八‧二五，一年必修三年選
修占百分之二十六‧五七，四年選修占百分之三‧五○（見表1-3），兩相
比較，可以看出有很大的改變，顯示大學體育年級改爲選修之政策正對大
學體育產生重大之衝擊。

表1-3　國內大學與四年制技術學院體育課必選修情形統計表

年分	93學年度		94學年度		95學年度	
修課情形	校數	百分比	校數	百分比	校數	百分比
四年必修	3	2.33	2	1.64	7	4.90
三年必修	53	41.09	33	27.05	24	16.78
二年必修	53	41.09	58	47.54	69	48.25
一年必修	18	13.95	27	22.13	38	26.57
四年選修	2	1.55	2	1.64	5	3.50
總　　數	129	100	122	100	143	100

資料來源：教育部，《快活計畫》（臺北：教育部，2007），頁19-21。

　　臺灣大學體育課程之發展，從最初的必授科目，到經由興趣選項分
組；到了大學法修訂公布後的三年必修無學分、大四選修有學分；最後因
爲大法官的釋憲，現在已經改爲各校自行規劃其體育課程的實施。

　　現今體育課程的設計，學齡前階段之動作發展以遊戲爲主，從遊戲中
學習跑、跳、擲、接等能力；國中小學因應九年一貫課程之修訂，將「健
康與體育」合併成一個學習領域，並在三個不同學習階段，著重在基本運
動、韻律、水上活動、球類活動、田徑運動、體操活動、技擊活動、民俗
體育活動、戶外活動等領域的學習，各校得視師資、場地等環境條件作彈
性調整；高中、大學階段開始，受到經濟成長、壽命延長、隔週週休二日
等社會變遷之影響，休閒風氣逐漸盛行，體育運動之領域與內涵亦因此逐
漸擴充，除一般體育課程之外，休閒教育漸漸融入學校課程，例如近年發

展形成之划船、滑翔翼、風浪板、滑板、直排輪、槌球、網球、高爾夫、
毽球、保齡球、浮潛、登山健行等休閒運動均相繼納入課程項目，以因應
大學體育課選修之需求，培養青少年休閒運動知能、興趣及習慣。當然，
體育運動的內涵擴充至休閒活動的形式與理念後，體育內涵多元化的理念
成為學校體育必須面對之課題。

第三節　體育師資培育與養成

　　優良的體育師資，是發展學校體育的先決條件。臺灣戰後，為迅速提高體育師資的素質，採取長期培養及短期訓練兩種措施，齊頭並進。以下從師資培育法公布前、後兩方面，加以說明如後。

一、師資培育法公布前

　　民國八十三年（一九九四）「師資培育法」公布之前，係採閉鎖式培育方式。國中小學體育師資培育管道有兩種，可分為「師範院校體系」及「非師範院校體系」兩種，師範院校體系則有培育國小體育師資的九所師範專科學校（現已改為教育大學或大學），以及培育國中體育師資的三所師範大學；而非師範院校體系的體育師資培育機構則有體育學院、文化大學體育系、輔仁大學體育……等體育相關學系；此外，戰後初期尚採用檢定取得體育師資資格者。

（一）師範體系下的體育師資培育

　　戰後，各級學校師資相當缺乏，隨著日籍教師遭遣送返國，學校體育幾成真空狀態，雖在上海、福建等地招募教員來臺服務，但應徵者不太踴躍。[50]

　　其後，民國三十五年（一九四六）六月，臺灣省教育廳在今臺灣師範大學前身——臺灣省立師範學院，設四年制的「體育專修科」一班，招收

---

[50] 楊基榮，〈我國體育師資訓練之現況與改進〉，《國民體育季刊》4：4（1974.09），頁8-12。

二十二名學生，成為臺灣最早培育體育師資的教育單位。體育專修科於民國三十七年（一九四八）擴充為五年制的「體育學系」，招考一班十八名學生，持續培育中學體育師資[51]。民國四十五年（一九五六）至四十七年（一九五八）為培養全省中等學校迫切需要之師資，曾招收體育三年制體育專修科三班，共畢業八十三名。[52]民國五十四年（一九六五）增設兩班，男生班一班及男女混合班一班。民國五十七年（一九六八）至五十九年（一九七〇），為響應政府延長國民義務教育，培養體育師資，增設夜間部。[53]在師資培育法公布之前，臺灣師範大學體育學系是當時培育國民中學體育師資重要的園地。

臺灣師範大學體育系在民國六十二年（一九七三）之前，共培育日間部學生一千一百〇五名，夜間部學生六十五名，共一千一百七十名，與當時所需的體育教師員額四千五百五十名，相差甚遠[54]，因而被批評「對於臺灣光復當初的師資荒沒有幫上忙，又在延長國民教育為九年的那一段期間，師資極端缺乏時也不能盡其所負的使命」[55]，這種現象，使得其他非師範體系之體育科系學生，大量彌補這些空缺，此部分將於後文再述。

至於國民小學體育師資的培育亦自戰後才開始。第一所成立「體育師範科」的學校是臺北師範學校，當時校長唐守謙涖任，即主張並建議實施師範分科[56]，該校遂於民國三十六年（一九四七）奉准籌設包括體育科等四個科別。

---

[51] 國立臺灣師範大學體育學系，〈體育學系的成立與變遷〉，《國立臺灣師範大學六十週年校慶體育學系特刊》（臺北：國立臺灣師範大學體育學系，2006），頁1。
[52] 楊基榮，〈我國體育師資訓練之現況與改進〉，頁8-12。
[53] 國立臺灣師範大學體育學系，《國立臺灣師範大學六十週年校慶體育學系特刊》（臺北：國立臺灣師範大學體育學系，2006），頁1。
[54] 楊基榮，〈我國體育師資訓練之現況與改進〉，頁8-12。
[55] 楊基榮，〈我國體育師資訓練之現況與改進〉，頁8-12。
[56] 洪文彬，〈春樹暮雲話北師——懷人、記事、抒感〉，收於《北師四十年》（臺北：臺灣省立臺北師範專科學校，1985），頁87。

　　爾後，臺南師範學校在民國三十九年（一九五〇）跟進成立體育師範科，加入培育體育師資的行列。然而後進的臺南師範學校與前述的臺北師範學校，卻先後於民國四十七年（一九五八）[57]及民國五十年（一九六一）[58]停辦體育師範科，其中，臺北師範學校之體育師範科培育十四屆六百多位畢業生，臺南師範學校亦培養六屆的學生。

　　停辦後數年，臺東師範學校於民國五十六年（一九六七）八月為配合政府提高國民學校師資素質的政策，奉命改制為「臺灣省立臺東師範專科學校」，並設立當時全省唯一的「國校體育師資科」（後改稱「體育科」），做為培育國小體育師資之機構，直至今日，仍設有體育相關科系。

　　除了上述三所師範學校設科外，其他師範學校也設置「體育組」，培育國小體育師資。事實上，臺灣戰後的師範學校一開始是延續大陸舊制的分組選修措施，其中，較為明確的規定是於民國五十二年（一九六三），臺北、臺中、臺南三校改制為五年制師範專科學校的同時，公布修訂課程之原則規定「後二年除設置教育學科外，採行分組選修，以加強學生專長知能之訓練」以及「分組選修學分為二十學分」[59]等項；並規定需視師範學校體育之師資、設備的充實與否，以及選組的學生人數多寡，加以斟酌決定是否設置。[60]爾後，至民國五十四年（一九六五）公布的課程標準中，對於分組選修有更明確且具體的規定出現。

---

[57] 在眾多文獻中，皆提至臺南師範學校體育科是於民國四十九年（一九六〇）停辦，但筆者根據「臺灣省立臺南師範專科學校歷年畢業生學生冊籍目錄（師範學校部分）」（教務處提供），加上訪談最後一屆畢業生蔡貞雄，應為民國四十七年（一九五八）停辦，而非民國四十九年（一九六〇）。

[58] 臺北師範學校於民國五十年（一九六一）改制師範專科學校後停招，最後一屆於民國五十二年（一九六三）畢業。

[59] 臺灣省政府教育廳，《臺灣教育發展史料彙編——師範教育篇》（臺中：臺灣省立臺中圖書館，1987），頁99。

[60] 臺灣省政府教育廳，《臺灣教育發展史料彙編——師範教育篇》，頁99。

　　各師範專科學校開設體育組的年代並不相同，北師自五十五學年開始選讀；市北師自七十一學年開始選讀；竹師自五十九學年開始選讀；中師自五十五學年開始選讀；嘉師自五十八學年開始選讀；南師自五十七學年開始選讀；屏師自五十七學年開始選讀；花師自五十六學年開始選讀[61]；至於東師則已設體育師資科，因而未設體育組，供學生選修。

　　統計師範體系培育的體育師資，三所師範（專科）學校的體育師範科畢業學生人數統計至民國七十六年（一九八七）為止，共有一千九百九十六人；八所師範專科學校（扣除臺東師範）體育組畢業生人數是一千六百一十五人[62]，總計三千六百一十一人。唯國小與國中科任制不同，係採包班制，易言之，體育科（組）畢業生不一定從事體育教學工作，對於此種「學非所用」的現象，始終沒有太大改變。

（二）非師範體系下的體育師資

　　戰後初期，雖然國民政府決定「學校不停課」等三原則，俾便順利推展臺灣教育工作，但師資顯然不敷甚鉅，師荒情形頗為嚴重。為解決此問題，臺灣行政長官公署教育處採用四種辦法（甄選、徵選、考選、訓練及講習）[63]，積極展開師資選拔工作，以求教師足用。

　　民國三十八年（一九四九）國民政府遷臺，各省教員隨同政府播遷來臺者日眾，師資之補充，不若前數年的困難[64]，教育廳重行訂頒「臺灣省

---

[61] 林玫君，〈戰後臺灣國民小學體育師資養成的歷史探源——民34年至民76年〉（桃園：國立體育學院體育研究所碩士論文，1992），見第二章和第三章分析。
[62] 林玫君，〈戰後臺灣國民小學體育師資養成的歷史探源——民34年至民76年〉，見第二章和第三章。
[63] 臺灣省政府教育廳，《十年來的臺灣教育》（臺北：臺灣書店，1955），頁183。在訂頒檢定辦法之前，曾於民國三十四年（一九四五）十一月十二日訂頒「臺灣省中等及國民學校教員甄選辦法」，積極展開師資選拔工作，此辦法是為適應當時特殊情勢，故其審核標準較檢定辦法為寬。此辦法至民國三十八年（一九四九）止。
[64] 臺灣省政府教育廳，《十年來的臺灣教育》，頁184。

國民學校教員檢定辦法」[65]，作爲選拔國小教師之依據。

　　臺灣首次舉辦國民學校教員的檢定考試是自民國三十六年（一九四七）開始[66]，直至民國七十一年（一九八二）停止檢定考試爲止，共實施三十六年之久，但並非逐年辦理。從體育教員的人數看來，歷年之檢定錄取人數不多，大約占總人數的百分之二～四，依臺灣省政府公報有關檢定考試的公告顯示，體育教員的檢定通過人數僅列出民國三十七年（一九四八）的二十一人、民國三十九年（一九五〇）的二十一人、民國四十年（一九五一）的二人、民國四十二年（一九五三）的十五人、民國四十三年（一九五四）的三十六人，其餘不詳[67]；按照其比例推算，至民國七十一年（一九八二）最後一次舉辦時，應無超過五百人。

　　除了檢定考試外，前文所述之非師範體系的體育科系學生修習教育學分，經甄試後取得教員資格之情事，於一九六〇年代之後，蔚爲風潮。其端緒是自當時的臺灣省立體育專科學校（以下簡稱「省體」，現改爲國立臺灣體育大學臺中分部）首先實施的，在原來一元化的制度當中，增添了淡淡的二元化色彩。

　　省體自民國五十年（一九六一）成立開始，許多畢業生即投入體育教師工作，鑑於擔任教職之畢業生，急需修習二十個教育學分，俾使取得教師資格，省體遂行文至教育部專職司（後改爲技術職業教育司），經教育部函覆後，該校開始開設教育學分[68]，此爲體育科學生修習教育學分之起始。之後，臺北市立體育專科學校（以下簡稱「北體」）也於六十三

[65] 臺灣省政府公報網，http://www.tpg.gov.tw，2007年10月15日。見《臺灣省政府公報》三十八年夏字第三十五期，頁447-448。

[66] 臺灣省政府教育廳，《十年來的臺灣教育》，頁184。

[67] 由臺灣省政府公報中翻閱有關資料，整理而成。

[68] 臺灣省政府教育廳，《臺灣教育發展史料彙編　體育教育篇》（臺中：臺灣省立臺中圖書館，1987年），頁484。教育部於五十一年（一九六二）一月三日以臺（51）高字第0010號函復省政府教育廳呈報省立體專組織規程，准予備查。

學年度起援照省體之例[69]，開設教育課程，俾使學生在校修滿教育學分，進而投身於學校體育。另外，除省體和北體外，中國文化學院（現中國文化大學）也於民國五十二年（一九六三）設體育系，輔仁大學於民國五十八年（一九六九）設體育系，由於體育教師太過缺乏，這些畢業生幾乎全部投入學校體育，至民國六十二年（一九七三）為止，省體培育一千三百六十七名體育系學生、北體七百二十五名、文化大學兩百七十九名、輔仁大學一千三百六十七名，另加上大陸來臺之體育教師約三百名，共兩千七百一十三名[70]，卻仍然無法供應所需，尤其是實施九年國民教育時，此種現象更為嚴重。

　　在這當中，鑑於學校體育專業師資不足，加上各級教育發展迅速，以及九年國民教育之實施，教育廳乃於民國五十四年（一九六五）檢查全省公私立中等學校體育師資，舉凡不合格的體育教師，分別於民國五十五年（一九六六）、五十六年（一九六七）、五十七年（一九六八）三年間，施予短期職前訓練，由省體舉辦中等學校體育教師講習會，每期講習兩個月，講習完畢，即由教育廳中等學校教師檢定會舉辦檢定考試，成績及格者發給體育教師合格證書。三年共參加講習的代用體育教師，共調訓四百六十七人，經檢定合格者有三百〇六人，分發至各國中教書[71]，對各校體育教師資質之提高及體育教學之改進，頗有助益。

　　由於體育科系畢業生多以任教國中者居多，在國小服務者甚少[72]，教

---

[69] 臺灣省府教育廳，《臺灣教育發展史料彙編　體育教育篇》，頁485。

[70] 楊基榮，〈我國體育師資訓練之現況與改進〉，頁8-12。

[71] 臺灣省教育廳，《臺灣教育發展史料彙編　體育教育篇》，頁619。民國五十五年（一九六六）調訓一百二十七人，合格四十七人；民國五十六年（一九六七）調訓一百〇八人，合格六十八人；民國五十七年（一九六八）調訓兩百三十二人，合格一百九十一人。

[72] 杜登明、林輝雄，〈臺灣省立體育專科學校畢業校友概況分析〉，《體育學報》13（1984），頁75。在省體的歷屆校友中，投身國小工作者，民國五十五年（一九六六）至民國七十一年（一九八二）省體擔任國小體育教師人數共計一百〇七人（至七十一年十二月止），國小所占比例不高，例如民國六十年（一九七一），兩百二十位省體畢業生即有一百三十六位在國中服務，占百分之六十二，在國

育當局爲適應國小體育科的教學需要，乃於民國六十二年（一九七三）公
布「國民小學教師登記及檢定辦法」[73]，凡修習規定科目者可登記爲體育
科任教師，民國六十六年（一九七七）教育部體育司頒布的「改進國民小
學體育實施計畫」，也有「體育科系畢業生已修滿規定教育學分，參加研
習後經甄試合格者，得擔任國小體育課程」[74]之條文，至此，從事國小體
育教職工作者方增多。

　　然而在民國六十八年（一九七九）公布「師範教育法」規定師範教
育，應由政府設立之師範大學、師範學院及師範專科學校實施的同時，乃
停止開設教育學分之課程，國中小學體育師資培育又回歸由師範體系內培
育。

二、師資培育法公布後

　　在教育改革聲浪中，新的師資培育新制應運而生，民國八十三年
（一九九四）二月七日師資培育法公布施行，結束了師範院校長期壟斷師
資培育的局面，意謂著臺灣師資培育制度由「一元化」走向「多元化」、
由「計畫培育」走向「儲備培育」，至於中小學教師的任用也由「統一分
發」走向各校「自行甄選」，體育教師也不例外。

　　「師資培育法」主要精神是：1.除師範校院外，在各大學院校設教育
院、系、所畢業且修教育學分，或大學院校畢業修滿教育學程者⋯⋯經教
師資格初檢合格者，可取得實習教師資格；2.合乎上述條件，經教育實習

　　小服務者僅一人。
[73] 教育部教育年鑑編纂委員會，《第五次教育年鑑》（臺北：正中書局，1985），頁394-395。
[74] 臺灣省府教育廳，《臺灣教育發展史料彙編　體育教育篇》，頁149。

一年（後改爲半年），成績及格，並經教師資格複檢合格者，取得合格教師資格；3.師資培育以自費爲主，兼採公費及獎助金等方式實施，公費生以就讀師資類科不足之學系或畢業後自願至偏遠或特殊地區學校服務者爲原則；4.除公費生外，教師之任用應由學校公開甄選。[75]國內師資培育體系丕變，除了三所培育中學師資的師範大學和九所培育小學師資的師範學院外，一般大學院校也可以申設中學、小學、幼教或特教教育學程。

　　「師資培育法施行細則」於民國八十四年（一九九五）二月二十二日公布，並於同年六月二十八日公布「大學院校教育學程師資及設立標準」，接受各大學提出的「教育學程設立」申請案，當年度申請開辦教育學程學校共有十五所，設置十六個教育學程（十五個中等教育學程，一個幼兒教育學程）。[76]在體育方面，非師範體系學校首次開設體育教育學程的是國立體育學院（現改名爲國立臺灣體育大學臺北校區），於師資培育法通過不久後的八十四學年度下學期開辦「中等學校體育科教育學程中心」[77]，後開設學士後教育學分班、健康與體育領域學分班及健康教育第二專長學分班等班別。另一所體育學校──國立臺灣體育學院（現改名爲國立臺灣體育大學臺中校區），也於八十七學年度開辦中等學校教育學程。[78]

　　由於其他大學體育相關科系修習教育學程者也可任職體育教師，師資由單一師範體系轉變爲多元化，目前開設體育教育學程培育國中小體育師資者，敘述如下：

[75] 薛淑美，〈師資培育新制的發展歷程與衝擊之初探〉，《教育社會學通訊》第五十八期（2005年1月），頁11-21。
[76] 楊正敏，〈開辦教育學程　第一批15所學校過關〉，《聯合報》，1995年8年31日，第17版。
[77] 國立體育學院師資培育中心，http://cte.ncpes.edu.tw/about3.php，2007年11月28日。
[78] 國立臺灣體育學院師資培育中心http://unit.ntcpe.edu.tw/epcent/epitome_train.htm，2007年11月28日。

表1-4　設有國民小學、中等教育體育師資培育之學校

學校類	師範大學或教育大學	公立學校	私立大學
國民小學體育師資培育學校	臺北教育大學 屏東教育大學 臺中教育大學 新竹教育大學 花蓮教育大學 臺北市立教育大學	臺東大學 臺南大學 嘉義大學 臺北市立體育學院 國立中正大學	長榮大學 輔仁大學
中等教育體育師資培育學校	國立臺灣師範大學 國立彰化師範大學 國立高雄師範大學	國立東華大學 國立臺灣體育學院 國立體育學院	輔仁大學 正修科技大學 中國文化大學 大葉大學

資料來源：本表整理自楊珮琳、林靜萍，〈中等學校體育師資就業之困境與因應策略〉，《中華體
育》82（2007. 09），頁67-73。李玉麟，〈臺灣地區小學體育師資培育課程之探討〉（臺
北：國立臺灣師範大學體育研究所碩士論文，2006），頁37。

　　由表1-4可以得知，體育師資的培育同樣改由各大專院校向教育部申
請設立教育學程中心，由各中心招考大學院校體育相關系所的畢業學生，
修習學分，來培育體育師資。師範院校不再是師資培育的專門管道，任教
之職也已不再具有保障。

　　王漢忠曾針對臺灣地區國小體育師資供需進行推估研究（八十八至一
百學年度），發現當時（民國八十七年）臺灣地區不足之國小專任體育教
師竟高達四千七百三十位[79]，因而建議教育主管當局應針對此現象，重新
評估和規劃國小體育師資培育的供需，並盡速核定師範院校設立體育學
系，增加其員額編制及招生人數，以補充國小體育教師的差額；另外，
包括前教育部中教司長卓英豪曾表示過，國小最缺乏的就是藝能科的師

---

[79] 王漢忠，〈臺灣地區國小體育師資供需之推估研究（八十八至一百學年度）〉（臺北：國立臺灣師範
大學體育研究所碩士論文，1998年）。

資[80]，顯示這個問題已受到重視。

即便如此，教育部為因應時勢，大量開放師資培育管道，但近幾年情勢逆轉，教職工作取得不易，需過五關斬六將，「流浪教師」的論述一再出現，體育教師也出現同樣的問題，形成國民中小學體育師資嚴重供過於求。事實上，從民國八十七（一九九八）年至民國九十三年（二〇〇四），各大學體育相關科系大幅增加，並設有健康與體育領域教育學程，造成體育師資培育數量突增，加上整個大環境的不理想，以及少子化的衝擊[81]，體育教師就業空間呈現異於以往的榮景。尤其體育教師資格取得由過去的登記改為檢定，師資生需要通過初檢和複檢才能取得正式教師資格，比舊制的體育師資生多了更多的關卡，因此，修畢教育學程不見得能取得教師資格，民國九十四年（二〇〇五）教師資格檢定考平均通過率約九成，民國九十五年（二〇〇六）則降至約六成，體育科系更遠低於平均數[82]，從表1-5呈現的數據亦可看出；至於取得教師資格者，也未必有機會受聘為正式體育教師。為因應此問題，各師資養成單位莫不積極修改體育專業課程，期使能符合專業養成教育環境的變革。

表1-5　國立臺灣師範大學體育學系考取公立國高中正式教師人數及錄取率

畢業年度	91年	92年	93年	94年
應考人數	106	76	74	40
考取正式教師人數	44	35	21	14
錄取率	41.5%	46.1%	28.4%	35.0%

資料來源：國立臺灣師範大學實習輔導處就業輔導組，《「94學年度實習教師擔任教職概況」統計結果摘要》（臺北：國立臺灣師範大學實習輔導處就業輔導組，2006）。引自楊珮琳、林靜萍，〈中等學校體育師資就業之困境與因應策略〉，《中華體育》82（2007. 09），頁67-73。

---

[80] 楊正敏，〈學士後教育學分班 最快明年開設〉，《聯合報》，1995. 11. 29，第16版。
[81] 教育部，《師資培育統計年報》，（臺北，2006），頁10-16。
[82] 楊珮琳、林靜萍，〈中等學校體育師資就業之困境與因應策略〉，《中華體育》82（2007. 09），頁67-73。

　　事實上，針對體育教師的特殊性，並不是沒有建議之聲，例如爲兼顧教育科目及專門科目的檢定考試，體育教師檢定應重視運動技能，而非單純學科的測驗[83]，但此建議未獲採納。不過，績優運動選手仍可依照國民體育法相關規定，以專業運動教練方式由學校聘用。另外，爲使優秀運動選手得以擔任教職工作，教育部於民國八十六年（一九九七）六月四日，後於民國九十六年（二〇〇七）七月十九日修正發布的「中小學兼任代課及代理教師聘任辦法」第五條即規定，「參加奧林匹克運動會獲得前十六名者、亞洲運動會獲得前八名者，或獲得三等二級以上國光體育獎章之傑出運動員，其學歷、專長足堪任教者，得由學校報請主管教育行政機關核定酌予放寬資格後聘任爲中小學代課、代理教師。」[84]因此，有其他縣市如雲林縣訂頒「優秀運動員介聘國中小代課教師實施計畫」[85]，讓在地大專畢業的績優運動選手，能夠進校園培育運動選手，甚至規定只要在全國運動會、全中運獲前三名，大專畢業，即使尚未修習教育學程，不具教師資格，仍可優先介聘擔任體育代課教師。不過，教育部鑑於「流浪教師」增加，近來修正教師介聘辦法，不同意無教師資格的運動績優選手代課，但規定若偏遠地區應徵不到教師，可報請上級單位同意，優先介聘，使得原來的辦法牴觸到教育部新修正法令[86]，無法再適用，體育代課教師面臨離職的命運。

　　也因此，如何在運動技能與學科考試當中取得平衡點，是未來值得深思的課題。

---

[83] 孫蓉華，〈師資檢定考科目　暫不改變〉，《聯合報》，2005.12.23，第C7版。
[84] 全國法規資料庫，http://law.moj.gov.tw，2008年1月10日。
[85] 魯永明，〈大專績優選手代課　擬報准留任〉，《聯合報》，2007.04.28，第C2版。
[86] 魯永明，〈大專績優選手代課　擬報准留任〉，第C2版。

第四節　體育專業相關科系發展

目前體育專業人員專業訓練機構類型，以大專院校設置的體育系、所為主流，依其培養體育專業人員之類型約可分為四類：

1.師範院校體育學系：專門培養各級學校體育教師為主。

2.體育學院：以培養運動員、體育教師及運動教練為主。

3.大專院校體育學系：以培養體育教師、社會休閒活動指導人才為主。

4.運動休閒管理相關學系：培養體育、運動產業之經營管理人材。[87]

以下，按其系所名稱和設系時間列表如下：

表1-6　臺灣體育專業科系名稱一覽表

系所名稱		61-65年	66-70年	71-75年	76-80年	81-85年	86-90年	91-95年	96年
體育運動類	水上運動學系						1	2	1
	技擊運動（技術）學系						1	2	2
	球類運動（技術）學系						1	2	2
	陸上運動（技術）學系						1	2	2
	運動技術學系				1	1	2	1	
	運動技術學系碩士班							2	2
	運動競技科						1		
	運動競技學系							1	1
	運動競技學系碩士班							1	1
	競技運動學系						1	1	1
	競技運動學系碩士班							1	1

[87] 陳柏如，〈國立臺北師範學院體育學系體育專業人力培育之研究〉（臺北：國立臺灣師範大學體育研究所碩士論文，2003），頁15。

類	名稱								
體育運動類	體育推廣學系						1	1	1
	體育推廣學系碩士班							1	1
	運動科學研究所				1	1	2	3	3
	應用運動科學研究所（碩）							1	1
	運動教育研究所（碩士班）							1	
	運動教育研究所（博士班）							1	
	運動教練研究所碩士班					2	2	3	1
	運動教練研究所博士班							1	1
	體育科	3	4	3	2	2	2		
	體育師資科	1	1	1	1				
	體育學系	3	3	3	5	7	11	17	16
	體育研究所	1	1	1	2	2	5	13	13
	體育博士班				1	1	1	2	3
運動結合其他領域類	水域運動休閒學系							2	1
	水域運動管理系								1
	失能者運動與休閒研究所								1
	休閒保健學系							1	
	休閒運動（與）管理（學）系						2	6	8
	休閒運動（與）管理學研究所							2	2
	休閒運動保健系							2	2
	休閒運動研究所							1	1
	休閒運動科						1	1	
	休閒運動管理科								1
	休閒運動學系						2	2	1
	休閒與運動管理學系							1	
	休閒與運動管理學研究所							1	
	休閒舞蹈系							1	1
	身心整合與運動休閒產業學系								1
	身心整合與運動休閒產業學系碩士班								1

	音樂舞蹈專修科	1	1					
	音樂舞蹈學系						1	1
	健康休閒管理系						2	2
	健康事業管理系							1
	健康管理研究所						1	
	健康管理學系						1	1
	國民教育研究所（體育碩士班）						2	1
	國術學系					1	1	1
	運動（與）休閒管理研究所						1	2
	運動（與）休閒管理學系						1	1
	運動休閒管理學系						1	
	運動休閒管理學系碩士班						1	
運動結合其他領域類	運動事業管理研究所						1	
	運動事業管理學系						1	1
	運動事業管理學系碩士班						1	1
	運動事業學系						1	1
	運動保健（學）系			1	1	1	2	2
	運動保健科學研究所							1
	運動健康（與）休閒（學）系						10	10
	運動健康研究所						1	1
	運動健康科學系						1	1
	運動健康科學系碩士班							1
	運動健康與休閒科							1
	運動健康與休閒學系碩士班							1
	運動傷害防護研究所						1	
	運動管理學系						6	4
	運動管理學系碩士班						1	1
	運動與休閒教育研究所						1	1
	運動與休閒學系					2	1	2
	運動與休閒學系碩士班						1	
	運動與健康研究所						1	
	運動與健康管理研究所							1
	運動器材科技研究所						1	1

類	系所名稱								
運動結合其他領域類	運動醫學系							2	2
	運動醫學系碩士班								1
	綜藝舞蹈科							1	
	舞蹈表演研究所							1	1
	舞蹈科	1	1	1	2	2	2	3	1
	舞蹈理論研究所							1	1
	舞蹈創作研究所							1	1
	舞蹈學系			2	2	2	4	5	5
	舞蹈學系碩士班（舞蹈研究所）					1	3	3	3
	適應體育學系							1	1
	體育（與）健康（與）休閒研究所							1	2
	體育健康與休閒研究所							2	
	體育管理學系						2	2	
	體育與健康學系							1	1
	體育與健康學系碩士班								1
	體育舞蹈科						1	1	
	體育舞蹈學系						1	1	1
	體育舞蹈學系碩士班							1	1
體育運動相關領域類	休閒（與）遊憩管理學系							2	2
	休閒（與）遊憩管理學系碩士班							1	2
	休閒事（產）業經營系						1	6	4
	休閒事（產）業經營系碩士班							1	
	休閒事業經營科							1	2
	休閒事業管理（學）系						5	17	16
	休閒事業管理研究所						2	4	4
	休閒事業管理科						1	5	4
	休閒保健管理系							2	2
	休閒保健學系							1	2
	休閒保健學科								1
	休閒英語系								1
	休閒健康管理研究所							1	1

體育運動相關領域類	休閒產業經營學系										1	1
	休閒產業經營學系碩士班											1
	休閒產業管理學系											1
	休閒產業學系										1	1
	休閒遊憩系											1
	休閒遊憩事業學系									1	2	2
	休閒遊憩事業學系碩士班											1
	休閒遊憩規劃（與）管理學系										1	1
	休閒管理系										2	2
	休閒管理研究所										1	1
	身心障礙者轉銜及休閒教育研究所										1	1
	海洋休閒觀光科									1	1	1
	海洋休閒觀光系											1
	海洋運動（與）遊憩學系										1	1
	海洋運動與管理學系										1	
	景觀暨遊憩（暨）管理研究所										1	1
	景觀與遊憩研究所										1	1
	運動資訊傳播學系										1	1
	管理研究所休閒事業管理組											1
	餐旅（行銷）（暨遊憩）管理（學）系											2
	觀光（與）休閒事業學系										1	
	觀光休閒事業管理研究所										1	2
	觀光休閒學系										3	2
	觀光暨遊憩管理研究所									1	1	1
	觀光與休閒事業管理科											2
	觀光與休閒事業管理系										4	6

資料來源：筆者參考教育部統計處的61-65學年度、66-70學年度、71-75學年度、76-80學年度、80-90學年度、91學年度、92學年度、93學年度、94學年度、95學年度、96學年度的「大專院校各校科系別學生數」，整理而成。

說明：部分學校因改制緣故，以致科系名有些不同。

　　表1-6的呈現，可從「科系的設立時間」、「科系的類型演變」兩方面加以探討。

　　一、首先從科系的設立時間來看，最早的體育相關科系是國立臺灣師範大學於民國三十五年（一九四六）成立，標誌著臺灣地區體育專業教育的歷史開始，傳統上，早期的體育專科學校、師範學院、師範大學以及文化大學、輔仁大學等學校，均以培養體育師資及運動員爲主要目標。至於體育研究所僅由民國五十九年（一九七〇）成立的臺灣師範大學體育研究所一枝獨秀，獨占鰲頭。

　　在民國七十六年（一九八七）之前，臺灣所謂的體育專業教育一直是以培養各級各類學校的體育教師爲其宗旨，並以「體育」來標記這個專業領域，其他類別體育專業人力則未受重視。直至民國七十六年（一九八七）政府宣布解除戒嚴，大學教育亦配合社會、經濟多元的發展積極改革，變化較大的即是民國八十三年（一九九四）新大學法公布，因強調大學自主與學術自由，影響所及，除了大學教育蓬勃發展外，也影響大學體育列爲必修的法源，致使各大學院校體育教師面臨極大的危機，莫不尋求轉型之道，致使體育專業發展呈現多元化的面貌。

　　民國八十年（一九九一）以後，兩所體專的改制及升格而出現較多體育相關科系，而在教育部廣設大專院校的同時，體育運動相關科系如雨後春筍般的冒出。

　　從數據來看，在民國六十二年（一九七三）設體育科系的學校只有八所，民國八十七年（一九九八）則有十七所，民國八十九年（二〇〇〇）國內有設立「體育、運動、舞蹈、休閒、觀光遊憩」的大學校院有二十八校以上，民國九十二年（二〇〇三）已上升至四十九所，所設的體育相關

科系超過八十個科系[88]，再依表1-6觀之，九十六學年度（二○○七～二○○八年）所設的體育相關科系已達一百四十五個科系，這顯示近十年來，由於運動休閒產業之發展逐漸受到重視，使得運動休閒相關系所每年大幅增加，由此可看出運動休閒市場之蓬勃發展所形成正式學校教育管道之設立風潮。

　　二、從科系的類型演變來探討：Houlihan曾經指出，從一九五○年代開始，各國政府之所以開始涉入體育、運動及休閒的領域，主要是基於社會控制、經濟利益、健康利益、社會統整、國家軍事戰備、國際聲譽等動機[89]，若對照臺灣，亦是如此。

　　回顧臺灣的體育科系發展，早期多為體育運動性質的科系，名稱也多命名為「體育系」、「體育研究所」，但自民國八十年（一九九一）以後，以「體育系」總稱而合流培育所有體育專業人才體制逐漸解體，朝向專業分化發展，體育專業人才培育加速多元分化，相關系所依運動科學、運動休閒管理、運動競技、運動教育、運動藝術等不同專業領域開始分門設立，分流培育管道逐漸形成，「體育系」已不再是大專相關系所的唯一選擇。

　　此時的運動已與休閒、健康、藝術、教育、觀光遊憩等領域產生密切之連結，因而細分出各種不同類型的運動科系，如傾向競技方向，如陸上運動、球類運動、技擊運動、競技運動、運動競技；並將運動衍生出運動教育、運動科學、運動器材、教練等研究所；此外，隨著全民休閒時代來臨，運動與休閒成為現代國民必備生活所需，運動也與「休閒」、「健

---

[88] 程瑞福，〈三十年來體育專業發展〉，《學校體育三十年》收於（臺北：國立臺灣師範大學體育研究與發展中心，2003），頁120-126。邱金松，《我國體育專業人力供需、運用及管理制度之研究》（臺北：行政院體育委員會編印，1999），頁71。邱金松，〈我國體育專業人力政策之探討〉，《國家政策論壇》1：5（2001.07）。http://old.npf.org.tw/monthly/00105/theme-050.htm，2008年1月20日。

[89] 邱金松，〈我國體育專業人力政策之探討〉。

康」、「觀光」、「醫學」等元素結合，發展出運動相關系所，如「運動保健學系」、「運動與休閒學系」、「運動醫學系」，形成運動相關產業多元發展的狀況。其中，在大幅增設之各類型運動休閒相關系所中，以運動科學相關系所如運動保健系、運動科學等之成長幅度最快，運動管理類別位居第二。[90]

　　體育專業相關科系培育的人數方面，可從體育相關系所科專業的六大領域（運動科學、運動休閒管理、運動競技、運動教育、運動藝術與觀光遊憩）加以思考[91]，並將體育相關系所之畫分及其數量，自八十學年度統計至九十七學年度止，其中陳列出該年、該領域的培育人數以及所占百分比，見表1-7。

表1-7　八十至九十七學年度體育相關系所培育人數表

	運動科學	運動休閒管理	運動競技	運動教育	運動藝術	觀光遊憩	總計
80	9	0	37	872	136	974	2,028
	0.44%	0.00%	1.82%	43.00%	6.71%	48.03%	100%
81	21	0	38	940	147	1,272	2,418
	0.87%	0.00%	1.57%	38.88%	6.08%	52.61%	100%
82	14	0	44	1,008	185	1,497	2,748
	0.51%	0.00%	1.60%	36.68%	6.73%	54.48%	100%
83	46	0	36	1,050	182	1,625	2,939
	1.57%	0.00%	1.22%	35.73%	6.19%	55.29%	100%
84	50	0	82	954	210	1,838	3,134
	1.60%	0.00%	2.62%	30.44%	6.70%	58.65%	100%

[90] 邱金松、李誠等人，《專題研究計畫（十三）　體育人力資源規劃與利用》（臺北：行政院體育委員會編印，2006.12），頁22。

[91] 邱金松等人依照林建元等（2004）及行政院體育委員會（2005）所做歸類，將體育、運動、健康、休閒及舞蹈等均納入大專校院「體育」相關系所之列，因而區分為運動科學、運動休閒管理、運動競技、運動教育、運動藝術與觀光遊憩等六個領域。邱金松、李誠等人，《專題研究計畫（十三）　體育人力資源規劃與利用》，頁35-36。

85	52	0	94	945	170	1,840	3,101
	1.68%	0.00%	3.03%	30.47%	5.48%	59.34%	100%
86	46	0	126	1,359	307	2,111	3,949
	1.16%	0.00%	3.19%	34.41%	7.77%	53.46%	100%
87	41	43	157	959	279	2,364	3,843
	1.07%	1.12%	4.09%	24.95%	7.26%	61.51%	100%
88	53	151	373	1,165	290	2,726	4,758
	1.11%	3.17%	7.84%	24.49%	6.09%	57.29%	100%
89	68	188	494	1,261	271	2,731	5,013
	1.36%	3.75%	9.85%	25.15%	5.41%	54.48%	100%
90	88	217	550	1,397	325	3,561	6,138
	1.43%	3.54%	8.96%	22.76%	5.29%	58.02%	100%
91	238	344	468	1,356	304	4,537	7,247
	3.28%	4.75%	6.46%	18.71%	4.19%	62.61%	100%
92	332	479	516	1,441	258	4,559	7,585
	4.38%	6.32%	6.80%	19.00%	3.40%	60.11%	100%
93	510	500	537	1,420	279	5,272	8,518
	5.99%	5.87%	6.30%	16.67%	3.28%	61.89%	100%
94	865	808	655	1,552	355	5,982	10,217
	8.47%	7.91%	6.41%	15.19%	3.47%	58.55%	100%
95	1,589	913	748	1,644	393	6,537	11,824
	13.44%	7.72%	6.33%	13.90%	3.32%	55.29%	100%
96	1,943	1,043	744	1,828	454	7,242	13,254
	14.66%	7.87%	5.61%	13.79%	3.43%	54.64%	100%
97	2,281	1,209	762	1,911	480	8,156	14,799
	15.41%	8.17%	5.15%	12.91%	3.24%	55.11%	100%

資料來源：教育部統計處（2006，3月）：大專院校概況統計（94學年度）；教育部統計處教育統計
資料庫，http://www.edu.tw/EDU_WEB/EDU_MGT/STATISTICS/index.htm引自邱金松、李
誠等人，《專題研究計畫（十三）　體育人力資源規劃與利用》（臺北：行政院體育委員
會編印，2006.12），頁42。

　　從表1-7來看，體育相關系所畢業生總人數有逐年增加之趨勢，從
八十學年度的兩千〇二十八人，至九十七學年度的一萬四千七百九十九

人，成長了七倍之多。其中，以觀光遊憩所占比例最高，居於百分之五十至六十之間，這樣的現象從八十學年度開始，變化並不大。其次則為運動教育類之畢業生，人數雖有微幅成長，但所占比例有逐年下降之趨勢，顯見其主流地位逐步受到挑戰及系所分布之轉移現象。至於運動科學類畢業生，初期之成長緩慢，但九十一學年度後則有快速成長之趨勢。運動休閒管理類畢業生，至八十七學年度方有畢業生，九十至九十三學年度間有激增之勢，尤其以休閒運動管理及運動管理等系所增加最多，人數也有逐年成長之趨勢。運動競技類畢業生，人數雖有微幅成長，但所占比例有逐年下降之趨勢。而運動藝術類畢業生，人數所占比例亦有逐年微幅下降之趨勢。

　　臺灣地區的體育相關科系的發展狀況，從早期看來，臺灣地區的體育專業教育一直以培養各級各類學校的體育教師為主，隨著國民所得及生活水準提高，人們對於重視健康的觀念逐漸興起，社會大眾對接受教育的需求與期望隨之升高，體育專業教育出現快速成長的局勢，休閒活動和運動相關產業的發展，帶來許多商機，使得運動相關人才的需求增加，更使得運動專業面臨新的變革。加上師資培育法的公布，大專體育必修改為選修和出生率降低的少子化衝擊，使得體育專業人員的培育不能再以體育教師為主，而是以適應社會現況去培養相關體育專業人才。

　　然而，近年來臺灣體育相關科系的培育量成長快速，自民國八十年（一九九一）至民國九十五（二〇〇六）體育人力培育量快速成長五‧八三倍，至民國九十七年（二〇〇八）年每年將有一萬四千七百九十九人的供給量，國內體育人力資源呈現供給大於需求之現象。[92]同時，學者邱金松調查發現，臺灣體育專業人力教育與職業不相稱高達百分之二十九‧

---

[92] 邱金松、李誠等人，《專題研究計畫（十三）　體育人力資源規劃與利用》，頁41。

七三，體育人力低度運用情形甚為嚴重，加上近年來各大學院校體育運動
休閒相關科系擴增快速，政府機構及民營企業界相對並未提供對等的工作
機會，其人力低度運用情形將更為嚴重[93]，這是未來規劃體育相關科系時
應該關注的課題。

[93] 邱金松，〈我國體育專業人力政策之探討〉。

第五節　體能教育計畫之實施

　　一個國家民族體能與健康程度的優劣，不宜僅以奧會獎牌多寡來判斷，還須從全體國民的體能優劣來評估。各項運動競技成績的優劣，僅代表各國優秀運動員的運動表現；全體國民優異的身體運動能力，才是國力的具體展現。

　　身體適能可以分成兩類，一是與健康有關的「健康體能」，包含肌力、肌耐力、柔軟度、心肺耐力、身體組成等五種不同特質的身體能力與構造所組成；另一是與運動技巧有關的「運動體能」，除了健康體能的五項要素外，敏捷性、協調性、平衡感、速度、反應時間及瞬發力等要素。

　　體能現象之所以在一九六〇年代以前已備受重視，究其原因，在於第二次世界大戰後，世人體能逐漸呈現衰退現象，先進國家研擬各種對策以因應之。其中，一九五三年紐約兩位學者用六種基本運動能力測驗來比較美國和歐洲各國的青年和兒童的體能，發現美國學童的基本運動能力測驗結果遠不及他國[94]，一九五五年美國艾森豪總統遂召集醫學、體育、運動與衛生教育專家，致力提升美國青少年的運動能力[95]。美國體育健康休閒協會（AAHPER）後於一九五八年提出美國青年體能測驗（AAHPER Youth Fitness Test）[96]，用來評量美國青少年的身體運動能力。國際科學會議（ICSS）更於一九六四年組織了國際體能測驗標準化委員會（International Committee on the Standardization of Physical Fitness，簡稱

---

[94] 〈重視國民的體能〉，《國民體育季刊》12：4（1984.12），頁5-8。

[95] 林正常，〈健康理能理論〉，收於《八十三學年度體育教師體能教育研習會報告書》（臺北：國立臺灣師範大學體育研究與發展中心，1995.05），頁70-74。林世澤，〈體適能的由來與推展〉，收於《八十三年區運健康體適能研討會》（臺北：臺北市政府教育局，1994.11），頁6-8。

[96] 體適能內容為引體向上、仰臥起坐、立定跳遠、折返跑、50碼衝刺、壘球擲遠與600碼共七項，用來測驗人體的臂力、腹肌耐力、瞬發力、敏捷、速度、協調與心肺耐力等七種身體運動能力。毛連塭、林貴福主持，《臺北市中小學健康體能常模研究報告書》（臺北：臺北市政府教育局，1993.05），頁9。

ICSPFT），訂定體能檢測的內容與方法，作爲各國進行體能檢測的參考。不過，當時是以「運動體能」主導著當時的體能概念，並深切影響青少年體能測驗的內容與體能的改善計畫。

至於健康體能的強調，則是近三十年的事。由於文明科技的發達及生活環境的改變，致使人們重視健康，七〇年代中期以後，體能的概念有所轉變，基於運動能力的若干要素深受遺傳的影響，與運動習慣較無關係。學者因而質疑運動體能是否全然爲一般兒童所需，進而積極倡導健康體能的觀念。影響所及，有關兒童與青少年體能測驗的實施，漸不強調運動體能的要素，轉而注重健康有關的要素。

一九七五年美國健康體育休閒舞蹈協會（AAHPERD）的測驗與評量、體適能及研究評議會的聯席委員會議，再度於一九七六年修訂青年適能測驗的項目，學者 Jackson 等人不僅贊成，並建議將體適能直接導向健康特質[97]，體能測驗的項目遂有逐漸減少與簡單易行的趨向。

國內方面的發展亦是如此，初期的體能活動同樣強調運動體能。體能測驗和推廣活動，一開始是由救國團著手辦理，救國團先是於民國四十二年（一九五三）成立「體能訓練委員會」，提倡青年體育活動，後於民國四十四年（一九五五）實施中學生的團體體能測驗[98]，民國四十五年（一九五六）約集專家學者，公布實施「青年體育獎章頒授辦法」，將民眾分爲青年、健兒、武士、英雄、青年救國等五級分區辦理[99]，此爲較早的體適能檢測。不過，另有文獻指出，臺灣最早的體適能測驗是在民國五十年（一九六一），與日本、琉球同時舉行，依據的內容是美國青年適

---

[97] 毛連塭、林貴福主持，《臺北市中小學健康體能常模研究報告書》，頁10。
[98] 曾瑞成，〈我國學校體育政策之研究（1949-1997）〉，頁145。
[99] 國立臺灣師範大學體育研究與發展中心，《國民體育獎章測驗第三期工作報告書》（臺北：國立臺灣師範大學體育研究與發展中心，1984），頁1。

能手冊（American youth fitness manual）。[100]

　　民國五十三年（一九六四）爲了響應全民運動的號召，從 AAHPER 體適能測驗項目中，選擇折返跑在臺北市二二八公園進行市民測驗。民國五十八年（一九六九）正式進行二十五歲以上國民的五十公尺快跑、立定跳遠、俯地挺身、四十公尺折返跑等體能測驗[101]，看得出來，測驗項目是以運動體能爲主。

　　至於學生體適能的推動，教育單位約莫在九年國民教育實施的前後，開始正視學生體能的問題。

　　首先，臺灣省教育廳爲明瞭全省各中小學學生體能發展情形，以供改進及加強學校體育之參考，乃於民國五十六年（一九六七）規劃學生體能測驗事宜，測驗項目爲五十公尺、立定跳遠、耐力跑、握力、引體向上、穿梭跑、仰臥起坐、體格測驗等，選定全省二十三所中小學，舉行抽樣測驗。[102]看得出來，測驗項目相當多。民國五十八年（一九六九）將該項測驗辦法重加修改後，普遍印發全省各中小學實施。[103]雖然如此，地方政府和中央之間實施的體能測驗項目並不相同，例如彰化縣政府於民國五十七年（一九六八）進行學生的體能檢測工作，當時男學生的測驗項目爲一百公尺、急行跳遠、引體向上、一千五百公尺、鉛球（四公斤），女學生是一百公尺、急行跳遠、仰臥起坐、八百公尺、鉛球（四公斤）[104]，依此來看，當時舉行體能測驗的內容並不統一。

　　另外，爲消弭升學主義對學生機體發展造成不良之影響，臺灣省教育廳又規定國中應屆畢業生在畢業前必須參加體能測驗，項目分有田徑、球

---

[100] 鄭百成，〈一個新的體適能分數〉，《測驗統計簡訊》49（2002.09），頁1-19。

[101] 鄭百成，〈一個新的體適能分數〉，頁1-19。

[102] 曾瑞成，〈我國學校體育政策之研究（1949-1997）〉，頁155。

[103] 曾瑞成，〈我國學校體育政策之研究（1949-1997）〉，頁155。

[104] 宋維煌，〈體適能檢測活動之實施——以新竹市及彰化縣之辦理情形爲例〉，《臺灣省學校體育》41（1997.09），頁4-10。

類、體操三類，每類若干項，學生在每類中任選一項參加[105]，臺灣省國民體育委員會於民國五十九年（一九七〇）四月對全省各中等學校實施體育抽考，並辦理中小學生的體能測驗[106]，期望透過行政措施，提升學生之體能，以促進身心均衡發展。

同樣地，教育部也於民國五十九年（一九七〇）四月針對十至十八歲，共八千六百八十二名男女學生進行基本體能測驗，項目是五十公尺快速跑、立定跳遠、一千公尺、引體向上、折返跑、壘球擲遠。然而，經過臺灣師範大學楊基榮教授的分析，僅有百分之十二·五的學生是正常發展，其中竟然高達百分之八十的學生體能能力不平均，尤其女學生更為嚴重[107]，顯示許多青少年的身體能力普遍不佳。

對於此種現象，除了學者對於「體能」的議題給予關注之外[108]，國民體育委員會委員也紛紛提出建言[109]，教育部體育司後於民國六十年（一九七一）舉辦標準體能測驗，該年度分區取樣七十二所國民中小學校，約兩萬兩千人[110]，以明瞭青少年體能水準和狀況，並將所得數據與世界各國比較。

民國六十七年（一九七八）教育部因「鼓勵國民從事身體的活動，鍛

---

[105] 第一類是田徑，男生項目為一百公尺、急行跳遠、推鉛球（四公斤），女生為一百公尺、急行跳遠、推鉛球（六磅）；第二類是球類，男生項目為籃球三十秒投籃、排球三十秒對牆托球、軟式棒球三十秒對牆傳準，女生為籃球三十秒投籃、排球三十秒對牆托球、壘球三十秒對牆傳準；第三類是體操，男生項目為屈膝前滾翻、抱膝前滾翻、屈腹遠魚躍、頭手倒立，女生為屈膝前滾翻、抱膝前滾翻、屈膝後滾翻、屈腹遠魚躍。〈國內外體育動態〉，《國民體育季刊》1：1（1969.06），頁58。

[106] 〈國內外體育動態〉，《國民體育季刊》1：4（1970.03），頁53。

[107] 〈國內外體育動態〉，《國民體育季刊》2：2（1971.03），頁59。

[108] 楊基榮，〈體能是什麼？〉，《國民體育季刊》1：4（1970.03），頁7-9。

[109] 例如臺灣省國民體育委員會建議中小學生一年一次體能測驗，高中及國中舉行體能獎章檢定測驗。〈國內外體育與運動消息綜合報導〉，《國民體育季刊》2：4（1971.09），頁68。教育部國民體育委員會則是於民國六十年（一九七一）年四月舉行大中小學學生體能測驗。〈教育部國民體育委員會工作動向概要〉，《國民體育季刊》2：6（1972.02），頁44。

[110] 〈國內外體育動態〉，《國民體育季刊》2：1（1970.12），頁54。

鍊國民強健體魄，促進健康，提高體能，厚植國力」[111]，委託國立臺灣師範大學規劃和執行辦理國民體育獎章[112]，歷經三期實施（民國六十七年至民國七十一年，為時四年），用以評量國人的速度（一百公尺或曲折跑）、心肺耐力（視年齡擇其一，八百公尺、一千兩百公尺、一千五百公尺、兩千四百公尺、三千公尺）、肌力與肌耐力（引體向上或仰臥起坐）、瞬發力（立定跳遠或立定三次跳）與協調性（壘球擲遠或手球擲遠）等項目，最後依測驗成績，針對少年、青年、壯年、中年以及忘年五組頒發金質、銀質、銅質獎章。不過，此測驗後來停滯，未能辦理。

　　當時，臺灣師範大學體育系方瑞民教授進行一連串的體能比較研究，獲得以下的結果：民國五十七年（一九六八）臺灣省立體育專科學校學生與日本比較，發現在肌力、肌耐力與敏捷方面不如日本；民國六十年（一九七一），臺灣省立體育專科學校男學生肌力不如美國；民國六十三年（一九七四）臺北市的幼兒、國小、國中、高中學童的部分和綜合體能均不如日本[113]。同樣地，民國六十二年（一九七三）謝幸珠曾比較中日（應是臺灣與日本）的幼兒體能，發現幼兒的體能普遍不如日本[114]。但對於這樣的現象，教育部等單位並沒有比較具體的措施。

　　隨著國民所得水準的提升，以及週休二日的實施，愈來愈多的國人選擇在閒暇時從事各項運動，除了藉此獲得身體的健康之外，同時也盡情的享受運動時所伴隨而來的樂趣，不過當時成功嶺退訓青年高達百分之十，加上肥胖的兒童及青少年日益增多，同時將國內青少年之體能與先進國家

---

[111] 本社，〈教育部國民體育獎章測驗試測報導〉，《國民體育季刊》12：1（1983.03），頁86-95。

[112] 國立臺灣師範大學體育與研究中心，《國民體育獎章測驗第三期工作報告書》，頁2-3。但事實上，民國五十九年（一九七〇）教育部已決定設立國民體育獎章，以頒給國民體能測驗成績優良的學生、華人、社會民眾和殘缺者，依年齡分為二至四階段。〈國內外體育動態〉，《國民體育季刊》1：5（1970.06），頁52。

[113] 方瑞民，〈各國國民體格與體能之比較〉，《國民體育季刊》12：4（1984.12），頁9-17。

[114] 謝幸珠，〈幼兒運動能力調查研究〉（臺北：臺灣師範大學體育研究所碩士論文，1973）。

相較，每個項目均差[115]，使得教育部於一九九〇年代左右，重新重視和積極推動健康體能計畫。

　　教育部體育司於民國八十一年（一九九二）實施為期五年的「提升國民體能計畫」，設定國中、小學生健康體能的測驗項目與調查，並交由各級教育行政機關推動，其中學校體能教育之實施計畫及推展，委託臺灣師範大學體育研究與發展中心辦理，積極推動各項措施。[116]體育司後於民國八十四年（一九九五）十一月二十三日公布「中華民國國民體能測驗項目」[117]，以六歲至二十四歲學生為主，檢測項目有「身體質量指數」、「坐姿體前彎」、「立定跳遠」、「一分鐘屈膝仰臥起坐」、「八百或一千六百公尺跑」等五項。

　　然而，依據教育部八十七年七月公布的「臺閩地區中小學學生體適能檢測資料處理常模研究」發現，國內中小學學生體適能水準比歐美與亞洲鄰近等國家來得差，因而於民國八十八年（一九九九）研訂「提升學生體適能中程計畫」[118]，全面進行「體適能三三三計畫」，輔導學生一週運動至少三天，每天運動至少三十分鐘，運動強度達每分鐘心跳一百三十次左右的目標，期使學生養成規律運動習慣，藉以改善學童體能。該年九月開始試辦推展體適能教育，選定四所國小、三所國中、兩所高中試辦（約一萬名學生），民國八十九年（二〇〇〇）十月擴大試辦兩百所學校（約二十萬名學生），並推廣大專體適能團隊，同時全面辦理實施中小學生體

---

[115] 王慶堂，〈當前體育政策──提升學生體能政策〉，收於《教育部八十五年度提升國民體能計畫體育教師體能研習會報告書》（臺北：國立臺灣師範大學體育與研究發展中心，1996.06），頁67-74。

[116] 體研中心自民國八十三年（一九九四）年成立專案小組，進行各種推動措施，並舉行「體育教師體能教育研習會」，開放國小、國中、高中、大專學校教師參加，俾使教師能推展至校園。國立臺灣師範大學體育研究與發展中心，《「提升學生體能專案」研究（第一年）報告書》（臺北：國立臺灣師範大學體育研究與發展中心，1994.06）。

[117] 宋維煌，〈體適能檢測活動之實施──以新竹市及彰化縣之辦理情形為例〉，頁4-10。

[118] 教育部，《94學年度學生體適能檢測與護照實施績效之調查研究》（臺北：教育部，2006），頁1。

適能護照，民國九十年（二○○一）一月全面實施，期於五年內提高學生體適能認知百分之三十，增加規律運動人口百分之十，以提升學生體適能水準百分之十。之後，續於民國九十三年（二○○四）推動「健康體位五年計畫」，期經營健康體位優質環境，提升正確體型意識，藉動態生活及均衡飲食來提升學生體適能。

　　依據教育部公布的「九十五學年度學生體適能檢測調查研究」報告書，已將「臺閩地區中小學學生體適能檢測資料處理常模研究」（一九九七年）、「九十二年臺閩地區中小學生體適能狀況調查研究」、「九十四學年度學生體適能檢測與護照實施績效之調查研究」的各種數據進行整理，依此，該報告書將九十五學年度臺閩地區國小學生體適能檢測趨勢與歷年檢測資料（八十六學年度、九十二學年度、九十四學年度），依各項目分別進行比較分析，檢測比較的結果如下：

表1-8　身體質量指數歷年比較表

性別 年齡	男生				女生			
	86年	92年	94年	95年	86年	92年	94年	95年
10歲	18.4	18.8	19.4	18.9	17.7	17.8	18.4	17.9
11歲	19.0	19.5	20.0	19.8	18.4	18.4	18.9	18.6
12歲	19.4	19.9	20.4	20.3	19.2	19.1	19.5	19.3
13歲	20.0	20.7	21.1	20.8	19.8	19.8	20.2	19.9
14歲	20.4	20.9	21.3	21.2	20.3	20.3	20.6	20.3
15歲	20.9	21.3	21.7	21.5	20.6	20.4	20.8	20.6
16歲	21.3	21.3	21.9	21.7	20.6	20.5	20.6	20.6
17歲	21.5	21.6	22.1	21.9	20.6	20.6	20.7	20.6
18歲	21.8	21.9	22.3	22.2	20.6	20.6	20.8	20.7

資料來源：教育部，《95學年度學生體適能檢測調查研究》（臺北：教育部，2007年）。

表1-9　柔軟度（坐姿體前彎）歷年比較表

性別 年齡	男生				女生			
	86年	92年	94年	95年	86年	92年	94年	95年
10歲	26.2	25.7	25.7	25.2	28.4	28.3	28.9	28.7
11歲	26.2	25.6	25.6	25.0	29.0	28.7	29.3	29.1
12歲	26.5	25.6	25.9	25.3	29.6	29.4	29.7	29.7
13歲	26.0	24.9	26.0	25.6	28.8	29.4	29.6	29.8
14歲	27.5	26.2	26.8	26.3	29.8	30.5	30.4	30.3
15歲	28.5	26.6	27.0	27.0	30.4	30.7	30.5	31.0
16歲	29.6	28.2	28.3	27.7	31.8	32.4	32.8	32.1
17歲	30.3	28.7	28.8	28.1	33.2	33.0	33.4	32.8
18歲	30.8	29.3	29.4	28.3	33.6	34.0	34.1	33.3

資料來源：同表1-8。

表1-10　肌肉適能（一分鐘仰臥起坐）歷年比較表

性別 年齡	男生				女生			
	86年	92年	94年	95年	86年	92年	94年	95年
10歲	26.8	27.4	26.8	25.6	25.1	25.3	25.3	24.0
11歲	29.1	29.8	29.4	28.5	27.1	27.9	27.4	26.6
12歲	32.0	33.4	32.1	31.7	28.5	30.2	29.1	28.5
13歲	34.3	35.6	35.9	34.7	28.0	30.7	30.1	29.0
14歲	36.0	38.0	38.2	37.3	27.8	31.7	30.9	30.1
15歲	36.9	39.8	39.5	38.7	27.6	31.9	31.7	30.5
16歲	38.0	41.9	40.8	39.6	27.6	31.7	31.6	30.8
17歲	38.5	41.1	41.2	40.1	28.1	31.6	32.3	31.6
18歲	38.2	40.7	41.3	40.3	28.3	32.9	32.7	32.2

資料來源：同表1-8。

表1-11　瞬發力（立定跳遠）歷年比較表

性別 年齡	男生				女生			
	86年	92年	94年	95年	86年	92年	94年	95年
10歲	145.3	140.2	142.0	139.4	131.5	129.4	131.4	127.7
11歲	156.3	149.3	150.9	148.4	141.1	137.5	139.1	135.6

12歲	168.6	162.3	159.9	160.6	147.2	145.4	144.3	142.2
13歲	183.7	176.9	178.0	174.9	149.0	149.8	146.5	145.4
14歲	197.4	188.6	187.9	186.8	150.6	150.5	147.4	146.5
15歲	208.7	198.4	193.5	196.0	152.0	152.2	148.3	148.0
16歲	218.1	206.0	207.6	203.1	158.0	154.9	153.0	151.3
17歲	224.7	211.1	211.4	206.5	160.8	155.5	154.5	153.1
18歲	227.4	216.0	212.9	208.8	162.5	158.0	155.0	154.2

資料來源：同表1-8。

表1-12　心肺適能（800／1600公尺跑走）歷年比較表

性別\年齡	男生				女生			
	86年	92年	94年	95年	86年	92年	94年	95年
10歲	294.4	304.2	310.2	316.5	308.9	315.3	320.6	320.9
11歲	275.8	288.2	295.3	301.7	219.4	297.3	306.8	306.2
12歲	259.2	268.1	282.7	283.3	283.5	284.5	298.6	294.8
13歲	560.1	584.6	591.9	594.4	286.0	287.8	295.7	292.9
14歲	531.5	556.9	568.2	569.8	290.4	288.9	298.8	295.2
15歲	512.3	539.9	551.2	546.0	294.4	288.3	300.4	295.3
16歲	484.9	513.1	521.5	522.2	277.3	282.5	287.8	289.8
17歲	480.0	503.0	519.2	518.5	275.3	284.0	289.4	290.2
18歲	482.9	501.7	517.8	517.5	279.1	285.3	291.9	291.8

資料來源：同表1-8。

　　近年來各國均致力於提升學生身體活動質量，透過身體活動增進國民身體健康，進而提升國家整體競爭力。但從表1-8至表1-12，可以發現中小學體適能評估結果，無論在身體質量指數（BMI值）或心肺耐力檢測等項目的表現並不佳，各階段的體適能檢測成績幾乎持平，顯示在教育養成的過程中，孩童的身體素質並沒有隨著年紀的增長而進步，反倒呈現遲滯不前的狀況。

　　現今，為促進學生健康概念與群體活力的發展，提高國家整體競爭力，體育司又於民國九十六年（二〇〇七）實施「二一〇活力晨光體適能

推展計畫」，積極促進學生身體活動質量。另「快活計畫」的具體目標
為[119]：高中及大專校院學生身體活動每天至少累積三十分鐘，且每週累
積兩百一十分鐘的比率，每年提升百分之十至十五；國中小學生於二〇〇
八年達到百分之八十；各級學校學生參加體適能檢測比率每年提升百分之
二十，通過體適能比率每年提升，預計民國一百年（二〇一一）時，每校
每年至少實施兩次體適能檢測；另外，以民國九十二年（二〇〇三）檢測
心肺適能的資料為基準，自民國九十六（二〇〇七）年起，以每年縮減七
到十秒為目標，預估五年後縮減三十五到五十秒。

　　除此之外，教育部於民國九十六年（二〇〇七）進行「健康體育護照
電子化」[120]，並與體適能績效評估系統整合，使學生可隨時上網了解自己
體適能及健康狀況，也讓家長了解子女的狀況。

　　同年，規劃推動「體適能納入考試計分之可行計畫」[121]，九十六學年
度體適能已納入申請入學計分，臺北市有八所高中職將體適能成績列入申
請入學之特別條件的加分項目。

　　以上這些方式，都是促使學校配合推展健康體適能概念，共同為學生
健康而努力，期望臺灣學童的體適能能有效提升，以提升國民整體的競爭
力。

---

[119] 教育部，《快活計畫》（臺北：教育部，2007），頁16-17。
[120] 中華民國體育學會配合教育部體育司政策，所實施的「健康體育護照電子化」，詳情可見中華民國體
育學會http://www.rocnspe.org.tw/，2008年1月20日。
[121] 「體適能納入考試計分之可行計畫」乃為教育部體育司委由中華民國體育學會所規劃的項目，詳文可
見中華民國體育學會http://www.rocnspe.org.tw/，2008年1月20日。

第二章　社會體育史

　　國民政府退守臺灣之後，體育政策導向「體育軍事化」和「體育教育化」兩大主軸。而初期在社會體育方面上無計畫性的實施方案，僅有零星的體育活動。先總統蔣公於民國四十二年（一九五三）手著〈民生主義育樂兩篇補述〉中，曾對國民體育有剴切的指示，「一個人要有休息才能從疲勞中恢復，也要有運動才能調節體力和心力，保持身心平衡。所以無論兒童或老年都要運動，無論男女也都要運動。劇烈的運動是應當節制的，但溫和的運動卻要經常有恆的踐履。」這一指示，開創了「全民運動」的先聲[1]。

　　在臺灣地區，體育政策長久以來均採中央主導模式，其相關體育政策的擬定，都是循著由上而下的途徑形成，由政府帶動民間的發展，體育行政機關於政策形成過程中實居主導地位，這種由上而下的政策制定方式，便直接影響體育政策的執行與國家體育運動的整體發展。因此，欲了解臺灣的社會體育史發展概況，就必須先了解中央政府的社會體育政策，以及臺灣省市教育廳及地方政府之相關作為，其次再輔以探究民間各項運動組織團體的相關活動，或許可知悉發展概況之全貌。

　　本文將循著歷史進程的脈絡，來探究民國三十八年（一九四九）後臺灣社會體育的發展歷程，也就是全民運動[2]的推行過程。當然，欲知一個政策推展的全貌，首先必須清楚的了解當時社會環境狀況，因為一個政策的推動會隨著時代的政治、經濟、文化背景的影響而有所不同，體育政策的發展亦是如此。本章將就當時社會體育政策及各項體育活動的發展分成四階段來探究，依序是政府遷臺時期（一九四九～一九七三）、體育司成

---

[1]　邱金松，〈臺灣省推展社區全民運動之探討〉，《體育學報》7（1985.12），頁1。

[2]　全民運動廣義概念涵蓋了家庭體育、學校體育、社區體育及職工體育等四大領域。就狹義而言，乃指所有國民能享有的共同空間之社區全民運動。社區體育是社會體育的組成部分，由社區居民自行進行的簡單易行、廣大群眾喜聞樂見的多種多樣身體鍛鍊活動。由上述可以了解，社會體育即全民運動，社區運動是全民運動的基石。邱金松，《現代體育運動思潮（下）》（桃園：國立體育學院，1988）。

立之後的經濟成長時期（一九七三～一九八六）、解嚴時期（一九八六～一九九七）和現代時期（一九九七～二〇〇七）。

第一節　政府遷臺時期
（一九四九～一九七三）

　　國民政府於民國三十八年（一九四九）年遷臺，兩岸關係呈敵對狀態，因而立即宣布戒嚴，「反攻大陸」成為政府的首要政策。戒嚴初期，臺灣的政治環境屬威權統治，經濟條件短缺，一切物資以支援國防為主，產業結構由農業社會逐步走向輕加工業，一般民眾的生活重心仍在於經濟生活，以致體育的發展幾近停頓，全民運動的發展更毋需論之。政府僅擇取舊有的制度實施，並縮小實施的範圍與規模，體育的政策附著於教育的體制[3]。

　　民國三十九年（一九五〇）後，教育部在體育推展政策部分，首推在教育部成立體育委員會，作為全國體育行政的最高機構。但在戰後初期由於百廢待興，經費缺少的情形下，體育運動推展的工作艱鉅難行，此時主管全國體育業務分別由教育部社教司及國際文教處辦理，直到民國四十三年（一九五四）教育部鑑於體育工作亟待推展，才又恢復設置國民體育委員會的組織。在省縣市的體育行政組織，在教育廳、局均設有專管體育業務的單位，負責推行中央指示的體育工作[4]，但整體來說，此時期的體育運動組織並無法獲得充分的授權來推動全民體育工作。

　　由於早期的體育運動組織並未完全，因此並未有完善的全民體育政策可言，行政單位的體育措施不外乎舉辦運動比賽和加強學校體育，在此一階段，真正對於發展國民體育有具體政策方案的是，民國五十四年（一九六五）臺灣省政府公布之「臺灣省發展國民體育實施方案」[5]，其主要的目標有健全體育行政組織、加強學校體育、積極執行社會體育、提高

---

[3]　徐元民，《體育史》，頁329。

[4]　蘇維杉，《臺灣運動產業發展的社會過程》，（臺北：國立臺灣師範大學，2003）。

[5]　蔡長啓，〈提升國民體能落實全民體育〉，《國民體育季刊》24（2）（1995），頁60-66。

體育師資素質及培養優秀運動員五項。民國五十四年（一九六五）再度會
議，並以「臺灣省發展國民體育實施重點」為中心議題，因此臺灣省國民
體育委員會對於戰後臺灣體育運動的推展有許多貢獻，讓全民體育的推展
有所依據[6]。

　　各項體育相關法案的執行與擬定，並未因為臺灣在國際間遭受到排擠
與挫折而停滯，民國五十七年（一九六八）教育部進一步頒定「發展全民
體育、培養優秀運動人才實施方案」中，從學校體育、社會體育、研究實
驗、國際體育活動及體育師資訓練等各方面全面推動，使體育普及全民，
以促進國民健康，其目標為將全面普及體育運動和選訓優秀運動人才列為
首要的體育政策。

　　民國五十八年（一九六九）四月，教育部為發展全民體育，促進國民健
康，乃飭令臺北市政府教育局及臺灣省政府教育廳，應於文到三個月內，
將省、縣（市）、鄉、鎮等各級國民體育委員會籌組完成，以發揮行政督
導功能[7]。民國五十九年（一九七〇）八月，教育部為遵行總統革新教育之
指示，特別召開第五次全國教育會議時，部長鍾皎光在開幕致詞「展望今
後教育」之重點發展中提及，計畫增設體育司，以利實施全民體育，務使
學校體育與社會齊頭並進[8]。會議通過三項重要的教育政策，其中有關社會
體育政策之方針為「增設各縣市體育運動場所，且各級學校及體育設備應
配合社區體育活動，以促進全民體育之發展」[9]；此外，在「長期教育發展
計畫綱要」，其中第十條對推展全民體育有翔實之規劃，例如推展教育之
目標在增進國民健康、養成互助合作之美德，及公平競爭之運動家風度，
普設運動場地和建立體育行政體系。尤其規定教育部設體育司，省、市教

---

[6]　吳文忠，《中國體育發展史》，（臺北：國立教育資料館，1981），頁275。
[7]　教育部，〈政令報導〉，《國民體育季刊》復刊號1：第一卷，頁45。
[8]　教育部，《第五次全國教育會議報告》，（臺北：教育部，1970），頁12。
[9]　教育部，《第五次全國教育會議報告》，頁108。

育廳、局設體育科，縣、市教育局設體育課，負責策畫推行全民體育事宜[10]。

　　而在此時期臺灣民間社會體育組織亦推行甚力，例如，民國三十四年臺灣光復，脫離了日本長達半個世紀的統治；次年，臺灣一些運動界的前輩，以林朝杰先生為中心，出來號召舉辦臺灣省運動會，讓臺灣省行政長官公署（臺灣省政府前身）承受到很大的壓力，長官公署於是指派臺灣警備總司令部高參王成章，負責籌畫臺灣省運動大會。王成章先生後來又當選為臺灣省體育會理事長。

　　臺灣省體育會成立於民國三十五年六月一日，為光復後最早成立的社會體育團體，歸屬於臺灣省政府社會處管轄之下的民眾團體之一，接受臺灣省政府教育廳的業務指導，數十年來為發展體育活動，有很大的貢獻。臺灣省體育會是臺灣省民間最高的體育領導單位，目前擁有二十一個縣市體育會的團體會員，往昔年年舉辦臺灣省（區）運動會、春季體育活動聯合競賽、體育節慶祝大會、秋季體育活動聯合競賽、休閒體育活動等大型體育活動，及各單項分別辦理之精省前的省長盃各項競賽、裁判及教練之研習班、選手訓練營等，雖然精省後經費極為拮据，近兩年仍籌募經費，舉辦秋季體育活動聯合競賽、體育節慶祝大會、慶祝體育節全民登山健行大會、日月潭環湖公路大隊接力賽、省主席盃（籃球、槌球、桌球、保齡球、土風舞、元極舞、柔道）等競賽，皆為膾炙人口的體育活動，頗受各界肯定。

　　此外，民間的社會體育賽事如「高雄市和家盃排球賽」，對臺灣的排球發展亦有卓著貢獻，和家盃於民國四十五年（一九五六）由王和家先生所創辦，先生是一介漁夫，遭遇海難獲救後，重新省視人生的意義，基於

---

[10] 教育部，《第五次全國教育會議報告》，頁115。

回饋社會的理念與對排球運動的熱愛而創辦此盃賽。半世紀以來，參賽組別由首屆的兩組至第四十九屆擴增為十四組；參賽隊伍，由首屆的十餘隊擴增為百餘隊；經費來源，由創辦人獨資至獲得各界共鳴響應捐款。組織由一人身兼數職走向細緻分工；比賽由一天展延至三天；比賽地點則均在高雄市本地。第二十屆起，「高雄市和家盃排球賽」之規模由地方性擴及區域性；第二十三屆起，其規模則由區域性擴展至全國性。第三十六屆，高雄市日僑學校媽媽排球隊首次受邀參賽，「高雄市和家盃排球賽」邁出走向與國際交流的第一步。近年觸角更延伸至海外，和日本的媽媽組排球組織，架起良好的聯絡橋梁。今年（二〇〇九）和家盃邁向五十三屆，被視為臺灣社會體育排球賽事最為資深的盃賽。以落實「休閒強身」之觀念為舉辦宗旨的「高雄市和家盃排球賽」，在半個世紀的努力過程中，不但嘉惠各級排球選手，更讓高雄市成為南部地區排球運動的重鎮，成為培育國手的搖籃，為國家培育出許多優秀的排球人才，提供國家可用之兵，近年已獲得高雄市政府認可，正式成為高雄市文化資產。就臺灣體壇而言，則更是多了一項為排球運動貢獻心力半世紀的體壇古蹟。當然，仍有許多對臺灣社會體育貢獻良多的民間賽事，例如大甲鐵砧山永信藥廠所贊助舉辦之永信盃排球賽和宜蘭之成功盃棒球賽等等。

第二節　經濟成長時期
（一九七三～一九八六）

　　隨著臺灣經濟的成長，民國五十（一九六〇）年代以後，兩岸關係稍有緩和，加上經濟條件大幅改善，國民所得自民國五十（一九六〇）年代的四百多美元提高至一九七〇年代的兩千多美元，一九八〇年以後更增加至五千美元，提供了推展全民體育的基礎條件；此外，民國七十三年（一九八四）實施勞基法後，勞工的工作時數受到法律的保障，工時逐漸減少，休閒與自由的時間增加，人們的消費型態根據行政院主計處的統計育樂費的比例，從民國六十（一九七〇）年代的百分之六～七，爬升到民國七十（一九八〇）年代的百分之八～九，民國八十（一九九〇）年代更突破百分之十三[11]。因此，人民有機會從事工作以外的其他事情。六十（一九七〇）年代以前，臺灣社會所追求以生活溫飽爲先；到了民國七十（一九八〇）年代，政治和社會變遷更加劇烈，對臺灣社會文化的影響是深遠的，隨著經濟成長與商業活動開始熱絡，人們的物質生活也逐漸富裕，並逐漸具有消費與休閒的觀念，全民運動的觀念也在此時期受到大多數人民的認同，有助於全民運動的發展。

　　民國六十二年（一九七三）教育部成立體育司，在體育司成立後擬定發展體育五年計畫，並致力於學校體育、社會體育、國際體育和體育研究發展爲推展之工作目標。其中，在社會體育方面，以健全各級民間運動組織、擴建體育運動場所、輔導舉辦競賽活動、培養優秀運動人才，即積極推展全民運動爲目標[12]，不但奠定了全民運動發展的基礎，體育司的成立，也使得全國的體育行政工作有了統一領導和推展的政府機構。體育司

---

[11] 行政院主計處，《中華民國臺灣地區八十三年家庭收支調查報告》。（臺北：行政院主計處，1994）。

[12] 體育司，《體育司成立一週年工作報告》，（臺北：教育部體育司，1974），頁1。

成立後是全民體育發展的奠基期，本時期雖然在國內外的外交、政治和經濟上仍面臨許多困境，然而卻是全民體育發展的奠基和全面發展期，因此，體育司成立是一個相當重要的發展關鍵。

　　體育司積極輔導民間各運動團體健全組織，以協助推展全民體育。民國六十四年（一九七五）「民生主義現階段社會政策」中全力推行「社區體育」[13]，積極充實縣市、鄉鎮及社區運動設備，改進運動環境，增加國民運動機會，激發國民愛好運動的興趣，以培養蓬勃之社會風氣，使全民體育運動在原有之社會基礎上，更進一步獲得發展，此乃政府推展全民運動最早的規劃；民國六十五年（一九七六）推動「全民運動重點實施計畫」[14]；民國六十八年（一九七九）更推出「積極推展全民體育運動計畫」和「加強推展社區全民運動實施要點」，是以全民身心為目標，協助所有社區理事會健全組織、培養足夠指導人才，達到全面推展全民體育的活動，其活動內容如下[15]：

　　一、擴增民間康樂、運動、遊憩及交誼場所。省市及縣市政府應積極闢建登山、健行、露營、野餐、游泳、運動及旅遊活動場地。

　　二、鼓勵民眾早起，養成民眾勤奮、早起、健身之習慣。由各村里鄰發起組織「早覺會」。

　　三、推廣民眾體育運動，增進國民身體健康。由各地鄉鎮（市）公所發動民眾，配合當地運動場所，組織各種球類及田徑、游泳、滑水、划船等體育團隊，各地公立學校之運動場、體育館、健身房、游泳池等，應於寒暑假、休假中或課餘之時，開放供當地體育團隊使用。

[13] 體育司，《體育司成立二週年工作報告》，（臺北：教育部體育司，1975），頁1。
[14] 羅開明，〈近三十年我國體育體育政策的演進〉，《教育資料集刊》，第十輯。（臺北：國立教育資料館，1985）
[15] 請參閱 曾瑞成，《我國學校體育政策之研究，1949-1997》，（臺北：國立師範大學，2000），頁215-217。教育部，《積極推展全民體育運動計畫》，（臺北：教育部體育司，1979），頁84。

四、擴大舉辦登山、健行、露營及旅遊活動。直轄市、縣市政府應於每年選擇休假日，舉辦大規模之登山健行活動。

五、推廣民眾正當休閒活動。由各鄉鎮發動民眾組織書法、繪畫、攝影、插花、歌詠、舞蹈等社團，推廣正當休閒活動。

民國七十一年（一九八二）二度將已實施四十一年的國民體育法加以修正，其修正的重點乃將原先具有自衛衛國的體育政策，修正為符合民主政體的體育政策。

概略而言，民國六十七年（一九七八）以前政策上以督導民間體育組織及其業務之推展、擴建體育運動場所、推展各項競賽運動等，以達成推展全民運動之目標。民國六十八年（一九七九）由於國家情勢特殊，乃以增進國民健康，改善社會風氣，強國強民為目標，民國六十九年（一九八〇）更積極推展社區體育和全民運動。民國六十九年（一九八〇）以後，再轉為一方面推展全民體育，一方面培養優秀運動人才，以拓展國際活動空間。其具體政策如下[16]：

一、輔導民間運動團體的健全發展

各級民間運動團體或組織，為實際推行全民運動之重要單位，民國六十二年（一九七三）在教育部的輔導下，全面改組為「中華民國體育協進會」及全國性之各種運動協會，積極強化領導階層、健全組織、加強訓練和辦理運動競賽等活動，民國六十六年（一九七七）和民國七十年（一九八一）再度改選後，大致上已漸趨健全。

---

[16] 請參閱 曾瑞成，《我國學校體育政策之研究，1949-1997》，（臺北：國立師範大學，2000），頁207-209。

二、增建與充實運動場所

　　由於經濟發展的結果，國民對自然環境及運動場所之需求日益迫切，每逢假日，從事野外活動或運動之民眾迅速擴增，因此，運動場所的增建，成為推行全民體育的基本課題。

　　教育部體育司及省、市教育廳、局體育科成立後，各級學校體育館、游泳池及田徑場地設備，逐年擴充增建。縣市較具規模之綜合運動場，為配合舉辦臺灣區運動之機會，亦陸續擴建完成。至於地方上大小運動場所的增建，已獲得相當的成果，尤以鄉鎮（區）簡易運動場，在教育部與省市教育廳局協同輔導之下，臺灣省已達每一鄉鎮興建簡易運動場一所的目標，臺北市和高雄市每區一所簡易運動場亦早已完成，落實了增進運動場所之政策。

三、普遍舉行各種運動競賽

　　除了每年舉辦一次之臺灣區中等學校運動會、全國大專校院運動會及各級學校運動會之外，並有每年一次之各縣市運動會與辦理規模最大的臺灣區運動大會。至於各機關的員工運動會，以及全國性單項運動協會所舉辦的運動競賽，如中正盃、自由盃、工商盃、青年盃各校錦標賽，體育節及十月慶典所舉辦的各種運動競賽，以及民俗節日端午節的龍舟競賽等，均為普及推展全民體育政策之最佳體現。

四、全面推展社區全民運動

　　社區全民運動爲近年我國發展全民體育政策最有成就的一項措施。其目標爲「人人運動、時時運動、處處運動」，以達全民健康之目的。

　　教育部爲達此一目標，於民國六十五年（一九七六）訂定「推展全民體育重點實施計畫」，甄選社區、工商團體、體育場三類型共八個單位，試辦全民運動觀摩會，結果成效非常良好。

　　民國六十七年（一九七八）擴大遴選四十二個社區，連同原已試辦觀摩會的四個實驗社區，共四十六個社區承辦全民運動觀摩會。民國六十八年（一九七九）再度擴大爲七十三個社區，有組織、有計畫的推展，並大量印製全民運動手冊，包括「運動健身之路」、「太極拳圖解」、「健身操圖解」、「土風舞選集」等運動教材數十萬冊，另製全民運動宣導旗、紀念章等廣爲宣傳，提供社區民衆使用，大受各界人士歡迎，由此建立社區全民運動模式。

　　推展社區全民運動之具體成效爲，每日清晨各社區凡是可以利用的學校運動場、公園、廣場、空地、近郊山坡等，都有民衆從事健身操、太極拳、土風舞、瑜珈術、羽球等運動，而登山、健行、長跑等，參加人數更是成千上萬，呈現一片中興氣象，全民運動在整個社會中，已蔚成蓬勃的風氣。

　　民國六十九年（一九八〇）更進一步配合行政院「改善社會風氣重要措施」加強社區全民運動督導，全面發展實施。一九八四年已發展至三千個社區以上。由點到線，由線到面迅速普及全臺灣地區，邁向三民主義社會建設的最高理想。

五、策畫實施職工體育

職工體育推展的對象爲全國各公司行號、工廠、各公營機關、民營機構員工。這是教育部自民國六十五年（一九七六）開始推展社區全民運動之後，爲達到全民體育目標的另一重要措施，以期促進員工身心健康，提高工作效率，並可擴大工商企業對於運動的支持程度。

教育部爲推動職工體育，曾做長期的準備工作，先行訂定相關的法令及辦法，如國民體育法已重新修正公布，國民體育實施細則也送行政院核定，以確立推展職工體育法令基礎；並邀請經濟部、工業局、內政部、全國工業總會、全國工商協進會、省市社會局等有關單位會商推展職工體育的意見，獲得有關單位一致的支持。其做法有下列各種方式：

（一）一般工業區工廠集中，推展職工體育較爲容易，臺灣省有四十多個工業區，透過臺灣省工業管理委員會，在各工業區推動職工體育。

（二）利用大部分公、民營機構推行職工體育，如經濟部所屬的中油公司、臺肥公司等；民營如臺塑、松下等單位，先由大型公民營機構企業著手，再漸進及於中小型單位。

（三）臺灣省政府已在年民國七十一年（一九八二）開始舉辦勞工運動會，各縣市都組隊參加，省政府社會處與各縣市政府均定期舉辦勞工人員專業訓練，教育部並借重此項人員推動職工體育[17]。

從以上之具體政策可知，我國社會體育之具體策略，初期以健全全民體育組織，協助推展全民體育，激發國民從事運動之興趣，並興建足夠之活動場地爲主，最後再推展社區全民運動、職工運動、運動競賽等，來達成政治與政策目標。

---

[17] 羅開明，〈近三十年我國體育體育政策的演進〉，《教育資料集刊》，第十輯。（臺北：國立教育資料館，1985）。

第三節　解嚴時期
（一九八六～一九九七）

　　民國七十六年（一九八七）臺灣地區實施近四十年之戒嚴政治，由總統蔣經國先生正式宣告解除，從此以後，國內之政治環境與社會環境同時邁入另一個新境界，不論是兩岸關係或國內政治發展均有重大改變。民國七十八年（一九八九）聯合國教育科學文化組織公布「國際體育與運動憲章」，強調體育運動係全體國民之基本權利，為整個教育體系不可或缺之要素，同時，國家機構在體育運動發展中，應負主要推展之職責，一方面充實場地設施，另一方面培育推廣人才，並運用資訊與大眾傳播推展體育。從此以後，世界各國在推廣體育運動事業上，除配合國家政治上特殊之需求外，大致以推展全民運動和提升競技運動成績作為體育政策之主軸。尤其民國八十（一九九〇）年代以後，不論已開發國家或開發中國家，在產業結構改變、經濟快速成長之後，形成人口都市化、老年化，休閒時間增加、健康意識抬頭等社會變遷，導致國際上各先進國家無不精心研擬具體可行之因應策略，以推展其體育運動事業，全民運動的風起雲湧與巨細靡遺的奪牌工程計畫，乃成為國際體育思潮之主流。

　　教育部為積極推展全民體育，並配合現況與需要，於民國七十八年（一九八九）體育司推出為期四年的「國家體育建設中程計畫」[18]，所設目標有六，其中二、三兩大目標更為社會體育注入發展脈動：

　　一、建立阜際運動聯賽制度，發動工商企業界主之運動代表隊，同時代表公司及縣、市參加阜際運動聯賽，以形成全民運動熱潮；提倡職業運動，鼓勵大型企業籌組職業運動代表隊，以提升我國運動水準。

　　二、積極培訓重點項目優秀運動人才，使我國家運動成績能獲得突破

---

[18] 教育部體育司，（臺北：教育部體育司，1990），頁13-45。

性進展，俾於奧運會與亞運會上爭取獎牌。

　因此，以上兩項政策乃成為社會體育之主軸，其具體策略[19]為推展全民體育運動：為提升全體國民肢體適能，及加強指導學生實踐健康生活，以建立國民終生從事運動之能力與習慣，推展全民體育不僅為我國體育政策之主軸，亦為國際社會之趨勢。本時期政府採取之策略約有下列七點：

1. 輔導補助各縣市興建社區簡易運動場地。

2. 輔導各級體育場發展業務，並充實設備器材，以推展全民體育及訓練基層選手。

3. 提倡固有體育運動：輔導中華民國國術總會會務，例如透過舉辦各項裁判、教練講習、巡迴表演、比賽，嚴編國術教材及國術月刊以茲推廣，委請國立體育學院成立「國術研習中心」，辦理專題研習，購置圖書儀器，以提升國術研究水準。此外，教育部亦積極發揚民俗運動，以充實休閒活動內容、宣慰僑胞。

4. 推展社區全民運動：輔導縣市政府繼續加強執行「推展社區全民運動後續計畫」，輔導舉辦槌球、慢速壘球和幼兒足球競賽，以提升運動風氣。輔導各縣市政府定期舉辦社區全民運動講習會、指導人研習會、觀摩會及聯誼活動。

5. 提升國民體能：開辦國民體能指導班、擴大辦理各項運動聯賽、充實社區運動設施、推展職工體育、建立國民體能測驗制度及國民建立生涯運動之觀念與態度。

6. 充實體育場館：在北、中、南區籌建大型體育場館，輔導各縣市籌建縣立體育場，補助鄉鎮興建運動公園、社區簡易運動場地及游泳池等，並改善各項運動場地之夜間照明。

---

[19] 請參閱曾瑞成，《我國學校體育政策之研究，1949-1997》，（臺北：國立師範大學，2000），頁286-288。

7.輔導各縣市、鄉鎮體育會推展全民體育與建立體育志工制度。

爾後，更於民國八十三年（一九九四）召開第七次全國教育會議，體育被編在「推展全民體育」一組，經過分區座談會及正式會議兩階段進行研討，最後獲得七項共識，其政策為[20]：

1.研訂適切體育政策與計畫，推展體育運動。

2.健全體育行政組織，提升體育行政效能。

3.有效運用社會資源，落實全民體育運動。

4.整體規劃籌建體育設施，並有效管理使用。

5.積極培育體育人才，提升運動水準與專業素養。

6.務實推展國際體育活動，合理規劃兩岸體育交流。

7.加強推展學校體育運動，提升體育教學品質。

在職業運動組織方面，根據行政院體育委員會[21]統計，我國成立之職業運動組織有棒球、籃球、高爾夫、摔角、體育運動舞蹈等，係依「人民團體法」設立之社會體育團體，並不以營利為目的。根據筆者查詢，目前中華職業棒球大聯盟、中華職業高爾夫協會，以及後來成立之中華民國撞球運動協會職業委員會，仍活躍於社會體育領域中，為期透過各種運動競賽之推展，以提升競技運動之成績外，更望增進運動觀賞人口及提升國民休閒生活品質。

[20] 行政院體育委員會，《我國體育政策發展與展望》，（臺北：行政院體育委員會，1999a），頁147。教育部，《教育部八十三年施政成果報告》，（臺北：教育部，1994），頁304-351。
[21] 行政院體育委員會，《我國體育組織制度的現況及發展策略》，（臺北：行政院體育委員會，1999b），頁22。

一、中華職業棒球聯盟

民國七十六年（一九八七）十二月三十一日「職棒推動委員會」成立，由當時棒協理事長唐盼盼兼任主任委員，爲臺灣棒球的職業化催生。之後，終於在民國七十八年（一九八九）十月二十三日成立「中華職業棒球聯盟」，民國七十九年（一九九〇）三月十七日由味全、統一、兄弟、三商四隊展開臺灣棒球史上的第一季職業棒球賽──「職棒元年」就此揭開序幕。中華職棒聯盟也由創始的四隊，後又陸續增加了時報、俊國（後改由興農接手經營）、和信（後改名中信）等隊，同時也因棒球風氣興盛，各級棒球隊的數目也不斷增加，棒、壘球運動大爲流行，各企業行號亦以慢速壘球作爲員工聯誼、運動的主要項目。中華職棒聯盟以發展職業棒球運動，辦理地區性、全國性及國際性之職業棒球賽，提供國人正當休閒娛樂，藉以提高棒球水準，帶動全民體育，加強國際職業棒球聯繫與活動，並提升國人生活品質，進而健身強國爲宗旨。

二、臺灣職業棒球大聯盟

中華職棒聯盟於職棒三年宣布最多開放兩個新球團加入時，其他業餘成棒有心進軍職棒的人士即以美國、日本發展兩個聯盟爲例，強烈鼓吹成立第二個聯盟，希望打破單一聯盟壟斷的局面。民國八十六年（一九九七）二月二十八日臺灣大聯盟開打，共有臺北太陽隊、臺中金剛隊、嘉南勇士隊和高屏雷公隊等四隊，開啓我國職棒進入二大職棒聯盟的新時代。

臺灣職業棒球大聯盟之成立並未對臺灣的棒球界帶來正面的影響，反而斲傷臺灣棒球運動之正常推展，在其以商業利益掛帥下，爲了達成目

的，陸續地向中華職棒球團暨業餘棒球隊惡性挖角，其結果不僅整個棒球生態環境受到嚴重的破壞，臺灣的棒球前途亦幾乎毀於一旦。

三、中華職業籃球聯盟

中華職業籃球聯盟創立於民國八十二年（一九九三），鑑於當時職業棒球在臺灣社會上造成一股風潮，加上美國 NBA 的魅力席捲全球的影響下，於民國八十三年（一九九四）十一月正式開打，第一個球季（職籃元年）由宏國、裕隆、泰瑞（數度易主，但隊名一直維持為戰神隊）、幸福四隊參賽；職籃二年（一九九五～一九九六球季）加入宏福及中興（後更名達欣）等兩支新球隊；爾後聯盟規模維持六隊，直至職籃五年（一九九八年未完球季）聯盟解散為止。

民國九十二年（二○○三）即職業籃球封館四年後，為了振興臺灣籃壇，當時的行政院體育委員會主任委員林德福便致力於催生屬於半職業的男子籃球聯賽——「SBL 超級籃球聯賽」。於民國九十二年（二○○三）四月籌組「中華民國超級籃球聯賽推動小組」，由立委「籃球博士」鄭志龍擔任召集人，邀請中華民國籃球協會、社會甲組球隊資深籃球人，及行政院體委會副主委朱壽騫等專業人士組成。為落實比賽相關規範，中華籃協於民國九十二年（二○○三）五月常務理監事會通過決議，於籃協原有架構之下成立「中華民國超級籃球聯賽委員會」，由行政院體委會、中華籃協及裕隆、新浪、中廣、達欣、九太、臺啤、臺銀七支男子甲組球團、執行單位及社會公正人士，共十一位代表組成，展開十一月開打的超級聯賽工作籌畫。

超級籃球聯賽於每年十二月下旬開打，並於五月下旬結束例行賽，各隊進行三十場比賽，並由例行賽前四名進入季後賽。目前已進入第五個球

季，參賽隊伍包括臺灣啤酒、達欣工程、裕隆恐龍、璞園建築、米迪亞精靈、臺灣大雲豹及臺灣銀行等七隊。超級籃球聯賽的開打，又造成社會上另一股籃球風潮，提供國人正當休閒娛樂，帶動全民體育。

四、中華職業高爾夫協會

中華職業高爾夫協會（簡稱 PGA）正式成立於民國八十二年（一九九三）八月九日，自創會以來，秉持著推動高爾夫運動的意念，以研究高球技藝、培養國內專業人才為目的；並透過辦理比賽促進國際交流，提升國內高爾夫文化水準，並將臺灣區的巡迴賽推向國際化[22]。

該會所舉辦的中華職業高爾夫錦標賽是國內三大賽之一，民國八十七年（一九九八）的比賽獎金已達新臺幣一千萬，吸引各國好手參賽（行政院體育委員會，一九九九）；民國九十二年（二○○三）起，第一屆LPGA 臺灣女子職業高爾夫巡迴賽的冠軍獎金更高達三百五十萬。我國職業高爾夫選手亦在國際賽事中獲得優異的成績，有助於帶動國內高爾夫運動的人口發展。

五、中華民國臺灣職業摔角協會

中華民國臺灣職業摔角協會於民國八十七年（一九九八）四月二十五日成立，以發展職業摔角運動、培養國人健全體魄、提供正當休閒活動、

---

[22] 請參閱中華民國職業高爾夫協會，2007〈關於PGA〉。2008年1月20日取自http://pga.golf.net.tw/default. asp。

提高國人生活品質爲宗旨。截至目前爲止，仍未開展職業摔角表演或比賽活動。

六、中華民國撞球運動協會職業委員會

中華民國撞球運動協會成立於民國七十九年（一九九〇）十一月十日，除推動各制度的建立外，更不斷地舉辦各種國內暨國際撞球競賽，提供國內撞球界觀摩、學習、交流的機會，並因而提升了撞球的技術和觀賞人口。尤其在花式撞球方面更是突飛猛進，在國際重大的比賽場合中屢創佳績，奠定我國在世界花式撞壇的地位。

國內的撞球風氣於我國撞球隊參加第十三屆曼谷亞洲運動會獲得三金、二銀、一銅的成績後達到另一個高峰，國內撞球場到處林立，數目爲歷年來之最，以民國八十八年（一九九九）計，全國共計三千一百三十一家撞球場[23]，可見這些重要賽事的成績，不僅提供了休閒的參與機會，更提升休閒之運動觀賞人口。撞球協會自民國八十二年（一九九三）起，共舉辦了五屆 Peace 世界職業撞球明星排名賽，並於民國八十七年（一九九八）起，每年四月於臺北舉辦安麗盃世界女子花式撞球邀請賽。

當然在臺灣的社會體育發展，亦有些非常特殊的活動，例如，日月潭萬人泳渡活動，是南投縣每年最具指標性的活動，自民國七十二年（一九八三）首次辦理，已進入第二十五屆，當時只有五百多人參加，逐年增加爲一千人、兩千人，參加人數一再累增，後來破萬，到九十六年（二〇〇七）已突破兩萬人，日月潭萬人泳渡活動，早就是全世界泳渡活

---

[23] 請參閱 中華民國撞球運動協會，2006〈協會簡介〉。2008年1月20日取http://www.baroc.org/att/61_1.doc。

動唯一標竿，民國九十一年（二○○二）也正式列入世界游泳名人堂。隨著知名度增加，各國人士也報名參加，從一個地方性活動變成國際的體育盛事，民國九十六年（二○○七）日月潭萬人泳渡活動於九月二十三日清晨盛大展開，除了全臺各地，還有遠從美國、日本、中國大陸、香港、澳門、歐洲、新加坡等世界各國游泳愛好者共兩萬名泳士參加，合計一千一百零一隊，無論身障、年齡、國際的所有愛好游泳者，均不畏懼總長三千三百公尺的泳渡挑戰，可謂盛況空前[24]。

　　再則，舒跑杯路跑賽（Supau Cup Mini Marathon）是由中部地區飲料商維他露公司發起，並贊助、舉辦的。早在民國七十三年（一九八四）時，維他露公司爲了響應政府的「全民運動」政策，決定在公司所在地臺中市舉行最適合全民運動的路跑比賽，並以維他露公司知名的運動飲料──舒跑冠名，開啓了迄今連續二十六年不曾中斷的「舒跑杯」。而中華民國第十二任總統馬英九，過去一直以熱愛跑步運動聞名，在他擔任臺北市長任內，維他露公司決定把「舒跑杯」，由中部地區的地區型路跑活動，推廣到臺灣政經重心臺北市，每年增加一場首都地區的路跑比賽，於是在民國九十一年（二○○二）申請冠名贊助、舉辦「臺北市舒跑杯」。民國九十一年（二○○二）成功地舉辦首屆臺北市舒跑杯後，沒想到隔年就碰到 SARS 疫情，被迫停辦。還好民國九十三年（二○○四）就恢復正常，此後每年五月第一個星期日，臺北市舒跑杯都準時在臺北市仁愛路上開跑，今年已經邁入第六屆。過去五屆臺北市舒跑杯，許多喜好路跑運動的政治明星，包括馬英九、葉金川、郝龍斌等，都曾經和群眾一起在仁愛路上享受邁開步伐、暢快揮汗的快感。政治明星除了親自參賽，可爲舒跑杯增色之外，其實，提供臺北市精華地帶的仁愛路，配合進行交通管制，

---

[24] 請參閱 大臺灣旅遊網TTNews，2007（2007日月潭萬人泳渡嘉年華）。2007年9月5日取http://news.yam.com/ttn/life/200709/20070905706953.html。

讓選手能在寬敞的林蔭道路上安全、舒適地競賽，從另一個角度看，反而更能展現對全民運動的支持[25]。

維他露公司在前、現任董事長都熱心公益、積極支持全民運動帶起風氣之下，目前除了以公司產品「舒跑」冠名，每年定期舉辦臺北市舒跑杯、臺中市舒跑杯兩項路跑賽以外，也熱誠贊助各項體育賽事。單以路跑活動為例，今年以來就已經贊助「金門馬拉松」、「臺北國道（家樂福）馬拉松」等大型賽事活動。年底前還有陽明山國家公園路跑、太魯閣馬拉松等競賽。贊助其他的泳渡活動，也不在少數[26]。

搶灘料羅灣是在金門料羅灣海域舉辦的長泳活動，游泳距離約三千公尺，這項海上長泳活動，是由金門縣立體育場規劃，執行單位為金門縣政府教育局、交通旅遊局，而金門縣政府、金門縣議會、金門體育會、中華民國成人游泳協會、中部地區巡防局第九海岸巡防總隊主辦，行政院體育委員會、行政院大陸委員會、內政部入出國及移民署、教育部、行政院海岸巡防署、福建省政府、中華民國奧林匹克委員會、中華民國體育運動總會等單位指導。

縣長李炷烽指出，金門是非常特殊的島嶼，小小一百五十平方公里的面積，海岸線卻長達一百多公里長，並有特殊的歷史背景，在他這一代的金門人，「海」是遙不可及的，但隨著整個局勢的改變，今日的海域已經不像過去那樣戒備森嚴，兩地如何合作交流，來發展成為生活的共同圈，這將也是歷史的趨勢；在這歷史的趨勢下，如何結合兩岸三地，特別是體育界人士，來發展金門的水域資源，增進兩地體育的交流、聯繫兩岸人民的情感，進而推展兩地永久和平發展的目標，除了兩地體育學術的交流研

---

[25] 請參閱 時報資訊，〈舒跑杯路跑賽明日開鑼〉，2008年05月03日。http://news.sina.com.tw/article/20080503/295538.html。

[26] 同上。

究外，也是兩地共同的期待與目標。李縣長更進一步表示，海上長泳是這幾年來推展的重要體育活動，並獲得廈門和中華成人游泳協會的全力支持，臺灣從北到南都組隊來參與，也形成臺灣地區知名的海上長泳運動項目之一，努力有所成果[27]。

　　政策常隨著政治環境的變遷而調整，換言之，體育政策亦是如此，常淪為國家施政的手段。隨著解嚴政策的實施，經濟逐步邁向穩定，以及兩岸關係的緩和，國家政策亦逐漸重視全民福祉與需求，我國的體育政策由早期的自衛衛國轉向全民運動政策。

---

[27] 請參閱〈搶灘料羅灣各地泳士共襄盛舉〉，2008年5月8日。http://web.kinmen.gov.tw/edu/。

第四節　現代時期
（一九九七～二〇〇七）

　　進入九〇年代以來，西方各國紛紛推出了全民運動的發展計畫，例如美國的「健康公民二〇〇〇」、澳大利亞的「國家的體育、休閒計畫指標」、德國的「黃金計畫」、英國的「九〇年代體育——迎接新的地平線」以及加拿大的「積極人生計畫」等等；在臺灣，則是自從民國八十六年（一九九七）行政院體育委員會成立以來，即以政府過去推動的《全民體育運動重點實施計畫》及《國家體育中程計畫》（一九八九）等為基礎，配合世界全民運動風潮、國內政經整體環境，及國人休閒運動參與現況，積極將全民運動與競技運動並列為施政之「雙主軸」，期能一方面提升我國在國際之運動競技實力，另一方面使各年齡層、各族群及各場域之國民均能在政府貼心、務實的規劃協助下，各自擁有運動之參與機會，從中培養終身運動之興趣，並持之以恆，以促進身心健康及提升生活品質。

　　以下茲分別說明體委會在全民運動事務的施政目標及推動成果[28]：

一、提升國民體能與生活品質

（一）成立「國民體能推展指導小組」

　　體委會於民國八十八年（一九九九）成立「國民體能推展指導小組」，督導規劃各項提升國民體能業務，對國民體能之定義、項目、推動及研究發展等方向進行審議與研討，作為政策推動之參據。

---

[28] 請參閱行政院體育委員會，《中華民國體育白皮書初稿》，（臺北：行政院體育委員會，2007），頁62-67。

（二）辦理國民體能檢測活動

訂定《國民體能檢測實施辦法》，於民國八十八年（一九九九）、民國九十年（二〇〇一）及民國九十一年（二〇〇二）分別委託國立體育學院、衛生署規劃執行之臺灣地區國民體能檢測活動（三年內共計執行約二十四萬人之體能檢測），民國九十二年（二〇〇三）至民國九十六（二〇〇七）納入運動人口倍增計畫，各縣市政府配合於國民體能檢測月辦理檢測，國九十二年（二〇〇三）至國九十五年（二〇〇六）檢測人數計六萬零一百三十九人。檢測項目之設計主要是以與健康有關的體能要素為主，檢測目的除希望幫助民眾了解自己的體能狀況，透過檢測人員的協助與建議獲得改進體能的方向與方法，以增進全民健康外，更希望透過檢測活動的持續辦理，廣泛蒐集我國國民體能資料，進而彙整、分析及建立我國國民體能常模，作為政府單位推展全民運動政策訂定之參據。

（三）編製健康體能檢測相關宣傳資料

體委會於民國八十八年（一九九九）編印健康體能檢測宣傳單張、國民健康體能常模對照表、國民體能檢測實務手冊、有氧健康手冊、直排輪教學手冊、飛盤教學手冊、路跑活動手冊、運動安全手冊（水上活動篇、登山篇、高爾夫運動篇、親子體能運動篇）、簡易運動墊板及宣傳摺頁（包括上班族站立工作者、上班族坐式工作者、服務員站立工作者、服務員坐式工作者、勞動人員固定場所者、勞動人員移動式工作者及無職業居家環境者七類）資料，提供民眾索閱；錄製有氧體能、直排輪、保齡球、水上活動安全、國民體能等宣導短片，安排於全國無線電視臺及地方有線電視臺公益時段播出，以加強宣傳正確健康體能觀念，倡導健康、活力、安全的休閒生活。

（四）建構體能檢測網站

為達成體育專業知識運用目標，提升國民體能水準，使國民對自身健康更加了解及重視，體委會規劃建構國民體能檢測網站，期藉由建立線上體能檢測系統及國民體能檢測資料庫，讓民眾能直接上網實施體能檢測，並透過立即回饋系統給予運動衛生教育資料，直接有效的服務民眾。

（五）編印運動計畫單張

編製《中壯年預防衰老運動計畫》、《青少年強身運動計畫》及《銀髮族養生運動計畫》三種單張，分置便利超商、捷運站、各縣市政府服務中心及全省醫療院所等場所，供民眾取閱，宣導運動知識。

（六）辦理國民體能指導員授證

為提升國民體能，讓民眾更正確健康運動，依據「國民體能指導員授證辦法」辦理國民體能指導員授證檢定考試，九十五年通過考試者初級三十二位、中級二十四位。

二、推動陽光健身計畫及運動人口倍增計畫

（一）陽光健身計畫

體委會成立之初，即推出「走出戶外」、「迎向陽光」、「展現青春」、「親子同樂」及「帶來歡笑」為基本理念的《陽光健身方案》，藉由多元、多樣、多功能的休閒運動，帶給民眾最好的身心健康活動。民國八十六年（一九九七）七月十六日行政院體育委員會正式掛牌運作，於十月起隨即提出「陽光健身計畫」，結合國內熱心團體，針對民眾需求及不同年齡層，精心籌辦運動聯賽、青少年休閒運動、社區休閒運動、

職工體育活動、民俗體育活動、原住民體育活動、身心障礙國民體育活動等多樣化活動。推展初期（民國八十六年十月至十二月）即辦理五萬〇兩百七十六項次活動，吸引一百八十五萬四千六百八十人次參加。從民國八十七年（一九九八）始至民國八十九年（二〇〇〇），辦理《陽光健身計畫——厝邊相招來運動》，自民國八十七年（一九九八）一月開始，共推出十四種系列活動，結合一百七十二個單位，在臺閩地區二十五個縣市共計舉辦一萬九千六百九十七場次活動，吸引了三百二十六萬四千兩百六十二人次參加。民國八十八年（一九九八）及民國八十九年（二〇〇〇）共計辦理二十一種一百一十八梯次寒假青少年育樂營活動、二十種兩百零五梯次暑假青少年育樂營活動、青少年救生等各項育樂營活動一百八十四梯次、青少年自行車等各類休閒活動兩百三十一梯次及一百五十四場次職工休閒活動；並補助地方興建五座體育館、九座游泳池、六座運動公園、三百二十五處社區簡易運動設施、兩百零一處夜間照明設備、一處簡易體能檢測設施等各種運動設施。

（二）設置「運動與休閒推廣中心」

　　與社區結合，建構社區運動組織網絡，激發民眾運動保健意識，落實生活與運動結合的生活文化。於民國九十年（二〇〇一）七月核定二十五縣市之「運動與休閒推廣中心」全民運動組工作計畫，核發全民運動組分攤經費共計六千三百萬八千元至各運休中心積極展開各項社區體育休閒運動。民國九十年（二〇〇一）度共辦理社區、青少年育樂營、婦女、中老年人、職場運動巡迴列車等休閒活動，計九百三十一項次，參與運動人數達一百四十萬四千人。

（三）運動人口倍增計畫

　　配合行政院《挑戰二〇〇八：國家發展重點計畫》，推動為期六年

的《運動人口倍增計畫》，「讓不會運動的人學會運動，以新學會運動的人口爲運動人口」，藉由輔導各縣市政府、各大專院校及全國性民間體育團體協助推動辦理各種體能運動教室、週休二日運動班、暑期運動育樂營等活動，希望達到每年新增五十萬名運動參與人口，六年共計增加三百萬名運動參與人口。截至民國九十五年（二〇〇六）年底新增規律運動人口兩百七十五萬一千五百九十九人，民國九十一年（二〇〇二）新增規律運動人口四十一萬零六百七十九人（推動時間爲民國九十一年七月至十二月）、民國九十二年（二〇〇三）新增規律運動人口六十七萬一千兩百四十人、民國九十三年（二〇〇四）新增規律運動人口五十一萬一千兩百人、民國九十四年（二〇〇五）新增規律運動人口五十六萬八千六百〇五人、二〇〇六年新增規律運動人口五十八萬九千八百七十五人。民國九十六年（二〇〇七）將加強推動臺灣自行車日（五月五日），全民健走日（十一月十一日），社區少年足球與身心障礙者休閒運動，並辦理運動休閒產業展，誘發社區民眾參與休閒運動，以達本會由下而上、永續經營、資源整合至運動習慣養成之目標，預計將突破三百萬規律運動人口之總目標。

（四）制度化規劃培育體育志工

體委會於民國八十八年（一九九九）規劃辦理「陽光健身計畫大專青年體育志工服務活動」，結合臺灣師範大學等十四所體育專業校院、所系試辦，完成培訓六百四十九名志工，並至各地進行三百場次以上之服務活動。

民國九十年（二〇〇一）復依據《志願服務法》研訂《體育志工實施要點》，完成《體育志工工作手冊》，民國九十一年（二〇〇二）至民國九十五年（二〇〇六）培訓體育志工一萬七千五百零二人。

（五）製作各項全民運動宣傳媒體

民國八十八年（一九九九）八月起製作「全民運動新聞網」及「大家來運動」電視節目、編印《全民運動週報》及《全民運動月刊》、設置「全民運動休閒運動網」（www.hisport.com.tw）網站，陸續介紹八十種單項運動，設置運動人口倍增計畫網站，提供民眾週休二日參與休閒運動資訊。印製各類運動單張分送各縣市政府、各單項協會，並提供民眾索取。製作「上班族健身操」提供企業、政府機關及民眾推廣及學習，以更多元之資訊宣傳運動健康觀念。

三、推展傳統民俗體育

（一）輔導傳統體育團體辦理相關活動

民國八十八年（一九九九）至民國九十四年（二〇〇五）間，輔導中華民國國術總會、太極拳總會推廣國內陽光健身計畫及國際宣揚活動，並辦理醒獅、出國展演、武術錦標賽、民俗體育推廣等活動，共計兩百〇八場次。

民國九十四年（二〇〇五）辦理「二〇〇五年青少年活力擂臺賽——民俗文化體育創意競賽」活動，約有百餘隊伍參加，同臺較藝；輔導相關體育團體辦理武術、民俗、極限運動等活動近一百五十梯次，約五千人次參與。

（二）輔導辦理各年度龍舟競賽

體委會每年例行輔導臺北市、臺北縣、桃園縣、宜蘭縣、澎湖縣及基隆市等十餘個縣市政府配合傳統節慶推廣龍舟等各類傳統民俗體育活動。

四、推展原住民傳統體育

(一) 訂頒《推展原住民體育運動實施計畫》

訂頒民國八十八年（一九九九）下半年及民國八十九年度（二〇〇〇）《推展原住民體育運動實施計畫》，輔導花蓮縣原住民教育發展協會、臺灣基督長老教會原住民社會發展中心、中華民國社會原住民發展協會及高雄縣桃源鄉公所、苗栗縣泰安鄉公所等單位，辦理多項原住民體育活動，合計約有六千位原住民朋友參與。民國九十一年度（二〇〇二）、民國九十二年度（二〇〇三）、民國九十四年度（二〇〇五）及民國九十五年度（二〇〇六）持續輔導一百零二個團體或鄉鎮公所共同辦理，每年約有一百六十餘場次各項原住民體育活動，合計約有七萬八千九百三十五位原住民朋友參與。

(二) 輔導縣市辦理「全國原住民運動會」

爲藉著運動會的舉辦，讓原住民的傳統文化得以有發揮的舞臺，除了展現原住民特有的運動天賦外，亦將原住民傳統文化生活內涵，藉競技、歌舞、文物展覽及傳統山味，呈現得淋漓盡致。自民國八十八年度（一九九九）始由桃園縣舉辦「第一屆全國原住民運動會」，民國八十九年（二〇〇〇）基隆市辦理，自民國九十年（二〇〇一）起每兩年舉辦一次「全國原住民運動會」，民國九十年（二〇〇一）、民國九十二年（二〇〇三）、民國九十四年（二〇〇五）及民國九十六年（二〇〇七）分別由屏東縣、苗栗縣、高雄縣及宜蘭縣辦理，每屆參加運動員約有三千五百人。

(三) 委託辦理「臺灣原住民傳統體育研究」

自民國九十年度（二〇〇一）始，委託國立屏東師範學院進行臺灣原

住民的傳統體育研究，迄民國九十四年度（二〇〇五）止，已完成排灣、魯凱、卑南、阿美、布農、賽夏、雅美、泰雅、鄒族及邵族等十族之研究，日後將作為推展原住民傳統體育之參考。

五、加強推展身心障礙國民運動

（一）輔導身心障礙體育團體參加各種國際競賽、研習及休閒性體能活動

民國八十八年（一九九九）至民國九十五年（二〇〇六）間，體委會輔導中華民國殘障體育運動總會、中華民國聽障者體育運動協會、中華民國智障者體育運動協會等團體組隊參加國際賽會，共獲得一〇二金、一一二銀及八十九銅之優異成績。

（二）成立「身心障礙國民運動委員會」

體委會於民國八十七年（一九九八）訂定「身心障礙國民運動委員會組織規則」，並成立「身心障礙國民運動委員會」，以綜合督導身心障礙國民體育運動之推動、輔導及獎助事項。

（三）輔導縣市辦理「全國身心障礙國民運動會」

為發展我國身心障礙國民體育運動，以維護身心障礙國民運動權利，提升身心障礙國民生活品質，體委會輔導各縣市將「臺灣區身心障礙國民運動會」改為每兩年辦理全國身心障礙國民運動會，並依國際身心障礙賽會規則實施。民國八十九年（二〇〇〇）、民國九十一年（二〇〇二）、民國九十三年（二〇〇四）及民國九十五年（二〇〇六）分別由臺北市、屏東縣、新竹市及宜蘭縣辦理，每屆約有運動員兩千人參與。

（四）進行身心障礙國民體育運動基礎調查

民國九十二年度（二〇〇三）完成《國際身心障礙體育運動賽會發展現況調查》、《臺灣地區身心障礙者休閒活動現況及融合體育實施之調查》等調查專案，作為體委會推動身心障礙國民體育政策之參考。民國九十五年度（二〇〇六）輔導「中華民國殘障體育運動總會」，建置運動輔具資源與服務資訊平臺提供查詢。

（五）輔導身心障礙團體辦理相關體育活動

輔導全國性及地方性一般體育團體及身心障礙團體辦理身心障礙國民相關體育及研習活動，依障礙別不同，規劃適合的體能活動項目，包括太極拳、輪椅舞蹈、輪椅籃球、桌球、保齡球、撞球、田徑、游泳、漆彈等競技性與休閒性的活動，每年度辦理次數一百五十至兩百項次。

六、推展海洋運動

臺灣四面環海，適合推展海洋休閒運動。體委會在既有環境設施基礎上，闢設安全舒適海洋運動據點，充實及改善現有海洋運動場地設施，建構完整海洋運動休閒遊憩網；並結合地方觀光休閒資源，辦理各項海洋運動、開發海洋運動人口。

（一）配合《國內旅遊發展方案》辦理各項體能休閒活動

體委會於民國九十年（二〇〇一）配合推動《國內旅遊發展方案》，辦理各項體能休閒活動，推動陸上自由車、健行、登山、攀岩、溯溪、泛舟等活動；輔助國家公園及國家風景區辦理路跑或休閒活動；以龜山島、綠島、小琉球為近海基地，澎湖、金門、馬祖為遠程基地，發展海域船

潛、海釣、風浪板、風帆等海上活動，建構海上遊憩網，辦理海上活動及海空域飛行傘、輕航機、熱汽球等九項體育活動；另辦理墾丁國家公園路跑活動、第二十屆日月潭萬人泳渡活動等，共計五十一項次活動。

（二）推動《海洋運動發展計畫》

　　繼民國九十年（二〇〇一）配合行政院《國內旅遊發展方案》，辦理各項水域體能休閒活動後，復於民國九十一年（二〇〇二）配合行政院六年海洋生態發展計畫，研訂《海洋運動發展計畫》，於民國九十一年（二〇〇二）至民國九十六年（二〇〇七）分年辦理海洋運動發展相關專案研究、檢討現行法規、改善海洋運動設施、培訓海洋運動指導人才與經營管理人才、加強海洋運動安全教育宣導、輔導舉辦海洋休閒運動等六項工作。截至民國九十五年（二〇〇六）推動之成果如下：

　　1.整合海洋運動發展計畫、觀光客倍增計畫、公共服務擴大就業方案及大鵬灣 OT 投資計畫，以屏東縣大鵬灣為海洋運動基地，於二〇〇三年八月展開為期一個月的系列海洋休閒活動，包括獨木舟、龍舟、帆船、碰碰船、水上腳踏車、水舞晚會、遊艇遊湖、生態觀光、夏令營、水上活動表演等，計有六十一萬人次湧入大鵬灣。民國九十三年（二〇〇四）輔導與協助時報育才公司於大鵬灣辦理「二〇〇四大鵬灣海洋嘉年華」，約計二十萬人次參加。

　　2.辦理「二〇〇三年青少年陸海空活力大挑戰」，經估計民國九十二年度（二〇〇三）暑期中央各相關部會辦理之青少年活動，計六百項次，提供青少年十九個計畫活動，參與之青少年達六十萬七千人次。另為讓青少年在寒假期間從事戶外活動，辦理「二〇〇四寒假青少年陸海大進擊」活動，計八十餘梯次。

　　3.成立海洋運動推廣小組，自民國九十二年（二〇〇三）十月起至民國九十四年（二〇〇五）一月止，協助各機關學校團體辦理獨木舟、風浪

板、龍舟等活動計六十三場次。

4.建置推廣小組網站，整合國內外海洋運動相關資訊。

5.培養海洋運動人力資源，於民國九十三年（二〇〇四）辦理「二〇〇四年雙桅帆船師資培訓計畫」，培訓四十多位種子師資。

6.民國九十三年（二〇〇四）輔導體育團體舉辦青少年體育休閒活動外，並於全省適合水域活動地區，規劃辦理各項青少年獨木舟、風浪板等海洋運動，計六梯次，讓一萬人體驗獨木舟運動。

7.民國九十四年度（二〇〇五）除規劃辦理十項多元特色之海洋活動外，體委會海洋運動推廣小組並依據《支援機關學校團體推廣海洋運動實施計畫》分別支援臺北縣政府等十一個機關、團體辦理獨木舟、風浪板等水域體驗活動，計新增十萬人次參與海洋運動。

8.民國九十四年度（二〇〇五）與墨刻出版社合作規劃出版《臺灣地區海洋運動導覽》，以「水上活動很 EASY」為標題，自民國九十四年（二〇〇五）二月起至六月止，每月發行六萬本，介紹北、中、南、東及離島五區水域發展環境、各項水域運動技巧及安全注意事項，協助民眾就近選取適合自己的水域活動場合及項目。

9.民國九十四年度（二〇〇五）全國設置三十個風浪板學習地點，約計有五千人學會風浪板運動。

10.辦理相關海洋運動研究，民國九十一年（二〇〇二）完成「我國海域運動發展之研究」，民國九十二年（二〇〇三）完成「臺灣地區海洋運動發展策略之研究——以澎湖縣、連江縣為例」，民國九十三年（二〇〇四）完成「漁業碼頭發展海洋運動之研究——以臺北縣為例」，民國九十五年度（二〇〇六）完成「推展海洋運動策略及措施之研究」等委託之研究。

此外，在強化國民體質方面，體委會為了推廣全民運動，於民國九十一年（二〇〇二）起即推動海洋運動發展和運動人口倍增計畫兩項。另

外，值得一提的是，在林主委的催生下，封館四年的男子職業籃球聯賽亦於民國九十二年（二〇〇三）底以半職業的形式重新點燃戰火，帶動國內參與籃球運動的風潮。二〇〇七年總統府施政報告與回顧中提到，為推展全民運動，提升國民體能，已於民國九十四年（二〇〇五）籌組「提升國民體能推展指導小組」，並於同年九月同步推動「國民體能檢測月」活動，帶動民眾參與意願，養成規律運動習慣[29]。

　　臺灣社會的休閒運動發展起始於九〇年代，鑑於當時擔任臺灣體育專科學校的蔡校長宏觀國際與國內休閒產業發展，為培養優秀人才，遂著手規劃成立之國內第一所休閒運動科，並於八十四學年度，申請成立四年制休閒運動學系[30]。截至目前為止，成立休閒相關科系的大學、學院已達一百多所，學校所培育出來的休閒運動人才，帶動了社會休閒產業的發展。同時隨著臺灣運動選手在國際舞臺上逐漸嶄露頭角，選手們在運動場上的優異表現，讓很多家長開始把家裡的小朋友送去學習各項運動技能，一方面強身健體，另一方面也抱著望子成龍、望女成鳳的心態，期望自己的小孩也能像那些優秀的運動選手一樣，站在運動獎臺上接受全世界觀眾的祝賀，這些重要的運動成就，不僅社會上出現一股運動的風潮，同時也向全民體育之政策目標邁進了一大步。

---

[29] 總統府，〈體育乃國力的展現（體育篇）〉。2007年8月10日取自http://www.president.gov.tw/1_president/achieve/subject28.html#3。

[30] 請參考國立臺灣體育學院網站：http://rs.ntcpe.edu.tw/introduction-under-1.htm。

第三章　運動競技史

　　運動競技所追求的最終目標，在於贏取競賽獎牌，尤以奧運會獎牌為首務。本文所謂之「運動競技」，將針對有關「培養優秀運動人才」政策，以及其相關措施、競賽成果為主。以下將以「教育部國民體育委員會時期（一九五四～一九七三）」、「教育部體育司時期（一九七三～一九九七）」、「行政院體育委員會時期（一九九七～）」為各節之標題，最後的「奧運會得牌者略傳」用以表彰運動員的貢獻。

　　另外，有關「運動競技」一詞，有些場合會以「競技運動」出現，雖然用語並不一致，但詞意並無出入，本文中將一體視之。

第一節　教育部國民體育委員會時期
（一九五四～一九七三）

　　民國三十八年（一九四九）國民政府退守臺灣，國、共內戰隨之延續。國際局勢則是在二次大戰之後，形成美、蘇兩大集團的冷戰，臺灣被納入西方集團。此一時期，由於國內、外情勢緊張，國家的一切作為莫不以與中共對抗為首務，軍事、外交與經濟乃為第一優先，體育與運動競技之推展，自然相對地受到限制。

一、運動競技政策

　　體育政策主要表現在指導全國體育事務的「國民體育法」，以及主管全國體育事務的「教育部國民體育委員會」，以下分別說明。

（一）「國民體育法」修正公布（一九四一）

　　民國十八年（一九二九）首次公布「國民體育法」，是為中華民國規範全國體育事務的正式法條。民國三十年（一九四一）九月，「國民體育法」修正公布（筆者按：一九八二年才有再次修正），計有十一條，摘其要者如下：全民應受適當之體育訓練；教育部主管全國體育行政；中央和地方各級教育行政機關應設專管體育之人員；教育部應有各級體育行政人員、體育教師及體育指導員之訓練辦法；教育部應訂體育教師及體育指導員之進修和專業保障辦法；國民體育實施之經費應列入各級政府預算；依法成立之民眾體育社團或體育會，受教育主管單位之指導和考核；教育部

應訂國民體格檢查辦法。[1]上述內容，主要在提升國民的體能，運動競技的部分並沒有被明確提出。

（二）教育部國民體育委員會在臺復會（一九五四）

中華民國政府成立之初，中央政府部門中並沒有設置主管體育的專門機構。民國十八年（一九二九）公布「國民體育法」，才有「訓練總監部」專門負責體育相關業務，社會教育司（以下簡稱社教司）則負責公共體育的部分。[2]民國二十一年（一九三二），教育部成立「體育委員會」，做為全國體育設計、諮詢的最高機構。[3]民國三十年（一九四一）「國民體育法」修正公布，規定由教育部主管全國體育行政，取代了「訓練總監部」的機構，[4]為此，教育部將「體育委員會」更名為「國民體育委員會」（公共體育仍由社教司負責）。[5]國民政府遷臺以後，由於財政不佳，國民體育委員會遭到停置。民國四十三年（一九五四），國民體育委員會復會（公共體育仍由社教司負責）。[6]這個組織也是國民政府播遷臺灣之後，到民國六十二年（一九七三）教育部體育司成立之前，主管體育事務的專責機構。

復會後（一九四五年），教育部國民體育委員會的任務，如下述：

1.關於國民體育實施方案之計畫推行事項；
2.關於國民體育之指導考核事項；

---

[1]　臺灣省國民體育委員會，《體育法令彙編》（臺中縣：臺灣省國民體育委員會，1971年9月），頁15-16。
[2]　教育部，《第一次中國教育年鑑》（臺北市：宗青圖書公司，1933年），頁3、115。
[3]　教育部，《第一次中國教育年鑑》，頁11。
[4]　教育部，《第二次中國教育年鑑》（臺北市：宗青圖書公司，1948年），頁1279。
[5]　教育部，《第二次中國教育年鑑》，頁41、1279-1280。
[6]　教育部，《第三次中華民國教育年鑑》（臺北市：教育部，1957年），頁42-43。

3.關於國民體育經費之審議事項；

4.關於國民體格之檢查統計事項；

5.關於體育師資之訓練檢定事項；

6.關於體育學術之研究事項；

7.關於運動比賽之管理事項；

8.關於其他國民體育事項。**7**

　　國民體育委員會的業務重點主要在於國民體育與學校體育，運動競技的部分並沒有特別明確地被條列出來。

　　上述，不論是「國民體育法」的內容，或是「教育部國民體育委員會」的任務，此時期的體育政策都沒有將運動競技列為重點施政項目，雖然如此，還是有以下一些有關運動競技的相關作為。

二、有關運動競技的相關作為

（一）教育部「發展國民體育五年計畫」

　　民國五十四年（一九六五），由於一九六四年東京奧運會成績欠佳，認為提倡體育應從根本做起，於是教育部提出「發展國民體育五年計畫」，從民國五十四年（一九六五）到五十九年（一九七○），目標有：增進民族健康、加強學校體育設施、推動民眾體育、提高運動技術水準等四項，總經費預算共一億兩千八百六十九萬六千元。但其中的一億元為準備舉辦第六屆亞運會（一九七○年）的體育場建築費，經常業務費只有兩

7　教育部，《第二次中國教育年鑑》，頁1281。

千八百六十九萬六千元，同時，計畫內容絕大多數在於國民體能之提升，優秀運動員的培養未實質地見於字面。[8]

（二）成立體育專科學校

民國五十年（一九六一），「臺灣省立體育專科學校」成立；民國五十七年（一九六八），「臺北市體育專科學校」成立。這兩所學校都是以培養優秀運動員為主要的任務。

（三）優秀運動選手保送制度

民國五十五年（一九六六），教育部公布「各公私立中等學校體育成績優良學生保送升學辦法」，規定體育成績優良的學生，可以保送進入公私立大學之體育學系或體育專科學校，目的雖為「加強學校體育之實施，奠定青年體能之良好基礎，並鼓勵普遍推行體育運動之風氣」，[9]但已實質地鼓勵了優秀運動員。民國五十七年（一九六八）增加國中畢業生保送高中或五專，[10]使適用層面更為擴大。

（四）教育部「發展全民體育培養優秀運動人才實施方案」

民國五十七年（一九六八）二月，教育部提出「發展全民體育培養優秀運動人才實施方案」，獲得行政院的核可，根據前國立臺灣體育專科學校校長蔡長啓的看法，這是中央政府開始有明確的體育政策之始。[11]其目標為：

---

[8] 吳文忠，《體育行政》，（臺北市，正中書局，1974年），頁49-64。

[9] 臺灣省國民體育委員會，《體育法令彙編》，頁301-302。

[10] 羅開明，〈近三十年來我國體育政策的演進〉，《國立教育資料館教育資料集刊第十輯》（國立教育資料館，1985年6月），頁7-8。
羅開明寫此文時是中華民國體育協進會祕書。

[11] 蔡長啓，〈我國體育政策回顧與展望〉，《國民體育季刊》23期：1卷（1994年3月），頁6-7。

1.發展全民體育在於全面普及，廣泛實施，以增進國民健康，提高國
　民素質。

2.選拔並培養優秀運動人才，加強訓練，提高其體能技能，給予必要
　之扶助，俾能參加國際體育活動，為國家爭取榮譽。**[12]**

　　此一方案尚有「實施要項」，其中第九項「培養優秀選手」指出：
「凡優秀運動員與選手之訓練培養，政府每年應在體育經費增列專款予以
輔導；曾任國家代表參加國際體育活動者，應予優先輔導就業或予短期訓
練，使之擔任運動專項教練。」第十三項：「成立運動科學研究組織，加
強研究發展，以提高運動成績水準。」**[13]**於此，明確地指出國家的體育目
標為全民體育和培養優秀運動選手。

（五）中華全國體育協進會在臺復會

　　中華全國體育協進會〔民國六十二年改組為「中華民國體育協進
會」，民國七十八年（一九八九）改組為中華民國體育運動總會，以下簡
稱「體協」〕是實際執行運動競技的單位。民國三十八年（一九四九）體
協遷到臺灣，是主管社會體育的最高階組織，主要任務在選拔、訓練運動
員參加各重要之國際比賽。遷臺之後，曾在民國四十五年（一九五六）提
出「發展中國體育第一期三年計畫」，重點在推展會務、選手培養、研究
出版、加強國際聯繫等四項；民國五十年（一九六一）提出「發展體育五
年計畫」，以推廣各單項運動為重點業務。**[14]**

---

[12] 臺灣省國民體育委員會，《體育法令彙編》，頁39-40。
[13] 臺灣省國民體育委員會，《體育法令彙編》，頁40-42。
[14] 羅開明，〈近三十年來我國體育政策的演進〉，《國立教育資料館教育資料集刊第十輯》，頁4。

三、重要運動賽會

（一）亞運會

民國四十年（一九五一），第一屆亞運會在印度新德里舉行，因爲印度承認中共，未邀請中華民國參加。

民國四十三年（一九五四），第二屆亞運會在菲律賓馬尼拉舉行，獲二金四銀七銅。

民國四十七年（一九五八），第三屆亞運會在日本東京舉行，獲金牌六面，銀牌十一面，銅牌十七面。

民國五十一年（一九六二），第四屆亞運會在印尼雅加達舉行，由於印尼政府的敵視，未邀請中華民國參加。

民國五十五年（一九六六），第五屆亞運會在泰國曼谷舉行，獲金牌五面，銀牌四面，銅牌十面。

民國五十九年（一九七〇），第六屆亞運會在泰國曼谷舉行，獲金牌一面，銀牌五面，銅牌十二面。[15]

（二）奧運會

民國四十一年（一九五二）第十五屆赫爾辛基奧運會，因爲中共和中華民國同獲邀請，我方宣布退出。民國四十五年（一九五六），第十六屆墨爾本奧運會，中共宣布退出，我方參加比賽，但無功而返。

民國五十九年（一九六〇），第十七屆羅馬奧運會，國際奧會將我方更名爲「臺灣」。楊傳廣獲得十項運動銀牌。

民國五十三年（一九六四），第十八屆東京奧運會，楊傳廣十項奪冠

---

[15] 湯銘新，〈我國參加歷屆奧運（夏季）、亞運概況〉，《國立教育資料館教育資料集刊第十輯》，頁421-430。（湯銘新撰寫此文時是中華奧會副祕書長。）

呼聲高，但因身體不適，未得任何獎牌。

民國五十七年（一九六八），第十九屆墨西哥奧運會，紀政獲得八十公尺低欄銅牌。

民國六十一年（一九七二），第二十屆慕尼黑奧運會，我方首度以「中華民國」名義參加。無人得牌。[16]

（三）其他綜合性運動賽會

1.臺灣省運動會

第一屆臺灣省運動會（以下簡稱省運會）在民國三十五年（一九四六）十月（一九七四年改為「臺灣區運動會」，一九九九年改為「全國運動會」）於國立臺灣大學舉行，是臺灣層級最高的國內運動會。

2.臺灣省中等學校運動大會與大專院校運動大會

民國四十一年（一九五二），第一屆臺灣省中等學校運動大會（全國中等學校運動會前身）在省立臺灣師範學院（國立臺灣師範大學前身）舉行，以後每年舉辦一次，成為國內中等學校最重要的比賽。當時的大專院校，也在同年六月，由國立臺灣大學、省立臺灣師範大學、省立臺中農學院、省立臺北工專等學校聯合發起舉辦了「第一屆大學聯合運動大會」，於臺灣師範學院進行比賽，成為大專運動會的前身，但是它只辦了這一屆就中斷了。民國四十五年（一九五六），大專院校加入中等學校的比賽，因此有「臺灣省中等以上學校運動會」的產生。民國五十六年（一九六七）加入五專組，規模日漸擴大。

民國五十六年（一九六七），臺北市升格為直轄市，臺北市的中等學校運動會乃獨立舉辦。另外，民國五十八年（一九六九），由於大專院校

---

[16] 湯銘新，〈我國參加歷屆奧運（夏季）、亞運概況〉，頁410-416。

日多，以及管轄機關和中等學校並不相同等原因，於是有第一屆「大專院校運動大會」（原名為大專院校五十八年田徑運動大會）的產生，當時是在臺北市立體育專科學校舉行，[17]從此中學運動會和大專院校的運動會分家。

　　綜合本節可知，教育部國民體育委員會的時代，由於層級不高，能獲得的資源相當有限，再則，中央政府推展體育，是以提升國民體育為其首務，因此並不特別強調運動競技。甚至，在民國五十七年（一九六八）之前，政府並沒有具體的指導方針，因此，很難在這方面有多少作為。在這樣艱困的條件下，我們還是先後取得奧運會銀牌（一九六○年，楊傳廣）和銅牌（一九六八年，紀政）的成就，其實兩人都是在國內被發掘後派往美國受訓，這樣的花費較少，成效也高，嚴格來說是一種取巧的方式，並不是完整運動競技政策下的產物。

---

[17] 蘇雄飛，〈三十五年來的大專運動會〉，《年鑑第二冊》（臺北市，中華民國大專院校體育總會，1992年8月），頁1-23。
雷寅雄，〈中華民國大專院校運動大會的起源與發展〉，《年鑑第一冊》（臺北市，中華民國大專院校體育總會，1992年8月），頁206。

第二節　教育部體育司時期
（一九七三～一九九七）

　　民國六十年（一九七一），中華民國在聯合國席位被中華人民共和國取代；民國六十八年（一九七九）臺、美斷交。外交的挫敗，連帶使臺灣參加國際體育活動受到限制。

　　民國七十年（一九八一）三月，中華臺北奧會和國際奧會簽訂協議，同意中華民國奧會更名為中華臺北奧會，並使用不同於國旗的會旗和會徽。國際奧會則保證中華臺北奧會有權參加未來的奧運會，以及參加國際奧會所主辦的其他活動，並與每一個被承認之國家奧會享有同等之地位及相同權利。另外，國際奧會將協助中華臺北奧會申請加入，或恢復與國際奧會轄下的各國際運動總會之會籍。[18]這個協議，解決了臺灣參加國際比賽的旗、歌、名問題，使臺灣可以正常地參加國際運動比賽。

　　另方面，國際奧會在一九八〇年以後，逐步開放對業餘資格的限制，終於在一九八四年讓奧運會商業化，此舉對奧運會產生了重大的改變，也讓國內可以公開地發獎金給運動員，這也是國光中正體育獎章產生的歷史背景之一。

　　此外，國內外的局勢在這個時期有著劇烈的變動，諸如：民國七十五年（一九八六）民主進步黨成立。民國七十六年（一九八七）七月解除戒嚴、十一月開放大陸探親。民國七十七年（一九八八）蔣經國逝世，李登輝繼任總統。民國七十八年（一九八九）柏林圍牆倒塌。民國七十九年（一九九〇）成立國家統一委員會。民國八十年（一九九一）成立大陸關係委員會與海峽交流基金會、三月公布「國家統一綱領」、五月終止動員戡亂時期臨時條款、十二月蘇聯解體、國會全面改選。民國八十二年

---

[18] "Agreement between the international Olympic Committee, Lausanne and Chinese Taipei Olympic Committee, Taipei". 1981, March. 23rd.

（一九九三）舉行第一次辜汪會談。民國八十五年（一九九六），中華民國第一屆民選總統就任，總統大選期間引發臺海飛彈危機。

　　不論如何，面對低迷的外交處境，希望藉由運動競技來提升國際能見度、提高民心士氣的期盼，和前期是相同的，這也是影響體育司行政的重要因素。

一、運動競技政策

（一）重修「國民體育法」（一九八二年）

　　由於國際地位日益惡化，為了強化體育外交的功能，因此，自民國六十五年（一九七六）開始研議修改「國民體育法」，並於民國七十一年（一九八二）完成。[19]

　　民國七十一年（一九八二），國民體育法第三度修正公布，共計十五條。摘其要者有：全民應主動參與適當之體育活動；固有優良體育活動應予倡導和推廣；教育部主管全國體育行政，設國民體育委員會，以研擬、指導全國體育政策和活動；應普設公共體育設施；教育部應切實督導各級學校之體育教學和活動；各級學校之運動場地應酌予開放；民間得依法成立各種體育活動團體，受主管教育行政機關之指導和考核；全國各機關、團體、企業員工達五百人以上者，應聘請體育專業人員辦理員工體育之設計和輔導；體育專業人員之培養、進修和檢定辦法由教育部定之；國民體育實施之經費應列入各級政府機關、學校之預算；各級政府和有關單位應培養優秀體育運動人才，建立教練、裁判制度、獎勵運動競賽、加強

---

19 蔡長啓，〈我國體育政策回顧與展望〉，《國民體育季刊》23卷：1期（1994年3月），頁7。

國際交流活動、培養科研人才；教育部應定期實施國民體能檢查。[20]民國
七十四年（一九八五）提出「國民體育法施行細則」，將國民體育法相關
規定予以補充說明。[21]

　　相較於前期的國民體育法，這裡將培養優秀運動人才明確列爲重點任
務之一，雖然它沒有訂立罰則，但是政府的觀念顯然起了很大的改變。另
外依國民體育法所規定成立的教育部國民體育委員會，和前期相同，只是
一個諮詢的單位，沒有行政權。

（二）成立教育部體育司

　　民國六十年（一九七一）中華民國在聯合國的席位被取代之後，外交
處境困難，民心士氣低落。面對這樣的局勢，希望藉由提升運動競技的實
力，以突破外交困境和提高民心士氣，成爲一般人和政府官員很自然的想
法。在這種氛圍下，設立體育司以取代層級和功能較低的「教育部國民體
育委員會」，可以說是相當自然之事，是以，民國六十二年（一九七三）
十月，教育部「體育司」成立。[22]

　　體育司成爲主管全國體育事務的專責機構，原國民體育委員會則予以
撤銷，其負責掌理之事項如下：

　　1.關於學校體育之推行及督導事項。
　　2.關於國民體育之策畫及推行事項。
　　3.關於體育學術之研究發展事項。
　　4.關於國際體育活動事項。

---

[20] 教育部，《體育法規選輯》（臺北市：教育部體育司，1984年3月），頁1-2。
[21] 教育部，《體育法規選輯》（臺北市：教育部體育司，1990年6月），頁4-10。
[22] 花梅眞，〈政府遷臺後中央體育行政組織之歷史變遷──民國38-86年〉（國立體育學院體育研究所碩士論文，1998年6月），頁60-66。

5.關於其他體育事項。[23]

　　單從這樣的內容來看，很難發現運動競技在體育司的重要性，若以
體育司的實際工作內容來看，則較為明確。以體育司第一年的年終報告為
例，它是以學校體育、社會體育、國際體育、體育研究發展等四項為報告
重點，其中培養優秀運動人才放在社會體育之中。[24]單從字面上看，雖然
主管體育的組織提高了，但競技運動也沒有占太大的比重。

二、有關運動競技的具體作為

（一）「積極推展全民體育運動計畫」

　　民國六十八年（一九七九），受到臺、美斷交影響，行政院核定「積
極推展全民體育運動計畫」，目標明確定為全民體育和培養運動人才兩大
項。[25]

　　民國六十九年（一九八○），行政院又核定了「積極推展全民體育運
動重要措施實施計畫」，對上述的計畫加以明確化。內容包括：大量增建
各項運動場地並充實設備；加強訓練選手以提高運動技術水準，參加國際
比賽；積極推展國術及民俗體育運動；擴大推展全民運動，增進國民健
康；積極加強國際體育交流活動等五項。其中加強選手訓練的部分，摘其
要者有：發掘更多的優秀運動人才、聘請國外教練、選派選手赴國外集
訓、選派教練裁判出國進修、重點發展職業運動、各級學校選擇重點發展

---

[23] 教育部年鑑委員會編，《第四次中華民國教育年鑑》（臺北市：正中書局，1974)），頁22-23。
[24] 教育部體育司，《體育司成立一週年工作報告》（臺北市：教育部體育司，1974年10月），頁1。
[25] 教育部，《體育法規選輯7》（臺北市：教育部體育司，1984年3月），頁3-6。

單項運動至少一項、獎助學金的頒發等。**26**

（二）中華全國體育協進會改組

　　由於聯合國席位被取代，為了維護國際各種運動協會的會籍，使我國在國際各種體育運動組織中保有合法地位，體協奉政府之命，在民國六十二年（一九七三）改組為中華奧林匹克委員會及中華民國體育協進會（一九八九年改名為「中華民國體育運動總會」）兩個組織，後者負責國內體育活動，由黎玉璽將軍任理事長，中華奧會則負責國際體育活動，由徐亨擔任主席。**27**

　　體協的改組，不只是一個單位一分為二而已，黎將軍領導中華民國體育協進會八年，在經費上受中央的補助是大不相同的，單以黎將軍這邊來看，改組之前每年只得到中央約新臺幣幾十萬元的補助，民國六十三年（一九七四）為三百八十多萬，民國六十四年（一九七五）因選訓奧運選手，增加為四千一百多萬，民國七十年（一九八一）達一億五千八百多萬元。**28**

　　為了提升運動競技的實力，體協也進行以下必要的工作：

　　1.民國六十二年（一九七三），訂定「推展全民體育十年發展計畫大綱」。並依此制定兩個五年發展計畫，其中第一個五年發展計畫從民國六十三年（一九七四）到民國六十八年（一九七九），內容分全民體育和優秀運動人才的培養兩部分。第二個五年發展計畫從民國六十八年（一九七九）到民國七十三（一九八四）年，以準備奧運會為主。

---

26 教育部，《體育法規選輯7》，頁7-22。

27 中華奧林匹克委員會網站，〈會史簡介〉，http://www.tpenoc.net/changes/changes_03.asp，2007年8月10日。

28 中華民國體育運動總會網站，〈簡介〉，http://www.rocsf.org.tw/about_us/about_us_1_4.asp，2007年8月10日。中華民國體育總會為中華民國體育協進會在一九八九年改組而來。

　　2.民國六十五年（一九七六），因爲退出一九七六年蒙特婁奧運會之故，體協於是年提出「中華民國體育協進會莊敬自強計畫」，計畫中選定田徑、游泳、射擊、射箭、體操、柔道六項爲重點發展項目。

　　3.民國六十八年（一九七九），臺、美斷交，再擬定「體育莊敬自強擴大實施計畫」，將前述六種項目擴大爲二十八種。[29]

　　4.全國各運動會建立教練、裁判制度實施準則。呼應前述新修訂之國民體育法的規定，民國七十二年體協提出「全國各運動會建立教練制度實施準則」和「提出全國各運動協會建立裁判制度實施準則」，以提升教練和裁判的素質，提高各項運動成績水準。[30]

　　5.「中華民國體育協進會基層青少年優秀選手培訓實施計畫綱要」，選拔未滿十八歲的選手，進行長期的訓練。[31]

　　6.「中華民國體育協進會遴選儲訓海外優秀運動人才實施辦法」，遴選海外優秀運動人才，酌補經費以追蹤輔導方式培訓，代表中華民國參加國際比賽。[32]

　　7.「中華民國體育協進會遴選資送特優運動人才出國培訓實施辦法」，以準備參加亞、奧運個人項目的特優選手爲對象，將之送往國外訓練，期能更上層樓。[33]

　　8.「中華民國體育協進會輔導各運動協會聘請外籍教練實施規定」，引進運動訓練新知與方法，以提高運動技術水準和教練素質。[34]

　　9.「中華民國體育協進會莊敬自強培訓實施計畫綱要」，對於培訓的運動項目、選拔標準、訓練時間、訓練地點、訓練執行、經費補助原則等

[29] 花梅眞，〈政府遷臺後中央體育行政組織之歷史變遷──民國38～86年〉，頁78-79。
[30] 教育部，《體育法規選輯》（臺北市：教育部體育司，1990年3月），頁440-445。
[31] 教育部，《體育法規選輯》，頁446-452。1990年版。
[32] 教育部，《體育法規選輯》，頁453-456。1990年版。
[33] 教育部，《體育法規選輯》，頁457-460。1990年版。
[34] 教育部，《體育法規選輯》，頁463-468。1990年版。

加以規範，以提高運動技術，建立完整之訓練系統。[35]

（三）成立左營國家運動訓練中心成立

　　過去國家代表隊的培訓，並沒有專屬的訓練場所，民國六十四年（一九七五），教育部爲了籌畫參加一九七六年奧運會，向軍方借用左營的場地做爲集訓之所。民國六十五年（一九七六）正式掛牌。民國九十年（二〇〇一）更名爲「國家運動選手訓練中心」。

（四）長期培養運動人才計畫

　　爲了接續運動員的訓練，民國六十三年（一九七四），國防部首先提出「國軍長期培養運動人才實施規定」，選拔軍中優秀運動人才施以嚴格長期訓練，以期能在國際運動比賽中爲國爭光。[36]

　　再則，民國六十八年（一九七九），教育部提出「長期培育中小學優秀運動人才實施要點」，發掘並選拔優秀運動人才，作有計畫之長期培育，其具體方式就是在各國中、小學重點方式發展運動項目。[37]這個方式早在民國六十五年（一九七六）時即由教育部督促各省市實行，[38]這裡將之法制化，使之更有制度。

　　此外，爲了延續訓練成果，民國七十二年（一九八三）教育部再提出「長期培養大專院校優秀運動人才實施要點」，根據此一要點：大專院校應選擇一項以上單項運動，以長期培養選手；鼓勵各項校內外的比賽；教育部遴選適當學校重點發展重點單項運動；經教育部指定爲重點發展單項

---

[35] 教育部，《體育法規選輯》，頁473-485。1990年版。
[36] 教育部，《體育法規選輯》，頁520。1990年版。
[37] 教育部，《體育法規選輯》，頁525。1990年版。
[38] 李明亮，《臺灣光復五十年專輯》（臺中市，臺灣省政府新聞處，1995年10月），頁208。

運動實施學校，得由教育部補助經費等，[39]實有銜接之意義。

（五）中華民國準備參加奧運選訓計畫

　　為了準備一九八四年奧運會，特別擬定「中華民國準備參加奧運選訓計畫」。計畫中將選手主要集中在左訓中心，明訂培訓項目、選拔標準、作業程序、實施要領、選手訓練中之待遇、訓練實施方式、選手學業職業兵役之解決方法、教練待遇、獎懲、經費來源等。[40]筆者翻閱過去各屆參加奧運會的選訓工作內容，發現在民國六十一年（一九七二）（含）以前參加奧運會，都只是在比賽前約一年進行選訓的工作，一九七二年奧運會，也只提早約一年半開始。然而為參加一九八四年奧運會的選訓計畫，卻早在三年前就開始，這和過去是大不相同的，其他對於選手、教練的照顧也是空前，並成為之後準備奧運會的模式。較之過去，顯然政府對於運動競技已有全然不同的觀點和做法。

　　在這個母法之下，有以下幾個相關法條為母法做詳細的規定：

　　1.「參加奧運選訓選手及教練有關問題處理規定」，協助解決參加奧運選訓之選手、教練有關兵役、學業、工作、待遇等問題；[41]

　　2.「參加奧運會集訓運動選手兵役義務處理規定」，讓有服役中或後備軍人身分的選手不受兵役影響，[42]而能集中心力於訓練。

　　3.「參加國際奧林匹克運動會選手輔導就業要點（核定本）」，規定清寒選手有安家費、清寒家庭之家屬輔導就業、選手輔導就業、奧運會前六名可優先輔導就業等，[43]讓選手無後顧之憂。

---

[39] 教育部，《體育法規選輯》，頁529-533。1990年版。
[40] 教育部，《體育法規選輯》，頁425-430。1990年版。
[41] 教育部，《體育法規選輯》，頁431-434。1990年版。
[42] 教育部，《體育法規選輯》，頁436-437。1990年版。
[43] 教育部，《體育法規選輯》，頁438-439。1990年版。

（六）教育部國光、中正體育獎章頒發要點

民國七十二年（一九八三），爲了更實質地獎勵選手，於是提出「教育部中正體育獎章頒發要點」和「教育部國光體育獎章頒發要點」做爲頒發獎助學金之依據。其中前者爲田徑、游泳、射擊、射箭、自由車、舉重等有具體成績者，破全國以上之紀錄頒給獎金。[44]後者爲參加奧運會、世界運動會及亞運會獲得優勝者給予獎金。[45]由於民國七十三年（一九八四）以後，國際奧會的業餘規定才刪除，在此之前，政府只能私下給獎金。民國七十五年（一九八六）兩法合併爲「教育部中正國光體育獎章頒發要點」。

民國八十年（一九九一），關於選手獎助金的國光中正獎章之給獎辦法有重大的改變，明確地規定了獎金數額；同時，爲了鼓勵教練，對獲獎選手之有功教練，給予選手同額之獎金，[46]對教練有極大的鼓舞作用，但後來也衍生爲了獎金不擇手段搶選手的歪風。

（七）重新訂定「積極推展全民體育運動計畫」

一九八四年洛杉磯奧運會，是在退出一九七六年奧運會，以及一九八一年簽訂「中華臺北」協議之後，再次的回到奧運會，政府相當重視這一次的比賽，也投入許多的人力物力，但是最後只得到舉重第三名。相較於中國的十五金八銀九銅，國人的挫折感可以想像。爲此，教育部在民國七十五年（一九八六）重新提出「積極推展全民體育運動計畫」，列有五大計畫項目，包括培訓優秀運動選手、加強國際體育運動交流、推展全民體育、研究體育學術及整建與充實運動場地設備等，以五年爲一期。是爲前述民國六十八年（一九七九）「積極推展全民體育運動計畫」及民國

---

[44] 教育部，《體育法規選輯》，頁24-25。1984年版。
[45] 教育部，《體育法規選輯》，頁26-28。1984年版。
[46] 教育部，《教育部公報》196期（1991年），頁7-10。

六十九年（一九八○）「積極推展全民體育運動計畫重要措施實施計畫」
之後續。[47]

（八）設置學校專任運動教練

民國七十四年（一九八五），教育部依據國民體育法實行細則之規
定，公布「學校專任運動教練實施計畫」，遴選優秀之運動選手或體育科
系畢業生，培訓為國中、小學之專任教練。[48]

（九）國立體育學院成立

民國七十六年（一九八七），國立體育學院成立，其設校目標之首
要，就是培養國家優秀運動選手，也是第一所以體育運動為教育目標的單
科學院。[49]

（十）「國家體育建設中程計畫」

受一九八八年奧運會失利的影響，教育部提出「國家體育建設中程計
畫」，從民國七十八年（一九八九）到民國八十二（一九九三）年，經費
為新臺幣一百八十五億○六百三十五萬八千元，目標為建立各級學校的聯
賽制度；發動企業組織運動代表隊，以建立埠際聯賽制度，並提倡職業運
動；積極培訓重點項目優秀運動人才；建立專任教練制度，開拓優秀運動
員出路；加強體育學術研究；充實各級學校和地方體育設備等六項。[50]

---

47 蔡長啓，〈我國體育政策回顧與展望〉，《國民體育季刊》23卷：1期（1994年3月），頁7-8。
　　教育部，《體育法規選輯》，頁13。1990年版。
48 教育部，〈學校專任運動教練實施計畫〉，《教育部公報》130期（1985年），頁13-14。
49 盧俊宏，〈國立體育學院運動技術學系回顧與展望〉，《國民體育季刊》23卷：1期（1994年3月），
　　頁25。
50 蔡長啓，〈我國體育政策回顧與展望〉，《國民體育季刊》23卷：1期（1994年3月），頁8。
　　教育部，《體育法規選輯》，頁13-45。1990年版。

在這個計畫影響下，民國七十八年（一九八九），「重點運動項目發展學校」的政策停止，改以聯賽制度。同年，「中華職業棒球聯盟」正式成立，有味全、統一、三商、兄弟等四隊，民國七十九年（一九九〇）職棒開打，民國八十六年（一九九七）有臺灣大聯盟加入，民國九十二年（二〇〇三）中華職棒聯盟與臺灣大聯盟合併，更名為中華職棒大聯盟。另外，職業籃球則在民國八十三年（一九九四）開打，可惜五年後（一九九八）因財務不佳，賽事未完即告結束。

（十一）成立「中華民國體育運動總會北部運動訓練中心」

民國七十九年（一九九〇）十月，在國立體育學院成立「中華民國體育運動總會北部運動訓練中心」，主要做為亞、奧運會選手之培訓中心。[51]

三、重要運動賽會

（一）亞運會

民國六十三年（一九七四），第七屆亞運會在伊朗德黑蘭舉行，由於亞洲運動協會大會決議由中華人民共和國取代中華民國，因此，臺灣無法參加往後的亞運會，一直到民國七十九年（一九九〇）的第十一屆亞運會為止。[52]

民國七十九年（一九九〇），第十一屆亞運會在中國北京舉行，這是

---

[51] 陳朝陽，〈中華民國體育運動總會北訓中心回顧與展〉，《國民體育季刊》23卷：1期，（1994年3月），頁46。
[52] 湯銘新，〈我國參加歷屆奧運（夏季）、亞運概況〉，頁430-431。

中華臺北奧會重返亞洲奧會後第一次參加亞運會，並且和中國取得「Chinese Taipei」翻譯爲「中華臺北」的協議，對於臺灣和中國而言，都是重要的一步。此屆比賽，臺灣獲得十銀二十一銅，另有示範賽二金一銅，在二十五國中排名第十六，[53]成績並不理想。

　　民國八十三年（一九九四），第十二屆亞運會在日本廣島舉行。中華臺北獲得七金十三銀二十三銅，在三十二國中排名第七。[54]

（二）奧運會

　　一九七六年蒙特婁奧運會，由於加拿大政府只承認一個中國，只允許我方以臺灣名義參加，幾經交涉，最後決定退出。

　　一九八〇年莫斯科奧運會，由於國際奧會暫時中止對中華民國奧會的承認，因此無法參加。[55]

　　這一時期的國際運動比賽的空間幾乎被擠壓一空，因此政府只能以國際邀請賽的方式，來增加選手國際比賽的機會，例如民國六十六年（一九七七）開始迄今的瓊斯盃籃球賽，就是最具代表性的賽會。

　　一九八四年洛杉磯奧運會，中華民國首次以「中華臺北」名稱參加，蔡溫義在蘇聯集團退賽的情況下，意外獲得舉重銅牌。

　　一九八八年漢城奧運會，中華臺北獲得示範賽跆拳道二金三銅。得獎者分別爲：金牌：秦玉芳、陳怡安；銅牌：陳君鳳、白允瑤、吳聰哲。正式項目得牌數爲〇。

　　一九九二年巴塞隆納奧運會，中華臺北獲得棒球銀牌，跆拳道（示範

[53] 中華臺北奧會，《中華臺北亞運代表團參加第十一屆亞洲運動會報告書》（臺北市：中華臺北奧林匹克委員會，1992年），頁55、131-134。
[54] 中華奧林匹克委員會網站，〈競技盛會──亞運〉，http://www.tpenoc.net/changes/changes_03.asp，2007年8月10日。
[55] 湯銘新，〈我國參加歷屆奧運（夏季）、亞運概況〉，頁416-419。

賽）獲得三金二銅。跆拳道得獎者分別爲：金牌：羅月英、陳怡安、童雅琳；銀牌：王明松、周桂名。

　　一九九六年亞特蘭大奧運會，由中國籍轉隊的女將陳靜獲得桌球銀牌。跆拳道未列入比賽。[56]

（三）其他綜合性運動賽會

1.臺灣區運動會

　　臺北市在升格爲直轄市之後就自辦運動會，爲了將臺北市納入全國性的比賽之中，於是臺灣省運動會在民國六十三年（一九七四）改名爲臺灣區運動會，成爲眞正全臺灣最高層級的運動會。

2.臺灣區中等學校運動大會

　　臺北市升格爲直轄市，中等學校運動會也自臺灣省獨立出來，但是臺北市的中學數目不多，因此也在民國六十三年（一九七四）以後，與臺灣省合併爲臺灣區中等學校運動會。

3.世界運動會

　　很多單項運動總會都想加入奧運會，但是限於規模，一九八〇年左右，只有二十六種運動項目被列入奧運會（現今爲二十八項），但卻仍有數十種的單項總會不得其門而入。於是，一九七四年國際各運動總會聯合會（General Association of International Sports Federation）提出舉辦另一個國際比賽的構想，於是有一九八一年第一屆世界運動會（World Games）的誕生。世界運動會四年一次，以非奧運會的比賽項目爲主，其特色是不涉及政治、重視友誼、避免浮誇浪費，比賽中免用國旗，沒有旗、歌的

---

[56] 中華奧林匹克委員會網站，〈奧運風雲〉，http://www.tpenoc.net/changes/changes_03.asp，2007年8月10日。

問題。[57]因為比賽項目不是國際的主流運動，有許多的項目可謂十分陌生（例如：浮士德球、巧固球、合球、蹼泳、定向越野、壁球、攀登、滾球、短柄牆球等）影響力和受注目的程度，較諸奧運會可謂有天壤之別。

臺灣在首屆世界運動會時就開始參加，歷屆的比賽（一九八五、一九八九、一九九三、一九九七、二○○一、二○○五）也未曾缺席，二○○九年更爭取在高雄舉辦。歷屆名次和得牌數如下：一九八一年美國聖塔克拉拉，第二十名，獲一金一銀一銅；一九八五年英國倫敦，第二十一名，獲三銀一銅；一九八九年德國卡里斯魯，第九名，獲四金、示範賽二金；一九九三年荷蘭海牙，第二十一名，獲二金四銀三銅；一九九七年芬蘭拉提，第十六名，獲四金三銀三銅；二○○一年日本秋田，第十三名，獲三金三銀五銅；二○○五年德國杜伊斯堡，第二十二名，獲二金二銀二銅；二○○九年高雄，第七名，獲八金九銀七銅。[58]

4.世界大學運動會

世界大學運動會（簡稱世大運）的英文「Universiade」，是由大學（University）與奧林匹亞（Olympiade）結合而成，每兩年分別由不同的城市舉辦夏季世大運及冬季世大運。

夏季世大運必須舉辦田徑、籃球、射擊、足球、體操、柔道、水上運動、桌球、網球、排球等十項運動項目，以及若干由主辦國選擇的運動項目。冬季世大運則有七項必須舉辦的運動項目及一或二項由主辦國選擇的運動項目。[59]

我國自一九八七年開始參加世大運，歷屆名次和得牌數如下：一九九一

---

[57] 中華民國參加第一屆世界運動會代表團籌備委員會，《中華民國參加第一屆世界運動會代表團報告書》（臺北市，中華民國參加第一屆世界運動會代表團籌備委員，1981），頁1。

[58] 二○○九世運在高雄，〈我國參加歷屆世界運動會成績〉，http://www.worldgames2009.tw/about/about_012.asp，2008年6月6日。

[59] 二○○七年曼谷世界大學運動會中華代表團官方部落格，〈啥米是世大運〉，http://blog.pixnet.net/bangkok2007/post/6894667，2008年6月6日。

年，第二十名，獲一金；一九九三年，第二十三名，獲三銅；一九九五年，第二十二名（一百六十三國），獲一金一銀三銅；一九九七年，第十八名（一百二十四國），獲二金一銀一銅；一九九九年，第十八名（一百二十八國），獲二金二銀；二○○一年，第三十二名（一百六十九國），獲三銀五銅；二○○三年，第十一名（一百七十四國），獲三金三銀五銅；二○○五年，第九名（一百四十二國），六金二銀四銅。**60**

5.東亞運動會

爲了增進東亞地區各國家奧會在體育上和文化上的交流，一九九一年東亞各國家奧會第一屆理事會，提出舉辦東亞運動會（East Asian Games Association）的建議。並於一九九二年成立東亞各國奧委會協調委員會（一九九三年更名爲東亞運動會總會），會員包括中國、香港、日本、韓國、澳門、蒙古、朝鮮和中華臺北。舉行運動會時，有時會邀請臨近的、非會員的國家奧會參加，例如關島。**61**

第一屆東亞運動會在一九九三年於中國上海舉行，臺灣獲六金五銀十九銅，排名第五；**62**第二屆在一九九七年於韓國釜山舉行，臺灣獲八金二十二銀十九銅，排名第五；**63**第三屆在二○○一年，於日本大阪舉行，臺灣獲六金十六銀三十一銅，排名第五；**64**第四屆在二○○五年，於中國

---

60 二○○七年曼谷世界大學運動會中華代表團官方部落格，〈（世大運報你知）我國歷年成績表現及獎牌分布〉，http://blog.pixnet.net/bangkok2007/post/6939691，2008年6月6日。

61 維基百科網站，〈東亞運動總會〉，http://zh.wikipedia.org/w/index.php?title=%E6%9D%B1%E4%BA%9E%E9%81%8B%E5%8B%95%E6%9C%83%E7%B8%BD%E6%9C%83&variant=zh-tw，2008年6月6日。

62 維基百科網站，〈1993年東亞運動會〉，http://zh.wikipedia.org/w/index.php?title=1993%E5%B9%B4%E6%9D%B1%E4%BA%9E%E9%81%8B%E5%8B%95%E6%9C%83&variant=zh-tw，2008年6月6日。

63 維基百科網站，〈1997年東亞運動會〉，http://zh.wikipedia.org/w/index.php?title=1997%E5%B9%B4%E6%9D%B1%E4%BA%9E%E9%81%8B%E5%8B%95%E6%9C%83&variant=zh-tw，2008年6月6日。

64 維基百科網站，〈2001年東亞運動會〉，http://zh.wikipedia.org/w/index.php?title=2001%E5%B9%B4%E6%9D%B1%E4%BA%9E%E9%81%8B%E5%8B%95%E6%9C%83&variant=zh-tw，2008年6月6日。

澳門舉行，臺灣獲十二金三十四銀二十六銅，排名第四。[65]

6.身心障礙者運動會

　　身心障礙者參與運動賽會，是進步社會的象徵，若以身心障礙的種類來區分，可以分成肢體殘障、聽障、智能障礙等三種，分別可以參加殘障奧林匹克運動會（Paralympic Games，又稱帕拉林匹克運動會）、聽障奧林匹克運動會（International Deaflympic Games，又稱達福林匹克運動會）、特殊奧林匹克運動會（Special Olympics）等，都是每四年舉行一次，並分有夏、冬兩項運動會，是身心障礙人士參與運動比賽的最高層級。

　　國內身心障礙者的運動會起步較遲，雖然有各自舉辦的運動會，但直到民國八十三年（一九九四）才開始有專屬的運動會，是為「臺灣區殘障國民運動會」，每兩年舉辦一次，由上述三類身心障礙者參加，二○○○年配合臺灣省精省和體委會的成立，更名為「全國身心障礙國民運動會」。

　　綜合此一時期的運動競技，在民國六十年（一九七一）中華民國於聯合國的席位被取代以後，政府投入相當大的財力物力在體育方面，意圖透過展現體育實力來達到外交的目的，只是投資未能展現實效，因此，這段期間只在奧運會中獲得兩面銀牌和一面銅牌，可謂投資報酬率太低，同時也讓「一金難求」成為國人心中普遍存在的遺憾。

[65] 維基百科網站，〈2005年東亞運動會〉，http://zh.wikipedia.org/w/index.php?title=2005%E5%B9%B4%E6%9D%B1%E4%BA%9E%E9%81%8B%E5%8B%95%E6%9C%83&variant=zh-tw，2008年6月6日。

第三節　行政院體育委員會時期
（一九九七～）

　　此期延續上期政治改革的氣氛，除了進入民主深化的層次外，政壇也起了重大的變化。諸如：民國八十六年（一九九七）年，修憲通過精省案；民國八十八年（一九九九）年，李登輝總統提出「特殊國與國關係」的論述；民國八十九年（二〇〇〇），陳水扁大選勝利，政黨輪替，政權和平轉移；民國九十一年（二〇〇二）陳水扁總統喊出「一邊一國」；民國九十三年（二〇〇四）陳水扁連任成功，雖然有選舉糾紛，但終究能在民主法治的範疇中運作，未失常軌；民國九十五年（二〇〇六）陳水扁總統宣布國統會終止運作，國統綱領停止適用；民國九十六年（二〇〇七）陳水扁總統發表「四要一沒有」，「臺灣要獨立、臺灣要正名、臺灣要新憲、臺灣要發展；臺灣沒有左右路線、只有統獨問題」等。

　　經過上述的洗禮，臺灣的民主成就可謂大步向前。李登輝和民進黨主政時期，本土化為施政的重點，也部分影響了在體育方面的作為。

一、運動競技政策

（一）重修「國民體育法」

　　由於行政院體育委員會（以下簡稱體委會）的成立，國民體育法勢必要跟著修改。

　　民國八十七年（一九九八），國民體育法第四度修正公布，共計十五條。摘其要者有：全民應主動參與適當之體育活動；固有優良體育活動應予倡導和推廣；體委會主管全國體育行政，各地方政府（省、市、縣）為各地方體育之主管單位；應普設公共體育設施；教育部應依法配合體委會

之政策，切實督導各級學校之體育教學和活動；各級學校之運動場地應酌
予開放；民間得依法成立各種體育活動團體，受主管教育行政機關之指導
和考核；全國各機關、團體、企業員工達五百人以上者，應聘請體育專業
人員辦理員工體育之設計和輔導，上述單位如配合辦理者，政府得給予獎
勵；體育專業人員之培養、進修和檢定辦法由行政院體育委員會定之；國
民體育實施之經費應列入各級政府機關、學校之預算，企業機構推行體育
活動所需經費及捐贈體育事業款項，應列爲費用開支，民間體育團體之經
費由政府酌予補助；優秀體育運動人才之培養，教練、裁判制度之建立，
辦法由體委會定之，對體育運動有特殊貢獻之個人或團體應予獎勵，政府
應獎勵運動競賽、加強國際交流活動、培養科研人才；應鼓勵國民實施體
能檢測。**66**

　　全文和前期內容相較，將主管全國體育事務的單位改爲體委會，增加
對企業團體配合規定推動體育活動之獎勵條文，以及對體育有卓越成就和
特殊貢獻之個人和團體之獎勵，其餘並無太大不同。其中有關培養優秀運
動人才的部分也大致相同。

　　民國八十九年（二〇〇〇）一月，曾對第四條條文加以修正（加入直
轄市的體育主管機關爲直轄市政府），由於和運動競技的部分無關，於此
省略。

　　民國八十九年（二〇〇〇）十二月修正公布的國民體育法，做了大幅
的修正，將過去的十五條內容，分散細分或加入新條文，成爲二十二條。
其中新加入之條文摘其要者有：第九條，增列對中華奧會組織、任務的規
範；第十三條，增列各級政府及學校得遴選優秀運動人才擔任專任運動教
練，其任用另以法律定之；第十四條，增列成績優良之運動選手、身心障

66 行政院體育委員會，《體育法規彙編》（臺北市：行政院體育委員會，1999年4月），頁1-2。

礙運動選手與其有功教練，政府應予以獎勵及協助就業，對體育運動有功人員或團體應予獎勵；第十七條，增列政府應對運動禁藥管制之教育、宣導、輔導、防治及處理；第十八條，增列體育團體應為國家代表隊培訓選手辦理必要之保險；第十九條，增列政府應鼓勵機關、學校、團體舉辦運動賽會。[67]

民國九十二年（二○○三），國民體育法修正公布，只針對第十三條加以修正，原先之法條只規定「各級政府及學校得遴選優秀運動人才擔任專任運動教練，其任用另以法律定之」的條文，加以補充修正為：「各級學校得遴選優秀運動人才擔任專任運動教練；其任用依教育人員任用條例之規定；其資格由中央主管機關定之。本法修正前取得教育部或各級政府招考、儲訓合格聘用之專任運動教練，於本法修正施行後仍未取得前項聘任資格者，其輔導與管理辦法，由中央主管機關定之。本條第二項所稱專任運動教練，係指各級學校專門從事運動團隊之訓練或比賽指導之工作者。」之條文，[68]使運動教練的任用依教育人員任用條例行之。

民國九十六年（二○○七）國民體育法修正公布，再次針對第十三條加以修正為：

> 政府應建立優秀運動選手之培養制度；其辦法，由中央主管機關定之。

---

[67] 立法院，〈國民體育法〉，中華民國八十七年十二月二十日，華總（一）義字第8900301070號令修正公布，收於收於法務部全國法規資料庫，網址：http://law.moj.gov.tw/Scripts/Query4A.asp?FullDoc=all&Fcode=H0120001，2007年12月2日，和網址：http://law.moj.gov.tw/Scripts/Query4.asp?B2=%AAu%A1@%A1@%AD%B2&FNAME=H0120001，2007年12月2日。

[68] 立法院，〈國民體育法〉，中華民國九十二年二月六日，華總（一）義字第09200019220號令修正公布。收於法務部全國法規資料庫，網址：http://law.moj.gov.tw/Scripts/Query4A.asp?FullDoc=all&Fcode=H0120001，2007年12月2日，和網址：http://law.moj.gov.tw/Scripts/Query4.asp?B2=%AAu%A1@%A1@%AD%B2&FNAME=H0120001，2007年12月2日。

各級學校得遴選優秀運動人才擔任專任運動教練；其任用依教育人員任用條例之規定；其資格，由中央主管機關定之；其待遇、服勤、職責、解聘、停聘、不續聘、申訴、福利、進修、成績考核、獎懲、年資晉薪及其他權益事項，由教育部定之。

專任運動教練任用滿三年，經專任運動教練績效評量委員會評量其服務成績，不通過者，不予續聘。專任運動教練之退休、撫卹、離職、資遣等事項，依教育人員相關規定辦理。

前項專任運動教練績效評量委員會之組成及審核相關規定，由教育部定之。

本法修正前經教育部、省市教育主管機關甄選、儲訓合格已受聘之現職專任運動教練任職年資及退休年資，於本法修正後應合併計算。

本法修正前取得教育部或各級政府招考、儲訓合格聘用之專任運動教練，於本法修正施行後仍未取得前項聘任者，其輔導與管理辦法，由中央主管機關定之。

第二項所稱專任運動教練，指各級學校專門從事運動團隊之訓練或比賽指導工作之人。[69]

　　此一條文最重要的是將專任運動教練之任用，除依教育人員任用條例之規定來辦理外，其他有關退休、撫卹、離職、資遣等規定予以明確化。

　　綜觀上述有關國民體育法的條文和修訂，有關運動競技的部分，在民國八十七年（一九九八）公布的條文中和前期並無太大不同；民國八十九年（二○○○）公布的條文，則提出了優秀運動人才擔任專任運動教練的

[69] 教育部，〈國民體育法〉，中華民國九十六年七月十一日，華總（一）義字第09600088621號令修正公布，收於法務部全國法規資料庫，網址：http://law.moj.gov.tw/Scripts/Query4A.asp?FullDoc=all&Fcode=H0120001，2007年12月2日。

文字：民國九十二年（二○○三）和民國九十六（二○○七）年兩次的修訂，則進一步將優秀運動人才擔任專任運動教練的任用辦法明確化，使之比照教育人員的規定，使運動教練成為一個正式且受保障的工作，提供優秀運動選手很大的工作保障和參與訓練的誘因。

（二）行政院體育委員會成立（一九九七年）

　　提高主管全國體育事務單位層級，一直是關心體育運動人士的重要呼聲，民國八十四年（一九九五），大專體育總會召開「邁向二十一世紀我國體育發展策略研討會」，再次提出設立「國家體育委員會」的建議，獲得前總統李登輝生先的支持；民國八十五年（一九九六），前行政院院長連戰也表示贊同。同年八月，由百餘位朝野立委連署提案，為體育委員會催生。民國八十六年（一九九七），由前副總統兼行政院長連戰正式核定，在行政院下設立體育委員會，同年七月，體委會正式成立，開始運作。[70]原教育部體育司保留，但只負責學校體育的業務。

　　體委會是全國體育行政的主管機關，根據其組織條例第三條規定，其下設有綜合計畫處、全民運動處、競技運動處、國際體育處、運動設施處、祕書室等五處一室。其中直接有關運動競技的部分，在第四條，綜合計畫處的掌理事項第四項中載有：「關於體育專業人才與運動教練之培養、進修之規劃及推動事項。」在第六條，競技運動處掌理事項，有以下十項：

　　1.關於競技運動發展政策與方針之規劃、推動及協調事項。
　　2.關於奧運會與亞運會競賽運動選手之選拔、訓練、參賽工作之監

---

[70] 行政院體育委員會，《行政院體育委員會十週年施政成果專輯》（臺北市：行政院體育委員會，2007年7月），頁8。

督、聯繫、推動及輔助事項。

3. 關於學校、軍中及職業運動組織與選手培訓之協調、聯繫及輔助事項。

4. 關於運動選手培訓之規劃、推動及輔助事項。

5. 關於績優運動選手、教練之獎勵及輔導事項。

6. 關於運動科學之研究、推動、獎勵及輔導事項。

7. 關於運動傷害之預防及宣傳事項。

8. 關於運動禁藥之管制、檢測及教育事項。

9. 關於運動訓練機構之聯繫、管理及輔導事項。

10. 其他有關競技運動事項。[71]

　　另外在第七條，國際體育處掌理事項的第四項：「關於舉辦大型國際運動賽會與體育會議之策畫、推動及輔導事項。」和第五項：「關於旅外優秀體育運動人才之聯繫、輔導，及外籍運動員、教練、裁判之管理事項。」[72]等，都與運動競技有直接的關係。

　　上述體育委會的組織條例所載明有關運動競技的部分，事實上和過去體育司時期的實際工作內容並無不同，所不同的是在層級上提高許多，而且將「競技運動」設為一處，重要性和影響力自然大有不同。

---

[71] 李仁德，《體育法令彙編》（臺北縣：一品文化事業有限公司，1999年5月），頁1-6。
[72] 李仁德，《體育法令彙編》，頁1-6。

二、有關運動競技的具體作為

　　民國九十六年（二〇〇七）體委會出版《行政院體育委員會十週年施政成果專輯》一書，對體委會成立十年來的工作成果加以羅列，包括有：綜合計畫篇、全民運動篇、競技運動篇、國際體育篇、運動設施篇等五大部分，以下將依序摘錄直接有關運動競技的成果，並補充不足之資料。

（一）行政院體育委員會精英獎

　　為了表彰運動教練、選手，以及其他投身體育工作者犧牲奉獻之精神，體委會於民國九十二年（二〇〇三）設置「行政院體育委員會精英獎獎勵辦法」〔現行版為民國九十六年（二〇〇七）所修訂發布〕。獎項設有：最佳男運動員獎、最佳女運動員獎、最佳教練獎、最佳運動團隊獎、基層體育奉獻獎、全民運動推展獎、最佳運動精神獎、終身成就獎等八項，每年均有辦理。[73]前四項與運動競技有直接關係，在精神上提供選手很大的鼓舞力量。

（二）出版第一本《中華民國體育白皮書》

　　第一次全國體育會議之召開，體委會開始有《中華民國體育白皮書》的撰寫，綜觀全書內容，由社會變遷與體育思潮及國際體育政策發展趨勢，導出我國體育發展各項課題，包括推展全民運動、增進國民體能、振興學校體育、強化競技運動、改善運動環境、鼓勵民間參與、充實體育內涵、促進體育交流、活絡媒體互動、拓展運動產業等十項所面臨的問題，然後歸結其因應對策，再引據目前體育相關數據暨逐步改善之可行性評估

---

[73] 行政院體育委員會，《行政院體育委員會十週年施政成果專輯》，頁23。

結果，勾勒迄西元二〇一〇年我國體育發展指標與願景。在「強化競技運動」的部分，於目前存在的相關問題之後，提出未來的因應之道，計有：「研發體育人才鑑別機制，培養具有潛力、理想、內涵的優秀運動選手，建立連貫培訓體制」；「健全學校運動賽制，提供運動選手合理的參賽選擇」；「研訂合理的輔導措施，暢通優秀選手升學管道，預作生涯規劃」；「鼓勵大專院校重點發展競技運動，培訓優秀選手」；「強化軍中體育，提升國軍體能，培訓優秀選手」；「規劃有效的養成、授證、進修與獎勵制度，養成高水準的教練、裁判與其他體育專業人才」；「設立體育訓練機構，強化運動科研及加強運動員藥物檢測品質，提升競技運動實力」；「健全體育團體組織，強化體育團體功能」；「發達職業運動，提升運動競技水準，擴大運動參與人口」；「鼓勵企業認養優秀選手，透過生活的保障，鼓勵選手專注運動訓練」等十項，並於各項下擬訂具體的實施方針。[74] 由於體委會具有較高的行政位階，這樣的體育白皮書，對國內運動競技的提升，提供具體可行的方案和願景。

此外，繼此次體育白皮書的發布之後，面對新的國內外體育現勢，第二本的體育白皮書也將於近期完成。

（三）召開第一次全國體育會議

體委會成立後的第一次全國體育會議，於民國八十八年（一九九九）在臺北國際會議中心舉行，這是國民政府遷臺以後第一次以體育為核心的全國會議。以「二十一世紀體育的新格局──活潑的城鄉、強勁的競技、健康的國民」為主題，邀請社會各界代表約四百五十人齊聚一堂，共同為我國的體育政策集思廣益，凝聚共識，描繪公元二〇一〇年的體育發展願

---

[74] 行政院體育委員會，《中華民國體育白皮書》（臺北市：行政院體育委員會，2000年1月），頁66-74。

景。[75]其中有關「競技能力的提升」議題，得到以下之共識：

> 強勁競技能力之基礎，有賴家庭、學校、軍中及社會之整體配合，否
> 則，無以竟其功。比如，研發體育運動人才之鑑別機制、建立連貫
> 的培訓制度、運動賽制、輔導措施、發展重點競技運動項目；強化學
> 校、軍中體育，規劃有效的養成、授證、進修與獎勵制度；養成高水
> 準之教練、裁判與其他體育專業人才，強化運動科研，健全體育團體
> 組織，鼓勵企業認養優秀選手，保障運動優秀選手，發達職業運動，
> 成立國際體育資訊中心，促進與國際、兩岸之交流等，都是提升競技
> 能力的重要策略。[76]

上述的願景，具有指引我國運動競技健全發展的功能。

（四）辦理選手培訓

體委會成立後，依選手年齡、實力分為四級，最基層為地方政府主
管之國中、小學選手，第三級為高中職優秀選手，第二級為體育院校選
手、替代役男及國家儲備隊選手，第一級為國家代表隊選手。第三、四級
選手，輔導各地方政府發掘、培訓之，選定重點運動來發展，並補助運動
成績績優縣市學校改善其設備。第二級選手，輔導全國大專院校發展特色
運動，補助其選手培訓、教練延聘、改善場地設備等；同時累計審查通過
八十八名優秀運動選手服補充兵役、甄選四百八十九名優秀運動員服替代
役，及輔導四十一個全國性亞、奧運會比賽項目團體每年度研提國家儲備

---

[75]　行政院體育委員會，《行政院體育委員會十週年施政成果專輯》，頁27。
[76]　行政院體育委員會，《行政院體育委員會十週年施政成果專輯》，頁27。
　　　行政院體育委員會，《中華民國體育白皮書》，頁22-25。

隊選手之培訓計畫。第一級選手，依據重要之國際綜合性運動會，如奧運會、亞運會、東亞運動會、世界大學運動會等，分別訂定國家代表隊遴選辦法及培訓計畫。

此外，因應陳水扁總統在民國九十四年（二〇〇五）北京奧運勇奪七金之指示，體委會特別訂定「挑戰二〇〇八黃金計畫」實施計畫，選定適合國人爭勝之運動項目十四種，包括跆拳道、射箭、射擊、舉重、桌球、羽球、柔道、壘球、高爾夫、棒球、網球、田徑、游泳、體操等，自民國九十四年（二〇〇五）起至民國九十七年（二〇〇八）止，並依選手實力分為Ａ、Ｂ、Ｃ三組，重點輔導。[77]

（五）改革全國性綜合運動賽會

體委會為提高國內運動賽會的競技品質，與國際接軌，及使賽務與行政支援分工專業化，將全國運動會、全國大專院校運動會、全國中學運動會等國內三大賽會加以整合、改革，包括：1.將臺灣區運動會改名為全國運動會，臺灣區中等學校運動會更名為全國中等學校運動會；2.制定「運動會舉辦準則」，明確賽會舉辦宗旨；3.參照亞、奧運會，以及世界大學運動會和世界青少年運動會，選定必辦項目；4.明定申辦程序、條件。透過這些機制，來完備國內各級運動賽會體系架構。[78]

（六）整合兩個職棒聯盟

民國七十九年（一九九〇）中華職棒聯盟成立，民國八十六年（一九九七）臺灣職棒大聯盟也成立，兩個職棒聯盟互相爭鬥，不僅職業棒球環境惡化，也影響整個國內的棒球生態，為此，民國九十二年（二〇〇三）

---

[77] 行政院體育委員會，《行政院體育委員會十週年施政成果專輯》，頁45-46。
[78] 行政院體育委員會，《行政院體育委員會十週年施政成果專輯》，頁46。

在陳水扁總統的見證下，兩個職棒聯盟共同簽訂協議書，完成合併。[79]

（七）學校專任運動教練法制化

　　過去專任運動教練制度並不完備，運動教練被定位為約聘僱人員，教練工作不穩定、沒有保障。有關此議題，在本節前述「運動競技政策」之「重修國民體育法」已有說明，於此不再重述。

（八）績優教練、選手獎勵制度

　　為獎勵績優教練和選手，體委會訂定「國光體育獎章及獎助學金頒發辦法」和「行政院體育委員會有功教練獎勵辦法」。前者原為教育部所制定，體育會成立後，在民國八十七年（一九九八），將原來教育部的獎章和獎助學金頒發要點改由體委會為主管機關，同時大幅降低非亞、奧運會項目之獎金。[80]民國九十一年（二〇〇二）以後，更名為「國光體育獎章及獎助學金頒發辦法」，除了奧運金牌維持一千萬元獎金（現行為一千兩百萬元），其餘都大幅降低，並取消積點制及對奧、亞運會示範賽、表演賽之獎勵等，有功教練獎金比照選手獎金的規定，也因流弊過多而取消。[81]現行辦法為民國九十三年（二〇〇四）修訂，獎金部分小幅增加，並增訂奧運會獲前三名者可選擇按月領取終身俸，或選擇一次領取，其餘改變不大，[82]於此不再贅述。

　　由於取消有功教練的獎金，另以民國九十五年（二〇〇六）所制定之

---

[79]　行政院體育委員會，《行政院體育委員會十週年施政成果專輯》，頁47。

[80]　李仁德，《體育法令彙編（二）》（臺北縣，一品文化事業有限公司，1999年5月），頁201-209。

[81]　行政院體育委員會，〈國光體育獎章及獎助學金頒發辦法〉，中華民國九十一年三月二十六日行政院體委會（91）體委體競字第 091 0004632 號令修正公布，收於法務部全國法規資料庫，網址：http://law.moj.gov.tw/Scripts/Query4A.asp?FullDoc=all&Fcode=H0120022，2007年12月2日。

[82]　行政院體育委員會，〈國光體育獎章及獎助學金頒發辦法〉，中華民國九十四年十一月九日行政院體育委員會體委體競字第 09400214293號令修正發布，收於法務部全國法規資料庫，網址：http://law.moj.gov.tw/Scripts/Query4A.asp?FullDoc=all&Fcode=H0120022，2007年12月2日。

「行政院體育委員會有功教練獎勵辦法」取代,對於具中華民國國籍且實際指導之選手獲得設定之運動獎項者,給予獎章與獎金。[83]

(九)辦理運動科學相關工作

為提升運動競技成績,體委會推動多項運動科研之相關事宜,包括:組成運科和醫療小組,針對培訓選手提供運動處方;設置國家棒球研究發展中心,以提供棒球、壘球之運動科學支援;每年依據「運動科學研究及發展獎勵辦法」受理各界申請及審查作業;推動運動傷害防護員證照制度;每年委託中華奧會辦理運動禁藥管制作業。[84]

(十)建構全面而多元的競技訓練環境

民國九十年(二〇〇一)成立「國家運動選手訓練中心」(簡稱國訓中心),每年輔導國訓中心辦理選手培訓任務,並取得其他單位之合作,以補國訓中心訓練場地之不足,如嘉義縣阿里山園區之香林國中、中正大學、揚升高爾夫球場、桃園縣龜山鄉公西靶場等。[85]

(十一)強化單項運動賽會賽制,輔導職業運動發展

民國八十二年(一九九三),由於職業籃球賽的停擺,影響籃球發展甚大,民國九十二年(二〇〇三)起,體委會積極輔導辦理「超級籃球聯賽」。民國九十三年(二〇〇四)起,輔導辦理甲級男子企業排球聯賽,另逐步扶助建立職棒二軍制度,以促進職業棒球的健全發展。[86]

---

[83] 行政院體育委員會,〈行政院體育委員會有功教練獎勵辦法〉,中華民國九十五年十一月二十九日行政院體育委員會體委競字第 09500 244313號令訂定發布,收於法務部全國法規資料庫,網址:http://law.moj.gov.tw/Scripts/Query4A.asp?FullDoc=all&Fcode=H0120047,2007年12月2日。

[84] 行政院體育委員會,《行政院體育委員會十週年施政成果專輯》,頁49-50。

[85] 行政院體育委員會,《行政院體育委員會十週年施政成果專輯》,頁50。

[86] 行政院體育委員會,《行政院體育委員會十週年施政成果專輯》,頁51。

（十二）績優運動選手就業輔導辦法

體委會於二○○二年發布施行「績優運動選手就業輔導辦法」，參加國際運動賽會成績優良之運動選手及身心障礙運動選手，經提出申請資格符合者，政府將提供職業輔導訓練，或輔導擔任專任運動教練。[87]

（十三）國家體育競技代表隊服補充兵役辦法

鑑於國內許多優秀選手皆因兵役問題而中斷運動生涯，體委會於民國九十年（二○○一），發布「國家體育競技代表隊服補充兵役辦法」〔現行辦法為民國九十四年（二○○五）修訂公布〕，使優秀運動選手在進行短期軍事訓練後，轉任到國家訓練中心服役。[88]

（十四）體育替代役

民國八十七年（一九九八）國防部實施「國軍精實案」，大幅裁減國軍員額，為安排多餘的義務兵役員額，乃有自民國八十九年（二○○○）開始的替代役制度。此一「國軍精實案」在運動競技方面的影響，就是將民國六十二年（一九七三）以來的國軍運動培訓隊制度加以解散，等於中斷了優秀運動選手的訓練之路。為此，體委會除推動前列之「國家體育競技代表隊服補充兵役制度」外，並極力爭取將體育役列入替代役制度之中。在體委會的努力下，民國九十一年（二○○二），體育替代役制度首度實施。

首度實施的體育替代役錄取有體育行政、物理治療師（體育行政類）

---

[87] 行政院體育委員會，〈績優運動選手就業輔導辦法〉，中華民國九十一年十一月十二日行政院體育委員會體委競字第 09100204961 號令訂定發布，收於法務部全國法規資料庫，網址：http://law.moj.gov.tw/Scripts/Query4A.asp?FullDoc=all&Fcode=H0120031，2007年12月1日。

[88] 行政院體育委員會，〈國家體育競技代表隊服補充兵役辦法〉，中華民國九十四年九月二十日行政院臺體字第0940034899 號令修正發布，收於法務部全國法規資料庫，網址：http://law.moj.gov.tw/Scripts/Query4A.asp?FullDoc=all&Fcode=F0040025，2007年12月1日。

及十四項運動種類專長（競技類）役男，總計十六項九十六名體育替代役役男，其中以競技類選手的替代役為主。民國九十二年（二〇〇三），又增列「全民類」役男，以協助推展全民運動為任務。[89]由於體育替代役的實施，使優秀運動選手不至於因為服役而中斷運動訓練，是很重要的運動競技政策。

（十五）中等以上學校運動成績優良學生升學輔導辦法

優秀學生的升學輔導辦法是教育部的權限，它自民國五十五年（一九六六）訂定後迄今〔現行辦法為民國九十五年（二〇〇六）修正公布〕，已有十七次的修訂，仍是鼓勵運動選手投身訓練的重要誘因。現行的辦法中，取得輔導升學資格的最低門檻是參加「由教育部核定中華民國高級中等學校體育總會或全國單項運動協會指定之各種運動錦標賽，其實際參賽隊伍（人）數在十六個以上，獲得最優級組前六名；或參賽隊伍（人）數在八個以上，獲得最優級組前三名」者，[90]相較於民國七十一年（一九八二）版本的最低門檻：「參加全國各單項協會選定之全國性或臺灣區各項運動錦標賽獲個人競賽項目第一名或創全國新紀錄者……參加全國各單項運動協會選定之全國或臺灣區各項運動錦標賽，獲團體競賽項目第一名者。」[91]標準放寬許多，可鼓勵更多選手投身訓練。

[89] 國民體育季刊137期，網址：http://www.ncpfs.gov.tw/annualreport/Quarterly137/p15.asp，2008年6月6日
[90] 教育部，〈中等以上學校運動成績優良學生升學輔導辦法〉，中華民國九十五年七月四日教育部臺參字第0950094689C號令修正，收於法務部全國法規資料庫，網址：http://law.moj.gov.tw/Scripts/Query4A.asp?FullDoc=all&Fcode=H0120004，2007年12月3日
[91] 教育部，《體育法規選輯》，頁37-34。1984年版。

三、重要運動賽會

（一）亞運會

第十三屆亞運會在一九九八年十二月於泰國曼谷舉行，中華臺北派出三百八十八位選手和一百九十二位職員，共五百八十人參加，獲得九面金牌，十七面銀牌，四十一面銅牌，在三十三個參賽國和地區中排名第六。

第十四屆亞運會在二○○二年九月於韓國釜山舉行，中華臺北派出三百五十九位選手和一百六十一位職員，共五百二十人參加，獲得十面金牌，十七面銀牌，二十五面銅牌，在三十六個參賽國和地區中排名第七。[92]

第十五屆亞運會在二○○六年十二月於卡達的多哈舉行，中華臺北派出了一支五百四十二人的代表團，共獲得九金、十銀及二十七銅，在參賽的四十五個國家及地區中，排名第十。

（二）奧運會

二○○○年雪梨奧運會，共有二十八種運動三百項比賽。中華臺北代表隊獲一銀四銅，包括：舉重女子五十三公斤級黎鋒英銀牌；女子舉重七十五公斤級郭羿含銅牌；女子桌球單打陳靜銅牌；女子跆拳道第一量級紀淑如銅牌；男子跆拳道第一量級黃志雄銅牌。在一百九十九個參賽會員中排名第五十八名。

二○○四年雅典奧運會，舉辦二十八種運動三百零一項比賽，全球兩百零二個會員全部出席。中華臺北代表隊獲二金二銀一銅，排名第三十一名，獲獎項目與得牌者名單如下：跆拳道男子組五十八公斤以下級金牌：

---

[92] 中華奧林匹克委員會網站，〈競技盛會〉，http://www.tpenoc.net/changes/changes_03.asp，2007年8月10日。

朱木炎；跆拳道女子組四十九公斤以下級金牌：陳詩欣；跆拳道男子組六十八公斤以下級銀牌：黃志雄；射箭男子團體賽銀牌：陳詩園、劉明煌、王正邦；射箭女子團體賽銅牌：陳麗如、吳蕙如、袁叔琪。[93]這是臺灣代表隊首次在奧運會中獲得金牌，而且是兩面。

（三）其他綜合性運動賽會

1.全國運動會與全民運動會

　　精省之後，民國八十八年（一九九九）開始，由行政院體育委員會主導改制，從過去的臺灣區運動會，更名為全國運動會。只舉辦奧運和亞運比賽的運動項目，非亞、奧運會的運動項目，另外於隔年舉辦的「全民運動會」中進行，兩者都是每兩年舉辦一次。

2.全國中等學校運動會

　　臺灣區中等學校運動會，因為民國八十九年（二○○○）行政院執行省虛級化政策，乃更名為「全國中等學校運動會」。

3.全國原住民運動會

　　第一屆全國原住民運動會在民國八十八年（一九九九）於桃園舉行。原住民運動之目的，在於「發展我國原住民體育，提升原住民體能，促進原住民生命品質」。正式名稱定為中華民國○○年全國原住民運動會，每二年舉辦一次，舉辦之項目以原住民擅長之競賽種類、項目，及其他原住民傳統民俗體育活動為原則，受行政院體育委員會之指導管轄。[94]

　　綜觀體委會時期的運動競技，就其工作內容來看，其實和體育司時期

---

[93] 中華奧林匹克委員會網站，〈奧運風雲〉，http://www.tpenoc.net/changes/changes_03.asp，2007年8月10日。

[94] 行政院體育委員會網址，〈全國原住民運動會舉辦準則〉，http://www.ncpfs.gov.tw/law/law-1.aspx?No=36，2008年6月7日。

並沒有太大不同，但是由於行政主管層級的提高，以致經費和行政組織能力大幅提升，執行能力自然也就相對提高，因此，未來的奧運會將有奪取金牌的更多可能，且拭目以待。

第四節　奧運會得牌者略傳

一、田徑

（一）楊傳廣

　　楊傳廣（一九三三～二○○七），臺東市人，是一位天生的運動好手。楊氏最早接觸的是棒球運動，擔任投手，民國四十年（一九五一）進入聯勤田徑隊，開始進行田徑的訓練，民國四十三年（一九五四）以跳高入選為亞運會培訓選手，在培訓過程中被意外發現具有運動潛力，於是接受史麟生教練的建議，改練十項運動。經過短短兩個月的集訓，就在一九五四年的亞運會奪得十項金牌，獲亞洲鐵人稱號，一九五八年的亞運會再次奪金，逐漸嶄露頭角。為了更上層樓，政府將楊傳廣送往美國加州大學，接受德瑞克教練的指導，成績突飛猛進。一九六○年羅馬奧運會，楊傳廣以八千三百三十四分奪得亞軍，是臺灣第一位在奧運會得牌的選手。

　　一九六四年東京奧運會，以當時楊傳廣的成績，冠軍非他莫屬，可惜比賽當日身體不適，只得到第五名。結束選手生涯後，楊氏曾經拍過幾部電影但不賣座。楊氏主要以教練為職業，在左訓中心（今改為國家訓練中心）服務，對田徑後輩提供許多寶貴的經驗。此外，他也曾經在民國七十二年（一九八三）獲選為立法委員。[95]民國九十六年（二○○七）因病去世，享年七十四歲。

---

[95] 行政院體育委員會，《臺灣世紀體育名人傳》（臺北市：行政院體育委員會，2002年8月），頁56-60。

（二）紀政

紀政（一九四三～），新竹縣關西鄉人。就讀新竹二女中期間，第一次參加中上運動會，光腳跳高居然獲得第一名，此後在國內的比賽成績十分輝煌。民國五十一年（一九六二），紀政參加亞運會國手選拔賽，被美國派駐臺灣的田徑教練瑞爾發現，並建議將她送往美國訓練。民國五十二年（一九六三），紀政前往美國接受瑞爾教練的指導，成績迅速飛升，民國五十八年（一九六九）到五十九年（一九七〇）間，一共打破九次田徑的世界紀錄。

一九六八年墨西哥奧運會，紀政獲得八十公尺低欄銅牌，是繼楊傳廣後，臺灣的第二面獎牌；一九七〇年的亞運會，紀政的腳傷讓她在四百公尺決賽跌倒，也跌掉了她的運動員生命。民國六十六年（一九七七）紀政回到國內，擔任田徑協會總幹事；民國七十九年（一九九〇）當選立法委員，任內為推動體委會的成立不遺餘力。[96]現仍致力於全民體育，推動日行萬步的健走運動。

二、舉重

（一）蔡溫義

蔡溫義（一九五六～），嘉義縣人。由於國小時候身材過於瘦弱，常遭同學欺負，經營國術館的父親因此教他國術，並輔以健身器材，國中開始接觸槓鈴。進入嘉義的協志工商後，正式練習舉重，由陳明哲擔任教練。十一個月後參加臺灣區運動會，初試啼聲，即獲得冠軍。之後就讀臺

---

[96] 行政院體育委員會，《臺灣世紀體育名人傳》，頁45-51。

中省立體專繼續練習。退伍後爲全心練習，並沒有就業，幸好有國光、中正體育獎章制度，獲得獎助金不下百萬，經濟不虞匱乏。[97]

一九八四年洛杉磯奧運會，蔡氏以抓舉一百二十五公斤，挺舉一百四十七・五公斤，總合兩百七十二・五公斤獲得六十公斤級銅牌。由於當時的舉重列強如東歐和蘇聯等杯葛奧運會，蔡氏獲得銅牌可謂幸運。

一九八八年漢城奧運會蔡氏並未得名，此後轉任教練，並且開始帶動女子舉重的風氣。二〇〇〇年奧運會前夕，由於選手得牌機會極大，預期有豐厚的獎金入帳，在金錢的腐蝕下，舉重協會爆發內訌，各派人馬互揭使用禁藥，選手陳瑞蓮（很有希望贏得金牌）和吳美儀藥檢呈陽性反應，無法參加奧運會，並鬧上國際舞臺。[98]蔡氏身陷風暴，教練生涯蒙塵。

（二）黎鋒英

黎鋒英（一九七五～），中國湖南省資興縣人，原爲中國選手，民國八十四年（一九九五）嫁入臺灣，二〇〇〇年雪梨奧運會獲得舉重五十三公斤級銀牌。[99]

（三）郭羿含

郭羿含（一九七五～），屏東縣長治鄉人。二〇〇〇年雪梨奧運會女子組舉重銅牌。其他重要之比賽成績如下：

1.一九九四年日本廣島亞運會，女子六十四公斤級銀牌。

2.一九九四年土耳其伊斯坦堡世界舉重錦標賽，女子六十四公斤級銀

---

[97] 林明源，〈不拿奧運金牌不罷休〉，《體育世界週刊》126期，1984年8月，頁8-9。

[98] 蘇瑞陽，〈對「奧運金牌夢」的省思——從陳瑞蓮事件談起〉，《民國體育季刊》29卷：4期（2000年12月），60-67。

[99] 行政院體育委員會網站，〈體壇風雲人物〉，http://www.sac.gov.tw/sport/sport3-1.aspx?No=35，2008年1月20日。

牌。

3.一九九七年韓國釜山東亞運動會，女子組七十公斤級銀牌。

4.一九九七年中國揚州亞洲舉重錦標賽，女子組七十公斤級銀牌。

5.一九九七年芬蘭拉提世界運動會，女子組七十六公斤級金牌。

7.一九九九年中國武漢亞洲舉重錦標賽，女子組七十五公斤級銀牌。**100**

三、棒球

　　臺灣的棒球運動始於日治時期並逐漸興盛，一九三一年，嘉義農校在日本甲子園棒球賽取得亞軍的成就。終戰之後，雖然政、經情勢不佳，但棒球的火苗依然未熄，民國五十七年（一九六八）紅葉少棒以 7A：0 大勝日本隊，引發另一波臺灣棒球的熱情。這股熱情，從民國五十八年（一九六九）金龍少棒隊獲得美國威廉波特世界少棒賽冠軍開始，接著青少棒、青棒又陸續在美國的世界棒球賽中奪冠。過去為觀賞這些球賽的轉播，熬夜觀戰成為那一代人的共同記憶，選手凱旋歸國，爭睹群眾，萬人空巷。

　　一九七〇年代的三級棒球賽，除了讓國人瘋狂外，也為一九八〇年代以後的成棒奠定良好的基礎。一九八〇年代的世界錦標賽，臺灣棒球一直維持在世界五強之列（日本、韓國、古巴、美國、臺灣）。一九八四年洛杉磯奧運會，中華臺北獲得棒球示範賽銅牌。一九九二年巴塞隆納奧運會，奪得亞軍（已列入正式項目），是為臺灣棒球歷來在國際運動舞臺的

---

100 行政院體育委員會網站，〈體壇風雲人物〉，http://www.sac.gov.tw/sport/sport3-1.aspx?No=36，2008年1月20日。

最高成就。[101]當時的教練和選手名單如下：

　　領隊兼教練：李來發

　　教練：高英傑，林華韋，楊賢銘

　　選手：廖敏雄，張文宗，江泰權，吳思賢，陳威成，羅國璋，古國
　　　　　謙，林琨瀚，張耀騰，黃忠義，鍾宇政，林朝煌，蔡明宏，王
　　　　　光熙，張正憲，白昆弘，陳執信，黃文博，羅振榮，郭李健
　　　　　夫。[102]

四、桌球

（一）陳靜

　　陳靜（一九六八～），中國湖北省武漢人。十六歲進入中國國家桌球集訓隊。一九九二年到臺灣探親，一九九三年定居臺灣。陳靜曾於一九八八年奧運會獲得桌球單打冠軍、雙打亞軍，定居臺灣後改披戰袍，一九九六年奧運會獲得桌球單打亞軍，二〇〇〇年奧運會獲得桌球單打銅牌。二〇〇三年返回中國。

五、跆拳道

（一）黃志雄

　　黃志雄（一九七六～），臺北縣樹林鎮人。黃氏從小就在跆拳道館學

---

[101] 謝仕淵、謝佳芬，《臺灣棒球一百年》（臺北市：果實出版社，2003年8月），頁37-46、98-145。
[102] 中華臺北奧林匹克委員會，《中華臺北奧運代表團參加第25屆巴塞隆納奧運會報告書》（臺北市：中華臺北奧林匹克委員會，1993年9月），頁19-20。

習，收於教練宋景宏門下。[103]重要比賽成績：

1.二○○○年雪梨奧運會跆拳道銅牌。

2.二○○二年釜山亞運第一名。

3.二○○三年世界盃跆拳道第一名、德國世界錦標賽第一名。

4.二○○四年雅典奧運跆拳道銀牌。[104]

二○○四年雅典奧運會，黃氏原有機會摘金，但禮讓給朱木炎，自己挑戰上一量級的比賽，獲得銀牌，傳爲佳話。總計黃氏在奧運會中獲得一銀一銅，成就非凡。雅典奧運會後，接受國民黨徵召爲不分區立法委員，二○○七年競選立法委員成功。

（二）紀淑如

紀淑如（一九八二～）屏東縣人，二○○○年奧運會女子跆拳道第一量級銅牌。其他重要比賽成績：

1.一九九六年亞洲盃跆拳道錦標賽銀牌。

2.一九九七年世界盃跆拳道錦標賽金牌。

3.一九九七比利時公開賽金牌。

4.一九九七墨西哥公開賽金牌。

5.一九九八年亞洲盃跆拳道錦標賽金牌。[105]

二○○○年奧運會後，紀氏又參加了二○○四年奧運會，但沒有挑戰成功。此後專心服務警界。

---

[103] 陳湘儀，〈跆拳道佳偶〉，《臺北縣體育人物誌》（臺北縣：臺北縣政府，2005年2月），頁322-331。

[104] 行政院體育委員會網站，〈體壇風雲人物，94，最佳運動精神獎〉，http://www.sac.gov.tw/sport/sport3.aspx，2008年1月20日。

[105] 行政院體育委員會網站，〈體壇風雲人物，90，傑出運動員〉，http://www.sac.gov.tw/sport/sport3-1.aspx?No=188，2008年1月20日。

（三）陳詩欣

陳詩欣（一九七八～），臺北市人，二〇〇四年雅典奧運會跆拳道金牌，也是臺灣在奧運會的第一面金牌，不僅深具歷史意義，也達成了國人自始以來對奧運會金牌的渴望。

陳氏從小就在父親的指導下，成為一個跆拳道好手。一九九四年的世界盃，當時年僅十六歲的她就榮獲金牌，並得到「最佳選手獎」。此後，她在國際和國內比賽中獲獎無數。重要比賽成績計有：

1.二〇〇一年日本東亞運動會跆拳道第一量級第一名。

2.二〇〇一年越南世界盃第一量級第一名。

3.二〇〇二年日本世界盃第一量級第一名。

4.二〇〇二年韓國釜山亞洲運動會跆拳道第一量級第一名。

5.二〇〇四年泰國亞洲區奧運資格賽第一量級第一名。

6.二〇〇四年荷蘭國際公開賽第一量級第一名。[106]

陳氏在十八歲那年，因為不滿長年以來父親的嚴格訓練，和單調的生活，選擇離家出走。三年後，深感過去的荒唐和思念父母而返家，從此重拾戰袍，在家人的支持下，終於在奧運會奪得第一面金牌。

二〇〇四年後，臺北市立體育學院以她在跆拳道的優異表現，特聘任她擔任教職，於此停止運動員生涯。

（四）朱木炎

朱木炎（一九八二～），桃園縣人。二〇〇四年雅典奧運會跆拳道男子組第一量級（五十八公斤級）金牌，有臺灣戰神之稱。

朱氏接觸跆拳道源於國小二年級，收於教練邱共鉦門下。國中時期，

---

[106] 行政院體育委員會網站，〈體壇風雲人物，93，最佳女運動員〉，http://www.sac.gov.tw/sport/sport3.aspx，2008年1月20日。

由於發育較慢和受傷等因素，成績平平。一九九八年世界青少年賽中獲得
銀牌後，他的跆拳道才開始發光發熱。重要比賽成績：

　　1.二〇〇一年越南世界盃第一量級第一名。

　　2.二〇〇三年法國世界區奧運跆拳道資格賽第一量級第一名。

　　3.二〇〇三年德國第十六屆男子世界跆拳道錦標賽第二量級第一名。

　　4.二〇〇三年韓國世界大學運動會第二量級第一名。

　　5.二〇〇四年荷蘭國際公開賽第二量級第一名。[107]

六、射箭

　　射箭是適合我國體型優勢的運動項目。民國六十二年（一九七三）中
華民國射箭協會成立，但國際比賽成績一直不佳。體委會成立後，嚴謹地
實行發展重點運動項目的策略，選訂少數運動項目，集中資源培訓，[108]二
〇〇〇年以後，臺灣的射箭水準開始邁向國際，例如二〇〇一年在香港舉
行的第十三屆亞洲射箭錦標賽榮獲五金一銀一銅；二〇〇二年釜山亞運會
擊敗世界射箭超強之韓國，贏得女子個人金牌及男、女團體銀牌的空前佳
績。[109]並且在二〇〇四年雅典奧運會取銀牌和銅牌的成就，獲獎項目和名
單如下：

　　男子射箭團體賽銀牌：陳詩園、劉明煌、王正邦；

　　女子射箭團體賽銅牌：陳麗如、吳蕙如、袁叔琪。

[107] 行政院體育委員會網站，〈體壇風雲人物，93，最佳男運動員〉，http://www.sac.gov.tw/sport/sport3.
aspx，2008年1月20日。

[108] 行政院體育委員會，〈我國準備參加二〇〇四年雅典奧林匹克運動會奪金策略〉，《國民體育季刊》
32卷：4期（2003年12月），頁5。

[109] 中華民國射箭協會網站，〈本會會史〉，http://www.archery.org.tw/about/index_01.asp，2008年1月23
日。

選手之個人簡要資料如下：

（一）袁叔琪（一九八四～）

南投縣人，重要比賽成績：

1. 二〇〇一年亞洲盃團體賽金牌。
2. 二〇〇二年釜山亞運會射箭個人賽金牌、射箭團體賽銀牌。
3. 二〇〇四年雅典奧運會射箭團體賽銅牌，個人賽第四名。
4. 二〇〇六年多哈亞運會射箭團體銅牌。

（二）陳麗如（一九八一～）

桃園縣人，重要比賽成績：

1. 二〇〇三年第十三屆亞洲盃射箭錦標賽個人賽第三名。
2. 二〇〇四年歐洲巡迴賽團體賽第六名。
3. 二〇〇四年雅典奧運會團體賽銅牌。

（三）吳蕙如（一九八二～）

臺南市人，重要比賽成績：

1. 二〇〇三年亞洲盃團體賽銅牌。
2. 二〇〇四年歐洲巡迴賽個人賽第四名、團體賽第六名。
3. 二〇〇四年雅典奧運會團體賽銅牌。

（四）陳詩園（一九八一～）

臺北縣人，重要比賽成績：

1. 二〇〇二年釜山亞運會團體賽銀牌。
2. 二〇〇四年雅典奧運會個人資格賽以三十六箭三百三十九分寫下奧運新紀錄。

3.二〇〇四年雅典奧運會團體賽銀牌。

（五）王正邦（一九八六～）

花蓮縣人，重要比賽成績：

1.二〇〇二年釜山亞運會團體賽銀牌。

2.二〇〇三年紐約世界賽個人賽第五名。

2.二〇〇四年雅典奧運會團體賽銀牌。

（六）劉明煌（一九八四～）

南投縣人，重要比賽成績：

1.二〇〇二年釜山亞運會團體賽銀牌。

2.二〇〇四年雅典奧運會團體賽銀牌。[110]

---

[110] 行政院研究發展考核委員會，〈臺灣年鑑〉，http://www7.www.gov.tw/EBOOKS/TWANNUAL/ show_book.php?path=3_007_026，2008年1月23日。

第四章　國際體育史

　　國民政府遷臺之後所形成的兩岸對峙局面，以及所引發的一連串爭論性議題，包括「兩個中國」、「奧會模式」等，在國際體壇上亦起漣漪，直接或間接促使臺灣與中國之間一方面互相較勁，另一方面卻又能交流互動。經過不斷的努力，臺灣成為國際體育大家庭的成員，並與中國達成共識，簽訂兩岸體育交流條款，揭開兩岸體育交流之序幕。然而兩岸之間的體育運動交流並非想像中的順利，只因政治因素的掣肘，交流過程未臻理想。在體育交流的過程中，盡可能以「體育歸體育」、「政治歸政治」的型態運轉，期能發揮最大之效益。本章將針對臺灣幾十年來對於國際體育事務的處理，包括國際體育事務之交流、國際體育運動組織之參與、兩岸之體育交流等面向的陳述。

第一節　國際體育交流

一、綜合性之運動賽會

（一）奧林匹克運動會（Olympic Games）

　　近代奧林匹克運動會（The Modern Olympic Games）創立於一八九六年，這項國際間最具歷史的奧運會，係由法國男爵古柏坦倡議復興的，藉由運動啟發人類的身心健全發展，也透過運動競賽的方式彼此國家互相交流。[1]自從政府播遷來臺，對於參與奧運會始終抱持積極態度。一九五二年赫爾辛基奧運會，我國因兩個中國問題（奧會參賽名稱模式），而選擇退出比賽。在一九五六年墨爾本奧運會上，臺灣才能以 FORMOSA-CHINA 名義在奧運場上參賽。一九六〇年羅馬奧運會，我國又因以「臺灣」的名義在奧會上遭受政治打壓，而我國選手亞洲鐵人楊傳廣於羅馬奧運會中，以八千三百三十四分勇奪十項全能運動的銀牌，為中國人首次贏得史上的第一面獎牌，更讓臺灣耀眼國際。一九六四年第十八屆東京奧運聖火由日航專機運送至臺北，中華全國體育協進會事前在臺北綜合體育場前建一水泥臺，立碑撰文，永誌紀念。奧運聖火由古奧林匹亞傳送至臺北，這是奧運史上聖火在我國點燃的第一次，對我國來說意義非凡。[2]一九六八年第十九屆奧運於墨西哥舉行，我國選手紀政在女子八十公尺跨欄，以十秒四成績打破奧運紀錄獲得銅牌，為我國女選手獲得奧運第一面獎牌。[3]同年中華民國奧會正名成功，在參加奧運坎坷的歷程中，代表團首次雙喜臨門。[4]

---

[1]　徐亨著、湯銘新編譯，《奧運會發展史》，（財團法人徐亨體育文化基金會，1982.6），頁18。

[2]　湯銘新，《奧運會發展史1896-2000》（臺北市：財團法人徐亨體育文化基金會，2004.6），頁297。

[3]　中華奧林匹克網站：資料引自http://www.tpenoc.net/changes/changes_03.asp。

[4]　湯銘新，〈我國參加奧林匹克運動會史〉，《國民體育季刊》33卷、2：（1995.6），頁3。

臺灣因「奧會模式」在參與奧運會時頻受中共的阻擾，直至一九八一年，我國奧會與國際奧會主席薩瑪蘭奇簽署協議，願以「中華臺北」（Chinese Taipei）名稱重返國際奧會，並以嶄新的標誌回到奧運戰場上，也爲我國長期困擾於奧運會上的名稱告一段落。[5]

　　近十幾年來，我國選手在奧運會場上的表現大致尚可。一九九二年於西班牙巴塞隆納舉行的第二十五屆奧運會，棒球被列爲正式奧運項目，共有八隊參加，最後由古巴獲得金牌，臺灣獲得銀牌。另外，跆拳道示範賽，我三位選手羅月英、童雅琳及陳怡安分獲三面金牌，成績斐然。一九九六年在美國亞特蘭大舉行的奧運會，適值奧運百週年之際，中華臺北奧會組成包括七十四名選手在內的一百一十五人代表團躬逢盛會，曾於一九八八年漢城奧運獲得桌球女單項目金牌的陳靜，本屆比賽代表中華臺北贏得女單銀牌。[6]二〇〇〇年奧運在澳洲雪梨舉行，我國選手共計獲得獎牌數爲一銀四銅，得牌總名次五十八名。二〇〇四年第二十八屆雅典奧運，臺灣跆拳道好手陳詩欣及朱木炎拿下金牌，黃志雄則拿到銀牌。射箭方面，男生團體組與女生團體組分別拿下銀牌和銅牌，團體成績也從雪梨奧運的一銀四銅（所有參賽國家中排名五十），攀升到二金二銀一銅排名（所有參賽國家中排名三十），爲我國參加歷屆奧運以來成績最佳之表現，不但爲我國體育增添色彩，更讓臺灣體育的未來發展，更具國際競爭力。

　　除了夏季和冬季奧運會的舉辦，國際奧委會另舉辦帕拉林匹克運動會（以下簡稱殘障奧運會）。本項賽會乃是帕拉林匹克委員會（International Paralympic Committee）所主辦的國際性殘障運動競賽，從一九六〇年開始

---

[5]　劉進坪，蔡禎雄，〈促成「奧會模式」的國際奧會主席──薩馬蘭奇～以1981年前後爲中心〉，《中華民國體育學報》第十八輯：（1994.12），頁52。

[6]　湯銘新，〈我國參加奧林匹克運動會史〉，《國民體育季刊》33卷、2：（1995.6），頁32。

舉辦至二〇〇四年，一共舉辦了十二屆。該會前身是英國葛特曼博士所創的史托克曼德佛運動聯誼會（ISMGF），該會成立目的是為了增進世界各國殘障團體及組織參與殘障體育與運動比賽，讓殘障朋友有機會進行國際交流的機會。[7]

中華民國殘障體育運動總會，於民國八十一年（一九九二）首次派員參加巴塞隆納舉辦的第九屆帕拉林匹克運動會。民國八十五年（一九九六）派員十四名參與亞特蘭大之帕運會，共計獲得獎牌一金一銅，民國八十九年（二〇〇〇）派員二十五名參與雪梨帕運會獲一金二銀四銅，成績有了些許的進步。民國九十三年（二〇〇四）希臘雅典帕運會，我國亦派二十五名選手參加八項競技，分別為：射擊、射箭、田徑、柔道、健力、游泳、桌球及輪椅網球，在此次雅典帕運會上更獲得了二金二銀二銅的佳績。

（二）亞洲運動會（Asian Games）

亞洲運動會的前身為遠東運動會（Far East Games），之後曾經因故中斷幾年。一九四八年倫敦奧運會期間，亞洲各國利用參加奧運會的機會，商討恢復遠東運動會的可能性，由於先前遠東運動會規模不夠盛大，未能完全展現亞洲體育之精神，因此與會代表決議主張創辦仿照奧運會之組織型態，每四年舉行一次運動會，而運動會創立的宗旨乃以促進亞洲各國間相互尊重及增進友誼為主。[8]原定於一九五〇年在印度新德里舉行的第一屆亞運會，因經費及場地等問題，遲至一九五一年才順利舉行。

第一屆亞洲運動會舉辦之際，正值中華民國政府退守臺灣時期，加上印度積極邀請中國大陸參加，在對我國態度不友善的情況下，臺灣決

---

[7]　行政院體育委員會，〈國際體育交流〉，《我國國際暨兩岸體育交流之研究（初稿）》，頁19。

[8]　湯銘新，《亞運紀錄之發展及比較》，（臺北市：中華民國體育協進會印行，1982）。

定放棄參加第一屆的亞洲運動會。之後，第二屆及第三屆我國皆組團參加，然而於印尼雅加達舉行的第四屆亞運會，因印尼政府未給予我代表團簽證，我國未能參與比賽，接下來的每屆比賽我國多能參與。[9]民國六十三年（一九七四），因受國際政治變動的影響，我國未能參與第七屆德黑蘭亞運會，只能暫時退出亞洲運動會相關活動。直到民國七十五年（一九八六）年的亞奧理事會上，情勢有所轉變，由於我國願意接受國際奧會對於臺灣日後參與國際體育活動時的新名稱、旗、徽、歌等決議，因此臺灣得以重新恢復亞洲奧林匹克理事會的會員資格，同時也獲准從一九九〇年第十一屆亞運會恢復參賽資格。[10]從此我國參加了之後的每一屆亞洲運動會，包括了一九九〇北京亞洲運動會、一九九四廣島亞洲運動會、一九九八曼谷亞洲運動會、二〇〇二釜山亞洲運動會，以及二〇〇六年杜哈亞洲運動會。臺灣在歷屆的亞運會中，選手的成績表現在與會國家應屬中等，未來仍有努力的空間。

（三）世界運動會（World Games）

　　世界運動會乃由各國際運動總會聯合會（General Association of International Sports Federation, GAISF）於一九七四年在瑞士洛桑舉行會員大會時，所倡議創辦的一項非奧林匹克運動會的綜合性國際運動會。起初，由十二個非奧運項目單項運動總會聯合在荷蘭組成世界運動會委員會，爾後更改為世界運動會總會（International World Games Association, IWGA）。[11]世界運動會自一九八一年起，每四年舉辦一次，大會時間則於奧運會隔年，其主要目的在於凸顯出非奧運項目的重要性。

---

[9]　行政院體育委員會，〈國際體育交流〉，《我國國際暨兩岸體育交流之研究（初稿）》，頁13。

[10]　亞洲運動會簡介，臺灣棒球維基館網站：資料引自http://twbsball.dils.tku.edu.tw/wiki/index.php/%E4%BA%9E%E6%B4%B2%E9%81%8B%E5%8B%95%E6%9C%83。

[11]　中華民國奧會，〈世界運動會簡史〉，《奧林匹克季刊》23：（1993），頁13。

一九八一年第一屆世界運動會於聖塔克拉拉舉行，我國在接獲世界運動總會邀請函之後，隨即由教育部召開協調會，決定比照奧運模式，派隊參賽。臺灣代表團在男子空手道項目上獲得一金一銀的成績，贏得我國在世運會的第一面金牌，跨出我國參與國際體育運動成功的一步。爾後的每屆參賽，臺灣均有不錯的成績表現，歷年來共累積十六金、十五銀、十五銅的佳績，尤其二○○一年時，我國組團參加第六屆日本秋田世界運動會，總得牌數排名第十三，為我創下歷來在綜合性運動賽會中首度超越中國的紀錄。[12]二○○五年在德國杜伊斯堡主辦的第七屆世界運動大會，我國選手也有不錯的成績表現。此外，臺灣經過多年的努力爭取，二○○九年世界運動會交由高雄市承辦，對於我國國際體育交流發展，實為重要之里程碑。

（四）世界大學運動會（International University Sport Games）

世界大學運動會是由大學（University）與奧林匹亞（Olympiade）結合而成，在國際大學運動總會（International University Sport Federation, FISU）監督之下，每二年分別舉辦一次夏季及冬季世界大學運動會。一九五九年在義大利杜林舉辦第一次世界大學運動會，至今已歷經四十餘年之發展，每屆運動會的舉辦皆能吸引全球超過一百三十個國家地區參與比賽。我國於民國五十八年（一九六九）以「中華民國大專院校體育總會」名稱，申請加入世界大學運動總會。然而負責本屆世界大學運動會之葡萄牙因故宣布停辦賽事，臺灣因此無緣參加該屆盛會。[13]直至民國七十六年（一九八七），我國才成為世界大學運動總會的正式會員，

[12] 黃邱明，世運會／臺灣歷屆成績，東森新聞報網站（2004.6.14）：資料引自http://www.ettoday.com/2004/06/14/733-1644241.htm。

[13] 陳鴻雁，〈世界大學運動會的沿革與申辦〉，《國民體育季刊》24卷、2：（1995.6），頁17、18。

並以中華臺北大專院校運動總會之名稱加入該會，自此我皆參與各屆比賽。[14]第二十三屆世界大學運動會於土耳其伊士麥舉辦，而我國也派出跆拳道、射箭、田徑等隊伍參賽，得牌數共計六金二銀四銅，表現優異，在一百四十二個國家參賽中，名列第九。

（五）東亞運動會（East Asian Games）

　　民國八十年（一九九一）九月十五日，亞洲奧會東亞地區各國家奧會代表，包括中國大陸、日本、南韓、蒙古及我國等，為了提升亞洲在世界體壇的地位，在東京召開東亞地區各國家奧會聯席會議，會中決議舉辦東亞運動會，而其主要目的是促進亞洲地區的奧會會員國間的體育交流。[15]並訂立每兩年舉辦一次運動會，以此促進各國體育交流及增進友誼，並決定一九九三年在上海舉辦第一屆的東亞運動會。原應兩年舉辦一次的東亞運動會，輪由北韓接辦時，因內部因素放棄主辦，而此一事件的發生，迫使東亞運協會更改會章，由原先兩年舉辦一次比賽改為四年。[16]

　　我國選手在歷屆東亞運的表現上值得肯定，第一屆上海東亞運動會，臺灣派出兩百零一人與會，共獲得六金五銀十九銅的成績；一九九七年第二屆東亞運會於南韓釜山舉行，我國計有兩百三十二人參賽，共獲得八金二十二銀十九銅，排名第五。二〇〇一年第三屆東亞運動會在日本大阪舉行，我參賽選手共獲得六金十六銀三十一銅，再次排名第五；二〇〇五年時，第四屆東亞運動會在中國澳門舉行，我國以十二金三十六銀二十四銅成績，進步至第四名。

---

[14] 陳鴻雁，〈世界大學運動會的沿革與申辦〉，《國民體育季刊》24卷、2：（1995.6），頁18。

[15] 詹德基，《中華奧林匹克委員會參加第一屆東亞運動會報告書》（臺北：中華臺北奧林匹克委員會編印，1995）。

[16] 行政院體育委員會，〈國際體育交流〉，《我國國際暨兩岸體育交流之研究（初稿）》，頁21。

二、正式錦標及邀請性質之運動賽會

我國政府播遷來臺後，對於國際體育交流活動極為重視，而國際體育
活動被視為我國執行體育政策的重要項目之一，參加國際賽事，例如國際
正式錦標賽和國際邀請賽，是提供國內選手們一個很好的磨練機會。[17]民
國六十二年（一九七三）在教育部下設置體育司，擬訂我國體育運動發展
政策與方針的同時，國際體育交流活動的推動是國家整體體育政策中重要
的一環，而培訓參加奧、亞運會實力的最佳磨練場所，就是國際正式錦標
賽。[18]因此對於相關層級之運動賽事，無不積極參與。一般而言，國際正
式錦標賽可分為：（一）國際運動總會舉辦的正式錦標賽，包括：世界錦
標賽、奧運資格賽、世界青年錦標賽等幾種運動競賽。（二）國際總會承
認由各會員國主辦的國際比賽，包括世界盃分站賽、洲際盃錦標賽、世界
盃巡迴賽等，這些運動競賽可分為我國派隊參賽及在我國舉辦兩種，但同
樣都是屬於國際正式錦標賽之類。而國際正式錦標賽由國際組織主辦或授
權國家運動協會或地區承辦的運動比賽，主要是以運動技術交流及提升運
動成績為宗旨，並希望能增進國與國之間互相交流及友誼。國際正式錦標
賽因比賽性質和規定不同，名稱上亦有不同，有稱運動會、世界盃、洲際
盃等比賽名稱。[19]在各個國際正式錦標賽中，是亞、奧運之外世界各地國
家所重視的國際運動賽，除了有之前的意義之外，也有爭取參加亞、奧運
會的資格存在，因此世界各國也都將國際錦標賽視為重要的比賽。

以國際棒球總會（IBAF）所主辦的世界盃棒球錦標賽（Baseball
World Cup）為例，從一九三八年舉行第一屆比賽至二〇〇七年，已經舉

---

[17] 行政院體育委員會，〈國際體育交流〉，《我國國際暨兩岸體育交流之研究（初稿）》，頁24。
[18] 行政院體育委員會，〈主辦國際體育活動〉，《我國國際暨兩岸體育交流之研究（初稿）》，頁115。
[19] 林國棟，〈我國體育外交之研究〉，《中華民國體育學報》第九輯：（1987.12），頁42。

辦了三十七屆的比賽，是目前為止歷史最為悠久的棒球國際賽事。世界盃棒球錦標賽舉辦六十餘年來，僅有四次由亞洲國家承辦，其中一九八〇年在日本、一九八二年在南韓，二〇〇一、二〇〇七年則在臺灣。由此觀之，臺灣除了積極派隊參賽國際正式錦標賽之外，對於爭辦相關賽會來臺舉辦更是不遺餘力。事實上，前三十三屆官方名為「世界棒球錦標賽」（World Basaball Championship，中文簡稱世錦賽），臺灣於一九七二年首度進軍世錦賽，一九七八年及一九八〇年兩度因奧會會籍問題未能參賽，也無法參加世界各項成棒賽，同時期亞洲棒球錦標賽也因故停辦，那段期間，臺灣棒球幾乎完全喪失與世界列強互動的機會。一九八二年重返國際棒壇之後，臺灣棒球隊歷屆均有派隊參賽，二〇〇五年則是第十四度參賽。[20] 二〇〇一年臺灣第一次主辦本項賽事並獲得第三名之佳績，全島為之瘋狂，除了提升棒球的運動風氣之外，對於整個社會民心的凝聚亦有相當之效果。由於成功舉辦二〇〇一年之賽事，因此國際棒球總會決定讓臺灣再次承辦二〇〇七年之世界盃，國人對於臺灣代表隊的支持熱情依在，可惜所獲名次（第八名）差強人意。二〇〇六年十一月九日至十九日中華民國棒球協會與臺中市政府承辦第十六屆洲際盃棒球錦標賽（2006 XVI IBAF Intercontinental Cup）。本次賽事除地主國中華隊外，尚有古巴、日本、南韓、澳洲、義大利、荷蘭及菲律賓，共有八個球隊參賽。在此次的比賽中，臺灣代表隊拿到了第三名的成績，實力不輸美歐幾個強國，由此可見，我國棒球已經逐漸於國際舞臺上嶄露頭角，期待繼二〇〇六年杜哈亞運奪金牌之後，能再創佳績。

　　由於參與或辦理國際邀請賽事能夠提升我國運動風氣和國際能見度，對於國際交流互動具有重大意義，因此參與或舉辦國際邀請賽亦是我國進

20　臺灣棒球維基館：資料來源http://twbsball.dils.tku.edu.tw/wiki/index.php/%E4%B8%96%E7%95%8C%E7%9B%83%E6%A3%92%E7%90%83%E9%8C%A6%E6%A8%99%E8%B3%BD。

行國際體育交流活動重點，並且是政府執行國家體育發展政策的主要工作
之一。基本上國際邀請賽主要是以各國向國際單項運動組織申請承認，以
邀請性質辦理的運動競賽為主，以及各國國家單項運動協會主辦的國際邀
請性質運動賽會，主要是以運動技術交流和提升運動技術與成績為目的，
以及兩國所屬國間的互訪交流，以增進彼此友誼為重點工作。但也有以促
進邦交為主軸的國際邀請賽，因此國際邀請賽的自由度比較廣大，且可發
揮的空間亦較多，是被世界各國較常運用的國民體育外交活動。[21]幾個知
名的國際運動邀請賽，包括臺灣國際馬拉松賽、臺北國際馬拉松賽、日月
潭國際萬人泳渡活動、瓊斯盃國際籃球邀請賽、國際田徑邀請賽、國際名
校划船邀請賽和國際高中籃球邀請賽等，皆能吸引來自世界各地的好手共
襄盛舉，除了切磋球技，更能透過活動的舉辦增進臺灣與他國的情誼。

　　以臺北國際馬拉松賽為例，每年都吸引很多的民眾參加，不分男女老
少，全家大小一同出動。二〇〇四年時，臺北國際馬拉松賽也創下臺灣國
際馬拉松賽有史以來，競賽組報名及參加人數最多的新紀錄，近一萬七千
人報名參加路跑競賽，超過九萬人在現場共同參與。在獎金的部分，創下
臺灣國際馬拉松總獎金最高四百萬的紀錄，並且邀請國外精英選手共計
十四位，鼓勵選手們締造佳績。女子組冠軍——肯亞的 Jennifer Chesinon
Lingakwiang 以兩小時三十四分十四秒的成績，拿下破紀錄的一百萬元獎
金。臺灣馬拉松選手曾義財先生及吳麗玲小姐，也獲得代表參加二〇〇五
年阿姆斯特丹馬拉松賽。[22]

　　除了臺北國際馬拉松賽外，已經舉辦了二十八屆的瓊斯盃國際籃球
賽也深受好評。從一九七七年七月開始，每一年都舉辦，除了一九八九年

---

[21] 行政院體育委員會，〈主辦國際體育活動〉，《我國國際暨兩岸體育交流之研究（初稿）》，頁121。
[22] 2005ING臺北國際馬拉松：資料來源http://www.ingtaipeiinternationalmarathon.com/2005/html/
　　international_2004.htm。

因中華體育館火災及二〇〇三年 SARS 疫情分別停辦一屆，每年都吸引眾
多的觀眾球迷到場觀看比賽。我國每年都組隊參加，男子組曾於第二十四
屆（民國九十年）和第二十六屆（民國九十三年）獲得冠軍，二十一、
二十二兩屆獲得亞軍；女子組方面，第十六屆（民國八十二年）和第十八
屆（八十四年）由國泰女籃單一球隊出征，兩度留下女子組冠軍盃，第
二十二屆（民國八十八年）及第二十六屆比賽由中華女子明星隊出賽，獲
得兩座冠軍。總計男子獲得兩次冠軍、女子四次。[23]由於世界各地好手組
隊來參加此一盛事，也因而提升了我國在國際上的知名度，在藉此活動保
留傳統的同時，也會嘗試開創新的風格辦理比賽，讓臺灣在國際知名度能
夠更上一層樓。

三、體育運動學術會議之舉辦與參與

　　國際體育學術的能力表現，亦可視為國家體育能力的另一種展現，
愈是現代化的國家不僅運動實力佳，體育學術能力也常為世人所認同，兩
者相輔相成。在臺灣，體育學術活動是我國重要教育發展的活動之一，除
了中華民國體育學會外，包括體委會、體育司及大專體育總會，皆曾辦理
過重要國際學術會議。體育學會是我國推展體育學術的重要機構，該會經
常組團參加亞運會科學會議及奧運會科學會議等國際性學術會議，也經常
辦理國內外國際性體育運動學術研討會議，這對國內體育學術有極大的幫
助，對學校發展和競技運動的貢獻更是不遺餘力。[24]國際體育學術會議對
我國提升國際體育交流助益頗大，歷年來我國舉辦多次的體育學術會議，

[23] 第二十八屆Mazda3威廉瓊斯盃國際籃球邀請賽：資料來源http://jonescup.udn.com/about_mr.htm。
[24] 行政院體育委員會，〈國際體育交流〉，《我國國際暨兩岸體育交流之研究（初稿）》，32。

無形中與國外其他學術單位建立良好的友誼。例如我國參與的IOA國際奧林匹克研討會、國際運動科學學生會議、世界運動心理學會議和國際體育教學研討會等，以及近年來各運動學門舉辦之國際學術研討會議，常有國內學者參與發表，除了能夠和各國學術領域進行經驗分享，增加所長，對於臺灣體育運動水準的提升及國民外交的促進極具正面之意義。我國早在七十年代時期，即已主辦數場大型的國際性學術會議，如民國六十九年的一九八〇年國際體育會議，此次會議與會國家及人數高達四十八國兩百一十一人，以及一九八五年體育社會知學研討會等。自民國七十七年（一九八八）起，每兩年即由我國所舉辦的國際體育教學研討會，目的是增進各國學校體育教學研究交流，並與國外的學術學府建立良好的互動。近年來臺灣相關單位更主辦了重要的國際體育學術會議：中美體育研討會、中日韓體育研討會、中日特殊體育研討會、二〇〇二年國際體健休閒運動暨舞蹈學術研討會（ICHPER）、二〇〇二年國際運動訓練科學研討會、二〇〇三年臺灣運動生物力學年會暨國際學術研討會、二〇〇四休閒運動國際研討會、二〇〇五年國際運動健康科學學術研討會、二〇〇五年國際運動教育學術研討會、二〇〇七國際體育運動高等教育高峰論壇、二〇〇八國際運動休閒管理學術研討會、二〇〇九亞洲運動管理協會學術研討會等，顯示我國積極參與國際學術交流的企圖心與作為。

四、重要外賓之訪臺活動

邀請外賓訪臺活動，乃是國內各運動協會利用舉辦國際運動競賽的同時，邀請國際體壇人士來臺參觀訪問，此活動的舉辦增進了我國與國際及其他亞洲體育組織間的彼此交流，提高我國在國際組織間的知名度之外，落實體育合作，建立國際邦誼，也能提升國際體壇的地位。基本上，邀請

國外運動協會人員訪臺，是以參加由我國所舉辦的國際性體育學術會議或國際正式錦標賽等，各協會國際運動總會負責人來華訪問。[25]目前在我政府努力推展國際體育下，邀請國外運動協會人員訪臺人數有逐年增加的趨勢，對於我國在國際體育交流方面，具有正面的意義，國際運動會議即為一例。會議性質多為各運動協會代表主辦與出席國際體育運動會議活動，參與種類有會員大會、理事會、各種委員會議等國際會議。除了參加之外，國內各單項運動協會也曾舉辦相關之國際運動會議，例如：排球協會所舉辦的亞洲聯盟競賽組織會議、撞球協會的世界花式運動聯盟理事會議，以及棒球協會的國際會員大會及執委會等。參與國際運動會議或邀請國際運動協會人員來臺，在多元國際上的交流上，對我國在國際上具有宣傳的實際效益。[26]爰此，我國政府在這方面應有相關之規劃，繼續推動體育國際交流。

　　超過半個世紀，臺灣政府與民間不斷地努力，希望在艱困的國際外交環境中爭取他國的認同。過程中，臺灣運動健兒與學術先進亦全力以赴，積極參與各項賽事活動、運動會議及學術研討座談，利用每一個機會為臺灣發聲，也獲得不少正面的回饋。只是臺灣能夠走入國際體育舞臺，並非理所當然，而是經歷一連串的奮鬥與爭取。下列將針對臺灣參與相關國際運動組織（含綜合性及單項）之過程與結果逐一闡述。

---

[25] 行政院體育委員會，〈主辦國際體育活動〉，《我國國際暨兩岸體育交流之研究（初稿）》，頁121。
[26] 林國棟，《我國體育外交之研究》（臺北：文景出版社，1988.3），頁121。

第二節 國際體育運動組織之參與

一、國際綜合性運動組織之參與

　　一九二二年四月三日中華奧林匹克委員會成立，原名爲中華業餘運動聯合會（China National Amateur Athletic Federation）。同年國際奧委會於第二十一屆巴黎年會中承認我中華業餘運動聯合會爲中國奧會（Chinese Olympic Committee），本會主席王正廷博士（當時任外交部長）亦當選爲國際奧會委員。[27]民國十三年（一九二四），中華全國體育協進會成立於南京，經過改選後，董事完全由國人擔任，即取代原有之中華業餘運動聯合會並爲國際奧委會所承認，並由王正廷博士兼任主席一職。[28]

　　中華奧林匹克委員會自一九四九年隨政府遷臺至一九七三年期間，先後由郝更生、周至柔、鄧傳楷及楊森諸先生等擔任主席。[29]一九七三年七月十七日，政府鑑於中共之統戰陰謀日趨嚴重，爲維護國際各種運動會籍，使我國在國際各種體育運動組織繼續保有合法地位，並推展奧林匹克運動，中華奧林匹克委員會奉命全面改組，分別爲中華奧林匹克委員會及中華民國體育協進會兩個組織，分別由徐亨主席及黎玉璽理事長主持國際體育事務及國內體育活動發展。一九七四年五月，由沈家銘先生繼任奧會主席。[30]一九八二年九月，沈家銘主席因心臟病猝逝，中華奧林匹克委員會乃於一九八二年十二月改組，由中華民國體育協進會鄭爲元理事長兼任中華奧林匹克委員會主席。至一九八七年九月，鄭爲元先生因出任國防

---

[27] 中華奧林匹克委員會網站：資料引自http://www.tpenoc.net/about/about_02.asp。
[28] Vassil Girginov、Jim Parry著，許立宏譯，《解讀奧林匹克運動會》（臺北市：中華奧林匹克委員會，2004.12），頁61。
[29] 中華奧林匹克委員會網站：資料引自http://www.tpenoc.net/about/about_02.asp。
[30] 中華奧林匹克委員會網站：資料引自http://www.tpenoc.net/about/about_02.asp。

部長而辭去中華民國體育協進會理事長及中華奧林匹克委員會主席乙職，改由張豐緒先生繼任雙職。一九九四年一月，張豐緒先生因任期屆滿，不再兼任中華民國體育運動總會會長職務，專任中華奧林匹克委員會主席職務。一九九八年一月十九日，中華奧林匹克委員會改組，選由黃大洲先生出任中華奧林匹克委員會主席乙職，[31]至二○○六年一月十四日改選，二○○六年一月十六日由蔡辰威先生接下中華奧林匹克委員會主席，並且繼續推廣奧林匹克活動。

一九四九年十月，中華人民共和國成立，同年十二月中華民國政府從大陸撤退來臺，之後郝更生博士發函請國際奧林匹克委員會更改我國會址為臺灣新竹，並且公告於國際奧委會公報上。[32]原本我國單純的國家奧林匹克委員會會籍，開始出現兩個中國的爭議。而在一九五二年的第十五屆赫爾辛基奧林匹克運動會中，我國獲邀請參加，兩個中國的爭議正式浮現檯面。臺灣和中華人民共和國在奧運會上的鬥爭，也隨著政治、軍事、經濟、外交、國際情勢等層面的影響，上演一幕幕曲折的故事。[33]

事實上，中華民國（Republic of China）自一九二二年（民國十一年）成立「中國奧林匹克委員會」（Chinese Olympic Committee），同年隨即獲得國際奧委會的承認起，直至一九五九年止，臺灣在國際奧委會也一直使用這個名稱，我國體育運動和國際奧委會存在著密切的關係。[34]一九二三年至一九四九年之間，我國參加所有國際奧委會主辦的活動，資格和名稱並沒有太大的問題。直到一九四九年十月，中共政權成立於大陸，而同年國民政府退守臺灣，兩個中國為了爭奪合法的代表權而互不相

---

[31] 中華奧林匹克委員會網站：資料引自http://www.tpenoc.net/about/about_02.asp。

[32] 行政院體育委員會，〈國際組織會籍〉，《我國國際暨兩岸體育交流之研究（初稿）》，頁90。

[33] 劉進坪、蔡禛雄，〈中華民國參加奧林匹克運動會會籍問題之探討：1949～1993〉，《中華民國體育學報》第十五輯：（1993.7），頁15～頁16。

[34] 臺灣棒球維基館網站資料引自：http://twbsball.dils.tku.edu.tw/wiki/index.php/%E9%A6%96%E9%A0%81。

讓，從此之後，兩個中國在國際奧委會的問題紛擾不斷。

　　一九五二年，第十五屆赫爾辛基奧運會，是爲兩個中國在分裂之後首度交鋒，而我國對於國際奧委會接受中國的決定，選擇以退出的舉動表示抗議。一九五六年，第十六屆墨爾本奧運會，中國抗議我國參加奧運會而退出了比賽。一九五八年中共奧會退出奧林匹克活動，中共因此暫時消失國際體壇，而給了我國奧委會和國際奧委會從一九五八年到一九七六年之間，較爲平靜的十八年。[35]一九五九年六月八日我國奧委會在臺北自由之家召開臨時會議，決定將會名改爲「中華民國奧林匹克委員會」，但是得不到國際奧委會的同意。一九六〇年再以前述名義重新申請，國際奧委會認爲我國奧委會有效控制臺灣地區（臺、澎、金、馬地區），同意本會使用上述名稱，唯必須使用「臺灣」或「福爾摩沙」的名義參加比賽活動。[36]我國會籍被迫更改之後，在一九六〇年、一九六四年和一九六八年我國以「中華民國」加註「臺灣」的名義，參加此三屆的奧運會，雖然在名稱上有所波折，但並沒有受到中共太大的影響。[37]此外，一九六八年，第十九屆墨西哥奧運會的國際奧委會年會期間，在我國奧委會成員的努力之下，終於可以在一九七二年的第二十屆慕尼黑奧運會中使用「中華民國」的名稱，而不用加註臺灣。而這也是繼一九五六年墨爾本奧運會之後，我國再一次也是最後一次，在夏季奧運會中使用完整之中華民國國號的紀錄。[38]

　　國際奧委會在國際體壇中占有極高的地位，而主席對國際奧委會的議事也具有極大的影響力。一九七一年，中共進入聯合國後，隨即展開體

---

[35] 劉進坪、蔡禎雄，〈中華民國參加21屆蒙特婁奧運會之始末～以維護IOC會籍之策略爲中心〉，《中華民國體育學報》第十六輯：（1993.12），頁100。

[36] 行政院體育委員會，〈國際組織會籍〉，《我國國際暨兩岸體育交流之研究（初稿）》，頁93。

[37] 行政院體育委員會，〈國際組織會籍〉，《我國國際暨兩岸體育交流之研究（初稿）》，頁100。

[38] 劉進坪、蔡禎雄，〈中華民國參加奧林匹克運動會會籍問題之探討：1949～1993〉，《中華民國體育學報》第十五輯：（1993.7），頁18。

育外交戰略，我在國際奧會所獲得之光輝正名成果，一夕淪爲生死存亡的
鬥爭。[39]中共利用其政治外交的優勢，要求各聯合國會員國政府，令各該
國之國家運動協會在國際運動總會中提議「排我」，期使我不能擁用五個
國際運動總會會籍，達到國際奧委會自動撤銷對我奧委會承認的目的。[40]
一九七二年由愛爾蘭籍委員基蘭寧（Lord Killanin）先生接任國際奧委會
主席，由於基蘭寧先生多次公開主張應由中共代表「中國」，使我國在奧
林匹克委員會中的地位隱然受到威脅。[41]一九七六年，第二十一屆蒙特婁
奧運會，由於中共向加拿大政府施加壓力，強迫加國政府要求我國不得使
用國名、國旗，以阻撓我國選手參加奧運會，否則，中共將取消他們和加
國政府所訂購買小麥的合約。[42]於是，加國政府於奧運會開幕前通知國際
奧委會，不准中華民國以 R.O.C. 名義參賽，因此「兩個中國」的爭議再
度出現，此次奧運會我國選手就被排除於外。[43]爲了解決「兩個中國」的問
題，基蘭寧主席在一九七八年國際奧會雅典年會和一九七九年蒙特維歐年會
中，要求更改「中華民國」奧會名稱，不過兩次都在會員年會中被否決。[44]
由於第二十二屆奧運會迫在眉睫，基蘭寧先生認爲「兩個中國」的問題必
須盡速解決，[45]不顧蒙特維歐年會的決議和國際奧會憲章，於一九七九年
六月及十月分別透過聖胡安及名古屋執委會，採用通訊投票方式，通過將
「中華民國奧會」改爲「中華臺北奧會」的議案。在此情況下，中共順利

---

[39] 林國棟，〈我國體育外交之研究〉，《中華民國體育學報》第九輯：（1987.12），頁49。
[40] 中華奧林匹克委員會網站資料引自：http://www.tpenoc.net/changes/changes_02_01.asp。
[41] 劉進坪，〈中華民國未能參加第十三屆冬季奧運會之經緯（1980）〉，《體育學報》第二十三輯：
　　（1997.9），頁51。
[42] 林國棟，〈我國體育外交之研究〉，《中華民國體育學報》第九輯：（1987.12），頁36。
[43] 林國棟，〈我國體育外交之研究〉，《中華民國體育學報》第九輯：（1987.12），頁36。
[44] 劉進坪，〈中華民國未能參加第十三屆冬季奧運會之經緯（1980）〉，《體育學報》第二十三輯：
　　（1997.9），頁51。
[45] 劉進坪，〈中華民國未能參加第十三屆冬季奧運會之經緯（1980）〉，《體育學報》第二十三輯：
　　（1997.9），頁51。

重返國際奧委會，我國奧委會則認為此一通訊投票之決定為政治歧視，明顯違反國際奧委會憲章，因此暫停參與國際奧委會的所有相關活動。[46]

在一九七九年十月的名古屋執委會後，當年的十一月，我國奧委會盡一切努力，向瑞士國際奧會總部所在地洛桑地方法院提出控告，要求該法院裁判名古屋執委會的決議無效。[47]由於第十三屆的冬運會將於二月在美國紐約舉行，礙於時間緊迫，我國乃在法律程序方面提出「假處分」之申請，以停止名古屋決議之效力，俾便爭取我國在享受平等權利情形下參加該屆冬運會。[48]後因瑞士洛桑法院認為我國奧委會雖為國際奧委會承認，但不具會員資格，因此將我會「假處分」申請駁回，同時我國冬運代表團亦退出比賽。[49]而國際奧委會也基於當時名古屋執委會之決議案為一項政治性決議，與奧林匹克憲章相牴觸，於是便在律師的建議之下決定修訂章程。退出此次的奧運會，是影響日後簽定「奧會模式」的重大因素之一。雖然有許多的國家、地區、團體和個人對我國表示支持的態度，但無疑的，對於選手和國家士氣民心是一項重大的打擊。[50]

一九八○年七月，薩馬蘭奇接任國際奧委會主席之後，向我國當時國際奧委會委員徐亨先生表示，願意就「中國問題」與我協商，並且委請當時國際足球總會會長哈維蘭奇先生（Havelange）與徐亨委員進行協商，終於在我方及徐委員的努力之下，達成初步協議。[51]於是一九八一年三月二十三日，我國奧會主席沈家銘與國際奧會主席簽署協議書，隔日經國際奧委會執委會通過。從此我國奧會名稱確定（Chinese Taipei），選手得

[46] 行政院體育委員會，〈國際組織會籍〉，《我國國際暨兩岸體育交流之研究（初稿）》，頁94。
[47] 行政院體育委員會，〈國際組織會籍〉，《我國國際暨兩岸體育交流之研究（初稿）》，頁94。
[48] 行政院體育委員會，〈國際組織會籍〉，《我國國際暨兩岸體育交流之研究（初稿）》，頁94。
[49] 行政院體育委員會，〈國際組織會籍〉，《我國國際暨兩岸體育交流之研究（初稿）》，頁94。
[50] 劉進坪、蔡禎雄，〈中華民國參加21屆蒙特婁奧運會之始末～以維護IOC會籍之策略為中心〉，《中華民國體育學報》第十六輯：（1993.12），頁107。
[51] 行政院體育委員會，〈國際組織會籍〉，《我國國際暨兩岸體育交流之研究（初稿）》，頁95。

以再次參加國際奧會的各項活動，隨後我國即組團參與一九八四年洛杉磯奧運會，一直到二〇〇四雅典奧運會，我國都派出實力堅強的選手參賽。自此，我國因奧會會籍所引起的爭議到此告一段落。而從「中華民國」的模式到「中華臺北」的模式，也是我國參與國際運動組織模式的演變（表4-1）。**52**

表4-1　我國奧會會籍名稱的轉變年代表

年代	英文名稱	中文名稱
1922-1925	China National Amateur Athletic Federation.	中華業餘運動聯合會
1925-1947	China National Amateur Athletic Federation.	中華全國體育協進會
1947-1951	Chinese Olympic Committee.	中國奧林匹克委員會
1951-1956	Chinese Olympic Committee, National Amateur Athletic Federation.	中國奧會，中華全國體育協進會
1956-1959	Formosa-China.	臺灣－中國
1959-1960	中止承認	中止承認
1960-1968	TAIWAN-R.O.C. Olympic Committee.	臺灣－中華民國奧林匹克委員會
1968-1979	R.O.C. Olympic Committee.	中華民國奧林匹克委員會
1979-1981	中止承認	中止承認
1981-迄今	Chinese Taipei Olympic Committee.	中華臺北奧林匹克委員會

資料來源：Vassil Girginov、Jim Parry著，許立宏譯，《解讀奧林匹克運動會》（臺北市：中華奧林匹克委員會，2004.12），頁71。

　　除了參與國際奧會的艱辛歷程，臺灣參加由亞洲奧林匹克理事會（OCA）所主辦的亞洲運動會（Asia Games）的過程亦是崎嶇坎坷。第一屆亞運會於一九五一年三月四日在印度首都新德里舉行。我國是亞洲運動

會的發起人之一，也是亞運會會章起草人。但是第一屆亞運會舉辦時，正值中華民國政府退守臺灣時期，又加上當時印度親共，所以我國並未派隊參加。[53]分別於一九五四年、一九五八年的菲律賓馬尼拉以及日本東京舉辦的兩屆亞洲運動會中，我國均派代表團參賽。一九六二年印尼雅加達的亞運會，因主辦國寄出空白 I.D. 卡給我國，而導致我國延誤入境，於是未能參加此屆的亞運會。一九六六年和一九七〇年，兩屆亞運會均在泰國曼谷舉行，我國均組團參加。一九七一年美國反越戰聲浪高漲，加上季辛吉提「國際勢力均衡論」，美國採取「聯中制俄」的策略，使中國取代臺灣成為聯合國的中國代表，[54]自此以後中國全面打壓我國在國際活動發展的空間，不僅在政治層面，國際體壇亦遭受其波及。一九七四年伊朗德黑蘭亞運會開始，臺灣即因國際政治因素退出該屆亞運會的比賽。自此，我國並未參加一九七八年、一九八二年和一九八六年的亞運會。[55]直到一九八六年的亞奧理事會上，中華奧會表示，願意按照國際奧會關於我國的名稱、旗、徽、歌的決議辦理。因此，我國再次回到亞洲奧林匹克理事會的大家庭，並且獲准從一九九〇年第十一屆亞運會恢復參賽資格。[56]隨後我國陸續參加一九九四年廣島亞運會和一九九八年曼谷亞運會，一直至二〇〇六年的杜哈亞運，臺灣代表隊在成績上都有不錯的表現。

　　我國重返亞洲體壇之後，也積極申辦亞運會。第一次是在一九九〇年北京亞運會主辦其間所召開的亞洲奧林匹克理事會，進行一九九八年亞運會主辦城市投票，當時代表「臺北」出席的是教育部體育司司長趙麗雲，以及中華臺北奧會祕書長李慶華等。雖經多方的努力，然因無法獲得中國

---

[53] 中華奧林匹克網站：資料引自http://www.tpenoc.net/changes/changes_03.asp。

[54] 蘇瑞陽，〈兩岸政治互動與體育交流─非開放期（1981.3～1988.12）〉，《大專體育學刊》第六卷第二期：（2004.6），頁16。

[55] 行政院體育委員會，〈國際組織會籍〉，《我國國際暨兩岸體育交流之研究（初稿）》，頁99。

[56] 臺灣棒球維基館：資料引自http://twbsball.dils.tku.edu.tw/wiki/index.php/%E4%BA%9E%E6%B4%B2%E9%81%8B%E5%8B%95%E6%9C%83。

的支持，投票結果令人失望，決定已經辦過四次亞運會的曼谷取得主辦權。相隔四年，高雄市先在國內擊敗了臺北市，代表臺灣爭取二○○二年亞運會的主辦權，結果高雄又敗給了韓國的釜山，再次鎩羽而歸。[57]由於我國和中國之間的政治問題始終無法解決，再加上中國在國際間強勢體育外交作為，以及國際政治的無情與現實，可以預見未來臺灣申辦國際大型運動賽會的困難度只會與日俱增。

二、國際單項運動組織之參與

　　承前所述，一九七一年我國因國際政治情勢被迫退出聯合國之後，我國奧會及其他部分運動團體，在國際奧會和各種國際運動總會的會籍相繼受到中國的排擠而被中止，嚴重影響我運動選手及青年參加國際體育競賽活動的權益。經我國奧會與當時我國籍國際奧會委員徐亨的多方奔走，終於與國際奧會簽訂協議，並依據該協議，以 Chinese Taipei 名稱及奧會會旗、會歌，重新獲得國際奧會的承認。我奧會乃在此一公平基礎上與國際奧會達成協議，自此，我優秀運動選手與青年，才能重返國際體育競技舞臺，與各國家選手和青年切磋競技，爭取自己和國家的榮譽。[58]
　　國內現有多項運動協會，其中接受中華民國體育運動總會所輔導的協會計有射箭協會等五十九個，而隸屬中華奧林匹克委員會的協會則有射箭協會等七十二個。目前這些協會大部分為國際奧會所承認，同時具有會員國的資格，因此各個協會都非常克盡職守，積極參與所屬的國際運動組

---

[57] 全球華人奧運熱線網：資料引自http://www.sports-hotline.com.tw/2000olympics/list/4sole-report/docu02.htm。

[58] 中華奧林匹克委員會：資料引自http://www.tpenoc.net/changes/changes_02_06.asp。

織或亞洲運動組織的活動，以確保我國運動員的權利與善盡會員國的義務。[59]

　　回顧歷史，錯綜複雜的演變使臺灣與中國在政治、經濟及社會文化等層面發展出特殊的關係，事實上，國際間許多關於兩岸之間的爭論性議題至今仍未有定論。也因此兩岸之間存在著既競爭又合作的態勢，多年來國際外交事務常常成為雙方角力的場所，其中，兩岸之間的體育交流與互動更是明顯的個案。

三、婦女與國際運動之參與

　　自古以來，在古奧運會的競技場上，女性的身影不曾缺席過，但回顧千餘年的古奧運會歷史，她們只能從事將橄欖枝從樹上採下，戴在冠軍者的頭上，並未能參與競技運動，只有男性才是真正在運動競技場上的主角，就連現代奧運會之父古柏坦，長久以來也對女子參加奧運會持堅決的反對態度。[60]由此可知，當時女性之地位是飽受壓抑和不平等的待遇。然而，隨者時代變遷，女性主義意識逐漸抬頭以及女權運動的興起，加以國際組織的日益重視，女性已能打破傳統，並開始追求和男性在運動場上平等的權利。

　　十九世紀初期，女性不再被排除在奧運競技場外，一九二四年第八屆巴黎奧運會上，通過女性運動員參與奧運會的條文，聲明女子與男子一樣有參加奧林匹克之權利。[61]此一條文修訂之後，也正式開啓女性與男性參

[59] 行政院體育委員會，〈國際組織會籍〉，《我國國際暨兩岸體育交流之研究（初稿）》，頁101。

[60] 中華奧林匹克網站：資料引自http://www.sportsnt.com.tw/Quotation/TPENOCv2/changes/changes_03.asp?struct_id=26&struct_ide=4471&cu_no=3&file=/LTD/sample/spo_sample/Sample_03.asp。

[61] 鐘任翔等，〈臺灣女性運動員參與奧運會之研究〉，《文化體育學刊》第二輯：（2004.06），頁249。

與奧運會平等權利，原本只允許男性競技運動的國際體壇，開始出現婦女活躍於現代奧運會舞臺。而我國婦女選手於一九六○年第一次參與奧運會，[62]對我國婦女運動來說，是歷史性的一刻，並創造出許多第一的佳績。例如田徑女將紀政的百米競速在奧運史上創下了世界紀錄；多年之後，在二○○四年的希臘雅典奧運，臺灣女性選手再度創造出優異的運動成績：先是女子射箭團體賽，率先奪得銅牌，再由跆拳道女將陳詩欣踢下臺灣奧運史上的第一金，[63]我國婦女運動在國際運動賽事的優異表現值得國人喝采。

　　國際上，婦女雖自十九世紀即開始參加奧林匹克運動會，然而所占比例卻不高。[64]基於此，國際奧會嘗試推動婦女參與體育及體育決策的措施，包括一九九五年成立婦女與運動工作小組（International Working Group on Women and Sport, IWG）的世界性女性體育組織，[65]負責推動並促進體壇婦女權益與地位之各項措施，例如奧林匹克團結基金，是提供獎助學金在培養婦女領導或決策能力，以及召開國際婦女與運動會議，邀集各國家奧會及國際運動總會共襄盛舉。[66]婦女與運動工作小組陸續也舉辦四屆的婦女與運動國際研討會，即一九九四年、一九九八年、二○○二年、二○○六年，分別在英國布萊頓、非洲納米比亞的溫霍克、加拿大的蒙特婁以及日本的熊本市舉行會議，[67]其會議主要規劃工作藍圖、擬定方向策略、並透過資訊流通的機制，推動各層級的女性體育活動的發展，並藉由許多參與的國家，經由運動來促進發展婦女合作與領導，讓國際之間能更

---

[62] 鐘任翔等，〈臺灣女性運動員參與奧運會之研究〉，《文化體育學刊》第二輯：（2004.06），頁249。
[63] 臺灣女子體育運動協會專屬官方網站：資料引自http://www.taws.org.tw/taws.htm。
[64] 黃瓊儀，〈國際婦女與運動會議紀要及其宣言〉，《國民體育季刊》第136期：（2003），頁39。
[65] 臺灣女子體育運動協會專屬官方網站：資料引自http://www.taws.org.tw/taws.htm。
[66] 黃瓊儀，〈國際婦女與運動會議紀要及其宣言〉，《國民體育季刊》第136期：（2003），頁39。
[67] 鐘宜純，〈從國際婦女運動的發展進程反思臺灣推展近況〉，《中華體育季刊》第二十一卷第三期：（2007），頁87。

了解與達到和平共識。[68]跟隨著國際情勢的發展，我國體委會爲落實兩性平等權及推動臺灣女性體育運動權利，在立法院蕭美琴委員及紀政女士等人的推動下，於二○○五年四月三十日成立了臺灣女子體育運動協會，期望藉由該組織的運作，邀請國際體壇重要人士訪臺，向國際傳達臺灣發展女性體育運動的理念。其中，長期致力於婦女與運動工作的 IWG 會長小笠原女士曾經受邀來訪，並拜會行政院、外交部及體委會等政府機關，邀請各機關首長共同簽署「布萊頓婦女與運動宣言」（Brighton Declaration on Women and Sports），向世界傳達並宣示臺灣對於婦女運動權益的重視。[69]

　　綜觀上述，國際奧會和婦女與運動工作小組及臺灣女子體育運動協會等之成立，無不希望藉由國際性的婦女與運動相關會議之召開，提供各國政府機關、非政府組織、國際運動總會和國家奧會，以及其他體育運動相關團體，甚至學術團體等經驗交流的機會，並以此掌握國際體壇婦女動態與發展，研訂合宜的政策制度，期能促進世界體壇婦女的權益，營造兩性眞正平等之空間。

[68] 鐘宜純，〈從國際婦女運動的發展進程反思臺灣推展近況〉，《中華體育季刊》第二十一卷第三期：（2007），頁86-87。
[69] 行政院體育委員會網站：資料引自http://www.ncpfs.gov.tw/news/news-1.aspx?No=399。「布萊頓宣言」（Brighton Declaration）係於一九九四年在國際奧會倡議下，在英國布萊頓召開的第一屆世界婦女與運動會議所提出，計有來自八十二個國家的政府、非政府組織、國家奧會、國際運動總會及國家運動協會代表兩百八十人參加，以加速改善婦女參與運動比例爲需求，並達成適用五大洲的國際婦女與運動策略的共識，於會後由與會人員共同宣布，我國目前僅中華奧會一個組織參與簽署。

第三節　兩岸體育交流

一、 兩岸交流背景

　　民國三十八年（一九四九）國民政府播遷來臺，我「中華全國體育協進會」（中華民國體育運動總會的前稱），對外以中國奧林匹克委員會的名義獲得國際奧會的承認。[70]中國大陸於同年改組更名為「中華全國體育總會」對外名稱也是中國奧林匹克委員會，[71]自此出現所謂「兩個中國」的問題，並引致後續「奧會模式」的形成。

　　臺灣海峽兩岸體育交流的接觸，始自民國四十一年（一九五二）在芬蘭舉行之第十五屆赫爾辛基奧運會。因芬蘭與中共有正式外交關係，[72]國際奧會委員通過「兩個中國」同時可以參加本屆奧運會。由於我國政府堅持中華民國為國際奧會之唯一合法會員，不願與中共政府同時參加奧運會，因此宣布退出此屆奧運會，而中國大陸則是首度派團參加。隨著民國六十年（一九七一）中國大陸進入聯合國，我國因國際政治情勢被迫退出聯合國之後，我奧會及其他部分運動團體在國際奧會和各種國際運動總會的會籍相繼受到中國的排擠而被中止，嚴重影響我運動選手及青年參加國際體育競賽活動的權益。[73]民國六十八年（一九七九），國際奧會主席基蘭寧要求臺灣不能使用原來的旗、歌與名稱，[74]經當時我國籍國際奧會委員徐亨的多方奔走努力，終於與國際奧會簽訂協議，並依據該協議，以

---

[70] 行政院體育委員會，〈兩岸體育交流〉，《我國國際暨兩岸體育交流之研究（初稿）》，頁55。

[71] 湯銘新，《奧運會發展史1896～2000》（臺北市：財團法人徐亨體育文化基金會，2004.6），頁240。

[72] 劉進坪、蔡禛雄，〈中華民國參加奧林匹克運動會會籍問題之探討：1949～1993〉，《體育學報》第十五輯：（1993.7），頁17。

[73] 中華奧林匹克委員會網站：資料引自http://www.tpenoc.net/about/about_02.asp。

[74] 國立教育資料館，〈兩岸體育交流活動〉，《第七次全國教育會議參考資料叢書》：（1994.2），頁155。

「中華臺北」（Chinese Taipei）名稱及奧會梅花會旗與會歌，重新加入國際奧會，此「奧會模式」一直沿用至今。[75]民國七十年（一九八一）中華奧會與國際奧會共同簽署以「中華臺北」（Chinese Taipei）的奧會會籍的承認，臺灣選手得以參與任何國際比賽。日後兩岸在國際體育上一連串的「奧會模式」運作，促使兩岸在國際上之不平等的關係差異，也為彼此體育交流上簽訂協議之共識方式。[76]

政府基於人道考量及家庭倫理觀念的重視，於民國七十六年（一九八七）開放臺灣人民赴大陸探親，使得臺灣海峽兩岸在分隔多年之後有了重新接觸的機會，同時促進兩岸體育交流。[77]在開放探親的政策下，兩岸經過四十年的分治狀態，彼此間的關係有了微妙變化。民國七十七年（一九八八），政府公布了「現階段大陸傑出人士、在海外大陸學人及留學生來臺參觀訪問申請作業規定」，臺灣地區傑出的學術、文化、運動團體得以申請前往大陸地區參加國際競賽和會議。[78]雖有法令依據可申請前往大陸，但因我國對參賽名稱「中華臺北」、「中國臺北」的使用仍有歧議，因此兩岸體育交流未能順利展開。

第十一屆北京亞運會，我國代表團參賽，「中華臺北」、「中國臺北」之使用名稱即出現爭執問題。[79]為使我國能夠順利前往大陸地區參加本屆北京亞運會，當時奧會主席張豐緒授權祕書長李慶華前往與大陸奧會

---

[75] 吳文忠，〈賀徐亨先生七秩華誕，收錄於「奉獻的人生」一輯中〉，《中華日報社》：（1982），頁143-144。

[76] 李仁德，〈臺灣海峽兩岸體育交流現況分析與未來展望〉，《中華民國體育學會體育學報》第十四輯：（1992.12），頁51。

[77] 國立教育資料館，〈兩岸體育交流活動〉，《第七次全國教育會議參考資料叢書》：（1994.2），頁156。

[78] 李仁德，〈臺灣海峽兩岸體育交流現況分析與未來展望〉，《中華民國體育學會體育學報》第十四輯：（1992.12），頁51。

[79] 李仁德，〈臺灣海峽兩岸體育交流現況分析與未來展望〉，《中華民國體育學會體育學報》第十四輯：（1992.12），頁51。

高層人事會談，[80]會後，兩岸奧會共同對外宣布協議，協議內容為：同意臺灣地區體育運動團隊前往大陸地區活動使用「中華臺北」名稱。同年，我派隊赴中國參加國際正式錦標賽，正式為兩岸地區體育交流揭開序幕。

二、　發展與阻礙

　　兩岸體育交流多年，互動方式日漸多元且範圍逐漸擴大，由非開放期至單向的體育交流到現今的雙向體育交流，雙方互動良好。民國八十二年（一九九三）亞洲女子桌球明星巡迴賽於臺灣舉辦，中國大陸首次派員來臺參加比賽。民國八十六年（一九九七）我國奧會與中國奧會進行第一次的交流座談會，自此我國奧會也與中國奧會每年進行定期交流。同年中國亦首次派國家代表隊到臺灣參加一九九七年亞洲棒球錦標賽，對我國與中國在國際賽事的交流具有正面意義。民國九十二年（二〇〇三），中華奧會組團赴中國大陸參加一年一度的兩岸奧會座談，經由雙方討論，訂定交流計畫。會中決議除保留兩岸奧會座談、體育院校師生研習營、訓練基地人員參訪，以及參加西安城牆國際馬拉松賽等行之有年的交流活動外，也特別邀請雅典奧運金牌之中國選手來臺參訪、申辦暨籌備二〇〇八年北京奧運專題之互訪、兩岸女性運動健康推展交流等案，希望能為兩岸奧會交流注入活水，開啓新頁。[81]為加強兩岸優秀運動青年的交流活動，行政院體委會近年來委請中華奧會於民國九十三年（二〇〇四）辦理「兩岸體育院校師生研習營」，與中國大陸體育院校進行定期的交流互訪，為兩岸體

育院校師生交流奠下良好基礎。

　　檯面上兩岸體育交流進展似乎順利，其實不然。我國雖在亞洲地區建立不少人脈，並且與中國有各種溝通管道，但只要觸及敏感性的政治問題時，兩岸的互動即呈僵化，[82]由於中國堅持「一國兩制」，凡經中共當局核准來臺訪問、交流和參加比賽，要求我方邀請單位接待人員將活動場所懸掛的國旗及元首肖像移開，或我方行政人員不得出席致詞等，否則不入會場活動，甚至拒絕參加比賽，失去爲客禮儀，影響兩岸體育交流之進行。[83]而在國際上，中國強力阻擾我國主辦國際運動賽事，凡中國認爲將造成「一中一臺」國際印象之活動，大至申辦亞運會等國際綜合性運動會，小至參加正式錦標賽等，中共均以強力手段干預主辦國家，無形中我國際體育活動空間被壓縮。[84]

三、未來展望

　　爲增進兩岸體育正常交流，可以「奧會模式」爲基礎，並以和諧互惠的原則進行兩岸體育交流。中華奧會於一九九三年訂定「兩岸體育交流規範」、「奧會模式暨兩岸體育交流規範」等，以供兩岸運動交流等活動作爲依據。[85]並定期舉辦兩岸體育交流座談會，藉由互相交流蒐集相關資訊，以提升我國運動實力及推展運動。政府於民國七十六年（一九八七）正式開放國人赴中國大陸探親之後，兩岸交流日漸頻繁及多元，在體育運

---

[82] 行政院體育委員會，〈促進體育交流〉，《中華民國體育白皮書》：（1999.7），頁125。
[83] 行政院體育委員會，〈促進體育交流〉，《中華民國體育白皮書》：（1999.7），頁127。
[84] 行政院體育委員會，〈促進體育交流〉，《中華民國體育白皮書》：（1999.7），頁125。
[85] 行政院體育委員會，〈國際體育篇〉，《行政院體育委員會十週年施政成果專輯》：（2007.7），頁60。

動交流方面，根據行政院體育委員會的統計出，我國一九八七至一九九六年間，赴中國大陸交流人數約一萬五千六百八十七人次，之後因臺灣體育專業人士赴中國大陸毋需經政府核准，故無相關統計資料。中國大陸體育專業人士來臺則依據我國新增條例「大陸地區體育專業人士來臺從事專業活動許可辦法」開放，一九九二至二〇〇六年間來臺人數共計約九千〇五十七人次。[86]

　　兩岸分隔多年，受到政治情勢的影響，彼此在想法上的差異自是可期。對於臺灣，其中多有不平之處，然而經由多年體育運動交流，彼此互相了解，也從交流中建立友誼關係。或許兩岸當局應該讓體育運動事務跳脫政治的框架，以正常的心態推動彼此的交流及互助合作，倘若我國在國際體育上繼續遭受中國無理的打壓，則將導致體育運動的交流產生阻礙，雙方應該不願見此一情勢的產生。因此，兩岸在這方面應以更寬容的心態去接受彼此，了解對方的立場及想法，不應堅持己見，並能藉由定期的溝通及會議讓雙方進行交流。此外，在體育運動學術研討以及國際運動賽事與會議方面的參與，應該互相邀請對方與會，或是共同舉辦，彼此進行最有利的體育交流與互動。

---

[86] 行政院體育委員會，〈國際體育篇〉，《行政院體育委員會十週年施政成果專輯》：（2007.7），頁61。

第四節 運動名人傳記

　　二○○七年是臺灣運動選手在世界發光發熱的一年，其中包括國史館臺灣文獻館網站票選公布之「臺灣第一」的資料中，所記載的體育類「臺灣第一人」[87]、揚名美國職棒大聯盟的「臺灣之光」王建民，以及「網壇雙嬌」莊佳容及詹詠然等，他們在職業運動舞臺或國際運動賽事方面，都有優異的成績與紀錄，讓世界看到臺灣運動員的傑出表現。事實上早期的年代，一些體育前輩在國際上就已經有耀眼的紀錄與聲譽，其中奧運會得牌者已於前章論述外，近年來，臺灣更有多位體育名人事蹟聞名國際體壇，其光榮事蹟與經歷一併記載如下。

一、譚信民

　　譚信民為臺灣第一個旅美棒球選手。一九七二年創下「出場投五十六局」、「三振五十七次」兩項世界紀錄，並獲得「最多三振」、「最多局數」兩項大獎。一九七三年遠征義大利第一屆洲際盃比賽，一九七四年二月，日本太平洋獅子職棒隊，以投手研究員的身分簽下譚信民，並委託該隊的姊妹隊「美國舊金山巨人隊」代為訓練。

---

[87] 國史館臺灣文獻館 http://59.120.88.195/taiwan_first/p4.asp?Id=72 臺灣第一。

二、謝敏男

臺北縣淡水鎮人。一九六四年參加羅馬艾森豪世界盃業餘高球賽，為臺灣贏得首次個人冠軍。一九七一年臺灣退出聯合國後，國際外交環境日益艱困，失意陰霾籠罩全國，在此之際，謝敏男和呂良煥遠征澳大利亞，拿下世界盃職業錦標賽個人冠軍和團體冠軍。謝敏男至此取得世界盃職業、業餘比賽雙料冠軍，與「世紀球王」傑克·尼克勞斯（Jack Nicklaus）並列雙料冠軍。尤其在一九八二年日本東海精英賽、高爾夫文摘盃、石橋公開賽等三項競賽中，連續十二天，場場領先，短短三週，抱走三次冠軍寶座，譜下「三一二」紀錄。一九九四年廣島亞運挑起高爾夫總教練大梁，贏得二金一銀一銅，這是我國進軍亞運以來最佳成績。雖然謝敏男已經邁入花甲年華，仍積極奔走於綠色草皮之間，致力推展青少年培訓計畫，為臺灣的高爾夫運動貢獻心力。

三、吳阿民

阿美族人，高中時才開始接受田徑訓練，具有強勁彈跳力及活化敏捷度等身體優越條件。一九五九年參加臺灣省運動會，首度站上競技場，與各地豪傑展開爭霸戰，名列第四。其後征戰各地十項全能賽事，贏得一九六一年臺灣省運動會金牌、一九六二年臺灣省中上運動會金牌。一九六六年在曼谷亞運會中，吳阿民積分與兩位日本選手山田宏臣、野上征雄伯仲難分，最後以七千○三分披金，創下個人最佳成績，承繼楊傳廣衣缽，續延我國在國際體壇十項王國的美名。退休後，吳阿民投身教練工作，分享經驗，提攜後進，李福恩、古金水就是他的得意門生。吳阿民長期與時間賽跑、與地心引力拔河，從碼表螢幕中得以判讀他積累的實力，從量尺刻

表上得以度衡他過人的耐力，在分秒與寸尺間，為臺灣樹立國際舞臺。

四、謝國城

　　臺南縣人，畢業於日本早稻田大學政經系。記者是謝國城的第一份工作，期間曾大肆批判日軍武力擴張政策。一九四六年返臺，服務於臺灣省體育會、臺灣大公企業公司、臺灣省合作金庫、新光產物保險公司。為普及教育，曾與朱昭陽、賴永祥等人籌設延平學院，不過因二二八事件被迫關閉。臺灣省棒球協會於一九四九年成立，謝國城擔任總幹事，並於全臺各地推展棒球運動，醞釀全民熱潮。一九六九年率領中華金龍少棒隊赴美參加世界少棒賽，勇奪冠軍，同年謝國城高票當選立法委員。如果沒有謝國城極力奔走，臺灣難以締造少棒傳奇；如果沒有他的堅持，臺灣棒壇不會有今日榮景。謝國城畢生致力擘畫棒球王國藍圖，奠定臺灣棒壇基礎，受尊為「少棒之父、棒球之父」。

五、王貞治

　　於日本東京都出生，至今仍堅持中華民國國籍，畢業於私立早稻田實業高等學校。幼時即展現精湛球技，原司投手，高中時勇奪二次甲子園優勝寶座。畢業後，王貞治投效讀賣巨人隊，改為守備一壘的打擊手，背號1號，開啟職棒生涯，經過荒川教練指點，練就「稻草人式擊球法」，頻頻轟出全壘打，與隊友長嶋茂雄連成黃金打線，以「ON砲」、「ON連線」風靡球壇。一九七八年獲得第兩千分，締造世界新紀錄。一九八〇年擊出第八百六十八號全壘打，為目前世界紀錄保持人。王貞治退休後，轉

任教練，先後效命於讀賣巨人隊、福岡大榮鷹隊（二○○五年更名爲「福岡軟體銀行鷹隊」）、世界棒球經典賽日本代表隊。王貞治戴上護膝，甩動球棒，在棒球史上刻雕一筆筆輝煌戰果，將臺灣名號擊出全壘打牆，突破政治藩籬，劃破浩瀚藍天，也把臺灣行銷於全球棒壇。

六、林志珉

畢業於桃園縣成功高級工商職業學校。國一開始接觸空手道運動，在一次又一次的競逐中，漸漸嶄露頭角。一九八一年遠赴美國聖塔克拉拉（Santa Clara）參與第一屆世界運動會空手道競賽，爲臺灣奪下第一面世運會金牌，獲頒大綬獎章和國光獎章。一九八二年至一九八五年間，受聘於沙烏地阿拉伯，擔任空手道教練。返國後，擔任國家代表隊空手道總教練一職，領導有方，成績傲人，於一九九四年廣島亞運空手道項目獲一銀三銅、一九九八年曼谷亞運則獲一金一銀一銅。林志珉除了用心耕耘體壇，也擔任桃園縣中壢市市民代表，爲民喉舌。「堅持、信心、努力不懈」是他的座右銘，傾心空手道發展，期盼有朝一日空手道能列入奧林匹克運動會正式項目，讓國內空手道選手多一個大展身手的競技舞臺。

七、陳怡安

畢業於國立政治大學新聞學系、臺北市立體育學院運動科學研究所碩士班。幼年曾跟隨外交官父親至世界各地，因此啓發她對國際事務的高昂興致，拓展她對異國風俗的廣闊視野。一九八八年參與南韓首爾奧林匹克運動會，在女子雛量級跆拳表演賽中，打下臺灣第一面奧運表演項目金

牌。一九九二年在西班牙巴塞隆納奧運又下一城，拿下跆拳道表演項目女子輕量級金牌。二〇〇〇年澳洲雪梨奧運，跆拳道畫歸正式運動項目，陳怡安表現卻不如預期，慘遭淘汰。至此，陳怡安毅然退出競賽場地。退出體壇後，陳怡安跨足電視運動節目，擔任記者和評論人，主持廣播和電視節目，並成為運動產品代言人，她還經營買賣業，同時又寫文章，響應志工服務，即使運動生涯顛峰不再，仍隨時接受生命旅程的各項挑戰。

八、秦玉芳

一九八八年首爾奧運跆拳道女子組鰭量級表演賽中獲金牌，為亞洲地區十大傑出運動員。二〇〇二年擔任釜山亞運跆拳道教練、世界跆拳道聯盟國際六段教練、中華民國跆拳道協會國家級裁判和教練，現任教於臺北市立體育學院。

九、江秀真

國立嘉義大學農學研究所林學組碩士在職專班畢業。喜歡爬山又有相關的專業知能。一九九五年五月江秀真站上世界屋頂珠穆朗瑪峰（Everest，海拔八千八百五十公尺），烙下臺灣女性亙古足跡。登山過程除需忍受白天驟升高溫、夜晚陡落酷寒外，險惡逆境於一旁虎視眈眈，需要勇氣與毅力支撐。二〇〇六年八月登上歐洲最高峰厄爾布魯斯峰（Elbrus，海拔五千八百九十六公尺），十月征服非洲最高峰吉力馬札羅峰（Kilimanjaro，海拔五千八百九十五公尺），二〇〇七年二月攻頂南美洲最高峰阿空加瓜峰（Aconcagua，海拔六千九百六十二公尺），六月

鳥瞰北美洲最高峰麥肯尼峰（Mckinley，海拔六千一百九十四公尺），九月雄據大洋洲最高峰查亞峰（Puncak Jaya，海拔四千八百八十四公尺），二〇〇八年一月問鼎南極洲最高峰文森峰（Vinson Massif，海拔四千八百九十七公尺）。

十、林義傑

　　畢業於臺北市立體育學院、國立中正大學運動與休閒教育研究所碩士班。自小熱愛長跑運動，國中時即擬具一套人生劇本，體壇是他未來的奮鬥場域；即使家人並不贊同，他仍義無反顧地朝著自己設定的目標大步邁進。林義傑個頭雖小，卻是田徑場上的常勝巨人，參加過多場馬拉松競賽，征服埃及撒哈拉沙漠、中國大戈壁、智利阿他馬加寒漠、南極冰原，二〇〇六年抱走第一屆「世界四大極地超級馬拉松巡迴賽」總冠軍。同年十一月十一日至二〇〇七年二月二十一日間，與查理・恩格（Charlie Engle）、雷伊・薩哈布（Ray Zahab）徒步橫越撒哈拉沙漠，總長七千三百公里，他們依憑堅強意志，締造徒步橫越撒哈拉沙漠的創舉。從林義傑身上，我們看到刻苦耐勞的極致表現，因為他的堅持，成就他今日的榮耀。

十一、江志忠

　　布農族原住民，畢業於國立臺中啓明學校、中國文化大學體育學系及運動教練研究所競技組。江志忠並非天生視障，國中時到工地扛水泥，意外傷及眼部，造成視神經永久性傷害，他的視域頓時失去亮光。失明後

的江志忠曾經失落過，但在一次競賽場合中受到鄭守吉賞識收為門下。二
○○○年參加雪梨帕拉林匹克運動會男子 F13 級標槍田賽，以五十七公
尺二八打破世界紀錄，為臺灣摘下參賽以來首面田徑金牌。二○○一年獲
得國際青年商會中華民國總會青睞，當選第三十九屆中華民國十大傑出
青年。二○○四年在雅典帕運會男子 F13 級標槍項目中，槍桿足足飛了
五十九公尺三八才著地，一連兩屆帕運都有創紀錄演出。雖然江志忠對光
的敏銳度已鈍化，不能清楚分辨紅、黃、藍色層，不過反能跳脫現實地平
線，在黝黑天際線，馳騁瑰麗夢想。

十二、柳信美

為臺灣第一位世界花式撞球球后。二○○四年五月二日在安麗盃女
子花式撞球邀請賽中，柳信美連闖三關，以十一比二扳倒英國籍的世界球
后費雪，創下安麗盃冠軍賽史上比分最大差距的紀錄，首度拿下安麗盃冠
軍，也粉碎費雪三連霸的夢想。

十三、曹錦輝

花蓮縣光復鄉阿美族人，臺灣第一位登上美國職棒大聯盟的投手。以
優異的體能和努力，雖曾手肘嚴重受傷手術，仍發揮「打斷手骨顛倒勇」
的臺灣精神，在世界舞臺上發亮、發光。二○○九年回到臺灣加入中華職
棒，為臺灣的棒球運動發展掀起另一股風潮。

十四、王建民

　　臺灣省臺南市人,臺灣著名旅美棒球投手。崇學國小就學期間開始棒球的練習,青棒時期則在榮工棒球隊。民國八十六年(一九九七)入選IBA世界青棒錦標賽國家代表隊。民國八十七年(一九九八)進入臺北體育學院就讀,接受高英傑教授的指導,投球技術獲得很大的進步。民國八十九年(二〇〇〇),王建民在大揚盃四國五強成棒邀請賽,與甲組成棒春季聯賽中表現出色,同時投出時速一百五十一公里的快速球,受到美國球探的注意,同年五月,與紐約洋基隊簽約,開始人生重大的轉變。[88]經過小聯盟六年的磨練和自身的努力,民國九十四年(二〇〇五)正式踏上美國棒球大聯盟的投手丘,首次登場,就在十八次出賽中獲得八次勝投,二〇〇六年和二〇〇七年各又獲得十九場的勝投,在全世界棒球最高殿堂的美國大聯盟,能有這樣的成就,實屬不易。王建民在美國職棒大聯盟的成就,讓他成為近年來社會上最知名和最受歡迎的人士,所到之處,萬人爭睹,彷彿又回到過去六十、七十年代國人對棒球的熱情。

十五、莊佳容

　　曾為國內女子網球網壇單打第一,在國內外比賽單雙打成績耀眼。近年逐漸將重心轉移到雙打,尤其與搭檔詹詠然從二〇〇五年開始合作,到二〇〇七年接連在澳洲網球公開賽、美國網球公開賽獲得亞軍,創下我國在大滿貫賽中的最佳成績,成為國內公認的「黃金女雙」。七歲就開始接觸網球,由父親一手教導,一路苦練下,一九九九年世界少年錦標賽中,

---

[88] 行政院體育委員會網站,〈體壇風雲人物,94,最佳男運動員獎〉,http://www.sac.gov.tw/sport/sport3.aspx,2008年1月20日。

十四歲的莊佳容就替臺灣拿下世界組第三名的好成績。二○○一年更入選世青盃國家代表隊，之後在單、雙打賽事中都表現相當優異的成績，二○○三年獲得紐西蘭 ASB 銀行威靈頓女子網球公開賽、烏茲別克亞洲盃網球錦標賽單、雙打冠軍。二○○五年開始，首次與詹詠然搭檔雙打，就拿下日本福岡女網賽女雙亞軍，第二次合作，在首爾女網賽中，拿下兩人首座職業賽事雙打冠軍，之後在雪梨女網賽與二○○六年參賽的杜哈亞運，也雙雙獲得女網雙打冠軍與銀牌，二○○七年莊佳容更獲選為臺灣十大傑出青年教育體育類代表。

十六、詹詠然

二○○七年澳大利亞網球公開賽中，詹詠然與搭檔莊佳容在女雙四強賽以直落二擊敗尋求衛冕的中國搭檔鄭潔、晏紫，最後獲得亞軍。二○○七年美國網球公開賽中，詹詠然與莊佳容以第五種子身分晉級決賽，創下臺灣選手在大滿貫賽中的最佳成績。詹詠然出生在臺中東勢，在父親教練指導下，從幼年時期便展現驚人的網球實力，八歲時即獲得臺中十二歲組冠軍，之後又獲十四歲組冠軍。雖在一九九九年遭遇九二一大地震，家裡被震垮成為受災戶，家人仍然支持其網球生涯的發展，表現也更加亮眼，十三歲的詹詠然拿到全國排名賽三次雙料冠軍。曾獲得 ITF（The Official International Tennis Federation）國際網球聯盟青少年組，世界總排名第二、雙打排名第一的優異成績。之後在二○○四年轉入職業網壇，二○○四年二月和八月，分別拿下澳洲網球公開賽青少組雙打冠軍和斯里蘭卡女子巡迴賽女單冠軍。二○○六年也代表臺灣參加杜哈亞運，拿下女子團體金牌、女子雙打銀牌的佳績，同年也獲選為臺灣十大潛力人物體育競技類得主。

第五章　運動設施發展史

　　在全球化的浪潮席捲之下，現代體育演進爲國際化產物，不再是資本主義國家的專利，社會主義國家更以「體育強國」之政策，展現社會主義的優越性，世界各國在國家體育政策的制定，莫不與其立國精神以及社會需求相呼應，以體育建設做爲人民福祉的指標，或以體育強國展現優越性，是全球化的趨勢，臺灣更無法被排除在這錯綜複雜且相互關聯的微妙局面之外[1]。

　　臺灣自一六四二年荷蘭入侵以來，先後經歷明朝鄭成功、滿清、日治等階段，後來國民政府遷臺至今數百年，除一九四五年臺灣光復後，才有臺灣當前體育之描述外，一九四五年前之臺灣體育史實，鮮少有人提及，對運動設施之發展與統計更是貧乏，要完整的建構出來實屬不易。

　　臺灣體育運動設施的發展受到時代背景、社會環境、政府政策、相關法令、經濟發展及國民所得等因素的影響，而呈現不同的發展與變遷。體育史的編撰必須以原始的史料爲基礎，爲便於研究統計，本章參考各種臺灣史專書及文獻，綜合整理分成時代背景、運動賽會、政府政策及經濟發展幾個面項來討論。

[1] 謝仁義，〈戰後臺灣社會變遷對全國運動會發展之影響〉，國立屏東師院體育學系碩士論文，2003年。

第一節　臺灣運動設施的演進

「工欲善其事，必先利其器。」整體運動水準之優劣常可代表一個國家國力之強弱。一個國家的體育設施設置情況與推展體育運動狀況有著密切的關係；體育場地設備普遍而良好者運動人口眾多，運動技術水準亦高，相反亦然。因此體育先進國家均設法投資鉅金，大量興建其國民所需體育設施（蔡長啓，1983）。

所謂運動設施是指從事運動行為的活動器材，包括「器具」、「設備」等所構成的硬體設施，是體育事業發展最基本的環境條件。運動設施可歸納為公共體育場、學校運動場地設施、運動公園以及市民運動中心等四種類型（葉公鼎，1999）。

臺灣因有特殊的政治選舉文化，牽動著社會環境的發展，臺灣大型運動場館及設施的發展不但與當時的國情密切相關，而且受政府政策明顯的影響。故欲了解臺灣體育運動設施的發展史，需從影響因素時代背景、社會環境、政府政策法令、運動會、經濟發展等著手。

一、時代背景對運動場館及設施之影響

（一）日治時期（一九四五年以前）

在日本治理臺灣五十一年（一八九五～一九四五）之前，臺灣並無所謂的近代體育活動，或有也僅限於民間流傳的武術[2]，大部分人輕視身體運動，認為身體運動與低下階級所從事的勞動，同樣有卑賤之嫌[3]。日治期間

---

[2]　翁嘉銘，〈棒球的美麗與哀愁——民心變遷下的棒球史〉，《中國論壇》32：12（1992年9月），頁15。

[3]　蔡宗信，〈日據時代臺灣棒球運動發展過程之研究——以一八九五～一九二六年為中心〉，國立師範大學體育學系碩士論文，1991年，頁87。

的體育運動主要在學校體系發展，日本殖民者頒布法令實施體操科，透過公學校同化、臣服臺灣民眾，傳達該政權認可的意識型態，而最終達到統治及軍事目的，運動設施建設不多，主要在學校體育科相關科目設施，風行的棒球與軟網場地設施也多在學校。

（二）戰後初期（一九四五～一九六〇年）

國民政府撤遷來臺後，正當兩岸敵對關係，時值戒嚴時期，國民政府以「反攻大陸」爲首要政策，因此體育相關事務逐致停滯。體育的相關發展在擇取舊有制度實施，且體育依附於教育體制下發展，直到民國四十三年（一九五四）始恢復教育部國民體育委員會運作，但在人力與經費拮据下形同虛設，運動設施建設不多，主要只是學校體育教學設施，況且一般民眾生活閒暇時間不多，從事運動時間相對更少。

（三）經濟起飛時期（一九六一～一九八〇年）

自一九六〇年代中期我國經濟開始起飛，國民生活水準提升，對於休閒運動設施的需求逐漸增加，社區運動設施開始成立。由於楊傳廣、紀政等人及棒球等團隊在國際賽會上的優異表現，運動選手的培訓與競技賽會之舉辦才成爲推廣大型運動場館及設施規劃開發的主因。一九七〇年代中期以後，隨著經濟性基礎建設的逐漸完成，同時政府開始重視各縣市社會、文化基礎設施之興建，例如縣立文化中心及大型運動場館等，由於運動設施的建設處於起步階段，運動場館規模估計上也較保守，觀眾容量大約在三千人左右。

（四）解嚴前後時期（一九八一～一九九〇年）

從一九八〇年代彰化縣舉辦區運起，各縣市紛紛以舉辦區運做爲爭取興建大型運動場館的策略，再加上政府經費補助的充裕，運動場館的建設

規模也大幅擴張，觀眾席容量超過七千人以上的場館紛紛出現[4]。臺灣省教育廳在民國七十八年（一九八九）配合行政院推展全民運動，提出五百億元「一縣一場、一鄉一池、一校一館」大計畫。只是設施規劃與營運管理策略脫勾，致使這些場館的經營維護日後反成爲中央及地方政府沉重的財務負擔。另外，自一九八七年政府宣布解嚴之後，社會休閒運動風氣的興起，配合國民戶外休憩、運動訴求的運動公園，則可視爲新興大型運動設施的開發型態，惟其用地面積須達一定規模，且常要配合都市計畫進行土地使用變更，方能進行建設。

（五）現代時期（一九九一年以後）

一九九〇年代起，政府開始執行六年國建計畫，其中運動設施的建設經費曾經高達近四百四十億，但由於近年幾個大型場館的規劃多所缺陋，政府經費的緊縮、各項公共建設龐大經費的排擠效應下，加上許多場館的實際使用率不高，因此開發規模又漸漸回歸地方運動設施的層級，觀眾席低於五千人以下，對於經營維護反而是較合宜的發展規模。目前大型運動場館的開發興建進度多陷入停頓，主要是因爲建設成本太高、財源籌措不易、計畫內容過於簡陋、經營管理方式規劃不當等原因，而呈現進度嚴重落後或是計畫停滯的現象。

在二〇〇四年以後相繼以城市主辦方式爭取到重大國際賽事，例如二〇〇六年洲際盃棒球賽在臺中市舉行、二〇〇九年世界運動會在高雄市舉行，及二〇〇九年聽障奧運會在臺北市舉行等重大國際賽事，政府對體育類公共建設的投資始有大幅度成長，所投注之體育類別公共建設，包括興整建國家運動園區、體育場館、運動公園、自行車道及國家運動選手培訓

---

[4] 蔡厚男，《體育運動園區規劃設置之研究》（臺北市：行政院體育委員會，2001），頁10。

基地等，自八十七～九十七年度，投注之經費由八億元成長至四十三‧三三億元，年平均成長率爲百分之十八‧四〇（詳表5-1）。以公共建設各類別每年平均成長百分之十之比率來看，體育類別之成長相對較多，而其中以興設符合國際標準之運動場館所占經費最多，將有助於提升我國未來申辦國際運動賽事之能力，提升國際能見度。

　　二〇〇八年原物料飆漲及全球金融風暴的影響下，全球各地致力節能減碳、健康樂活的新生活，政府也透過興設整建自行車道、設置運動休閒設施及場地綠美化、興設符合國際標準之體育場館，以及國家運動園區之規劃等，努力營造開放性、安全性、普及性及永續性之休閒運動空間，倡導全民從事休閒運動，除可帶動國民運動風氣，擴增規律運動人口外，同時也有助於促進國內運動休閒產業的發展。

表5-1　政府公共建設計畫體育次類別預算統計表　　　　　　　　　單位：新臺幣億元；%

年度	國內生產毛額（GDP）	中央政府總預算	政府公共建設體育次類別預算
87	92,385	1,173.159	8.00
88	96,409	2,339.697	11.59
89	100,320	1,670.9971	6.47
90	98,622	1,463.436	6.80
91	102,933	1,444.684	12.40
92	105,195	1,404.546	11.26
93	110,655	1,462.032	14.48
94	114,547	1,503.254	12.98
95	118,898	1,284.219	27.18
96	125,890	1,282.834	33.37
97	129,603	1,302.384	43.33

註：1.89年度預算為調整後資料，係以88下半年及89年度經費除以1.5核算。

資料來源：1.行政院體育委員會。2.行政院主計處。

（一）省運會時期（一九四六～一九七三年）

在省運會期間，兩岸敵對的政治戒嚴期，農業社會的臺灣經濟正處於發展時期，國家正處於財政困頓，對於運動場館及運動設施無多大之建樹，二十八屆省運會才由九個所謂具有能力承辦的縣市地方主辦過，可想而知財政之窘境，遑論大型體育運動場館的整建，但省運的舉辦以有限的經費預算，加強了主辦縣市地方場館的整修，力求標準化，對臺灣體育發展具有重要地位。

（二）區運會時期（一九七四～一九九八年）

省運會因應民意，將臺灣省運與臺北市運合併舉辦，改名為臺灣區運動會之後，承辦縣市政府適逢臺灣經濟環境因國際因素急速發展，反觀體育運動遭受國際體壇限制，體育燃起愛國主義風潮，此時皆利用主辦區運會之機整建體育運動場館，並且修繕學校現有的場地，充實現代化國際標準的設備、科技化儀器、標準化器材，日後並有限度的開放民眾使用與租借，並將場地作為地方基層選手培訓之用途，以此做為地方建設之執政政績。

（三）全國運動會時期（一九九九年迄今）

民國八十六年（一九九七）因國家行政組織調整，行政院體育專責部會「行政院體育委員會」成立[5]，再加上政治生態環境變遷，達成臺灣省「精省」虛級化的共識，首先接手由臺灣省政府主導五十幾年的省、區運會，並積極著手臺灣區運會的改制工作，在民國八十七年（一九九八）區

---

[5] 請參考行政院體委會網站http://www.ncpfs.gov.tw/aboutus/aboutus1-2.aspx。2008年2月20日。

運會後正式走入歷史，取而代之的是民國八十八年（一九九九）「全運會」的登場。此時國家財政已不再充裕，對場地設施的增建已不多。但為邁向國際化，爭取舉辦國際賽事不餘於力，整體規劃的運動公園為此時期的主要運動設施新建案。

為擴大民眾參與及善用場地設施，整合與節省國家資源，期望能達成國際化、標準化、專業化、企業化、多元化等五項理想，新世紀全運會首次跳脫單一縣市舉辦的思維，區域性的縣市資源與人力整合，也將成為未來臺灣舉辦亞奧運的試金石，朝向國際舞臺的第一步。

由表5-2統計結果可看出歷屆省運會、區運會及全運會主辦縣市，在省運會初期確實無明確制度可選出承辦省運會的縣市，只依具有能力主辦縣市之模糊準則來指定，無輪辦制度情況下造成二十八屆的省運會，承辦單位集中在一個行政區與九個縣市與地方，實不利體育運動及運動設施的普及。如與民國三十五年（一九四六）至民國六十二年（一九七三）相對應，臺灣政治正處於集權且戒嚴階段，一切以國防建設為主要政策，完全由政治主導省運會的主辦，因此相對的省運會在民國六十三年（一九七四）之前，競技項目與參加人數皆處於一定範圍，運動設施也都以整建為先，以一般標準化場地為主，運動場館並不普及。直至民國六十三年（一九七四）臺灣區運動會的舉辦，受經濟環境與社會環境影響，競賽項目暴增十三項之多，人數也增加了兩千人，經費補助較充裕，縣市政府增取主辦權，取得主辦權更是縣市政府施政的保證，除可增建運動設施，對於縣市形象的提升、賽會期間成為媒體的焦點，無形為執政者做一場免費的專題報導，促進地方觀光事業發展，更有凝聚民心之用。民國八十八年（一九九九）改制後的全運會，各項目比照亞奧運項目，有效的控制賽會的規模。臺灣地區的運動會隨著社會環境變遷影響，逐年增加規模與投入之經費，一方面確實有助於體育運動設施的整建，利於推展競技運動與全民運動；但另一方面，賽會規模過度膨脹與經費浮濫的情況

下，欠缺體育專業之專責制度主導，實無助於競技運動長遠與正面的發展，更甭提體育專業之社會地位的相對提升作用。更重要的，舉辦經費無法透過妥善規劃，有效落實地方體育運動設施的基礎建設，確實是造成國家資源的嚴重浪費。

表5-2　臺灣運動會歷屆主辦縣市統計表

主辦縣市		主辦年（屆）	屆數	總屆數	備註
臺北市	省運會	35(1).38(4).40(6).42(8).43(9).44(10).46(12)	7	12	43(9)在陽明山舉行
	區運會	64.68.72.78.83	5		
高雄市	省運會	39(5).57(23)	2	6	
	區運會	63.75.79.84	4		
宜蘭縣	區運會	81	1	1	
臺北縣	區運會	76	1	2	
	全運會	92	1		
桃園縣	省運會	62(28)	1	4	
	區運會	70.82	2		
	全運會	88	1		
新竹縣	省運會	48(14).52(18).58(24)	3	4	
	區運會	66	1		
苗栗縣	區運會	77	1	1	
臺中市	省運會	36(2).45(11).47(13). 49(15).51(17).53(19). 54(20).56(22).61(27)	9	12	
	區運會	65.80	2		
	全運會	98	1		
彰化縣	區運會	74	1	1	
雲林縣	全運會	94	1	1	
嘉義縣	省運會	60(26)	1	3	
	區運會	69.86	2		
臺南縣	區運會	87	1	1	

臺南市	省運會	37(3).59(25)	2		
	區運會	67.71	2	5	
	全運會	96	1		
高雄縣	省運會	50(16)	1		
	區運會	73	1	3	
	全運會	90	1		
屏東縣	省運會	41(7).55(21)	2		
	區運會	85	1	3	
基隆市	0		0	0	
新竹市	0		0	0	
臺中縣	0		0	0	
南投縣	0		0	0	
嘉義市	0		0	0	
花蓮縣	0		0	0	
臺東縣	0		0	0	
澎湖縣	0		0	0	
金馬地區	0		0	0	
總 計			59	59	

資料來源：葉憲清，〈臺灣省運動會史〉，《國民體育季刊》17：4（1988），頁69、76；蔡特龍，〈臺灣省運動會史〉，《國民體育季刊》17：4（1988），頁77、85；蘇金德，〈臺灣區運動會之探討〉，《國民體育季刊》17：4（1988），頁57、68；李玉玲、陳惠雯，〈臺灣區運動之探討〉，《屏師體育》5（2001），頁85、103；薛雲道、李加耀〈臺灣區運動會之變遷與影響初探〉，《臺灣體育》88（1996），頁2、7；薛雲道，〈全國運動會之歷史變遷〉，（2002），碩士論文

（四）全國大專校院運動會

　　全國大專運動會於民國五十九年（一九七〇）正式脫離臺灣省中等以上學校運動會而獨立主辦，除九十二年因SARS停辦一年外，至今（二〇〇九）已舉辦三十八屆，承辦單位由各大專院校輪流舉辦，承辦大專運動會對臺灣運動設施建設也有相當的建樹。根據行政院體委會（二〇〇〇年）統計顯示，全國的運動設施有百分之四十一是位處各級學校中，其中

以大專校院的運動場地設施最為充足與完善，除推動體育教育外，並對外
開放場館供社區民眾使用。各大專院校積極爭辦，主要是教育部會補助不
少舉辦經費，而承辦學校便以此對學校體育場館與運動設施進行修建與補
強，歷年來在學校場地與設施的建設上，確實有其正向的價值與功能存
在，此不僅提供安全的場館與設備，對於學校體育運動風氣的推展亦有相
當的幫助。

第二節　日治時期的運動設施發展

　　清領時期，臺灣並無「體育」或「運動」（sports）的名稱，也無此活動內容。日治時期總督府於一八八九年（明治三十一年）頒布「臺灣公學校令」及「臺灣公學校規則」，引進近代化的現代教育，而學校體育也伴隨著學校教育傳入臺灣，可謂開啓近代臺灣 sports 之先河[6]。臺灣近代學校教育制度透過日本的統治導入，作爲學校近代學校教科一環的體操科（即爲現今的體育科），也透過此脈絡下傳入臺灣。而具有檢視體操科實施成果的運動會，也在此時伴隨著學校教育制度，移植到臺灣初等學校之中，成爲近代臺灣學校不可或缺的學校行事曆之一。臺灣運動賽會場館的最初設計與呈現，受到日據時代以學校體育爲主，且並無大型的運動賽會舉辦，所以從日據時代到民國初年的場館建設是以學校的場館爲主。蔡特龍（1988）指出，民國三十五年（一九四六）臺灣首次的臺灣省運動會在臺灣大學操場舉行。當時場地簡陋，沒有看臺，司令臺亦是臨時搭建的，有如歌仔戲的戲臺。而田徑場周圍則用草繩圈圍起來，當時的運動設備與場地可以說是非常的簡陋。臺灣學校的運動會是在日本統治臺灣初期隨著新式學校的導入而引進，實施於臺灣學校教育之中，並且普遍蓬勃的發展至今日。

---

[6]　蔡禎雄，《日據時代臺灣師範學校體育發展史》（臺北市：師大書苑，1998），頁62、63。

表5-3 日治初期臺灣公學校運動會舉辦地點

次數 舉辦 地點 ＼ 年	1897	1898	1899	1900	1901	1902	1903	1904	1905	1906	1907	1908	1909	1910	1911	1912	合計
廣場（公園）		1													1		2
寺廟前廣場		2					1	1		1							5
練兵場								1	1	1							3
海邊、河邊					1												1
築港局填地														1			1
自校運動場				1		1			1	1	4	1	3	2	7	1	22
他校運動場																	0
其他	1						1				1	2	3				8
不明		1	1		1		1	1		4	2	1	4	10	7		34
合計	1	4	1	1	2	2	3	3	3	7	7	4	10	13	15	1	76

資料來源：金湘斌（2007）。日治初期臺灣初等學校運動會之歷史考察。臺北市：國立師範大學體育學系碩士論文，頁102。

　　由表5-3得知，在運動會初導入臺灣學校時，運動會舉辦的地點不外乎廣場、寺廟前、溪源地、練兵場、海邊、郊外空地等地點[7]，運動設施相當簡陋。至一八九九年（明治三十二年）時，據《小學校設備準則》改正後，才有對運動場的面積與形狀有明確的規定，其規定如下：

　第二條　體操場為方形或是相類的形狀，其面積規定如左：
　一、尋常小學生徒未滿百名時為百坪以上，生徒百名以上則應有每人一坪的比率。

---

[7] 相關研究可參考金湘斌，〈日治初期臺灣初等學校運動會之歷史考察〉，國立師範大學體育學系碩士論文，2007，頁33。

二、高等小學校生徒未滿百名時為百五十坪以上，生徒百名以上則
　　應有每人一坪半的比率；但若有特殊之情形時，則可減為每一
　　生徒一坪[8]。

　　明治四十年（一九〇七）之後，公學校的體操場才陸陸續續建設完
成，使得體操科教學步入正軌，並為臺灣初期的運動設施。

[8]　相關研究可參考（金湘斌，2007：105、106）。

第三節　光復後的運動設施發展

　　臺灣體育運動的發展與運動設施的興建除在政治考量與體育行政支援下變革，最重要的是隨著政治與經濟環境的變革，改變社會環境的結構與生活文化，再逐漸建構體育與休閒文化的形成，進而影響運動設施的興建與改善。

　　早期臺灣人民以農為生，農事及一些祭典儀式活動為其主要之休閒活動。臺灣戰後農業社會在「業精於勤，而荒於嬉」的傳統觀念下，鮮少注意休閒活動，更遑論動態式的休閒運動了。中國人是勤奮的民族，此一傳統觀念讓我們忽視了休閒活動的重要性，甚至認為休閒是好逸惡勞的表現。此時期，在國防至上，經濟蕭條背景之下，體育運動政策幾乎停擺，僅以零星的競賽活動替代體育運動的發展，因此，社會體育運動及運動設施的興建發展實在乏善可陳。

　　戰後臺灣社會的變遷深受政治的影響，且包含社會結構、文化、體制、權力的形成和運作國家機器的功能。國民黨政府撤遷來臺之後，即積極運用政治威權以有計畫的發展臺灣經濟，又將國民教育視為國家機器，並運用作為穩固執政地位的操弄機器，建立臺灣為日後反共復國基地，且更可以藉此轉換與限制臺灣地區社會文化發展之手段。因此政治的變遷對運動政策發展的影響具關鍵性因素，從政治制約到龐大經費援助，對體育運動推展的人力、物力、財力及體育設施增建等，皆具有關鍵性且直接的影響。如果臺灣經濟的發展被視為臺灣社會變遷的重要因素，那臺灣的社會變遷便是形成社會體育發展的最關鍵因素，也是全國性運動設施發展的指標因素。就經濟層面而言，臺灣雖然創造了「經濟奇蹟」，國民所得急速成長，加上外匯存底攀升，已然具備國際經濟強國之態勢。但從省運會的體育運動設施缺乏，到區運會因經濟發展提供主辦縣市龐大的建設經

費，規模同時迅速發展，惟可惜的是此龐大建設經費在各縣市政府舉辦運動會之際，並未透過體育專業的主導與妥善的規劃下使用，造成公帑使用的浮濫，使其效益大打折扣。

第四節 經濟起飛時期的運動設施發展

　　臺灣及至六〇年代，政府推動十項建設，發展國家經濟，改善投資環境，促進貿易發展，使我國晉升開發中國家。我國亦由以農工業經濟為主的勞力密集產業，轉向以工商業經濟為主的資本密集產業，進而朝向高科技產業發展，也因此使我國躋身亞洲四小龍之一，締造了舉世稱羨的「臺灣經濟奇蹟」。臺灣此時已開始邁向現代化，工業生產值超出農業三倍以上，經濟的繁榮，增加了國民所得，人們的運動休閒意識也開始抬頭，成為生活中不可或缺的一部分。蔡長啟（1991）亦指出臺灣光復初期至政府遷臺早期，百廢待舉，政府與民間的人力、物力均欠佳，因此對於體育運動設施與設備的興建並無具體政策。直至民國六十二年（一九七三）教育部體育司成立後[9]，中央及省市政府成立體育主管機關前後，均各定轄區發展計畫，並強調體育場地設備之擴建與充實。因此，各級學校的運動場、體育館、游泳池及各類球場逐年興建。縣市較具規模之綜合運動場亦配合臺灣區運動會陸續擴建。民國六十三年到七十三年（一九八四）間，臺灣地區縣市級以上體育場館均新建或改建全天候跑道，並興建相當規模體育館。

　　王慶堂（2004）指出，自民國七〇年代大量興建運動場館以來，臺灣地區公立體育場成立的數目急遽增加，在此時期，休閒運動漸為一般民眾所重視。相對的，政府也增加經費興建運動設施，以滿足民眾的需求，尤以民國七十九年（一九九〇）至八十三年（一九九四）間，其支出均超過百分之十。在同一時間，各縣市、各社區、各級學校，正是政府大力投資興建體育場、游泳池、簡易球場、運動場等時段，可顯示或許吾人已意

---

[9]　總統（62）臺統（一）義字第12354號令修正公布，刊登總統府公報第2603號。李仁德，《體育法令彙編》（臺北市：一品文化，1998），頁5、12。

識到體育休閒的重要。在進入工業社會後，由於都市化人口集中，休閒運動場地及設施相對於人口之增加率而言，亦變得極爲匱乏，城市中寸土寸金，休閒運動設施亦逐漸走向使用者付費的方式。且因國民所得及生活水準提高，民衆之消費習慣改變，對於休閒運動的品質（場地設施、用具等）更爲講究，公共運動設施不能滿足民衆對質的要求之下，因而造就休閒運動產業逐漸發展萌芽，民營運動設施因應社會需求而快速增加，進而帶動全民休閒運動之提升。

第五節　解嚴後的運動設施發展

　　根據《中華民國臺灣地區家庭收支調查報告》研究統計結果中指出，在民間消費支出結構上，娛樂教育及文化服務的消費比例在二○○○年底提高到百分之十三・五一，較農業社會時期的百分之一・六五高出甚多，均已反應出我國國民具有極高之生活品質。在此時期，從事休閒運動者對休閒運動設施種類的需求，依據牟鍾福（2002）的研究，臺灣地區民眾最常使用的運動休閒設施，前十五項依序為：簡易籃球場、羽球場、健行步道、田徑場、室內游泳池、慢跑專用區、山林遊憩區、運動公園、標準籃球場、自行車專用道、室外游泳池、社區（鄰里）公園、市區公園與桌球場。可見國內的運動風氣持續增加中，政府應針對主要的運動項目關建相關運動設施，如於社區公園中或相關觀光景點增建簡易球場、登山步道等，並鼓勵企業投資休閒運動產業，增建室內休閒運動俱樂部。國人有運動的需求，相關的環境設施更必須具備，可吸引更多運動的人。

第六節　運動設施的現況與未來

　　行政院體育委員會（二○○一）目前已將建構優質運動環境，列為中程（九十～九十三年度）施政計畫之一，其政策目標包括：合理規劃各類運動設施網，建構多功能且實用之運動場館，均衡增設城鄉運動場地設施，營造符合國際標準的運動場館，籌建國家體育園區與運動場館，籌設國家訓練機構與訓練場館等。根據行政院體育委員會（一九九九）出版之「中華民國體育統計」可以發現，截至民國八十八年為止，全國運動設施已有六萬三千○三座，而且體委會補助興建、整建運動設施經費，單就八十七年度而言，即達新臺幣十億元以上[10]。依民國八十八年（一九九九）四月完成之全國運動設施普查報告，臺灣地區各級政府、學校所屬運動場地及民營或私人所有之運動場館計有六萬三千○二個，普查之運動場館種類包括：田徑場、游泳池、籃球場、足球場、棒壘球場、網球場、溜冰場等室內外場館共四十五項，以民國八十八年（一九九九）三月臺灣地區人口兩千一百九十五萬餘人計算，平均每萬人僅有二十八‧七處運動場所，若以較普及之運動場館而言，平均每萬人擁有田徑場一‧六座，游泳池○‧八座，標準籃球場一‧四座，簡易籃球場一‧八座，網球場○‧六座，室外多用途運動場地二處。

一、近年來運動設施之相關計畫與方案

　　政府各部門為積極推展全民體育，近年先後擬訂各項計畫及方案，有

---

[10] 請參考行政院體委會網站http://www.ncpfs.gov.tw/aboutus/aboutus1-2.aspx。2008年2月20日。

關充實體育運動設備，改善運動環境有關的主要計畫有：[11]

1.民國五十四年的臺灣省發展國民體育實施方案。

2.民國五十七年的發展全民體育培養優秀運動人才實施方案。

3.民國六十二年的各轄區發展計畫。

4.民國六十八年的積極推展全民體育運動計畫。

5.民國六十八年的加強推行社區全民體育運動後續計畫。

6.民國六十九年的加強推行社區全民體育運動重要措施。

7.民國七十五年的積極推展全民體育運動計畫。

8.民國七十七年的國家體育建設中程計畫。

9.民國八十年的國家建設六年計畫充實運動場地計畫。

10.民國八十七年的國民體育法增修及實施細則。

11.民國九十一年的辦理國民運動設施需求調查計畫。

12.民國九十一年輔導公共體育場館經營管理計畫。

13.民國九十二年拓展國際體育活動空間計畫。

14.民國九十二年全國自行車道系統計畫。

15.民國九十二年改善國民運動環境計畫。

16.民國九十二年建構國家運動園區計畫。

17.民國九十三年拓展國際體育活動空間計畫。

18.民國九十三年全國自行車道系統計畫。

19.民國九十三年改善國民運動環境計畫。

20.民國九十三年國家運動訓練專責機構設置計畫。

21.民國九十三年建構區域運動設施網。

22.民國九十四年全國自行車道系統計畫。

---

[11] 林建元、鄭良一，《城鄉運動設施規劃與利用》（臺北市：行政院體育委員會，2006），頁13、14。

23.民國九十四年改善國民運動環境計畫。

24.民國九十四年建構區域運動設施網。

25.民國九十四年辦理國家運動選手訓練中心設置計畫。

26.民國九十四年雲林國際標準棒球場興建計畫。

27.民國九十四年臺中洲際棒球場興建計畫。

28.民國九十五年高雄世界運動會主場館興建計畫。

29.民國九十六年臺北聽障奧運會主場館興建計畫。

二、臺灣公共運動場地設施近況

臺灣公共運動場地設施於近年的發展，可分為四個階段：

（一）公務行政時期

本時期可推自一九七〇～一九八〇年代末期。臺灣正處於經濟起飛期，政府經費預算豐沛並鼓勵各縣市廣設運動設施，以達普及化的目標。但各縣市對於各類公共運動場地的設置，多依國民體育法所規定加以執行。因法令之規範，例如公立體育場依法僅需設置一體育館、游泳池以及田徑場即可成立；坐落於社區之中的各級學校體育設施，則依照學校需要向各級政府申請，完全由公務預算加以支應。學校設施不要求開放，而公立體育場也依照教育主管機關的政策編列行事曆，主要業務是以被動方式配合各單位申請，提供場地供各類運動活動的舉行。

（二）企業化經營時期

各縣市廣建公共運動設施，使全臺運動設施增多，在一九八〇年代末期純以公務預算執行的運動場館面臨了困境：各類場地設施除了興建費用

的支應之外，其維修經費、工作人員的人事費用也相對增加。更重要者，如何利用這些場地設施有效的推動各類體育運動相關業務，也成為各界所關切者，尤其是監督公務預算執行的民意機關更多所關心。許多公共運動場地設施被輿論譏諷為關門養蚊子以及放牛吃草的場地；而學校單位卻被批判為下課即關門，外人不得其門而入，僅供學校教職員特權享用，形成竹籬笆外春天的奇特景致。

　　至一九九○年代階段，因為政府面臨必須照顧更多的社會需求以及財務日益減少的兩難窘境，以往較無行政效率的公共運動場地設施，面臨了嚴苛的批判以及檢討。此時邱金松等人（1989）提出公立體育場企業化管理的觀念，開始探討在一九八四年洛杉磯奧運會以運動行銷成功的經營賽會之理念及做法，針對我國公立體育場的經營管理課題，提出公立體育場企業化經營的呼籲，並獲得相關單位廣大的迴響。此時，在教育部政策的推動之下，公立體育場相關營運人員開始接受一般企業界廣泛運用的管理科學概念，以此專題進行研究的學者專家也逐漸增多。因此，本階段可謂公共運動場地設施（主要是公立體育場）進入企業化管理的觀念階段；但學校運動設施系統卻囿於主事者保守心態，以及法令限制（如公務基金收支並列的相關規定）外，尚不直接面對社會大眾，因而無更多改善的做法。

（三）開放民營企業化時期

　　一九九○年代後期，政府財務雖更形困窘，但是對於運動設施營運的問題卻有了更新的突破。例如運用促參法的精神，獎勵更多企業參與體育的重大工程建設。此時，政府對於 BOT、OT、ROT 等方式的推動愈來愈快，也有相關案例逐漸形成。例如一九九九年全國首座以 ROT 方式進行委外經營的臺南市立棒球場案件成立，本案係由統一企業以五年七千餘萬的經費成交。而統一企業以此為統一獅職業棒球隊的主場地加以經營，創

下了歷史紀錄；兩年後臺南市政府再將市立游泳池委託經營。此時各縣市紛紛仿效案例逐漸增多，而教育部此時也針對學校運動設施開放，尤其是游泳池委外經營業務多所重視，第一個案例爲國立三重高中的游泳池委外經營案。因此，在九〇年代末期，我國公立運動場地設施可謂已開始步入民營化經營的階段。

（四）多元化經營時期

步入二十一世紀之後，我國公共運動場地設施因爲在二十世紀末開放民營化的情形逐漸增多，此時除了認同民間經營之外，也朝向國際化以及專業方式邁進。目前已有若干民營事業單位投入，例如統一、La New、救國團、劍湖山等不同企業的參與，它們活潑的經營方式也爲國內運動休閒場館換上多采多姿的新裝，若與二十年前的狀況相比擬，眞是不可同日而語。而部分大型場館亦將於近年來陸續落成啓用，例如耗資約新臺幣四十五億元的臺北市多功能一萬五千席體育館，目前完工啓用、臺中洲際棒球場、嘉義市、雲林縣以及桃園縣大型棒球場、即將開工的臺北體育園區（松山菸廠）、高雄市大型體育館等，均需約百億元的興建預算。爲不浪費公帑並落實運動場地設施的效能，未來之營運，則有賴具備專業知能的管理人員方竟其功。

三、公立場館運動設施規模

臺灣地區之縣市立體育場多成立於民國七十年代，民國八十年之後有臺南縣立體育場、嘉義縣立體育場、臺北縣立新莊體育場、花蓮縣立體育場、金門縣立體育場、南投縣立體育場、連江縣立體育場等縣立體育場成

立，目前尚有新竹縣尚未完成體育場籌設工作[12]。

　　根據體委會委託中華民國都市計畫學會蔡厚男助理教授所作專案調查，將臺灣地區分為：北部、中部、南部、東部、離島等五大運動生活圈，以開車三十～六十分鐘的距離為標準，整合全國運動場地，可利用暢通便捷之交通路網，前往各場館設施使用；此五大運動生活圈之運動場館設施現況，分別就場館設施規模與容量、國際賽會競賽項目、照明設備、興建年代等調查整理[13]，如表5-4。

表5-4　臺灣地區各縣市綜合運動場館及設施發展現況總表

北部運動生活圈：基隆市、臺北縣市、桃園縣、宜蘭縣及新竹縣市						
所在縣市	場館名稱	面積 (m²)	觀眾席位	室內/外	照明設備	建立年代（民國）
基隆市	田徑場	55,437	20,000	室外	簡易	68
	游泳池	22,094	1,000	室內	有	69
	體育館	18,004	8,000	室內	有	70
	網球場(5)	674.20	500	室外	有	74
	棒球場	44,158.98	1,500	室外	無	36
臺北縣板橋	板橋第一運動場（國際標準田徑場，可提供槌球比賽）	52,140	30,000（固）	室外	有	76年建造 76年區運使用（原名臺北縣立體育場）89.09改為今名
	板橋第二運動場（籃球6座、槌球）	24,732	3,000	室外	有	65年建造，原名綜合運動場 89.09改建並改為今名
	板橋體育館（籃球、躲避球及手球）	9,183	3,500	室內	有	68年建造
	板橋運動廣場	13,200	無	無	有	89.09改建

[12] 林建元、鄭良一，《城鄉運動設施規劃與利用》（臺北市：行政院體育委員會，2006），頁13、14。
[13] 蔡厚男，《體育運動園區規劃設置之研究》（臺北市：行政院體育委員會，2001），頁10。

臺北市	田徑場	23,628	20,000（固）	室外	有	62.07.26完工
	網球場(6)	7,000	1,200（固）	室外	有	58.7.20完工
	中山足球場	55,000	20,000（固）	室外	有	78.9.18完工
	東門游泳池	5,400	無	室外	有	60.8.16
	景美游泳池	3,050	無	室外	有	92.1.17
	百齡運動場	280,000	無	室外	無	68
	小巨蛋	88,000	15,350	室內	有	90.11.12棒球場原址動工改建94.05竣工
	天母棒球場	22,359.79	10,000	室外	有	88.11.11完工
	臺北體育館—綜合球館	25,542	2000（792固定席）	室內	有	83
	臺北體育館—技擊館		792			
	臺北體育館—羽球場(10)		792			
桃園縣	體育館	25,800	10,000（移）5,000（固）	室內	有	82.09
	田徑場	39,500	1,800（移）3,500（固）	室外	有	82.09
	游泳池	16,000	1,000（固）	室內、室外	有	82.10
	棒球場	35,000	10,000（固）	室外	無	62.08
	網球場	12,000	1,000（固）	室外	有	62.08
	劍道館	5,000	300（固）	室內	有	80.07
	射箭場	15,000	1,000（固）	室外	無	81.07
宜蘭縣—宜蘭運動公園（基地面積27公頃）	體育館	20,838	1,056（固）	室內	有	75.04完工啓用
	游泳池	14,069	1,000（固）	室外	無	70.06完工
	網球場(12)	18,000	2,000（固）	室外	有	75.04完工
	籃球場(10)	7,200	無	室外	有	75.04完工
	田徑場	12,162	15,000（固）	室外	有	69.03完工
	溜冰場(2)	460	200（固）	室外	有	79.06完工
	滑溜場(2)	950	無	室外	有	79.06完工
	體適能健身中心		無	室內		89.11完工

	棒球場	22,840	1,600（固） 3,000（草坡）	室外	有	82.01完工
	田徑場	24,400	5000（草坡）	室外	無	82.01完工
羅 東 運 動 公 園（基地面積46.7公頃）	綜合球場（橄欖球、足球、壘球使用）	19,500	5,000（草坡）	室外	無	82.01完工
	籃球場(6)	4,500	無	室外	有	82.01完工
	網球場(8)	12,140	300（固）	室外	有	82.01完工
	游泳池(2)	20,000	1,000（固）	室外	無	82.07完工
	溜冰場	350	50	室外	無	86.11
	滑溜場	600	無	室外	無	86.11
新竹市	田徑場	79,090	20,000	室外	無	43年以前
	公園游泳池	3,650	2,000	室外	有	43.03
	香山游泳池	4,581	1,000	室外	有	83.07
	民眾活動中心	3,128	5,000	室內	有	45.06
	中正自由車場	33,506	2,000	室外	無	66
	中正棒球場	28,486	15,000	室外	有	66
	三民網球場	5,280	500	室外	有	78
	公園網球場	1,876	100	室外	有	79.09
	中正硬式網球場	3,614	200	室外	有	52.05
	體育館	25,707	7,000	室內	有	86.04
	香山第二綜合運動場	30,700	10,000	室外	無	86.12

中部運動生活圈：苗栗縣、臺中縣市、彰化縣及南投縣

所在縣市	場館名稱	面積（m²）	觀象席位	室內/外	照明設備	建立年代（民國）
苗栗縣	田徑場	50,000	15,000	室外	有	73.03
	體育館	3,200	3,000	室內	有	68.09
	網球場(9)	1,0000	1,000	室外	有	70.03

臺中縣	田徑場	42,867.26	20,000	室外	有	66
	體育館	4,573	2,500	室內	有	65
	網球場(2)	10,498	無	室外	有	73
	游泳池(2)	5,079	500	室外	有	73
	中港綜合館	28,329	3,000	室內		83
	自由車場		500		無	87.11
臺中市	洲際棒球場	89,773	15,000	室外	有	95.11啓用
	田徑場	122,264	28,000（固）	室外	有	49完工 88整修
	游泳池	26,534	1,500（固）	室外	有	49完工 88整修
	棒球場	88,009	1,000（固）	室外	有	49；87整修
	網球場(4)	3,340	350	室外	有	50興建 83
	排球場(2)	1,300	250	室外	有	49；86整修
	手球及籃球場	2,250	400	室外	有	49；87整修
	體能訓練室	520	100	室內		72闢建 88增新器材
	韻律室	350	100	室內		87
	休閒室	450	100	室內	有	87
	運動遊戲場	730	100	室外		87
彰化縣	田徑場	32,600	30,000（固）	室外		73.3.1
	體育館	7,230	800（移） 612（固）	室內	有	73.3.1
	游泳池	6,700	3,000（固）	室外	有	73.3.1
	網球場	6,472	200（固）	室內		87.11完工 87.12啓用
	停車場籃球場	5,000		室外	有	73.03.01
	棒球場	4,000		室外	有	69.12.01

南部運動生活圈：雲林縣、嘉義縣市、臺南縣市、高雄縣市及屏東縣						
所在縣市	場館名稱	面積 (m²)	觀眾席位	室內/外	照明設備	建立年代（民國）
雲林縣	斗六棒球場	7.47公頃	15,000	室外	有	94.09.11啓用
	體育館	L：20,369 FL.：12,040.54	10,000（固）	室內	有	74.12完工
	斗南技擊訓練中心	L：139 FL.：139	無	室內		90.05完工
	斗南田徑場	L：41,680 FL.：8,221.09	30,000（固）	室外	無	76.04完工
	溜冰場	L：12,471 FL.：12,471	無	室外		89.07完工
	游泳池	L：4,187 FL.：4,187	2,500（固）	室外	有	72.04完工
	羽球館(4)		1,500	室內	有	
	籃球場(3)			室外	1有2無	
	北港網球場(4)		1,000	室外	有	
	槌球場			室外	無	
嘉義縣	體育館	8,205.40	1,800（固）	室內	有	86.07.05
	溜冰場	386.23	600人	室外	有	86.10.02
	網球場	3,010	無	室外	有	86.11.20
	游泳池	2,323.50	2,300	室外	有	86.05.19
	棒球場	9,971.72	13,500人（內野9,800人，外野3,700人）	室外	有	85.06.26
	田徑場	20,682.56	22,000人	室外	有	86.05.21

嘉義市	體育場田徑場	26,648	15,000	室外	無	53年
	體育館	2,340（四樓高度）	1,200（固）	室內	有	84.05.01完工
	運動公園（體育館）	85,000 3,200（四樓高度）	3,300（固）	室內	有	83.09.10完工
	棒球場	21,200（看臺爲三樓高度）	約12,000	室外		88.01.10完工
	游泳池	9,484（二樓高度）	無 看臺約2,000席	室外	有	60.09.30完工
	網球場(9)	2,650	無 看臺約1,500席	室外	有	60.09完工
	吳鳳游泳池	2,500	1,500	室外	有	52
	羽球館(4)	1,144	1,000	室內	有	69
臺南縣	田徑場	29,103	30,000人	室外	有	78
	體育館	20,919	3,000	室內	有	86
	游泳池	20,919	3,000	室外	有	86
	田徑練習場	28,683	無	室外	無	83
臺南市	田徑場	28,016	20,000	室外	無	37
	棒球場	21,450	15,000	室外	有	37
	軟式網球場	3,628	3,000	室外	有	70
	硬式網球場	3,619	1,000	室外	有	71
	舉重館	1,935		室內	有	85
	桌球館	1,350	800	室內	有	85
	溜冰場	1,650		室外	無	85
	籃球場	4,130		室外	簡易照明	57
	自由車場	16,296	1,000	室外	無	59
	射箭場	7,600		室外	無	67
	游泳池	6,890	5,000	室外	有	71
	射擊場	5,069	1,000	室外	無	67
	橄欖球場	21,275	10,000	室外	有	67
	足球場	1,4490	10,000	室外	有	67
	羽球場	1,332	1,000	室內	有	67

高雄縣	田徑場	30,000	18,000人	室外	有	65.08
	體育館	10,000	4,600人	室內	有	66.10
	游泳池	10,400	2,000人	室外	有	65.12
	硬式網球場(5)	3,000	150人	室外	有	69.06
	軟式網球場(4)	3,000	100人	室外	有	81.05
	羽球館	10,000	1,000人	室內	有	81.06
	溜冰場	10,000	800人	室外	無	81.09
	籃球場(2)	3,000	無	室外	有	84.07
高雄市楠梓區	楠梓游泳池	6,788	1,240人	室外	有	75.09完工
	自由車場	9,372	1,500人	室外	無	75.09完工
	射擊場	24,199	500人	室外	無	75.09完工
	射箭場	16,170	900人	室外	無	75.09完工
	右昌游泳池	6,773	1,200人	室外	有	75.08完工
高雄市左營區	活動中心	1,750	3,000人	室內	有	73.04完工
	游泳池	3,300	1,000人	室外	有	68.03完工
高雄市鼓山區	游泳池	3,000	1,200人	室外	有	76.04完工
高雄市三民區	網球場	2,500	800人	室外	有	65.07完工
	游泳池	3, 300	1,200人	室外	有	66.12完工
	中山網球場	16,623	1,000人	室外	有	75.09完工
	陽明溜冰場	9,780	3,000人	室外	有	80.03完工
	陽明簡易棒球場	9,780	1,500人	室外	有	80.03完工
高雄市鹽埕區	活動中心	2,500	3,000人	室內	有	63.10興建 75.09整修
高雄市前金區	立德棒球場	8,750	7,000人	室外	有	58.09興建 74.09整修
	前金游泳池	6, 700	4,000人	室外	有	39年興建 58年修建 75.09整建
	中山運動場	12,000	15,000人	室外	有	53.07完工
	民生排球場	1,000	1,000人	室外	有	62.08完工
	民生網球場	2,000	500人		有	62.08完工
高雄市新興區	游泳池	3, 040	1,000人	室外	有	76.04完工

高雄市苓雅區	中正運動場	56,606	30,000人	室外	有	75.10完工
	中正天橋展示館	1,880	400人	室內	有	75.10完工
	中正技擊館	16,249	12,000人	室內	有	75.10完工
	國際標準游泳池	21,000	3,000人	室內	有	85.04完工
高雄市前鎮區	前鎮游泳池	3,400	1,000人	室外	有	68.03完工
	勞工公園壘球場	5,000	1,500人	室外	有	75.09完工
高雄市旗津區	海水浴場	19,169	1,000人	室外	無	63.02完工
	游泳池	16,834	1,000人	室外	有	75.07完工
	壘球場	10,000	1,500人	室外	有	80.09完工
高雄市小港區	游泳池	6,691	2,000人	室外	有	71.05完工
	運動場	16,134	5,000人	室外	有	55.08完工
	鳳林游泳池	24,471	1,200人	室外	有	75.09完工
屏東縣	屏東縣立體育館	111,322	2,288（移）3,612（固）	室內	有	84
	田徑場	25,960	12,000（固）	室外	有	55
	游泳池	2,700	2,000	室外	有	55
	棒球場	48,480	15,000（固）	室外	有	70
	運動公園	26,2150公頃		室外		

東部運動生活圈：花蓮縣、臺東縣及綠島、蘭嶼

所在縣市	場館名稱	面積（m²）	觀眾席位	室內/外	照明設備	建立年代（民國）
臺東縣	田徑場	17,548	2,5000	室外	無	70
	體育場	5,000	5,000	室內	有	74
	棒球場	20,247	2,000	室外	無	78
	游泳池(2)	2,000	2,000	室外	有	63
	柔道館	140	100	室內	有	56
	網球場	2,673	100	室外	有	73
	溜冰場	1,296	500	室外	有	79
	體育館內桌球室(8)			室內	有	74

			面積	觀眾席位	室內/外	照明設備	建立年代（民國）
花蓮縣	中正體育館		1,398		室內	無	80
	美崙田徑場		無		室外	無	80
	美崙網球場		無		室外	無	80
	游泳池(2)		室外約100		室內、室外	無	88
	德興體育館	田徑場	13,000		室外	有	90.04
		棒球場	4500		室外	有	90.04
		體育館	4500		室內	有	90.04

離島運動生活圈：澎湖縣、金門、馬祖地區

所在縣市	場館名稱	面積（m²）	觀眾席位	室內/外	照明設備	建立年代（民國）
澎湖縣	體育館	2,340	500（固）	室內	有	73年完工
	田徑場	22,187	6,000（固）	室外	無	73年完工
	游泳池(2)	3,150	無	室內	有	78年完工
	棒球場	29,044	1,000（固）	室外	無	77年完工
	羽球館	883	無	室內	有	78年完工
	綜合球場(4)	4,000	300	室外	無	73年完工
	槌球場(4)	3,000	500	室外	無	83年完工
	網球場(4)	3,600	600	室外	無	73年
金門	田徑場	12,500	12,000	室外	無	84年
	體育館	9,572	3,500	室內	有	87年
	游泳池(2)	10,000	1,000	室內、室外	有	76年

資料來源：蔡厚男，《體育運動園區規劃設置之研究》（臺北市：行政院體育委員會，2001），頁
12、16。

四、運動場館數量與分布

　　我國運動場地設施分布現況，主要以公私立各級學校及各縣市立體育場為兩大主軸。各縣市立體育場之興建可溯及一九六〇年代，從臺北市立體育場、臺灣省立體育場（位於臺中市國立臺灣體院）之興建開始，其後常藉由各縣市輪流舉辦之省運會、區運會等機會興建運動場館[14]。若依行政區域劃分，臺灣省之數量為四萬九千四百八十八處（占百分之七十八·五），臺北市為一萬一千三百三十四處（占百分之十八），而高雄市之運動場館僅有兩千〇六十八處（占百分之三·三）。在臺灣省二十一縣市中，以臺北縣的一萬六千〇六十九處為最多（占百分之二十五·五），金門及馬祖最少（分別為四十八及六十四處），僅各占百分〇·一，而澎湖縣總數三百二十二處，亦僅占百分之〇·五而已，惟若以每千人計算，則連江縣每千人擁有九·七處之比例，為臺閩地區首位。桃園縣每千人僅有一·二處，敬陪末座。由分析可知城鄉差距懸殊，而外島運動場地數量最少[15]。

　　上述各類運動場館之數量以運動公園最多（一萬五千兩百三十九處，占百分之二十四·二），其次依序為其他戶外多用途運動場（一萬一千七百二十九處，占百分之十八·六）、簡易籃球場（四千〇五十五處，占百分之六·四）、桌球場（三千九百六十六處，占百分之六·三）、田徑場（三千五百二十四處，占百分之五·六）等；若以場館屬性區分，則學校運動場館數為兩萬五千四百六十一座，占全國總場館數之百分之四十·七，幾近一半。尤其是田徑場或一般所說的運動場，除了各直轄市及縣市立體育場外，大部分均集中於學校，由此可見，開放學校運動場館對推展

---

[14]　（林建元、鄭良一，2006：21）。

[15]　鄭志富，《我國運動場地設施的現況及發展策略》（臺北市：行政院體育委員會，1999），頁7、10。

全民運動之重要性。而民間所擁有的營利或非營利運動場所亦高達兩萬
三千四百四十五座，占總場館數之百分之三十七‧二，其數量與比例不
低，今後若能再提供更多誘因，當可鼓勵民間多多興建運動場館。此外，
地方政府或鄉鎮所擁有的運動場館所占比例仍低，又多集中於臺北市及臺
北縣，因此，這是日後政府對運動場館規劃興建之重點，也是落實城鄉均
衡發展理想應該特別考量之因素（鄭志富，1999）。

五、民間體育運動設施發展

　　隨著經濟成長國民所得日益提升，政府推行週休二日之影響，國人開
始注重運動與休閒活動。運動健身的風氣日益蓬勃發展，惟我國縣（市）
公立體育場館及學校運動設施，因人力與時間因素無法配合與滿足民眾需
求，導致開放使用率偏低，促成各類私人運動場館的興起。私人經營的運
動場館以撞球場、舞蹈教室、游泳池、健康（健身）俱樂部、高爾夫球場
為主。

（一）高爾夫球場

　　高爾夫球場及練習場所需面積廣大，多設置在郊區或都市邊陲地區，
依體委會統計，核准開放使用及核准籌設中之高爾夫球場如下表所示，截
至二○○四年底核准開放使用之高爾夫球場共五十座，以桃園縣十座為最
多，其次為臺北縣九座，總計高爾夫球場球場總面積五千三百四十六‧
六九三六公頃。

表5-4　各縣市高爾夫球場分布統計表　　　　　　　　　　　　　　　　單位：座

地區	核准開放使用	核准籌設中	合計
臺北市	0	0	0
高雄市	1	0	1
臺北縣	9	5	14
桃園縣	10	2	12
新竹縣	4	8	12
苗栗縣	1	1	2
臺中縣	5	1	6
彰化縣	2	1	3
南投縣	3	0	3
嘉義縣	2	0	2
臺南縣	5	0	5
高雄縣	4	0	4
屏東縣	1	1	2
宜蘭縣	1	0	1
花蓮縣	1	0	1
臺東縣	0	1	1
臺中市	1	0	1
總計	50	20	70

資料來源：整理自行政院體委會，（2005），94年中華民國體育統計。

（二）健身俱樂部

　　國內運動休閒俱樂部大致上可區分為以體適能運動為主、商務聯誼為主、健康休閒運動為主、休閒度假為主及特殊主題性等五種類型之健身俱樂部，以符合民眾各類型休閒、健身、聯誼、度假之需求。國內主要民營健康（健身）俱樂部之家數及會員概況整理如下表。

表5-5　國內主要健康（健身）俱樂部概況表

健康（健身）俱樂部	家數	會員人數
亞力山大	22	30萬人

統一佳佳	15	3萬多人
佳姿	25（包含101氧身運動館）	20萬人
加州	3	4.6萬人
好萊塢	2	1萬人
金牌	1	3,000多人
中興	1	1,200多人

註：佳姿於二○○五年五月二十日已全面歇業，亞力山大於二○○七年十二月十日無預警歇業，統計
　　僅為臺灣部分。

資料來源：整理自臺經院產經資料庫（2005）http://tie.tier.org.tw/tie/index.jsp。

（三）游泳池

全國游泳池計有一千八百四十一座，其中以民營營利八百零三座最多，占百分之四十三‧七，其次為學校三百八十座，占百分之二十‧六。民營營利游泳池是以休閒健身為號召，為提高游泳池的使用率，大多採用室內溫水游泳池的設計，一般附有三溫暖、蒸氣浴、烤箱、美容室、按摩室、重量訓練室、韻律教室，這是全年營運的游泳池，水溫約在攝氏三十度左右，並有熱水淋浴設備，以吸引消費者。

（四）其他

撞球場原來消費者多以男性居多，自從國內體育臺轉播女子撞球比賽，且國內女子撞球選手揚威國際之後，女子撞球風氣漸開，目前吸引許多女性消費者參與。而舞蹈教室以職業婦女為主要消費群，主要教授韻律舞。

六、學校體育運動設施規模

體育設施是影響體育教學的重要因素，根據調查資料顯示，學校室外

運動場地以多用途運動設施居多，其中又以籃球場、排球場最多，其次爲田徑場、遊戲場、網球場、桌球場等。室內運動場地則以籃球場最多，其次爲韻律教室、桌球場、重量訓練室，而設有游泳池之學校則不到一成。室外運動場地三分之一以上沒有夜間照明設備，學校的室外體育設施大部分都開放給社區民眾使用。

　　根據教育部年度學校體育統計年報資料[16]，自九十六年十月起至十二月底止以全國各級學校共四千一百二十所爲調查對象，總計有四千一百一十六所學校填答，全國學校體育設施分部方面經統計如表5-6：

表5-6　整體學校設置運動場館設施校數及比例統計表

設施名稱	設有校數	比例	設施名稱	設有校數	比例
徑賽場	3,431校	83.36%	韻律教室	900校	21.87%
田賽場	2,385校	57.94%	體操教室	260校	6.32%
體育館	1,948校	47.33%	重量訓練室	578校	14.04%
室內游泳池	265校	6.44%	技擊教室（場）	347校	8.43%
室外游泳池	165校	4.01%	遊戲場	1,081校	26.26%
籃球場	3,778校	91.79%	撞球場	208校	5.05%
排球場	1,853校	45.02%	室外羽球場	456校	11.08%
網球場	931校	22.62%	射箭場	135校	3.28%
攀岩場	95校	2.31%	水域運動場	7校	0.17%
保齡球場	16校	0.39%	手球場	90校	2.19%
極限運動場	206校	5.00%	足球場	253校	6.15%
棒壘球場	344校	8.36%	桌球場	849校	21.00%
高爾夫球練習場	54校	1.31%	其他	90校	2.00%
風雨操場	601校	14.60%			

資料來源：教育部體育司，《教育部九十六年度學校體育統計年報》（臺北市：教育部體育司，2008）。

[16] 請參考教育部體育司網站http://140.122.72.62/Census/moreCensus。2008年6月20日。

第六章　體育學術研究發展史

　　本章的主題是以體育系所的發展爲主軸，系所是培育研究人才的重鎮，其任教的師資更是引導學生進行研究的最大推手；其次，是長久以來推動體育學術活動的兩個組織，一爲大專院校體育總會，另一爲中華民國體育學會。前者自民國五十八年（一九六九）起每年暑期辦理體育學術研討會，提供學術研究發表、交流的平臺，之後也陸續出版刊物供研究者發表論文。後者不僅辦理各項研討會，定期出版的《中華體育》季刊、《體育學報》對臺灣體育學術的水準具有提升的作用。

　　本章的分期，研究起點是臺灣光復，即三十四年（一九四五）起。再則，是以臺灣師範大學體育研究所碩士班、博士班的設立爲分界。臺灣師範大學體育學系碩士班成立於民國五十九年（一九七〇），博士班成立於民國七十九年（一九九〇）。以碩士班及博士班的成立作爲本章的分期點，其原因是臺灣師範大學體育學系碩、博士班的設立，對臺灣體育學術的研究有重要的影響，不論是研究人才的培育、研究題材的選擇與方向、研究方法的提升等，均有具體的影響。

第一節　體育學術研究的開始
（一九四五～一九七○）

　　民國三十五年（一九四六）臺灣省立師範學院（後來改制為臺灣師範大學）設立三年制體育專修科，民國三十七年（一九四八）改體育專修科為體育學系[1]，負責體育師資的培養及進行高深體育學術研究等雙重任務[2]。民國三十六年（一九四七）臺灣省立臺北師範學校設體育科，民國三十九年（一九五○）臺灣省立臺南師範學校亦設體育科[3]，但不到數年，臺北師範學校及臺南師範學校體育科即停辦。

　　在體育專科學校方面，民國五十年（一九六一）臺灣省立體育專科學校設立，民國五十一年（一九六二）文化大學體育系成立，臺北市立體育專科學校民國五十七年（一九六八）成立，同年亦設立輔仁大學體育學系[4]。民國五十六年（一九六七）臺東師範專科學校亦設立體育科培育國小體育師資[5]。

　　上述的體育專校及科系的成立，反應在當時臺灣各級學校體育師資普遍缺乏之下而陸續設立。師資培育是最優先的目標，「師專體育科以培育國民小學體育師資為主，而其他各校之體育學系及體專各科以培育中學體育師資為主[6]。」而這些學校及科系也成為此時期推動體育學術研究的重點學校。

　　其次，此時期在臺灣經濟環境尚未改善的背景之下，各學校又在草創

1　吳文忠，《中國體育發展史》，三民書局，民國70年，頁395。
2　聞鐘，〈近四分之一世紀以來中華民國體育學術研究與發展〉，《國民體育季刊》5卷2期，民64年9月，頁9。
3　吳文忠，《中國體育發展史》，三民書局，民國70年，頁396。
4　吳文忠，《中國體育發展史》，三民書局，民國70年，頁396。
5　劉一民，《我國體育學術研究之現況與未來願景（初稿）》，臺北市：行政院體育委員會，民88年，頁19。
6　葉憲清，〈新世紀我國高等體育人力之教育體制回顧與展望〉，《國民體育季刊》30卷1期，民90年3月，頁7。

之初，各項校務建設積極開展，是以各校教師仍以教學為重，學術研究只能當作「配角」。是以此時的學術研究在主客觀條件均不成熟的情形下進行，體育學術研究不論是品質及數量均少，只能以「點綴」來形容。

此時期推動體育學術研究的組織，有大專院校體育總會，成立於民國四十六年（一九五七），最初是由十二所學校組織創立[7]。其主要宗旨是在辦理大專體育學術研究及運動競賽等活動，促進體育學術、運動技術之進步，並藉以增進各校間體育同仁及同學間之感情，進而與世界各國進行體育學術及活動之交流[8]。依其會章第四條規定，「本會由全國大專院校組織之。凡教育部核准立案之全國公私立專科以上學校均得申請為本會會員」[9]。是以擁有基本會員學校的大專體育總會，此時期多半以辦理校際間的運動競賽為主，至於持續性的體育學術研討會，至民國五十八年（一九六九）的暑假才開始舉辦。

此時期的體育學術研究代表刊物，為臺灣師範大學體育學系於民國四十年（一九五一）創刊《體育研究》季刊，供教師研究心得及教學見聞的發表園地[10]。起初由樊正治、洪周寶兩位校友負責編務，當時學校無此預算，各系自行負責出版，請李文元先生負責廣告，如此勉強維持了十期，終因印刷費不繼，於民國四十三年（一九五四）停刊[11]。至民國五十年（一九六一）才又復刊，其間雖先後有私人專著問世，但純學術論著或創作仍不多見[12]。《體育研究》季刊大半題材以教材教法介紹及譯述文章

---

[7] 魏香明，〈大專院校體育總會之演進〉，《學校體育三十年──教育部體育司成立三十週年特刊》，國立臺灣師範大學體育研究發展中心編印，民92年，頁80。

[8] 張壽山，〈中華民國大專體育總會的現況〉，《國民體育季刊》14卷3期，民74年9月，頁70。

[9] 林國棟，〈中華民國大專體育總會之展望〉，《國民體育季刊》14卷3期，民74年9月，頁75。

[10] 聞鐘，〈近四分之一世紀以來中華民國體育學術研究與發展〉，《國民體育季刊》5卷2期，民64年9月，頁9。

[11] 吳文忠，《體育學園勤墾錄吳文忠八十回顧影集》，臺灣師範大學體育研究所，民79年，頁52。

[12] 聞鐘，〈近四分之一世紀以來中華民國體育學術研究與發展〉，《國民體育季刊》5卷2期，民64年9月，頁9。

為主，間有運動生理及心理學問題探討，但都以泛論概說居多，尚無嚴謹的研究方法[13]。雖是如此，臺灣師範大學體育學系的師資仍是此時期體育學術研究的主力，其研究的成果則是以《體育研究》季刊為代表。

再則，此時期發行的刊物如民國四十二年（一九五三）《今日體育》季刊在臺北及馬尼拉同時發行中英文合版。民國四十七年（一九五八）大專院校體育總會出版《大專院校體育年報》創刊號。同年《偉華體育旬刊》問世，發行人劉元文以運動家熱心體育文化事業創辦該刊，連續九年發行，終因經費困難而告停刊[14]。

民國五十年（一九六一）臺灣師範大學體育系恢復發行《體育研究》，並由雙月刊改為季刊，內容介紹各國新興理論與研究實驗結果等[15]。

民國五十五年（一九六六）教育部國民體育委員研究實驗組加強體育運動研究工作，特選民國五十三年（一九六四）在東京舉行國際運動科學會議後出版的日文《運動科學講座》十卷，分請師大、幹校、體專、北師專等教授翻譯後出版供參考[16]。同年省立體專《體育學苑》出版，中國文化學院體育系出版《華岡體育》[17]。

民國五十八年（一九六九）教育部國民體育委員會恢復發行《國民體育季刊》；同年，臺灣省國民體育委員會出版《體育論著選集》，其後每年出版一集，刊載研究性作品[18]。

此時期的體育學術研究，僅能從當時發行的刊物內容來了解。如上述

[13] 聞鐘，〈近四分之一世紀以來中華民國體育學術研究與發展〉，《國民體育季刊》5卷2期，民64年9月，頁9。

[14] 吳文忠，《中國體育發展史》，臺北市：三民書局，民70年，頁430-431。

[15] 吳文忠，《中國體育發展史》，臺北市：三民書局，民70年，頁431。

[16] 吳文忠，《中國體育發展史》，臺北市：三民書局，民70年，頁435。

[17] 吳文忠，《中國體育發展史》，臺北市：三民書局，民70年，頁435。

[18] 吳文忠，《中國體育發展史》，臺北市：三民書局，民70年，頁437。

的體育期刊多半是體育系所、校院出版的刊物，且正值創刊時期。多數刊物的內容多為翻譯文章，介紹新知、實證性的研究較少。其中，少數的刊物因經費不足而停刊。因此，經費是否充足成為期刊能否持續出版的重要因素。

　　整體而言，「我國的體育學術研究在一九五○年代初期，還處於未開發階段」[19]。同時受限於經濟條件，加上研究環境未臻理想，致而研究風氣未開[20]。此階段的體育學術研究「以臺灣師範大學體育學系為例，一者臺灣師範大學體育學系忙於培養學校體育師資；二者科學基礎方法及儀器的欠缺；三者有志從事體育學術研究者甚少，因而研究風氣無法展開，體育學術研究成果自亦乏善可陳」[21]。

---

[19] 聞鐘，〈近四分之一世紀以來中華民國體育學術研究與發展〉，《國民體育季刊》5卷2期，民64年9月，頁9。

[20] 許義雄，〈我國體育學術研究動向探討〉，《教育資料集刊》第10輯，國立教育資料館，民74年，頁264。

[21] 聞鐘，〈近四分之一世紀以來中華民國體育學術研究與發展〉，《國民體育季刊》5卷2期，民64年9月，頁9。

第二節　體育學術研究的開展
（一九七〇～一九九〇）

臺灣體育學術研究的重大轉折是民國五十九年（一九七〇）以後，開始邁開大步，具體的事實是民國五十九年（一九七〇）七月國立臺灣師範大學體育學系碩士班成立；民國六十一年（一九七二）六月中華民國體育學會在臺復會；民國六十二年（一九七三）十月教育部成立體育司，補助學術研究活動[22]。

臺灣師範大學體育學系碩士班於民國五十九年（一九七〇）設立，專以培養大專院校之體育師資，研究高深體育學術爲宗旨，每年平均招收碩士班研究生約五到十名，因屬科班訓練，無論在研究方法或研究態度方面，對國內體育學術研究均具領導作用[23]。民國六十一年（一九七二）國家科學委員會專案補助圖書；計畫專案研究，採購儀器與研究設備，如Tread Mill、運動生理學實驗設備、電子計算機、體育心理學實驗設備等。民國六十二年（一九七三）《體育學研究》創刊，以研究所師生共同研討報告及邀約專家專題演講爲內容。每年發行《體育研究所集刊》，刊載研究生畢業論文[24]。

「臺灣師範大學體育研究所旨在培養大專院校體育師資，進行體育學術研究，畢業論文多半是以自然科學爲主。體育研究所畢業的學生，部分出國進修外，大多數均服務於大專院校，擔任體育教學工作，將研究成果發表於體育學術研究刊物上，帶動學術研究風氣，擴展體育研究領域，實

---

[22] 許義雄，〈我國體育學術研究動向探討〉，《教育資料集刊》第10輯，國立教育資料館，民74年，頁265。

[23] 同註22，頁266。

[24] 聞鐘，〈近四分之一世紀以來中華民國體育學術研究與發展〉，《國民體育季刊》5卷2期，民64年9月，頁10。

際進行實驗與研究，使理論與實務能配合。」[25]為更進一步提高大專院校體育師資素質，體育研究所利用既有的儀器設備，辦理「大專院校在職教師體育學術研討會」，增進體育之研究風氣，並提高研究水準。又增設「四十學分暑期進修班」，學員由中等學校體育教師報名參加，對中學體育教學、訓練及指導之進展，裨益匪淺[26]。

　　由上述的敘述中可以了解，臺灣師範大學體育研究所在開辦之後，即陸續獲得研究設備的改善，採購科學研究儀器及圖書，逐步建構良好的體育學術環境。除了培育大專院校師資及研究人員，也於暑期開設進修班別，培育更多體育學術研究人才。

　　國立體育學院於民國七十六年（一九八七）成立，同年設體育研究所，民國七十八年（一九八九）成立運動科學研究所[27]，國立體育學院體育研究所是除了臺灣師範大學之外，第二個成立體育研究所的學校，對臺灣的體育相關研究所增設而言，向前邁進一大步，同時也顯示臺灣的體育學術研究環境逐漸趨於成熟。

　　然而，體育研究所的設立，使得體育研究人才的培育有了開始，但要提升體育學術研究，經費的支持是必要條件。有關當時的體育科系研究經費，以下的敘述可窺知一二。

　　　要求提高體育學術水準，沒有最起碼的費用是無法成事的。就以體育
　　科系的經費言，實難以提升學術研究風氣，此與社會體育的經費相
　　比，簡直不成比例；往往單項協會舉辦一次比賽，就抵得過體育科系
　　好幾年的經費。體育研究機構經費少，因之導致許多大學師資外流兼

---

[25] 許樹淵，〈我國體育學術研究的展望〉，《國民體育季刊》14卷3期，民74年9月，頁80。
[26] 許樹淵，〈我國體育學術研究的展望〉，《國民體育季刊》14卷3期，民74年9月，頁80。
[27] 陳俊忠、盧素娥，〈體育學術與運動科學研究〉，《我國體育發展現況與評估之研究》，國立教育資料館，民83年，頁75。

差社會體育，享名利雙收的宏偉效果，對於學校體育研究之提升，為一大有形的打擊[28]。

　　是以，在體育研究人才陸續增加，但研究經費若未適時的增加，要想生產量多質佳的學術著作，有如「緣木求魚」般困難。

　　推動體育學術研究的單位，為中華民國體育學會。「中華民國體育學會於民國六十一年（一九七二）在臺復會，以研究體育學術為宗旨。常務理事郝更生（兼理事長）、吳文忠（兼祕書長）、周鶴鳴、林鴻坦、齊沛林、楊基榮，常務監事焦嘉誥、牛炳鎰、鍾人傑，下設祕書總務、研究發展、國際聯絡、翻譯出版、資料、實驗七組，依照計畫，分別展開會務活動[29]。體育學會任務如下：1.研究體育問題；2.蒐集體育資料；3.調查體育現況；4.加強體育實驗；5.發行體育書刊；6.介紹體育思潮。」[30]

　　體育學會的會員多半是大專院校體育教師，每年除例行會員大會之外，並有學術發表會，先後多次承辦國際體育學術會議。如民國六十四年（一九七五）亞洲及太平洋地區體育、健康與休閒活動會議；民國六十八年（一九七九）及六十九年（一九八〇）中美體育研討會；民國六十九年（一九八〇）國際體育會議；民國七十一年（一九八二）中日韓體育研討會[31]。至於定期的刊物，體育學會於民國六十二年（一九七三）創刊《中華體育學會通訊》雙月刊，其後改為季刊；民國六十六年（一九七七）一月編印《亞洲體育季刊》[32]。體育學會於民國六十八年（一九七九）起發

[28] 《臺灣教育發展史料彙編體育教育篇（下）》，臺灣省教育廳編印，民77年，頁1191-1192。
[29] 吳文忠，《中國體育發展史》，臺北市：三民書局，民70年，頁440。
[30] 許義雄，〈我國體育學術研究動向探討〉，《教育資料集刊》第10輯，國立教育資料館，民74年，頁266。
[31] 許義雄，〈我國體育學術研究動向探討〉，《教育資料集刊》第10輯，國立教育資料館，民74年，頁266。
[32] 許義雄，〈我國體育學術研究動向探討〉，《教育資料集刊》第10輯，國立教育資料館，民74年，頁

行《體育學報》（年刊）³³，學會在教育部體育司的資助下於民國七十四年（一九八五）發行《中華體育》半年刊，冀望在研習會舉辦和刊物之發行上，將體育學術做扎根工作，逐步走向國際交流之路³⁴。

「民國六十五年（一九七六）起，爲積極推展業務，服務體育從業人員，分北、中、南三區舉辦學術研討會，藉以提供體育新知。後爲擴大普及研討會，改爲縣市舉辦，以及利用區運會、大專運動會及中等學校運動會，舉辦體育圖書、運動圖片展覽及專題講座。」³⁵

體育學會在臺復會之後，積極扮演推動體育學術研究工作的角色，從發行刊物、承辦體育學術會議、研討會，逐步提升學術研究的風氣。對於體育學術研究的奠基工作，學會也積極辦理「體育研究法研習會」。

鑑於體育學術始終未能在科學方面打下基礎，研究論文少，學會幹事部工作同仁遂提議學會開課講授體育研究法，提供體育同道共同研討機會。在教育部體育司全力支持輔導下，終於舉辦一期「體育研究法研習會」，最近又將開辦第二期，希望能一直辦下去³⁶。

由於體育學會是一民間組織，經費的充足與否仍是其必須克服的問題。「就中華民國體育學會經費言，經費來源除依賴微薄會員會費收入，辦理一些學會日常業務工作外，其餘辦刊物、學報、出國參加體育會議之費用，全依賴體育司的專題補助。學會在這種經費不足情況下，辦事能力、工作效率自然會打折扣³⁷。」

266。

33 吳文忠，《中國體育發展史》，臺北市：三民書局，民70年，頁451。

34 《臺灣教育發展史料彙編體育教育篇（下）》，臺灣省教育廳編印，民77年，頁1191。

35 許樹淵，〈我國體育學術研究的展望〉，《國民體育季刊》14卷3期，民74年9月，頁80。

36 《臺灣教育發展史料彙編體育教育篇（下）》，臺灣省教育廳編印，民77年，頁1191。

37 《臺灣教育發展史料彙編體育教育篇（下）》，臺灣省教育廳編印，民77年，頁1192。

　　民國六十七年（一九七八）十二月三十一日，中華民國體育學會進行改選，選舉的結果，在二十一名理事中有十五位，七名監事中有三位年輕學者當選。民國六十八年（一九七九）一月七日常務理監事的選舉中，在七個名額中有三位年輕學者當選[38]。此次學會的改選，對後來體育界所造成的影響，有重大的意義，讓體育的發展開拓不同的景觀，體育的專業領域有更積極的脈動，更寬廣的版圖[39]。

　　另一個推動體育學術活動的組織是大專體育總會。大專體育總會為溝通體育觀念、加強體育專業研究發展，以提高體育學術水準，自民國五十八年（一九六九）起每年暑假舉行體育學術研討會。參加人員除該會會員、學校教師及各研究所研究生之外，並邀請中華民國體育學會會員、國際體育學者及回國學人參與[40]。學術研討會論文的範圍約分為體育行政、體育史、體育原理、體育心理、體育生理、人體運動力學、體育測驗與統計、運動醫學、教學與裁判、其他等十類[41]。

　　大專體育學術研討會論文及研討內容，每年均予更換，如民國七十三年（一九八四）的主題是大專體育任務的創新與突破，民國七十四年（一九八五）發表的主題是大專體育的發展與對策[42]。

　　民國七十八年（一九八九）大專院校體育總會依據「動員戡亂時期人民團體法」向內政部申請立案。大專院校體育總會自此具有法人地位，教育部亦給予經費支援，一切比照全國體育運動總會，設立固定辦公會所，

---

[38] 許義雄，〈臺灣體育學術研究之回顧與前瞻──就體育學會在臺復會三十一週年談起〉，《中華體育季刊》18卷1期，民93年，頁134。

[39] 許義雄，〈臺灣體育學術研究之回顧與前瞻──就體育學會在臺復會三十一週年談起〉，《中華體育季刊》18卷1期，民93年，頁134-135。

[40] 張壽山，〈中華民國大專體育總會的現況〉，《國民體育季刊》14卷3期，民74年9月，頁74。

[41] 閻鐘，〈近四分之一世紀以來中華民國體育學術研究與發展〉，《國民體育季刊》5卷2期，民64年9月，頁9。

[42] 張壽山，〈中華民國大專體育總會的現況〉，《國民體育季刊》14卷3期，民74年9月，頁74。

聘置專職人員辦理會務[43]。

　　此外，在此時期推動體育學術活動最有力的單位，即為教育部體育司。教育部體育司於民國六十二年（一九七三）成立之後，國民體育委員會的業務當由體育司掌理。依「教育部組織法」第十二條規定，體育司掌管的事項如下：1.關於學校體育之推行及督導事項；2.關於國民體育之策畫及推行事項；3.關於體育學術之研究發展事項；4.關於國際體育活動事項；5.關於其他體育事項[44]。其中，關於體育學術之研究發展事項成為定期推動的工作，並由體育司第三科負責掌管，包括資料的蒐集、編審、出版等[45]。在政府單位中，有體育司編列固定的預算，推動各項體育學術研究工作。體育司在此時期推動的學術研究工作如下：

一、辦理編譯出版工作，項目有出版《國民體育》季刊、發行《亞洲體育》雜誌、編印國民運動叢書、體育論叢、體育學術研究報告叢書、身體測量報告、中國武術史料刊、國民體育專輯。

二、辦理體育學術研究工作，項目有辦理身體測量、專題研究、體育學術獎助。

三、辦理體育學術交流與合作，項目有邀請國際知名體育人士來華訪問講演、邀請國際知名體育專家學者來華講學、派員出席國際體育學術會議、邀請外國體育學者來華參加體育學術發表會、輔導中華民國體育學會、主辦國際體育學術會議、辦理體育人員交流。

---

[43] 魏香明，〈大專院校體育總會之演進〉，《學校體育三十年——教育部體育司成立三十週年特刊》，國立臺灣師範大學體育研究發展中心編印，民92年，頁80。

[44] 蔡禎雄，〈教育部體育司行政組織之演進〉，《學校體育三十年——教育部體育司成立三十週年特刊》，國立臺灣師範大學體育研究發展中心編印，民92年，頁32。

[45] 蔡禎雄，〈教育部體育司行政組織之演進〉，《學校體育三十年——教育部體育司成立三十週年特刊》，國立臺灣師範大學體育研究發展中心編印，民92年，頁32

四、辦理固有體育之整理與推廣,項目有辦理民俗體育之整理與推
　　展、辦理國術之整理與推廣。

五、辦理體育法令之修訂

六、辦理體育宣導工作,項目有舉辦體育徵文競賽、攝製體育影片、
　　製作中華民國體育簡報[46]。

　　其次,體育司為加強並鼓勵體育專業人員之研究進修,提高體育學術
水準,每年寒暑假舉辦體育學術研究會,委請國立臺灣師範大學體育研究
所辦理體育學術研究會、運動生理研究會、體育課程研究會、大專院校體
育學術研究會、特殊體育研究會[47],同時亦委請臺灣省立體育專科學校辦
理全民體育研究會[48]。

　　而體育學會與大專院校體育總會都接受體育司的委託與補助,辦理各
項體育學術活動。在學術經費獲得支援的情形下,體育學會與大專院校體
育總會發揮其功能,不論是辦理研討會、發行刊物、學術講習會、專案研
究,都比前期大有進步。

　　有關此時期的學術研究動向,從大專體育總會舉辦的學術研討會論文
中可以了解,十二年之間,作者有一百二十八人,共發表兩百七十篇文章。
民國五十八年(一九六九)至六十九年(一九八〇)的論文特色是自然科
學的研究多於人文科學;學科的研究多於術科,學科研究中又以運動心
理學、運動生理學及運動訓練居多;術科是以球類項目為最多。使用的
研究方法依序是測驗法、實驗法及調查法[49]。在初期學術研討會所發表的

---

[46] 教育部體育司《體育司成立五週年工作報告》,教育部體育司編印,民67年,頁105-134。
[47] 教育部體育司《體育司成立五週年工作報告》,教育部體育司編印,民67年,頁30-32。
[48] 教育部體育司《體育司成立五週年工作報告》,教育部體育司編印,民67年,頁32。
[49] 吳萬福,〈我國大專院校體育學術研究的趨勢與未來努力的方向〉,《體育學報》第二輯,民69年,
頁74。

論文中，屬於論說性質的占多數，屬於實驗法的極少，但民國六十四年（一九七五）之後卻有相反的現象，採用測驗法及實驗法的論文愈來愈多，這種事實證明，爲求客觀的理論，必須靠客觀的實驗或測驗來觀察事實的因果關係。而由這些因果關係來演繹或歸納客觀的理論，是研究學問的正確方法[50]。

另從民國五十八年（一九六九）至七十三年（一九八四）大專體育總會舉辦的學術研討會論文中來分析，顯見我國大專體育教師的研究趨勢，仍以體育學科的鑽研爲多，所占的比率在百分之八十一以上，其中，自然科學的運動生理學、運動心理學亦呈高勢，而人文社會科學方面，則以體育原理及體育行政所占的比率較高。而在術科方面，所占比率約五分之一，其中對球類的研究顯著高於其他運動[51]。而民國七十七年（一九八八）至七十九年（一九九〇）大專體育總會舉辦的學術研討會論文中，自然科學性質的論文也多半在百分之八十以上[52]。

根據民國七十一年（一九八二）出版的《體育論文索引》約共收錄期刊三十一種，選錄論文一千七百四十七篇，可以了解體育理論的探討仍居多數，占百分之六十八‧二九，而術科之研究論文占百分之三十一‧七一；體育理論之研究論文中，自然科學之運動生理學、運動醫學占多數。人文社會科學則以體育史、教材教法爲多。至於方法或工具科目方面，以運動訓練法、體育測驗統計的比率較高。術科方面以球類、田徑的研究較多[53]。

---

[50] 吳萬福，〈我國大專院校體育學術研究的趨勢與未來努力的方向〉，《體育學報》第二輯，民69年，頁71。

[51] 許義雄，〈我國體育學術研究動向探討〉，《教育資料集刊》第10輯，國立教育資料館，民74年，頁281。

[52] 陳俊忠、盧素娥，〈體育學術與運動科學研究〉，《我國體育發展現況與評估之研究》，國立教育資料館，民83年，頁80。

[53] 許義雄，〈我國體育學術研究動向探討〉，《教育資料集刊》第10輯，國立教育資料館，民74年，頁279。

　　從上述可了解此時期體育學術的研究特色，自然科學的論文遠多於人文社會科學。而「因研究所的設立，多數的研究論文已一改過去的論說或文獻研究方式，盡量以客觀之調查或實驗方法行之，且亦能配合量化方式處理研究題材[54]」，是以，在研究方法及過程上更為客觀、嚴謹。

　　值得注意的是，體育學術研究的領域也在此時期開始發展，以運動哲學為例：

　　運動哲學在臺灣的發展類同國外（以美國為主）運動哲學一般，約可以分成三個階段，民國六十五年（一九七六）以前，可稱之為運動哲學研究的「體育原理時期」，當時候哲學的相關反省，多在體育原理的論述中出現。譬如說，吳文忠（民57）在江良規（民62）的《體育學原理新論》的序言裡提到，江先生有關「體育目的」章節的寫作是「以教育哲學之理論作經，生理學之理論作緯，交織成體育學之豐富內容及精確目的，作實施體育之指標」。第二階段從民國六十五年（一九七六）開始，擔任體育原理課程的臺灣師大體育系老師許義雄要求幾位體育系學生，著手翻譯當時運動哲學最具代表性的論文選集 *Sport and the Body: A Philosophical Symposium*（Gerber & Morgan, 1972）一書，將運動哲學的思考方式介紹到國內。直到許義雄的學生劉一民赴美專攻運動哲學，民國七十六年（一九八七）回國任教為止，可說是國內運動哲學研究的「體育哲學時期」。這段期間，國內雖然已有運動哲學的問題意識產生，也有運動哲學的翻譯文章出現，但整個主流觀念仍在以教育哲學為主的體育哲學上。第三階段是運動哲學研究的「運動哲學時期」，始自民國七十六年（一九八七）劉一

---

[54] 許義雄，〈我國體育學術研究動向探討〉，《教育資料集刊》第10輯，國立教育資料館，民74年，頁283

民回國，任教於臺灣師大體育系，陸續在研究所和大學部開設運動哲學的課程，指導研究生專攻運動哲學，運動哲學學門才真正在國內邁向專業化、學科化及獨立化路途[55]。

　　至於運動管理學的學術研究也在此時期開始，由邱金松發表的體育管理學體系可作爲代表，爲運動管理學的學術研究進行扎根與推動。

體育運動管理學術研究的發展，以研究或著作發表的時間來看，民國六十六年（一九七七）邱金松發表的體育管理學體系，可以說是開風氣之先的代表作。但是後續未造成運動管理學術研究的風潮，應該與我國在民國六十、七十年代的社會背景，以工業經濟為主流價值，體育運動尚未成為社會大眾日常生活關心的課題有關[56]。

國內體育學術始終未能在科學方面打好基礎。此從中華民國體育學會學報、中華民國大專院校學術研討會報告書之論文篇數可見端倪。國內刊物內容不僅量不足，即質也有段距離。中華民國體育學會學報、中華民國大專院校學術研討會每年公開徵稿，都要三請四催才能獲得幾篇論文應景湊數。然而，寫文章者總離不開某些人，少有新人參加[57]。

---

[55] 劉一民，〈二十年來臺灣運動哲學研究的回顧與展望〉，《國民體育季刊》28卷3期，民88年9月，頁39。
[56] 高俊雄，〈運動管理學術研究的回顧與展望〉，《國民體育季刊》28卷3期，民88年9月，頁6。
[57] 《臺灣教育發展史料彙編體育教育篇（下）》，臺灣省教育廳編印，民77年，頁1191。

　　此時期體育學術研究人員少，加上體育學術之研究領域尚在起步階段，論文的產出自然少，且有集中於少數人之現象，顯示當時的社會環境對於體育學術研究而言仍未臻成熟。

第三節　體育學術研究的蓬勃發展
（一九九〇～二〇〇八）

　　民國七十九年（一九九〇）臺灣師範大學成立體育學系博士班，是臺灣體育學術研究重要的里程碑。民國八十二年（一九九三）臺北、屏東師院體育系成立不到幾年，九所師院陸續增設體育學系並增設研究所，彰化師範大學、高雄師範大學亦陸續設體育學系及研究所。民國八十三年（一九九四）文化大學增設運動教練研究所；民國八十五年（一九九六）臺灣省立體育專科學校改制為國立臺灣體育學院、臺北體育專科學校改制為臺北市立體育學院，並增設陸上運動系、水上運動系、球類運動系、技擊運動系、休閒運動系及運動舞蹈系[58]。

　　臺灣師範大學體育學系博士班是很大突破，代表臺灣的體育學術研究人才及相關條件均已成熟，足以支持培育更高深的體育學術研究人才，同時也代表著臺灣體育學術界可以培育具有博士學位的體育研究人才，進行更深入的研究。

　　在此時期，社會上對於運動休閒專業人力的需求迫切，國內各大專院校紛紛設立運動休閒相關系所，自民國八十四年（一九九五）真理大學設運動管理學系開始，至九十五年（二〇〇六）已有四十九所大專院校設有運動休閒相關學門，其中包括兩個博士班，二十一個碩士班（四個組別）以及五十七個學士班[59]。總計運動休閒學門整體在校生人數將有一萬兩千六百四十七位大學部學生，六百五十位碩士班之研究生[60]。民國八十八年（一九九九）至九十三年（二〇〇四）是運動休閒系所發展的黃金時

---

[58] 鄭志富，〈三十年來學校體育學術發展〉，《學校體育三十年——教育部體育司成立三十週年特刊》，國立臺灣師範大學體育研究發展中心編印，民92年，頁105。
[59] 盧煥升、王瑞麟，〈臺灣運動休閒相關系所設置趨勢〉，《大專體育》86期，民95年10月，頁85。
[60] 盧煥升、王瑞麟，〈臺灣運動休閒相關系所設置趨勢〉，《大專體育》86期，民95年10月，頁89。

期[61]，原因可歸納以下四點：

一、國外運動休閒管理相關學者，相繼學成歸國，並紛紛投入運動休閒人力培育行列。

二、國人對健康體能的重視及提升運動休閒市場的需求。

三、國際運動觀光的趨勢，如雅典奧運或世足賽所帶來的休閒觀光效益，促使我國對於運動休閒人才培育的重視。

四、政府政策影響，如八十八年陽光健身計畫、週休二日施行以及全民運動的推廣等，增加國內對於休閒人力的需求[62]。

　　如上述，運動休閒學門的普遍設立，是在政府實施週休二日的制度以及社會需要更多休閒產業人才的情形下陸續成立，簡言之，運動休閒學門蓬勃發展是此時期的一大特色。

　　體育相關系所碩、博士班研究生，從無到有，到普遍設立，乃至於體育相關的系所超過百所，成長的幅度驚人。「在民國九十二年（二〇〇三），體育運動相關系所（體育研究所、運動科學研究所、運動教練研究所、運動與休閒管理研究所等）每年招收一般及在職進修碩士班學生幾達千人，而博士班亦有二校（臺灣師範大學及國立體育學院）提供約三十五位名額[63]。」體育相關系所碩博士研究生的人數大增，「以九十三學年度為例，體育運動相關系所的畢業生計有兩千八百六十四人，其中博士有十四人，碩士有五百五十一人[64]。」

61　盧煥升、王瑞麟，〈臺灣運動休閒相關系所設置趨勢〉，《大專體育》86期，民95年10月，頁86。

62　盧煥升、王瑞麟，〈臺灣運動休閒相關系所設置趨勢〉，《大專體育》86期，民95年10月，頁86。

63　鄭志富，〈三十年來學校體育學術發展〉，《學校體育三十年——教育部體育司成立三十週年特刊》，國立臺灣師範大學體育研究發展中心編印，民92年，頁106。

64　行政院體育委員會，《中華民國體育統計——民國95年》，行政院體育委員會編印，民95年，頁75-77。

　　再則，隨著社會環境的變遷，體育系所的名稱在此時期亦有很大的改變。「本期培育高等體育人力之學術行政單位名稱，大學部計有運動技術學系、運動保健學系、體育管理學系、體育推廣學系、體育學系、運動管理學系、休閒遊憩事業學系、休閒事業管理學系、運動與休閒學系、競技運動學系、休閒運動學系、體育舞蹈學系、陸上運動學系、球類運動學系、技擊運動學系、水上運動學系、舞蹈學系、休閒保健學系、休閒事業經營學系、休閒遊憩管理學系、休閒管理學系、休閒運動管理學系等二十二種之多[65]。」「研究所計有體育研究所、運動科學研究所、教練研究所、休閒事業管理研究所、運動教練研究所、運動休閒研究所、休閒管理研究所等七種[66]。」

　　「過去『體育運動』專業中以體育教師最具保障性，故可吸引大多數體育人力；過去除體育教師，其他『體育運動』專業分工尚在啓蒙階段，作爲謀生之工作並不容易，但隨著社會的發展，體育教師供過於求，許多學校開設新的體育專業，如運動管理、休閒管理、運動科學及運動與健康等科系[67]。」「民國八十五年（一九九六）之後，國內大學校院開始廣設體育、運動及休閒領域科系，主要是基於社會服務、經濟利益、健康利益，提升人民休閒生活品質。」[68]前述的體育科系改名、轉型與增設，「從體育專業發展的角度言，其內涵與外延均已賦予『體育』更多的新意與創意，一方面健康和休閒學科不斷的與體育分開來，建立獨立的科系組

---

[65] 葉憲清，〈新世紀我國高等體育人力之教育體制回顧與展望〉，《國民體育季刊》30卷1期，民90年3月，頁11。

[66] 葉憲清，〈新世紀我國高等體育人力之教育體制回顧與展望〉，《國民體育季刊》30卷1期，民90年3月，頁11。

[67] 程瑞福，〈三十年來體育專業發展〉，《學校體育三十年——教育部體育司成立三十週年特刊》，國立臺灣師範大學體育研究發展中心編印，民92年，頁121。

[68] 程瑞福，〈三十年來體育專業發展〉，《學校體育三十年——教育部體育司成立三十週年特刊》，國立臺灣師範大學體育研究發展中心編印，民92年，頁121。

織和課程體系，另一方面體育院系通過更改名稱建立新的學科，或與其他科系合作，以求更好的生存與發展。」**69**是以，上述的系所成立、轉型、改名，都泛稱爲體育相關系所，不僅豐富了原有「體育」系所內涵，也使體育相關系所的數量大爲增加。

伴隨高等教育的蓬勃發展，學校體育教師的人數增加，投入研究的人數大增，其中有不少獲得博士學位，在論文的發表上及論文的指導上幫助很大。

全國大專院校體育教師具有博士學位者已有三百零五人，碩士學位者有一千兩百一十四人**70**。學術領域的分布以運動與休閒管理學占百分之十九‧〇七爲最多，次爲運動訓練學占百分之十七‧七三，之後爲運動教育學百分之十三‧六四、運動生理學占百分之十‧四四、運動心理學百分之九‧二七**71**。

臺灣體育學術研究人才大都集中於體育專業學校以及大專院校，尤其是設有體育運動相關研究所的學校，更吸引具有博士學位的教師。一方面這些單位需要較多高學位的學術研究人才，以擔任教學或引導研究工作；另一方面，這些單位具有較完整的研究儀器及設備，對實驗研究有正面的鼓舞作用**72**。基本上，在研究上占了很大的便宜，有完善的儀器設備，利用昂貴、快速的儀器作研究，提出他人財力不足而無法做出的論文；有專業的圖書館，便於找尋相關文獻，找的文獻多，又有專業科目的教師群，

69 程瑞福，〈三十年來體育專業發展〉，《學校體育三十年——教育部體育司成立三十週年特刊》，國立臺灣師範大學體育研究發展中心編印，民92年，頁124。
70 顏君彰、陳鎰明，〈全國大專校院體育學門人力調查之探討〉，《大專體育》89期，民96年4月，頁63-64。
71 顏君彰、陳鎰明，〈全國大專校院體育學門人力調查之探討〉，《大專體育》89期，民96年4月，頁65。
72 鄭志富，〈三十年來學校體育學術發展〉，《學校體育三十年——教育部體育司成立三十週年特刊》，國立臺灣師範大學體育研究發展中心編印，民92年，頁106。

便於請教指正指導機會[73]。是以，體育專業科系所在具有科學儀器的優勢及專業人才聚集的情形下，成為體育學術研究的重心。

　　隨著系所的增設，在職碩士專班亦大幅增設，體育相關系所的研究生大增。換言之，碩士班大增的情形下，必須撰寫論文的人數很多（含教師及研究生），各系所也分別要求研究生必須參加研討會，投稿期刊論文。體育學術論文的數量伴隨著投入人力的增加而大幅增加。因此，體育學術研究人員大增可說是此時期的特色。

　　而體育相關系所隨著臺灣社會的脈動而轉型與改名，也擴大了體育學術研究的領域及範疇。投入體育學術研究的人員多、「體育」的概念擴大，再加上各學門各自成立學門領域學會，使得體育學術論文的數量大增。在此情形下，學者也提出批判意見，即體育學術論文「從量的角度來看已經不少，但是從質的觀點來看未免太過粗糙，因此，如何重視『品管』的問題，恐怕是指導者的責任」[74]。在論文量大未必產生質變的情形下，對於培育碩士研究生的系所，應如何掌控研究生的養成及論文品質，是此時期必須深思的課題。

　　體育學會於民國七十年（一九八一）策畫成立十四個分科會，直到民國九十年（二〇〇一）前後，各分科會學會才陸續成立，國際通路逐步打開，表示研究人力的分化已經勢在必行[75]。學門領域的論文走向專業化，隨著體育學會分科會的獨立紛紛設立學會，如運動生理學會、運動心理學會、運動管理學會、運動教育學會、臺灣體育運動史學會、運動哲學學會等，各領域分別擁有一片天，各自經營學門領域。有關各領域學門的發展

---

[73] 許樹淵，〈中華民國體育學會學報的研究啟示〉，《中華體育》10卷1期，民85年6月，頁12。
[74] 蔡禎雄，〈體育時勢系列圓桌論壇會議紀錄——我國體育學術研究發展的挑戰與突破〉，《中華體育季刊》16卷1期，民91年3月，頁166。
[75] 許義雄，〈臺灣體育學術研究之回顧與前瞻——就體育學會在臺復會三十一週年談起〉，《中華體育季刊》18卷1期，民93年，頁140。

脈絡，茲舉以下數例：

　　體育運動管理研究的對象和主題，與社會發展的需要有密切的關聯，例如體育運動場館、學校體育和運動組織從民國六十年代起一直存在於臺灣社會，因此從民國六十年代起，體育運動場館管理、學校體育管理、運動組織與領導等課題，就成為體育運動管理早期研究的對象。而運動俱樂部在民國七十年代後期普遍設立，職業棒球在民國七十九年（一九九〇）成立，之後，職業運動和俱樂部也成為許多研究的對象。而在消費者與資源籌措日益受到重視的情況下，民國八十年代也引發許多運動消費行為和贊助相關的研究[76]。

民國八十年代前後，以運動管理為專長的教師人數開始明顯增加，而碩博士研究生選擇主修運動管理的人數也明顯增加。就在進入新世紀之前，我國體育高等教育機構幾乎都已經設置了運動管理課程、研究中心、組或學系、研究所，儼然成為體育高等教育的主流之一[77]。

運動心理學的研究在民國八十一年（一九九二）以前是以研究運動員人格和運動表現為主體，研究內容多半為探討優秀運動員的人格特質，或是比較優秀與一般運動員的人格特質。運動心理學另一個重要研究領域是運動動機的研究，無論是博碩士論文或是升等論文方面，均占很高的比例。運動動機的研究又以目標設定、自我效能、歸因理論及目標取向理論探討參與運動的動機及行為最熱門。以專科以上教師升等論文而言，民國八十五年度（一九九六）就有二十二篇，占十年內所有論文百分之十三・一，可見運動動機在運動心理學領域是相當值得重視的研究課題。其他如運動員的心智訓練亦頗受研究者的喜

---

[76] 高俊雄，〈運動管理學術研究的回顧與展望〉，《國民體育季刊》28卷3期，民88年9月，頁8。
[77] 高俊雄，〈運動管理學術研究的回顧與展望〉，《國民體育季刊》28卷3期，民88年9月，頁8-11。

愛[78]。

在國內有關動作控制與學習的研究起步較運動心理學晚，研究論文的數量也比運動心理學來得少。其中動作學習占的篇數有十九篇，動作控制有九篇，顯示動作學習方面的研究較動作控制為多。以研究主題而言，動作學習大多探討回饋（結果獲悉）對運動技能學習的影響。在動作控制方面，研究主題以基礎的運動反應時間、動作時間為主要的探討議題[79]。

國內運動哲學論著研究主題，大致符合國外的趨勢，存有論是運動哲學傳統的研究主題，原與價值論的研究分量相當，但在國外，近年來價值論的研究明顯增加，國內則仍以存有論研究占多數，可見研究主題選擇上，國內較趨於傳統，流於保守。價值論研究在主題的擴展及數量上的快速增加，是近年來運動哲學發展的一大特色，其中運動倫理學關心什麼是「好」的價值？人們應該怎麼做；運動美學關心什麼是「美」的價值？判斷美的價值標準為何；運動社會政治哲學關心什麼是符合「大眾利益」的價值？如何使這種價值實現。在這三種主題裡，尤其以運動倫理學在國外的發展最為迅速可觀，至於國內，有關這方面的研究顯然不足，有待加強。在知識論的研究上，國內對於運動哲學研究方法的掌握尚佳，近年來，對學門的反省亦不少，但對運動的知識結構問題的探討明顯不足。運動和東方哲學的研究，因為Herrigel（1971）的《射藝中的禪》一書是體育界耳熟能詳的經典著作，原本應是一個熱門的研究主題，但在國內，或許是受到西方運動哲學研究趨勢的影響，或許國內的研究者採用的多是西方的研究方

---

[78] 季力康，〈運動心理學研究的回顧與展望〉，《國民體育季刊》28卷3期，民88年9月，頁29。
[79] 季力康，〈運動心理學研究的回顧與展望〉，《國民體育季刊》28卷3期，民88年9月，頁29。

法，因此研究的量並不很多，不過有緩慢增加的趨勢[80]。

　　如上述，可以了解臺灣的體育學術研究受時代背景的影響甚鉅，如運動管理學門的興起，蓬勃發展；研究方向從場地管理、職業運動乃至於運動消費者行爲和運動贊助的相關研究，均與臺灣社會發展的脈動息息相關。而運動心理學的研究方向、運動員人格特質及表現，是研究的焦點之一；「運動動機」的相關研究是另一個重點，許多研究生進行研究，而晚近發展動作控制與學習，也有不少人投入。運動哲學的研究方向則與國外相符，例如運動存有論、價值論、知識論均有研究生進行研究。

　　大專院校體育總會於民國七十年（一九八一）開始出版《大專體育》雙月刊，民國八十八年（一九九九）六月發行《大專體育學刊》半年刊，這兩種刊物對大專院校師生在學術研究交流和提升上，提供發表及出版的平臺，對提升大專院校的體育學術研究，具有相當程度的貢獻。大專院校體育總會也出版其他專刊、年鑑以記載史實，供作日後相關研究之參考[81]。

　　至於持續辦理的大專體育學術研討會，「民國七十七年（一九八八）至八十二年（一九九三）年體育學會發行的體育學報收錄的論文，在人文社會科學方面，體育教學的論文居首二十三篇，占百分之二十一・四九，自然科學方面以運動生理學的篇數最多三十二篇，占百分之十五・八八。同時期在大專體育總會舉辦的學術研討會專刊中，在人文社會科學方面，體育哲學與體育教學的論文居多，各爲十七篇，自然科學方面以運動生理

---

[80] 劉一民，〈二十年來臺灣運動哲學研究的回顧與展望〉，《國民體育季刊》28卷3期，民88年9月，頁40-43。

[81] 魏香明，〈大專院校體育總會之演進〉，《學校體育三十年──教育部體育司成立三十週年特刊》，國立臺灣師範大學體育研究發展中心編印，民92年，頁84。

學的篇數六十篇爲最多。」[82]

「民國八十年（一九九一）至八十七年（一九九八）國內體育學術研究的質量均大幅提升，從質上看，可能因爲研究的環境、運動器材漸趨成熟，因此，研究者從事研究過程，已有較爲深入及細緻化研究的趨勢。」[83]

「但就研究人員來看，質化與量化研究人員呈現不同分布。質化研究大都以博、碩士班在學生居多，而量化研究人員則以在職爲多。」[84]

在此時期，由於研究生及體育相關系所數量增多，加上體育各學會獨立運作，成立各學門學會，積極想在學術研究上爭取表現，系所及單位爭相辦理學術研討會的情形如下：

各學門學會、各系所、各單項運動協會爭相辦理研討會以凸顯自己的特色。與運動相關的研討會幾近氾濫，民國九十三年（二○○四）十一月五日至十二月二十六日間，次數達十八次之多，研討會的論文品質下降，有投稿的刊載率很高，參與研討會的觀眾日漸減少[85]。

如同上述，體育相關發行的期刊、研討會愈來愈多，提供很多發表的機會與園地。然而這些期刊、研討會能否持續經營，或是曇花一現？仍有待觀察。而學術論文的數量增加，但是論文的品質是否相對提升？亦值得

---

[82] 陳俊忠、盧素娥，〈體育學術與運動科學研究〉，《我國體育發展現況與評估之研究》，國立教育資料館，民83年，頁78。

[83] 劉一民，《我國體育學術研究之現況與未來願景（初稿）》，臺北市：行政院體育委員會，民88年，頁17。

[84] 劉一民，《我國體育學術研究之現況與未來願景（初稿）》，臺北市：行政院體育委員會，民88年，頁17。

[85] 王順正，〈近日體育運動學術研討會的發展趨勢〉，《運動生理週訊》177期。2004年10月。http://140.123.226.100/epsport/week/show.asp?repno=177&page=12006年12月10日查。

探究。而上述爭辦學術研討會的情形，其達成的實質效果如何，亦值得商榷。

　　然而，在體育學術研究論文數量大增，研究風氣蓬勃的環境下，各學門走向分科化，專精化。此時期體育學術研究面臨的問題有「體育學術研究未配合社會現實所需與脈動、部分學門研究不足、跨領域的研究欠缺」[86]；又如「人文與科學研究者的隔閡日趨嚴重、研究成果無法解決實際的問題，以及對現狀問題的疏離等」[87]；運動科學研究方面的問題有「體育運動科研經費奇缺、多學科綜合研究的缺乏、運動科研體系閉塞、國際運動科研的交流頻繁但成效不彰、理論與實際未能緊密聯繫」[88]。諸如此類的問題，學者也經常提出來討論。

　　此外，在臺灣政治環境的影響之下，「本土化」且強調臺灣主體性的研究是本時期學術研究的另一特色，強調「建構以臺灣為主體的研究，不只在預防過度依賴歐美思想、理論和作法，致而喪失了批判、驗證與選擇的能力，甚至也在檢討未經消化的理論或方法的套用，是否影響本土研究的生根與發展問題」[89]。對於臺灣主體性的研究「一方面展現臺灣的研究特色，一方面也能有助於國際對臺灣學界的認識與了解」[90]。以體育史學術研究為例，「民國五十九年（一九七〇）至九十三年（二〇〇四）體育史的研究，是以臺灣體育史及中國近代體育思想史的研究主軸。近幾年，臺灣體育史的研究相對的更為蓬勃，其中又以臺灣體育史，包括日治時期

---

[86] 行政院體育委員會，《中華民國體育白皮書》，行政院體育委員會，民88年，頁109-110。
[87] 許義雄，〈臺灣體育學術研究之回顧與前瞻──就體育學會在臺復會三十一週年談起〉，《中華體育季刊》18卷1期，民93年，頁129。
[88] 許樹淵，〈體育時勢系列圓桌論壇會議紀錄──我國體育學術研究發展的挑戰與突破〉，《中華體育季刊》16卷1期，民91年3月，頁163-164。
[89] 許義雄，〈臺灣體育學術研究之回顧與前瞻──就體育學會在臺復會三十一週年談起〉，《中華體育季刊》18卷1期，民93年，頁140-141。
[90] 許義雄，〈臺灣體育學術研究之回顧與前瞻──就體育學會在臺復會三十一週年談起〉，《中華體育季刊》18卷1期，民93年，頁141。

（一八九五～一九四五）及臺灣光復後的競技運動史之研究為特色」[91]。
體育史的研究重心已逐步轉為臺灣體育史。而「二〇〇〇年民進黨政府執
政，強調臺灣主體性，臺灣體育史的研究方向，漸往臺灣鄉土、本土與原
住民相關課題發展與開拓」[92]，反應出臺灣主體性的相關研究，受時代背
景的影響已逐漸形成。簡言之，體育學術的研究，以人文、社會科學而
言，受政治及社會變遷的影響而有研究重心及課題移轉的情形。

　　除了前述社會潮流的影響之外，師資的引導研究方向與課題是另一個
重要因素。綜觀臺灣體育學術研究師資的特質，以下的描述與各時期學術
研究的發展特色相當吻合。

　　臺灣體育學術研究的發展，以「人」來分類，可分為四代：
第一代：大陸來臺的那一代，如吳文忠師、江良規師、楊基榮師。特
點：屬教育理想型，知識廣度很大、深度較不夠，但意志力強、理
想性高。第二代：是第一代教出或訓練出的研究生，如許樹淵師、許
義雄師、邱金松師。特點：所學廣度大，與外系接觸多，感覺自己所
學不夠，尋求外界協助的意願較強。第三代：是第一、二代訓練後到
外國拿高學位回來者。特點：對自己專業認同度高，可是通才度不夠
大，較少強調教育的理想，對本身領域的屬性高，但對整個體育作為
教育的一部分的歸屬感，就不如第一、二代那麼強。第四代：是第
二、三代拿了高學位之後回國所訓練出來的研究生。特點：他們對自
己的老師認同高，對體育外或其他領域接觸較少，大都是在自己的領
域中探索，對科技的整合能力不足，對專業學科科技的知識夠，科學

---

[91] 范春源，〈臺灣體育史學研究的回顧與展望（1970-2004）〉，未出版，頁9。
[92] 王建臺，〈戰後臺灣體育史學術研究的回顧與展望〉，《2007體育運動史學術研討會論文集》，臺東
大學體育學系。頁8。

的素養少[93]。

　　上述體育學術研究師資的特質分析,顯現不同時期的師資代表,也將臺灣體育學術研究特點勾勒出來。臺灣早期的體育學術研究師資的知識廣度大,但知識深度不夠,加上研究環境不佳,產出的學術作品亦少;中期的師資在學術研究方面有所訓練,加上研究所的成立,研究環境亦有改善,產出的學術論文具有一定的水準,研究風氣逐漸形成;最近一代的師資,大多數具有高學位,加上學科細分化,形成學科專業佳卻缺少統整性的現象。至於體育學術研究今後的走向,以下的敘述值得參考:

　　體育學術研究造詣要上臻學術專業的水平,則應在體育知識的「廣度」與「深度」上多下工夫。就「深度」而言,涉及「思想」、「理論」或「哲學」層次,研究者必須具備體育學觀念的分析與批判,並以「人文」性來強調體育為「教育」一環的特色。就「廣度」來說,體育學研究者須有「體育史」及「比較體育學」的宏觀,如此才能不宥現實,而知古鑑今,了解臺灣(本國)及異地之體育優劣,時間性及空間性兼顧[94]。

　　如上所述,臺灣體育學術研究必須克服「廣度」及「深度」的問題,同時須具有宏觀的視野與微觀分析、批判。而運動科學研究與人文的相互對話與溝通,對於學術成果的呈現亦有正面的意義。

　　總結上述,臺灣體育學術研究從無到有,到蓬勃發展,其間最大的影

---

[93] 劉一民,〈二十一世紀我國體育學術研究之展望〉,《國民體育季刊》90期副刊,民80年7月,頁19。

[94] 林玉體,〈體育時勢系列圓桌論壇會議紀錄──我國體育學術研究發展的挑戰與突破〉,《中華體育季刊》16卷1期,民91年3月,頁168。

　　響因素莫過於臺灣社會的發展與變遷。從體育系所的設立、改名，乃至於體育相關系所的大量增設，反應臺灣社會從光復後至今六十多年的發展，同時也受社會發展的需求影響，體育系所不斷的調整、成長，造就今日體育相關研究蓬勃發展的局面。

　　另一影響因素是體育相關系所的設立與增加。眾所周知，研究的人力是產出研究成果最大的關鍵。在體育相關系所成立後，以培育更多研究人才為目標，尤其是運動休閒系所的成立，不僅豐富與加上「體育」的內涵與範疇，同時也將體育相關研究人才的培育推向最高點。系所在培育體育研究人才過程中，指導教授引導進行各項主題的研究，進而發表、出版，使得體育的研究成果豐碩。而體育各學門獨立發展，相互競爭的情形下，也促使體育的學門研究走向「專精化」。

　　此外，對於支持臺灣體育學術研究，扮演最大推動者的角色乃為教育部體育司。從前文中提及的體育學會、大專體育總會或是各體育系所、學門舉辦研討會或發行學術刊物，教育部體育司或多或少給予經費上的資助，並且主導研究的方向及課題。是以，在學術研究經費無虞的情形下，體育學會、大專體育總會、體育系所等單位才得以推動各項體育學術研究工作。而推動體育學術研究工作也是體育司的重要職掌之一，透過每年年度預算的編列、執行，協助各單位進行體育學術研究，累積體育學術研究成果，體育司的功能及角色實居臺灣體育學術研究重要的關鍵地位。

第七章　休閒運動產業發展史

　　儘管休閒（Leisure）的英文可以追溯到十四世紀中古時代（李力昌，
2005），但臺灣一般民眾對於休閒的概念，一直到一九四五年光復之後才
逐漸的建立。因此，從民國四十年代開始，臺灣休閒運動產業才慢慢的萌
芽。根據《臺灣全志・教育志》對於臺灣歷史發展之實況，將其區分爲
史前時代、荷西時代、鄭氏時代、清代、日治時代、戰後等，本章即以
《臺灣全志・教育志》之時間斷限爲基準，並參考鄭志富（2002）針對
臺灣休閒運動產業發展所提出的四個時期，將之區分爲：「奠基期」民
國五十～五十九年（一九六〇～一九七〇）、「前發展期」民國六十～
七十四年（一九七一～一九八五）與「後發展期」民國七十五～八十九
年（一九八六～二〇〇〇），以及「轉型期」民國九十年以後（二〇〇
一～）這四段時期。

　　以下將先對於休閒運動的定義進行釐清，再分別論述臺灣休閒運動產
業不同時期的發展狀況。Kando（1980）認爲休閒運動的發展與歷史和文
化息息相關，所以，在這個章節中，我們將透過臺灣由農業社會進入到工
業社會的變化，來詮釋臺灣休閒運動產業的發展。最後則透過臺灣休閒運
動產業專業人力資源之發展及現況，以高等教育體系之休閒運動相關系所
設立情形，針對臺灣休閒產業教育來加以探討。

第一節　休閒運動產業定義

　　過去幾十年間，「運動」被視爲是「休閒」的工具之一，而且運動的發展已成爲社會重要的影響指標，甚至發展成高度產業[1]；因此，「休閒運動」的概念逐漸在成形。所以，要探討臺灣休閒運動產業發展情形之前，我們必須先清楚地了解「休閒運動」的定義及其所涵蓋的範圍。

　　古希臘哲學家亞里斯多德曾將「休閒」定義在：「以自己本身爲目的而完成的活動」[2]，這也是一般所認爲最早的定義。根據 Roberts（2006）[3]對於現代休閒的詮釋，他認爲現代休閒的概念產生於十九世紀後半時期。當時，人們在每一天工作結束後、週末及年節時，參與各種休閒活動。十九世紀末期，勞工權利意識高漲；一八八二年九月五日，數萬名美國勞工聚集在聯邦廣場，並提出他們的訴求：「八小時工作、八小時休息、八小時娛樂！」從那之後[4]，這個「將休閒融入生活」的理念，即深刻地印入每個人的腦海中。二十世紀前半期，因爲經濟穩定成長及生活水準的提升，休閒亦隨之蓬勃發展[5]；從一九二〇年開始，收音機、電視、電影等的出現，使得「休閒」的型態更加多元化了。同時間，運動也從專業選手的領域，逐漸發展爲大眾普遍參與的活動，並且成爲日常生活中的娛樂之一。因此，「運動休閒」或「休閒運動」慢慢演變成密不可分的關係。

　　第二次世界大戰結束之後，從一九五〇年代開始，由於當時全世界對

---

[1] Parkhouse, B. L.(2004). The management of sport: its foundation and application (4th ed.). New York, NY: McGraw-Hill.

[2] McLean, D., Hurd, A., & Rogers, N. B.(2005). Kraus' Recreation and Leisure in Modern Society(7th ed.).Sudbury, MA: Jones and Bartlett Publishers.

[3] Roberts, K.(2006). Leisure in Contemporary Society(2nd ed.). Wallingford, OX: CAB International.

[4] 蔡宏進，《休閒社會學》（臺北市：三民書局股份有限公司）。

[5] Roberts, K. (2006). Leisure in Contemporary Society (2nd ed.).

於休閒的高度期待[6]，促使休閒的概念蓬勃發展，並且開始提供休閒相關產品及服務，這正是全球休閒產業開始萌芽的階段。在這個時期，也有愈來愈多國內外學者專家針對不同的時空背景提出現代休閒的定義。

　　一九七○年代，美國休閒研究蓬勃發展，休閒學者們（Kelly, 1972; Neulinger, 1974; Iso-Ahola, 1980）開始強調：「休閒」並非某一特定時間或活動，它是一種心理的或存在的狀態[7]（引自余嬪，1999）。學者們認為不管是外在因素作用的結果，還是在空閒時間、節日、假日或週末時從事什麼活動，都必須清楚理解：「休閒」是心靈的態度，是一種精神的狀態[8]（引自洪煌佳，2001）。謝政瑜（1989）[9]將「休閒」定義為：擺脫約束時間之外的一段自由時間，可以娛樂身心，甚至達到個人發展及社會成就的狀態。文崇一（1990）[10]則認為「休閒」是用以打發工作以外的自由時間，屬消遣性質，可獲得精神上和物質上的滿足感。而依據法國社會學家 Dumazedier 的觀點來看，「休閒」具有不可分的三部分：放鬆、娛樂和個人發展。「放鬆」是休閒最根本的想法，因為人們需要克服疲勞；而「娛樂」則提供轉移的功能，讓人們能暫時脫離自己所關注的事務，使個人的視野開闊且生命更有意義（轉引自涂淑芳譯，1996）[11]。Mundy（1998）[12] 的看法認為：在自我選擇的經驗中，「休閒」是具有自由感（a sense of freedom）及內在自發動機（internal motivation）的特徵。

　　有些學者（Edginton, Hanson, Edginton, & Huson, 2002）更從七個不同的方向探討「休閒」，包含：自由時間（free time）、活動（activity）、

---

[6] McLean, D., Hurd, A., & Rogers, N. B. (2005). Kraus' Recreation and Leisure in Modern Society (7th ed.).

[7] 余嬪，〈休閒活動的選擇與規劃〉，《學生輔導》，第60期：（1999），頁20 - 31。

[8] 洪煌佳，〈休閒運動體驗對青少年自我概念影響之初探〉，《國立臺灣體育學院學報》，第九期：頁249 - 258。

[9] 謝政瑜，《休閒運動的理論與實際》（臺北市：幼獅文化事業公司，1989）。

[10] 文崇一，《臺灣居民的休閒生活》（臺北市：東大圖書股份有限公司，1990）。

[11] 涂淑芳，《休閒與人類行為》（臺北市：桂冠圖書有限公司，1996）。

[12] Mundy, J. (1998). Leisure Education - Theory and Practice (2nd ed.). Champaign, IL: Sagamore Publishing.

心理狀態（state of mind）、社會階級（social class）、行動（action）、反功利（antiutilitarian）以及整體論（holistism）等。對於參與休閒活動的註解，江良規（1968）[13]主張休閒活動是：

個人之所以自願選擇某些活動，乃受自我動機驅使的結果，以期從參加中獲得滿足的經驗。

許義雄（1977）[14]則認為休閒活動必須符合建設性的活動、自由時間的活動、有樂趣的活動、自願自發的活動、非謀生的活動、社會性的活動、創造性的活動等多項基礎條件。而根據 Bucher, Shtvers, &Bucher（1984）[15]的想法，所謂「休閒經驗」是指個體在休閒時為追求快樂而自願參與，且不致引發負面效應的活動。此一定義特別強調健康、對個人或社會無害，且活動本身不能意涵不道德、不合法或個人道德與品格方面的衰敗。其闡明「休閒經驗」如下：

一、休閒經驗具有選擇性，所有休閒活動均是自由參與的，即個體在
　　活動參與上具有自主性。
二、休閒經驗是快樂的、滿足的，而興趣則是從事休閒活動最基本的
　　動機，此種內在動機將成為持續性動力，從而維持活動的進行。
三、休閒經驗是在休閒時所實施的，無論其動機或情緒反應如何，除
　　非是在休閒時間從事，否則即不能稱為休閒活動。
四、休閒經驗是積極的行動，必須是有價值的，或社會所能接受的，

---

[13] 江良規，《體育學原理新論》（臺北市：臺灣商務印書館，1968）。
[14] 許義雄，《體育學原理》（臺北市：臺灣師範大學體育學會，1977）。
[15] Bucher, C. A., Shtvers, J. S., & Bucher, R. D. (1984). Recreation for Today's Society (2nd ed.). Upper Saddle River, NJ: Prentice-Hall Inc.

　　至於能否達到個體更新、恢復，則是決定各種活動價值的標準。每個社會成員有義務從事某些工作並踐履家庭、社區與國家責任，而休閒活動則可提供機會，使個體得以發展具補足效果的行為樣式，以協助個體發展成完全的個人。

　　綜觀以上諸位學者的看法，我們可以整理得知：「休閒」不只是一種活動，它更是一種心理的狀態，甚至還包含了自我發展的層面。不論是「休閒」、「休閒活動」或是「休閒經驗」等，都是長期發展而來的「現代休閒」（modern leisure）概念。「現代休閒」是從農村社會轉換成都市社會，即工業取代農業成為社會主要經濟結構的過程中演變而來[16]。

　　從一九九○年代開始，國內的學者更進一步的闡述「休閒運動」或「運動休閒」的概念。陳定雄（1994）[17]就曾以「自然人」、「社會人」、「道德人」來區分「休閒」、「休閒活動」與「休閒運動」：

休閒強調時間、狀態與個人，是屬於自然人的活動；休閒活動強調目的、功能與社會，屬於社會人的活動；休閒運動注重健康、快樂與道德，接近道德人的活動。休閒運動存在於生活之中，而非孤立於生活之外。它是一種生活、一種文化、一種教育，不能離開自然、離開社會、離開道德。它是一種人類的再造運動，它不是自然所賦予，而是人類自己的成就，它是人為的，而非天賦的；是文化的，而非自然的；它是社會的，而非個人的；是道德的，而非法律的。它的最終目的是全體人類的和諧發展；健康、快樂之個人，健全、祥和之社會，以及和平、寧靜的世界。

---

[16] Roberts, K. (2006). Leisure in Contemporary Society (2nd ed.).

[17] 陳定雄，〈休閒運動相關術語之歷史研究〉，《國立臺灣體專學報》，第四期：（1994），頁1-27。

　　另外，洪煌佳（2001）[18]定義「休閒運動」，認爲這是在休閒時間中追求體適能與樂趣、放鬆、滿足感、有活力等經驗，而自由選擇參與的運動，讓參與者不僅在身體上獲得健康，亦顧及心理狀態的愉悅與歡樂；非強調競技與能力的表現，而是健康快樂的運動取向。

　　事實上，自一九九〇年以來，運動參與不僅是休閒的一個方式，更發展成爲人類日常生活中不可缺少的元素之一（Kelly, 1996）[19]。因此，當談論到運動管理的議題時，便自然而然的將休閒包含在其中（Stier, 1999）[20]。而關於休閒的種類，吳松齡（2003）[21]就曾將其細分爲藝術與工藝、智力與文藝、運動／遊戲／競技、戶外遊憩、社交、志工服務、特殊嗜好與興趣、觀光旅遊以及運動治療性等。根據林房價與劉秀端（2005）[22]針對運動休閒產業發展研究指出：

　　運動休閒產業係指可提供消費者參與或觀賞運動機會，及可提升運動技術的產品，或爲可促進運動推展的支援性服務和可同時促進身心健康的身體性休閒活動之市場。

　　由此可見，運動休閒產業的範圍已經擴及到一九九九年美國學者 Broughton, Lee 與 Nethery 依據運動休閒產業結構所分成的十五大類，包含的細目如下（引自陳鴻雁，2002）[23]：

---

[18] 洪煌佳，〈休閒運動體驗對青少年自我概念影響之初探〉，頁249 - 258。
[19] Kelly, J. R. (1996). Leisure (3rd ed.). Boston, MA: Allyn & Bacon.
[20] Stier, W. F. (1999). Managing sport, fitness, and recreation programs: concepts and practices. Boston, MA: Allyn & Bacon.
[21] 吳松齡，《休閒產業經營管理》（臺北縣：揚智文化事業有限公司，2003）。
[22] 林房價、劉秀端，〈運動休閒產業發展重要課題與策略〉，《國民體育季刊》，第145期：（2005），頁18 - 23。
[23] 陳鴻雁，〈運動產業之根基－競技運動〉，《國民體育季刊》，第135期：（2002），頁8 - 12。

1.廣告：無線及有線電視廣告、印刷、運動場廣告、收音機廣告。

2.代言：運動員及教練。

3.設備服裝：運動服、運動鞋、競賽設備。

4.場地設施：體育館、競技場。

5.網路：廣告、上網。

6.授權商品：服飾、鞋類、家庭用品、媒體出版相關產品、其他。

7.媒體轉播權：四大職業運動轉播權利金、大學運動、其他轉播權、
電臺轉播。

8.專業服務：經紀人、行銷經紀人、設施管理顧問、財務、法律保險
服務。

9.觀賞性運動：一般席位門票、豪華席位門票、賽會周邊服務（商
品、紀念商品、停車）。

10.贊助：賽會、團隊、聯盟與轉播。

11.醫療服務：職棒、美式足球、籃球、足球、壘球及其他。

12.運動旅行：前往觀賞的相關支出、參加大學運動會的旅運等費用、
四大職業賽、其他。

13.出版品、錄影帶：定期性雜誌、錄影帶、書籍。

14.博奕：合法下注、賽馬或賽狗、美國網路下注。

15.團隊營運費：四大職業運動球員薪水及營運支出、大學及中學運動
團隊、其他。

延續著這個概念，蘇維杉[24]於二〇〇七年最新的著作《運動產業概
論》中，特別為了臺灣目前運動休閒產業做了一個完整的詮釋：

---

[24] 蘇維杉，《運動產業概論》（臺北縣：揚智文化事業公司，2007）。

提供與運動相關的服務、軟硬體產品、設施、場地及人力等相關組織
之總稱，其內涵包括多樣化的運動產業項目及其高度的產業關聯特
性。換言之，凡是與運動直接或間接相關的產業都是運動產業的一
環。

第二節　休閒運動產業奠基期

臺灣的休閒運動產業大約奠基在民國五十～五十九年間（一九六〇～七〇年），我們將本時期稱之爲「奠基期」。

在日治時期，有一項運動藉由日本殖民渡海而來，經過一個世紀的發展，竟儼然成爲臺灣的「國球」，那即是「棒球」[25]（吳昆財，2006）。吳昆財進一步指出，在一九五〇年代左右，臺灣有幾場重要的棒球比賽，包括第一屆省運棒球賽（一九四六）[26]、臺北市市長盃軟式棒球賽（一九四七）[27]、臺北市銀行公會棒球賽[28]、全省華銀金像獎棒球賽[29]、全省「協會盃」及「金像獎盃」棒球賽[30]、全省「主席盃」棒球賽[31]等。因此，不管是直接下場參與棒球，或者是在場外或收音機、電視機旁觀賞球賽，都是當時最熱門的運動休閒產業。儘管如此，那個年代的臺灣只有一些零星的運動用品零售商店，而且大部分是附屬在雜貨店或文具店裡，尚未有專賣店。另外還有少數的運動用品製造廠商，此時，臺灣所代工製造的運動產品外銷才剛開始，正處在逐漸成形的階段。

在傳統的農村生活中，耕作的時間具高度的彈性，並沒有朝九晚五的

---

[25] 吳昆財，《一九五〇年代的臺灣》（臺北縣：博揚文化事業有限公司，2006）：頁210-222。

[26] 第一屆省運棒球賽於一九四六年十月二十五日於臺灣大學舉行，共有十九支隊伍參賽，決賽由澎湖縣獲得冠軍。見吳昆財，《一九五〇年代的臺灣》，頁210-222。

[27] 於一九四七年七月舉行第一屆臺北市市長盃軟式棒球賽，共有十三支隊伍參加。見吳昆財，《一九五〇年代的臺灣》，頁210-222。

[28] 軟式於一九四八年八月十四日在新公園棒球場舉辦，由合庫棒球隊率先成軍，臺北市其他五個銀行陸續組成隊，即所謂「六行庫時期」。於一九五四年增加硬式棒球賽。見吳昆財，《一九五〇年代的臺灣》，頁210-222。

[29] 於一九五六及一九五七年由華南銀行舉辦的棒球賽，僅舉行兩屆。見吳昆財，《一九五〇年代的臺灣》，頁210-222。

[30] 由臺灣省體育會棒球協會於一九四八年十月三十一日舉辦第一屆。見吳昆財，《一九五〇年代的臺灣》，頁210-222。

[31] 於一九五八年四月二十四日由臺灣省體育會棒球協會及臺中市政府合辦第一屆，並採取售票方式。見吳昆財，《一九五〇年代的臺灣》，頁210-222。

限制，耕作的地點也都是獨立的，不是自己的農地便是自己的家園（文崇一，1990）。因此，農業社會裡所培養出來的勤勞及節儉的特質，使得一般人民不是農耕就是休息，並無休閒的概念。當時的臺灣民眾參與最多的休閒活動就是廟會、迎神、農慶等相關的節慶。

　　總而言之，這個時期的運動休閒產業，並沒有具備真正的專業性，僅有一些零售商販賣學校體育課程相關產品，如運動服、運動鞋、各式球類、球拍等。另外，農業社會一般民眾的所得幾乎能夠應付日常所需而已，對於購置額外運動休閒產品，無疑是一種較「奢侈」的生活型態；換句話說，這些產業因為市場的限制，並沒有存在的需要。

　　從一九六〇年開始，這個時期為農業社會逐漸轉型成工業社會的階段。進入工業社會之後，工作及休息的時間區分得相當明顯。因為薪資結構的關係，不管是時薪、日薪、週薪或是月薪的制度，工作時間的配置必須要清清楚楚的；也因為如此，工作時不准休息或是休息時不能工作的觀念，慢慢建立起來。至於所得方面，工業社會與傳統農業社會的差距愈來愈大；一般民眾的所得雖然提高，但是工作的時間與壓力也相對增加，這種情況下，便會開始思考休息時間的運用。

　　不過，在工業社會初期，雖然生活環境改善許多，臺灣一般民眾較注重的還是如何多賺一些錢！儘管如此，因臺灣工業的蓬勃發展，對於運動休閒產業確實帶來很大的改變。相對於農業社會中的農閒、農忙，進入工業社會之後，休息時間應如何運用，漸漸成為人們會思考安排的一個問題；這時，「休閒」的概念也逐漸滲入民眾的心中，休閒運動產業正奠基於此。

第三節 休閒運動產業前發展期與後發展期

從民國六十年～七十四年期間（一九七一～一九八五），是臺灣休閒運動產業的前發展期；而後發展期則為民國七十五年～八十九年間（一九八六～二〇〇〇）。

在日治時期，臺灣的工業以食品、農業加工及輕工業為主，當時日本強大的經濟力量與先進的工業技術，確實奠定臺灣現代工業結構的建立，並且於一九三〇年代末期超越農業的產值[32]。根據葉淑真及劉素芬的資料顯示（1995），戰後臺灣的工業發展呈現穩定及快速成長，特別是在一九六一～一九七二年為臺灣工業發展最好的時期，如表7-1。

表7-1 臺灣工業GDP值成長率（1986年固定幣值）

	平均數	標準差	差異係數
1961~89	14.04	9.21	0.66
1961~72	18.96	5.77	0.17
1972~80	9.74	12.09	1.24
1980~89	11.84	6.52	0.55

資料來源：葉淑真、劉素芬（1995），〈工業的發展〉，引自 Council for Economic Planning and Development, R.O.C., Taiwan Statistical Data Book, 1992, p. 41 & 167.

運動休閒產業亦隨著工業結構及工業策略的改變而發展。例如從一九六〇年代開始，紡織業是臺灣當時四大工業之一，加上工業的策略為出口擴張及出口市場為主流，因此紡織業於一九六七年成為最重要的出口產業（葉淑真、劉素芬，1995）。而在這股紡織工業的潮流中，業者利用從國外引進的先進生產技術及設計，以較低成本吸引國際大型運動品

---

[32] 因臺灣當時為日本殖民地，其總體經濟發展以滿足日本帝國需求為主。見葉淑真、劉素芬，〈工業的發展〉，編於李國祁《臺灣近代史經濟篇》，（南投市，1995）：頁199-310。

牌「原廠委託製造」（Original Equipment Manufacturing, OEM）運動休閒服，並創造大量的出口貿易。另外，自一九六○年開始，臺灣的製鞋工業進入外銷市場後，便如雨後春筍般成長，從一九六一年三十家左右外銷製鞋廠，到一九七八年的五百餘家工廠，在一九七六年臺灣成為世界第一的鞋產供應國，外銷量達到三億七千五百萬雙（臺灣區製鞋工業同業公會，1989）；當然，其中也包含運動休閒鞋的製造。

　　在一九六○年代末期及一九七○年代初期，臺灣工業結構逐漸改變，化學工業及電機電子工業已經慢慢取代傳統的食品工業及紡織工業，並且在一九七四年之後，這樣的工業結構發展趨勢已成定局（葉淑貞、劉素芬，1995）。事實上，前後發展時期代表臺灣工業由農產品加工業、輕工業、重工業，到策略性工業的演變。所謂策略性工業是從一九八○年代之後的發展，包含電氣機器、資訊、運輸工具及機械等四項工業[33]。其中的電機電子工業所產生的附加價值，奠定日後臺灣科技產業的基石。

　　而臺灣的運動用品相關產業亦隨著工業改革而演進。從一九六○年代開始，臺灣以勞力密集與相關成本低廉的條件，吸引國際大型運動休閒用品公司的訂單，以代工（OEM）方式，擴展出口外銷策略。累積了幾十年「原廠委託製造」的經驗及技術，臺灣運動休閒用品產業除了接受國際訂單外，也提供國內一般民眾因生活水準提高所產生的需求，並且開始成立專業的研發中心，結合設計與製造（Own Design Manufacturer, ODM），進而自創品牌（Own Brand Manufacturing, OBM），進軍國際市場。所以，臺灣運動休閒產業在發展時期的演變如下：OEM→ODM→OBM。

　　我們從臺灣兩家大型製鞋公司的發展來看，就更能夠了解臺灣運動休閒產業的演變。寶成國際集團於一九六九年創立寶成工業社；一九七九

[33] 屜本武治，〈工業化的開展過程〉，收於谷蒲孝雄編《臺灣的工業化：國際加工基地的形成》，頁28。

年開始代工製造當時世界最大的運動鞋品牌——Adidas；一九八六年爭取到 Reebok 訂單；一九八九年與另外一家國際運動品牌——Nike 建立代工合作關係；一九九八年設立美國洛杉磯工廠，並在墨西哥成立寶仁工業公司，代工製造 Nike 等品牌運動服；二〇〇一年建立大陸運動鞋的零售通路，併購北京一家大型運動鞋連鎖體系[34]。另一家，豐泰企業股份有限公司創立於一九七一年，一開始便生產帆布運動鞋；一九七五年開始生產仿毛皮運動鞋；一九七六年與 Nike 簽約並開啓長期代工關係，同時並成功製造皮面運動鞋；一九七七年大量生產當時唯一皮面運動鞋；一九七八年生產 Nike 尼龍布面運動鞋；一九八二年將 PU 材質應用在運動鞋；一九九〇年參與 Nike APE（Advanced Production Engineering）計畫，共同研發新技術，其開發能力及製造技術並成爲 Nike 的核心；一九九三年與 Nike 共同研究 SOTAP（State Of The Art Production）專案；一九九六年設立 SKATE溜冰鞋生產線；一九九七年開始生產SKATE[35]。

其他像這樣的運動休閒用品製造工業模式，比較大型且爲人所熟知的，還包括：喬山健康科技股份有限公司、捷安特股份有限公司（巨大實業），以及勝利體育事業股份有限公司。

事實上，還有一項運動休閒產業發跡於一九五三年，就是所謂的運動健身俱樂部。臺灣運動休閒健身俱樂部從最初以服務美軍爲主的單店式型態，發展成下列十二種類型：定點單店式俱樂部、城市俱樂部、陽春型俱樂部、大飯店附設運動俱樂部、國際專業型俱樂部、國內專業型俱樂部、技術合作專業型運動俱樂部、社區型俱樂部、企業附屬運動俱樂部、學校型運動俱樂部、醫院附屬健身中心及市民運動中心[36]。運動休閒健康俱樂

---

[34] 2006寶成年報，http://www.pouchen.com.tw/download/2006%20Annual%20Report.pdf，2007, Feb. 27.

[35] 李勇霆、畢璐鑾，2006，〈臺灣運動健康俱樂部經營類型探討〉，《運動管理季刊》9期：（2001），頁83-87。

[36] 黃啓明，〈國內健康休閒俱樂部經營模式介紹〉，《遠東學報》19期：（2001），頁382-385。

部是屬於服務業，吳建宏（2007）[37]特別針對臺灣的運動休閒健身俱樂部
進行深入的調查與研究，以下的臺灣健身相關產業的發展沿革一覽表（表
7-2），便是由他精心製作而成。

表7-2　臺灣健身相關產業的發展沿革

年分	月分	事件	特色和設施
1953年		美國顧問團在臺灣成立俱樂部	已停業
60年代		郭美洲老師引進健美操	有氧中心前身
60年代		中央健身房等傳統型健身房成立	小型健身房
1975年		喬山健康科技公司創立	製造健身器材
1977年		蔡純眞成立佳姿韻律世界	女性專屬運動課程先驅，另有幼童律動班、小芭蕾班及協助學校成立舞蹈實驗班
1980年		來來大飯店健身俱樂部成立美商克拉克健身俱樂部	已停業
1981年		企業家健康俱樂部 佳姿開美容瘦身行業先驅	健身房、有氧教室和室內跑道 推展推脂減肥技巧手法
1982年		佳姿創鬆綁運動	成立被動式運動
1983年		瑞峰健身中心成立 唐雅君創立雅姿韻律世界	臺北圓山
1984年		雅姿韻律總店成立 臺北金融家俱樂部成立 環亞健身中心成立 福華健身中心成立 佳佳健身仕女俱樂部成立	已停業 健身房式，無有氧教室 全方位的婦女養生館，占地450坪
1985年	8月	臺北健身院成立 中華民國健美協會成立	北市中山區農安街
1986年		姜慧嵐女士創立中興健身俱樂部成立 佳姿拓展企業版圖，相繼將健身美體事業產銷合一 高雄中信大飯店健身中心成立	第一家由百貨業者投資建造 成立Wincare 韻律服製造廠及Youth Camp國際行銷公司 健身房室，無有氧教室

---

[37] 吳建宏，2007，〈臺灣運動健身俱樂部產業研究〉。屏東市：國立屏東教育大學體育研究所碩士論文。

1988年		林肯健身俱樂部成立	三合一的高級俱樂部
	2月	高雄圓山聯誼會成立	
1989年		「美的天地」女子健身俱樂部成立	已停業
		桑富士運動俱樂部成立	原創1974年日本健身俱樂部
1990年		晶華酒店雅風俱樂部成立	
		綠洲健身俱樂部成立	附設於臺北凱悅飯店
		有氧體能運動協會創立	推廣國內的體適能運動
1991年		優勝美地健身俱樂部成立	包括健身、游泳池、高爾夫球場
		常春體適能俱樂部成立	已停業
		新生代健康俱樂部成立	已停業
1992年	10月	淡水健身房成立	淡水第一家
1993年		雅姿改名為亞力山大健身休閒俱樂部	
		大臺北健康運動聯誼社成立	
		亞力山大忠孝店成立	占地900坪的主題館
		高雄漢來國際商務俱樂部	忠孝仕女館
	4月	鴻禧大溪別館俱樂部成立	飯店附屬
1994年		太平洋都會生活俱樂部成立	
		統一健康俱樂部成立	
		亞太會館成立	
	5月	遠企健身中心成立	
1995年		奧林匹克健身世界成立	
		和信生活家俱樂部成立	
		沛力雅運動俱樂部成立	
	4月	太平洋品毓養生館成立	女性為主，無健身房
1996年		佳姿成立行銷及教育中心	自資購置辦公室
		傑仕堡健身俱樂部成立	
		奧偉全方位健康俱樂部成立	
		桃企健身俱樂部成立	
		臺南金輝運動館成立	
	5月	亞力山大臺南分部成立	
	10月	奧大力亞健身房成立	

1997年		佳姿轉型爲養生工程館	原爲佳姿韻律世界
		力屋國際股分有限公司臺灣成立	進口健身器材及營養品
		佳姿內湖館成立	斥資億元購置400坪建構
		苗栗巨蛋健身房成立	前爲鑽石體適能運動俱樂部
		安雅體適能運動俱樂部成立	
		亞力山大三重店成立	
	3月	屏東國強健美健身中心成立	大型健身房
	6月	桑裕健康體適能中心成立	
1998年		亞力山大內湖店成立	已停業
		亞力山大板橋店成立	
		BEING（佳佳）改名爲佳佳碧兒	
		石門福華水鄉俱樂部成立	
	6月	水蓮山莊俱樂部成立	社區型俱樂部
	7月	亞力山大公館分部成立	舊公館分部已停業
	12月	高雄LEAN MASS成立	
1999年		佳姿板橋、永和、內湖、桃園氧身工程館相繼落成	推動創意舞蹈大賽、氧身工程勝利計畫
	1月	新竹老爺健身俱樂部成立	健身房式，無有氧教室
		亞力山大站前店成立	
		墾丁福華度假飯店休閒館成立	無對外開放收費
	5月	東方健身俱樂部成立	臺中晶華酒店
		新店家樂比健康水療世界成立	
	6月	臺南朝代大飯店健身房成立	
	7月	悠活麗緻度假村成立	
	9月	Big Sports 健身俱樂部成立	日本有近五十家連鎖店的健身俱樂部首度來臺成立連鎖
		桃園巴黎國立聯誼會成立	姜慧嵐（2000）統計
	12月	體適能俱樂部大約112家	
2000年		亞力山大敦南分部成立	
		佳姿更斥資數億元購置400坪忠孝旗鑑館及600坪南京館	
		全臺俱樂部已達129家	中華民國有氧體能運動協會（2000）統計

	3月	美商加州健身中心於忠孝店成立	首先推行私人教練課程
	5月	金牌健身俱樂部成立	迪斯奈企業和美國金牌俱樂部合作
	6月	中興俱樂部敦南旗鑑會館成立	1600坪
		臺中DNS SPORTS 健身中心成立	
		高雄瑪艑健身廣場成立	四維、明華店
		嘉義駿美健身中心成立	健身房式
		新光人壽教育會館俱樂部成立	為大臺北廠商提供新光醫院員工休閒之用 擁有通過「AFAA」——國際體適能有氧 協會正式授旗之有氧舞蹈學院
		伊士邦健康俱樂部，專營大型綜合型休閒SPA俱樂部，全國共七間，分布於臺北、臺中、臺南、高雄	高雄金典酒店
	7月	亞力中港分部成立	加盟體系
	9月	伊士邦健身俱樂部成立	
		亞力山大高雄復興分部成立	
		士林活水健康世界成立	
	10月	世界健身俱樂部臺中德安店成立	
	11月	加州西門店成立	
		臺北健身院新生店成立	
		卡莎米亞健康世界成立	
2001年	2月	宜蘭體適能健身中心成立	縣立體育場，健身房
	3月	亞爵都會館成立	
	5月	鑫現代休閒俱樂部成立	
		地中海分部成立	臺南統一城市俱樂部
	7月	亞力山大世貿分部成立	
	8月	亞爵溫泉館開幕	
	9月	桃企俱樂部SPA館成立	
		泰克巴帝健身中心成立	健身房式，無有氧教室
	10月	美國WORLD GYM在臺中德安百貨成立	
		康樂美運動健康事業北投館成立	北投與淡水交界，約800餘坪
		亞力山大板橋分部成立	
		聯園休閒健身俱樂部成立	由聯電公司給員工使用

2002年	3月	彰化立德文教休閒會館成立	健身房，無有氧教室
	5月	東京活力會館成立	有溫泉SPA，及氣壓式無槓片重訓器材。
		北投太平洋溫泉會館成立	
	7月	中華民國健身運動協會成立	
	9月	臺中永豐棧生活會館成立	
	10月	臺中加州健身中心成立	前為好萊塢健身俱樂部
	11月	亞力山大中山店成立	
		揚智科技公司員工俱樂部成立	無營業有健身房及有氧教室
		佳佳與統一企業合併	改名為統一佳佳
2003年	3月	臺北市中山運動中心成立	救國團承辦，第二家BOT全館設施獨立個別收費
	4月	亞特蘭大運動休閒俱樂部內湖分部成立	第一家於內湖科技園區內的俱樂部
		天母好萊塢健身中心試營運	
	5月	比活力運動俱樂部成立	北縣蘆洲
		奔放主題運動館成立	前ENERGYM（由吳宗憲投資）
		臺北健身院西門店成立	
		高雄金典酒店伊士邦健康俱樂部成立	「統一佳佳股分有限公司」旗下目前有「伊士邦」及「BEING SPA」等事業體系。
		臺中市POWER GYM原動力健身中心成立	
		佳姿宣布進駐101大樓	
		陞技電腦健身中心成立	無營業，有健身房與有氧教室
	8月	臺中福華俱樂部成立	
	9月	臺中好萊塢健身中心成立	
	10月	桃園極限健身中心成立	
	11月	「伊士邦健康俱樂部」新品牌	統一集團總裁林蒼生、統一佳佳共同宣布發表
	12月	水舞健康休閒生活會館成立	WORLD GYM直營店
		世界健身俱樂部中港店成立	
		臺中市DAN SYK 健身中心成立	
		臺中市WATER 6國際健身俱樂部成立	
		亞爵健康會館營運	

2004年	1月	天母好萊塢健身中心正式開幕	
		B+C體育充電休閒館成立	
		佳姿宣告將開放加盟體系	品牌將訂爲「氧身補給站」
		內湖福華皇家俱樂部結束營業	
	2月	亞爵運動溫泉會館營運	有提供溫泉泡湯房
	4月	世界健身俱樂部臺中SOGO店成立	WORLD GYM
	5月	長春藤健康管理中心成立	運動結合復健醫學及美容
		佳姿101旗艦店開幕	使用遠近紅外線燈、氣壓式塑身儀、高頻震盪肌肉等科技設備，並結合音樂療效、吐納與SPA水療按摩
		5日北市北投運動中心成立	YMCA承辦，第二家公辦民營運動中心。全館設施獨立個別收費
	6月	亞力山大中壢中山會館成立	
	7月	桃園極限健身中心	
		亞沛有氧世界進駐臺中福華	有氧教室外包連鎖有氧團體
		新竹太平洋鄉村俱樂部結束	
	10月	亞力山大紐約會館成立	亞力山大第一家皮拉提斯專屬有氧教室分部
	11月	臺北健身院八德館成立	
	12月	世界健身俱樂部高雄館中正店	WORLD GYM
		臺中水舞生活會館成立	
2005年	1月	臺中市99GYM PARTY健身會館成立	內有8水道泳池
		臺灣運動人口僅占總人口的3%左右	先進國家如美國的運動人口已高達總人數的13%，歐洲及日本也有10%
		貝克漢運動健康世界開始營運	前太平洋都會生活俱樂部
		亞力山大高雄SOGO分部成立	
	2月	「臺北市健身房商業同業公會」聯會宣告本用28號爲「228快樂健身日」。	包括亞力山大、佳姿、加州、伊士邦、中興、太平洋等大臺北地區共38店，當日都會全面開放給所有民眾免費運動。臺北市健身房商業同業公會理事長唐雅君並指出希望能在2010年達到全省運動人口達200萬人，並提倡每人每月提撥薪資的8%作

			爲個人健康的投資的目標。
	3月	臺南SOLUS俱樂部成立	前水岸俱樂部公司
		長春藤健康管理中心成立	安和館
		世界健身俱樂部臺南FOCUS店成立	前爲瑪艑健身廣場
		10日佳姿15館暫停營業	佳姿爆發財務危機
	4月	巴黎國際聯誼會改名爲笙揚聯誼會	
	5月	亞力山大城中分部結束營業	租約到期
	6月	亞沛有氧世界高雄巨蛋館成立	
		新店活力星球健身會館開幕	
		瑪艑健身廣場高雄明華店成立	
	7月	亞力山大中和分部成立	
		陞技電腦健身中心關閉	因公司股票風波
	10月	深呼吸活力運動中心成立	
		博嘉運動公園健身房成立	永康館
	11月	31日全國俱樂部總體安全大體檢	只有心肺器材
			亞力山大敦南分部氣體外洩意外，亞力山大停業三日，全面安裝一氧化碳檢測器。
2006年	1月	宜蘭體適能健身中心重新整修	健身房式
		國際時尚印度瑜珈會館開幕	爲有氧教室，每週有150堂課程，並有熱瑜珈教室
		GYMLUX活力工場健身會館成立	力盟健身事業股份有限公司將東京活力會館改爲活力工場健身會館
	3月	1日亞力山大大直分部試營運	首創運動健身俱樂部內設立熱瑜珈專屬教室
		活力工場健身會館成立	前爲東京活力會館
	4月	臺中MOMO翌州健身會館成立	
		YMCA唭哩岸健康會館成立	
		亞力山大大直分部成立	美麗信花園酒店附屬健身房式
		活力健身俱樂部成立	
	5月	巨力屋運動能量王國成立	臺南

		城市健身俱樂部內湖三重店、板橋店成立	由桃企公司創立的連鎖店
		花蓮亞緻會館成立	政府ROT案
		臺南紐約時尚健身會館成立	前SOLUS俱樂部
	6月	29日美商如新泉源會館成立	NU SKIN員工專屬會館無對外營業，集企業導覽、交誼、視聽、健身、美療等多功能於一身。
		活力工廠健身會館太原館成立	
		世界健身俱樂部臺中德安店重新開幕	轉變直營體系
	7月	亞力山大永和分部結束營業	31日租約到期
		中泰賓館俱樂部	
		高雄瑪艑健身廣場結束營業	31日結束使用
		15日亞力山大公館新館成立	公館舊館結束營業
		活力工廠健身會館巨蛋館接手	2007年1月正式對外營業
	8月	東森集團巨蛋健身俱樂部	
		新竹煙波大飯店湖濱本館	健身中心
	9月	11日內湖城市俱樂部結束營業	因會員招收不足
		深呼吸活力運動中心安平館結束營業	永康館改名活力166運動中心
		高雄爵士工廠體適能會館成立	由NIKE體適能顧問、高應大呂副教授及有氧老師共創
	10月	中正運動中心成立	全館設施獨立個別收費
		南港運動中心成立	全館設施獨立個別收費
	10月	運動健身俱樂部約有121家	
		伊士邦俱樂部由統一全面接管	統一併購佳佳股權
		8日活力工廠健身會館巨蛋正式營運	
	11月	8日加州健身中心大安站成立	
	12月	高雄健身工廠正式營運	
2007年	1月	運動健身俱樂部約有123家	併購金牌俱樂部
即將開幕		屏東亞洲健身俱樂部預售	預計2月底正式營運
		連鎖型俱樂部將陸續開新館	

資料來源：吳建宏，2007，〈臺灣運動健身俱樂部產業研究〉。屏東市：國立屏東教育大學體育研究所碩士論文。

　　根據上述資料顯示，臺灣休閒運動產業在「後發展期」的年代中，運動休閒健身俱樂部的發展扮演了非常重要的角色，而且隨著臺灣人民生活型態與生活風格的改變而改變。例如週休二日的制度，都會地區因活動空間的狹窄，標榜「健康」、「舒適」、「安全」、「專業」的健身休閒俱樂部已逐漸普及[38]。

---

[38] 蘇維杉，《運動產業概論》（臺北縣：揚智文化事業公司，2007）。

第四節　休閒運動產業轉型期

　　民國九十年以後（二〇〇一～），臺灣的休閒運動產業進入轉型期。運動休閒產業從二十世紀開始，已成爲經濟發展重要的產業之一；而到了二十一世紀之後，運動休閒產業儼然成爲主流[39]。行政院體育委員會也特別針對臺灣運動休閒產業的發展與現況加以說明[40]：

　　運動產業係國家經濟發展的重要一環，窺諸先進國家的發展，運動產業對於提升我國整體運動發展水準、活絡經濟、造就工作機會，實扮演不可忽視的重要角色。由於我國體育發展長期仰賴政府資源之把注，因此形成相關運動組織並不具備在市場中獨立生存、自給自足的能力，運動產業市場尚屬起步階段。爰此，政府在此轉型與推動過程，仍須扮演建立市場機制及積極輔導的參與者，進而有效結合中央與地方政府、民間產業與非營利團體組織的力量，建立運動產業發展的推動機制。

　　然而，運動休閒產業所涵蓋的範圍非常廣泛，使得一般民眾很難清楚了解運動休閒產業的實質內容。有鑑於此，臺灣體育運動管理學會於二〇〇三年對於臺灣的運動相關產業進行全面性的普查，並彙整成「臺灣地區運動產業名錄」，共編錄臺灣六千一百六十二家相關產業，並依照產業類別分類，如下[41]：1.參與性運動服務業（共計十九種行業）：功夫館、保

---

[39] 林房儧、劉秀端，〈運動休閒產業發展重要課題與策略〉，《國民體育季刊》，第145期：（2005），頁18 - 23。

[40] 行政院體育委員會，〈運動產業得推動發展方向〉，《國民體育季刊》，第135期：（2002），頁5-7。

[41] 林房儧（總編），《臺灣地區運動產業名錄》（臺北縣林口鄉：臺灣體育運動管理學會，2003, March）。

齡球場、高爾夫球場、撞球場、游泳池、潛水訓練、騎馬場、健身中心、網球俱樂部、桌球俱樂部、溜冰場、棒球場、羽球場、泛舟、個人工作室、氣功指導、運動公園、綜合球場、其他參與性運動服務業；2.觀賞性運動服務業（共計兩種行業）：運動相關娛樂事業、職業運動；3.運動用品製造業（共計七種行業）：水上運動器材、高爾夫球用品、健身器材用品、撞球用品、游泳衣褲、運動休閒服、其他運動用品製造；4.運動用品販售業（共計十六種行業）：功夫（技擊運動）用品、保齡球用品、高爾夫球用品（零售）、高爾夫球用品（進出口零售）、健身器材與用品（零售）、健身器材與用品（進出口）、登山用品、運動用品及器材（進出口）、運動用品及器材（零售）、騎馬服飾及用品、舞蹈服裝與用品、高爾夫球用品（進出口）、水上運動器材及用品（零售）、運動休閒服飾（零售）、游泳池設備與用品、其他運動用品販售業；5.運動設施建築與營造業（共計三種行業）：運動場館規劃、游泳池建造及維修、其他運動設施營造業；6.運動資料出版業（共計一個行業）：運動用品雜誌；7.體育運動行政組織服務業（共計二種行業）：民間體育組織、體育場；8.運動管理服務業：運動經紀服務業；9.運動大眾傳播業：運動傳播；10.授權商品零售業：無；11.運動促銷服務業：無；12.合法性運動博弈：無；13.運動歷史文物業：無；14.其他相關產業：其他相關產業。

　　透過臺灣運動休閒產業的普查結果，可以發現其發展確實超乎想像之外，所包含之範圍不但廣而且多樣。根據行政院主計處對於行業標準分類來觀察（表7-3），不難發現，臺灣運動休閒產業的類別相當豐富[42]。

[42] 中華民國行業標準分類，http://www.stat.gov.tw/lp.asp?ctNode=1309&CtUnit=566&BaseDSD=7。

表7-3　中華民國行業標準分類（第8次修定，2006年5月）

大類	中類	小類	細類	各類名稱、定義及內容
C				製造業
	11	111	1111	梭織外衣製造業 凡從事以梭織布裁剪、縫製外衣之行業均屬之。學校、公司、工廠等各式梭織制服及運動服裝等製造亦歸入本類。
		114		服飾品製造業 凡從事襪類、紡織手套、吊帶等服飾品製造之行業均屬之。
	12	120	1202	鞋類製造業
	31	311	3111	體育用品製造業 凡從事體育用品製造之行業均屬之。但體育用槍、彈藥、自行車、運動鞋之製造應分別歸入2599（未分類其他機械製造修配業）、1890（其他化學製品製造業）、2951（自行車製造業）、1202（鞋類製造業）細類；露營用具、護具、護膝、運動帽、運動衣及登山用品之製造應依其材質分別歸入C大類（製造業）之適當類別。
E	38	380	3801	運動場營建、游泳池營建、網球場營建、高爾夫球場營建。
	42	420	4200	其他營造業。 凡從事38至41中類以外營造之行業均屬之。
F	46-48	466	4662	運動用品、器材零售業 凡從事運動用品、器材等零售之行業均屬之。
G	50	501	5O11	觀光旅館業 凡從事住宿服務並設有餐廳、咖啡廳、會議廳（室）、夜總會、酒吧、商店及遊樂設施等設備之行業均屬之。
H	54			水上運輸業 凡從事海洋、內河及湖泊等船舶客貨運輸之行業均屬之。
		541	5410	海洋水運業 凡從事海洋船舶客貨運輸之行業均屬之。
		542	5420	內河及湖泊水運業 凡從事內陸河川、湖泊船舶客貨運輸之行業均屬之。渡船、渡筏等經營亦歸入本類。
	57	571	5710	旅行業 凡從事為旅客安排旅程、食宿、領隊導遊、代購代售交通客票、代辦出國簽證手續等有關服務之行業均屬之。

N	87			藝文及運動服務業 凡從事技藝表演、文學及藝術創作、評論、藝文服務、運動服務、藝人及模特兒經紀等行業均屬之。
		871	8710	技藝表演業 凡從事各種戲劇、歌舞、話劇、音樂演奏、民俗、雜技等表演及其組織經營之行業均屬之。從事個人表演或表演團體兼營表演場所亦歸入本類。
		874		運動服務業 凡從事職業運動、運動場館經營管理及其他運動服務之行業均屬之。
			8741	職業運動業 凡從事職業運動競賽或表演之行業均屬之。
				職業運動員　　　　　　　　　　　職業運動團隊 職業運動聯盟
			8742	運動場館業 凡從事運動場館經營管理之行業均屬之。
				運動場　　　　　　　　　　　　　運動館
			8749	其他運動服務業 凡從事8741及8742細類以外運動服務之行業均屬之。從事推廣並籌辦運動活動之團體亦歸入本類。
		875	8750	藝人及模特兒等經紀業 凡從事代理歌手、演員、藝術家、作家、運動員、模特兒等簽訂合約或規劃事業發展等經紀服務之行業均屬之。
				運動員之經紀服務
	90	900		休閒服務業 凡從事綜合遊樂園、視聽及視唱中心、特殊娛樂場所、電子遊戲場等經營及其他休閒服務之行業均屬之。
			9001	遊樂園業 凡從事綜合遊樂場所、公園等經營管理之行業均屬之。
			9004	電子遊戲場業 凡從事利用電力、電子、電腦、機械或其他類似方式操縱，以產生或顯示聲、光、影像、圖案、動作之遊戲機具及小鋼珠（柏青哥）等設施，供不特定人遊樂之行業均屬之。但從事提供未具影像、圖案之遊樂機具，或結合大型電動遊樂機具與休憩設施之綜合遊樂園應歸入9001（遊樂園業）細類。

		9009	其他休閒服務業
			凡從事9001至9004細類以外休閒服務之行業均屬之。
			釣蝦場、釣魚場、海水浴場。
P	98	981	公務機構
			凡各級政府機關及民意機關均屬之。政府機關基於行政管理目的
			而從事類似民間經濟活動者，亦歸入本類。

資料來源：中華民國行業標準分類，中華民國統計資訊網http://www.stat.gov.tw/lp.asp?ctNode=1309&C
tUnit=566&BaseDSD=7。

另外，從官方的行政管理制度中所陳列的相關資料，便可以清楚知道社會的發展趨勢。也就是說，藉由行政院經濟部所公告的「經濟部商業司公司行號營業項目代碼表」，即可發覺臺灣運動休閒產業的發展現況及趨勢，包羅萬象的行業如表7-4所列[43]。

表7-4　經濟部公司行號營業項目代碼目錄檢索系統

分類編號				各類名稱、定義及內容
大類	中類	小類	細類	
A	農、林、漁、牧業			
	A1	農業		
		A102		農事服務業
			A102041	休閒農業
				利用田園景觀、自然生態及環境資源，結合農林漁牧生產、農業經營活動、農村文化及農家生活，提供國民休閒活動場所之行業。
	A2	林業及伐木業		
		A201		林業
			A201040	森林遊樂區經營業
				在森林區域內，經中央主管機關核定而設置，爲提供遊客休閒及育樂活動之行業。

[43] 經濟部公司行號營業項目代碼表檢錄系統，http://gcis.nat.gov.tw/cod/doc-cgi/show_gen.exe。

	A3	漁業	
		A301	漁撈及水產養殖業
		A301040	娛樂漁業
			依娛樂漁業管理辦法規定，指提供漁船，供以娛樂為目的者，在水上採捕水產動植物或觀光之行業。
C		製造業	
	CH	育樂用品製造業	
		CH01	育樂用品製造業
		CH01010	體育用品製造業
			從事體育用品製造之行業。
	CK	製鞋業	
		CK01	製鞋業
		CK01010	製鞋業
			從事以各種材質（如皮革、橡膠、塑膠、紡織品等）製造各式鞋類之行業。鞋跟、鞋底等鞋材之製造亦歸入本類。
E		營造及工程業	
	EZ	其他工程業	
		EZ11	球場跑道樹脂材料鋪設工程業
		EZ11010	球場跑道樹脂材料鋪設工程業
			球場跑道樹脂材料鋪設工程之規劃設計及施工、維護業務。
		EZ14	運動場地用設備工程業
		EZ14010	運動場地用設備工程業
			運動場地用設備工程之規劃設計及施工、維護業務。
F		批發、零售及餐飲業	
	F1	批發業	
		F109	文教、樂器、育樂用品批發業
		F109070	文教、樂器、育樂用品批發業
			從事書籍、文具、樂器、運動用品、玩具、娛樂用品等批發之行業。
		F114	交通運輸工具批發業
		F114040	自行車及其零件批發業
			從事自行車及其零件批發之行業。包括自行車百貨。
	F2	零售業	

		F209		文教、樂器、育樂用品零售業
			F209060	文教、樂器、育樂用品零售業
				從事書籍、文具、樂器、運動用品、玩具、娛樂用品等零售之行業。
		F214		交通運輸工具零售業
			F214040	自行車及其零件零售業
				從事自行車及其零件零售之行業。包括自行車百貨。
J				文化、運動、休閒及其他服務業
	J7	休閒、娛樂服務業		
		J701		休閒服務業
			J701010	電子遊戲場業
				依電子遊戲場業管理條例規定，指設置電子遊戲機供不特定人益智娛樂之營利事業。
			J701020	遊樂園業
				從事綜合遊樂場所、公園等經營管理之行業。包括遊樂區之經營。
			J701040	休閒活動場館業
				指從事競技及休閒運動場館業以外之一般休閒活動場館經營之行業。如象棋、圍棋。
			J701070	資訊休閒業
				提供特定場所及電腦資訊設備，以連線方式擷取網路資源或以非連線方式結合資料儲存裝置，供不特定人從事遊戲娛樂之營利事業。
			J701080	水域遊憩活動經營業
				從事經營游泳、衝浪、滑水、潛水、風浪板、拖曳傘（包括拖曳香蕉船、浮胎等各式浮具）、水上摩托車、獨木舟、泛舟等各類水域遊憩活動相關設施及提供服務之行業。
		J799		其他休閒服務業
			J799990	其他休閒服務業
				凡從事 J701 至 J702 小類外其他休閒服務之行業。
	J8	運動服務業		
		J801		運動場館業

				J801010	高爾夫球場業
					依高爾夫球場管理規則之規定,經營設有發球臺、球道及果嶺之五個洞以上之高爾夫球場者。
				J801030	競技及休閒運動場館業
					從事競技及休閒運動場館(包括各種練習場)之經營者。如撞球場、技擊館、運動館、拳擊館、排球場、沙灘排球場、健身中心、田徑場、足球場、滑雪場、滑草場、棒球場、網球場、手球場、羽球場、桌球館、射擊場、馬術場、溜冰場、壘球場、籃球場、游泳池、保齡球館、韻律(舞蹈)中心、賽車場、自由車場、曲棍球場、柔道館、跆拳道館、舉重館、滑冰館、空手道館、壁球場、合球場、高爾夫練習場、棒球打擊場、合氣道館、運動館、海水浴場、攀岩場、漆彈運動場等各種運動之場館經營業務。
		J802			運動訓練業
			J802010		運動訓練業
					各種運動之訓練業務。
		J803			職業運動業
			J803010		運動表演業
					各種運動活動之表演業務。
			J803020		運動比賽業
					各種運動之比賽業務。
	J9				觀光及旅遊服務業
		J901	旅館業		
			J901011		觀光旅館業
					依發展觀光條例之規定,指經營國際觀光旅館或一般觀光旅館,對旅客提供住宿及相關服務之營利事業。
		J902			旅行業
			J902011	旅行業	
					依發展觀光條例之規定,凡經中央主管機關核准,為旅客設計安排旅程、食宿、領隊人員、導遊人員、代購代售交通客票、代辦出國簽證手續等有關服務而收取報酬之營利事業,含旅遊諮詢。
		J903			旅遊諮詢服務業

			J903020	登山嚮導業
				國內外登山及探險活動之整體規劃顧問及其相關之資訊諮詢等業務。
		J904		觀光遊樂業
			J904011	觀光遊樂業
				依發展觀光條例之規定，指經主管機關核准經營觀光遊樂設施之營利事業。
JE	租賃業			
		JE01	租賃業	
			JE01010	租賃業
				須許可業務（船舶出租業、小客車租賃業、小貨車租賃業）及不動產、貨櫃除外之物品租賃（如機器設備租賃、運動及娛樂用品租賃、服飾出租、盆栽、桌椅、家具、小說、家庭用品、宴會用品、舞蹈用品、腳踏車、機車等）；及提供不含牌照之汽車交通運輸工具租賃；自用大客車、自用大貨車之融資性租賃業務。
JZ	其他服務業			
		JZ99		其他服務業
			JZ99110	瘦身美容業
				藉手藝、機器、用具、器材、化妝品、食品等方式，為保持、改善身體、感觀之健美，所實施之綜合指導、措施之非醫療行為。

資料來源：經濟部公司行號營業項目代碼表檢錄系統

　　2007 http://gcis.nat.gov.tw/cod/doc-cgi/show_gen.exe, 2008, Feb., 27.

　　不論是行政院主計處對於行業標準分類或是經濟部所公告的營業項目分類，是以國際行業標準與臺灣行政管理需求為基本架構而來，並且根據世界潮流以及臺灣市場需求逐年增修。這也代表著臺灣運動休閒相關產業的發展，漸漸的與國際接軌。

第五節　休閒運動產業教育之發展

　　有鑑於臺灣休閒運動產業蓬勃發展，其專業人力的供需與培養，為近十年來高等教育體育系發展目標之一。事實上，早期臺灣休閒運動產業專業人力之培育，為傳統體育系特色之一，只是在民國六十九年（一九八〇）之前，臺灣休閒運動產業尚處於萌芽階段，且當時師範院校皆以培養中小學體育教師為主要目標，雖有其專業訓練之課程，卻鮮少專業人才進入產業界發展。

　　到了民國八十年代（一九九〇），高等教育師資培育政策的改變與少子化的趨勢等，造成體育教師市場的飽和[44]。然而，正當體育系面臨轉型之際，「休閒」的概念亦逐漸受到臺灣社會所重視。自民國八十四年（一九九五）真理大學成立臺灣第一所運動管理學系開始，休閒運動相關系所便如雨後春筍般出現。這些相關系所的設置原因可歸納為以下三種：第一種為傳統體育系所的轉型，增設休閒運動管理學門（學群）；第二種為因應學校體育運動術科教師的轉型，規劃學術科兼顧之運動休閒管理系所；第三種為完全新設的系所[45]。

　　根據趙麗雲（2008）最近的研究[46]，將觀光、餐飲與旅館管理等領域，結合休閒運動產業，彙整出臺灣目前休閒運動相關科系所之現況。研究報告指出：臺灣的休閒相關系所從民國八十二年（一九九三）開始在臺灣體育學院成立第一個有「休閒」名稱的科系，當時一百二十五所大

---

[44] 彭小惠，〈淺談體育系所之發展現況與學生未來生涯的規劃方向〉，《國教之友》，第57卷第4期：（2006），頁12 - 18。

[45] 謝立文，〈淺談臺灣運動休閒相關系所現況及師資學生數概況〉，《國民體育季刊》，第145期：（2005），頁52 - 56。

[46] 趙麗雲，〈臺灣休閒產業之專業人力發展〉，《國改研究報告》，財團法人國家政策研究基金會：（2008），http://www.npf.org.tw/print-4339.html。

　　專院校中設有休閒相關科系者僅二十校、三十七科系（不同學制分別累計），其中運動相關科系有十八所（含體育、舞蹈、運動技術、運動保健、運動科學、休閒運動等科系），觀光相關科系有十九所（僅含觀光事業科系）[47]。到了民國九十六年（二〇〇七），一百六十三所大專院校中設有休閒相關系所已經高達一百〇一校、四百九十所（將不同學制分別累計），其中運動相關科系有一百二十七所（含體育、舞蹈、運動技術、運動保健、運動科學、休閒運動、運動管理、運動健康與休閒、運動教練、運動傷害防護、水域運動管理、運動休閒管理、運動競技、運動與休閒教育、運動醫學、運動事業、運動資訊傳播等科系），觀光相關科系有三百六十三所（含觀光事業、觀光管理、觀光與餐飲旅館、觀光休閒事業管理、觀光休閒、休閒產業、休閒事業管理、休閒與遊憩管理、休閒保健、旅運管理、餐旅管理、餐旅暨遊憩管理、旅遊與旅館管理、西餐廚藝、西點烘焙、中餐廚藝、餐旅行銷、旅館事業管理等科系）[48]。

　　另外，教育部高教司針對臺灣九十六學年度碩博士班概況建立一套檢索系統[49]，以下彙整出三個部分，依序為臺灣休閒運動相關研究所碩士班（表7-5）、研究所碩士班暨在職專班（表7-6），以及博士班（表7-7）。

表7-5　臺灣休閒運動相關研究所碩士班

學校	系所名稱	碩士班	成立時間
國立臺灣師範大學	體育學系	碩士班	民國59年
國立體育學院	體育研究所	碩士班	民國76年

[47] 教育部統計處，大專院校科系別概況-81-84學年度，http://www.edu.tw/EDU_WEB/Web/STATISTICS/index.php。

[48] 教育部統計處，大專院校科系別概況-95學年度，http://www.edu.tw/EDU_WEB/Web/STATISTICS/index.php。

[49] 教育部高教司，大學院校碩博士班概況檢索系統，http://www.edu-data.info/pages/group01.aspx?Group=8。

國立體育學院	運動科學研究所	碩士班	民國78年
國立體育學院	教練研究所	碩士班	民國83年
中國文化大學	運動教練研究所	碩士班	民國84年
朝陽科技大學	休閒事業管理系	碩士班	民國87年
國立臺灣師範大學	運動與休閒管理研究所	碩士班	民國88年
臺北市立體育學院	運動科學研究所	碩士班	民國88年
中國文化大學	舞蹈學系	碩士班	民國88年
輔仁大學	體育學系	碩士班	民國88年
國立臺灣體育學院	體育研究所	碩士班	民國88年
國立屏東教育大學	體育學系	碩士班	民國89年
大葉大學	休閒事業管理學系	碩士班	民國89年
國立體育學院	運動保健科學研究所	碩士班	民國90年
國立雲林科技大學	休閒運動研究所	碩士班	民國90年
國立臺北教育大學	體育學系	碩士班	民國90年
國立臺灣體育學院	休閒運動管理研究所	碩士班	民國90年
國立嘉義大學	休閒事業管理研究所	碩士班	民國91年
國立中正大學	運動與休閒教育研究所	碩士班	民國91年
國立高雄師範大學	體育學系	碩士班	民國92年
臺北市教育大學	體育學系	碩士班	民國92年
國立臺南大學	體育學系	碩士班	民國92年
國立臺北藝術大學	舞蹈創作研究所	碩士班	民國92年
國立體育學院	運動技術研究所	碩士班	民國92年
國立體育學院	休閒產業經營學系	碩士班	民國92年
南臺科技大學	休閒產業管理系	碩士班	民國92年
大葉大學	運動事業管理學系	碩士班	民國92年
國立臺北藝術大學	舞蹈表演研究所	碩士班	民國92年
國立臺東大學	體育學系	碩士班	民國92年
國立嘉義大學	體育與健康休閒研究所	碩士班	民國92年
亞洲大學	休閒與遊憩管理學系	碩士班	民國92年
國立體育學院	體育推廣學系	碩士班	民國93年
國立彰化師範大學	應用運動科學研究所	碩士班	民國93年
國立臺灣體育學院	競技運動學系	碩士班	民國93年

臺北市立體育學院	運動技術研究所	碩士班	民國93年
大仁科技大學	休閒健康管理研究所	碩士班	民國93年
國立新竹教育大學	體育學系	碩士班	民國93年-
臺北市立體育學院	休閒運動管理學系	碩士班	民國93年
國立臺灣體育學院	運動管理研究所	碩士班	民國93年
臺北市立體育學院	運動器材科技研究所	碩士班	民國93年
臺北市立體育學院	運動教育研究所	碩士班	民國93年
國立臺灣體育學院	體育舞蹈研究所	碩士班	民國93年
國立臺灣體育學院	舞蹈系	碩士班	民國93年
國立臺中教育大學	體育學系	碩士班	民國94年
國立彰化師範大學	運動健康研究所	碩士班	民國94年
國立臺北藝術大學	舞蹈理論研究所	碩士班	民國94年
國立臺灣師範大學	運動科學研究所	碩士班	民國95年
國立臺灣師範大學	運動競技學系	碩士班	民國95年
臺北市立體育學院	身心障礙者轉銜及休閒教育研究所	碩士班	民國95年
國立花蓮教育大學	體育學系	碩士班	民國95年
高雄醫學大學	運動醫學系	碩士班	民國95年
國立臺灣藝術大學	舞蹈學系	碩士班	民國95年
國立成功大學	體育健康與休閒研究所	碩士班	民國95年
眞理大學	休閒遊憩事業學系	碩士班	民國96年
國立高雄大學	運動健康與休閒學系	碩士班	民國96年
國立屏東科技大學	休閒運動保健系	碩士班	民國96年
國立中興大學	運動與健康管理研究所	碩士班	民國96年
國立體育學院	失能者運動與休閒研究所	碩士班	民國96年
長榮大學	運動休閒管理學系	碩士班	民國96年
國立臺北護理學院	運動保健	碩士班	民國96年
國立臺灣體育學院	運動健康科學學系	碩士班	民國96年
臺北市立體育學院	體育與健康學系	碩士班	民國96年
立德管理學院	食品餐飲管理學系	碩士班	民國96年
國立澎湖科技大學	觀光休閒事業管理研究所	碩士班	民國96年

表7-6 臺灣休閒運動相關研究所碩士班在職專班

學校名稱	系所名稱	碩士在職專班	成立時間
國立臺灣師範大學	體育學系	碩士在職專班	民國88年
國立體育學院	體育研究所	碩士在職專班	民國88年
朝陽科技大學	休閒事業管理系	碩士在職專班	民國88年
國立臺東大學	體育學系	碩士在職專班	民國88年
國立體育學院	教練研究所	碩士在職專班	民國88年
國立臺灣體育學院	體育研究所	碩士在職專班	民國88年
國立體育學院	運動科學研究所	碩士在職專班	民國89年
國立臺北教育大學	體育學系	碩士在職專班	民國90年
國立屏東教育大學	體育學系	碩士在職專班	民國90年
國立新竹教育大學	體育學系	碩士在職專班	民國90年
臺北市立體玉學院	運動科學研究所	碩士在職專班	民國90年
國立臺南大學	體育學系	碩士在職專班	民國90年
國立臺灣師範大學	運動與休閒管理研究所	碩士在職專班	民國91年
大葉大學	休閒事業管理學系	碩士在職專班	民國91年
輔仁大學	體育學系	碩士在職專班	民國91年
國立體育學院	休閒產業經營學系	碩士在職專班	民國93年
國立花蓮教育大學	體育學系	碩士在職專班	民國93年
南臺科技大學	休閒事業管理系	碩士在職專班	民國94年
國立雲林科技大學	休閒運動研究所	碩士在職專班	民國95年
國立高雄師範大學	體育學系	碩士在職專班	民國95年
亞洲大學	休閒與遊憩管理學系	碩士在職專班	民國95年
大葉大學	運動事業管理學系	碩士在職專班	民國95年
國立體育學院	體育推廣學系	碩士在職專班	民國96年
國立體育學院	運動保健科學研究所	碩士在職專班	民國96年
臺北市立體育學院	休閒運動管理學系	碩士在職專班	民國96年
國立臺灣藝術大學	舞蹈學系	碩士在職專班	民國96年
國立臺灣體育學院	運動管理研究所	碩士在職專班	民國96年
臺北市立體育學院	運動教育研究所	碩士在職專班	民國96年
臺北市立體育學院	運動器材科技研究所	碩士在職專班	民國96年
臺北市立體育學院	運動技術研究所	碩士在職專班	民國96年
立德管理學院	休閒管理學系	碩士在職專班	民國96年

表7-7　臺灣休閒運動相關研究所博士班

學校	系所名稱	博士班	成立時間
國立臺灣師範大學	體育學系	博士班	民國79年
國立體育學院	體育研究所	博士班	民國88年
國立體育學院	教練研究所	博士班	民國90年
中國文化大學	運動教練研究所	博士班	民國95年
臺北市立體育學院	體育研究所	博士班	民國96年

第八章　民俗體育史

　　現今民俗體育的定義、內容、範疇等未有明確的界定，學界常以「傳統體育」、「固有體育」、「民族體育」、「民族運動」、「鄉土體育」等不同的名詞，指涉類似範圍的活動，但各有強調的重點以及意涵。所以有必要從宏觀的角度，先以探討民俗體育的概念作爲本章的起點，再依序分別論述臺灣民俗體育的孕育、推展、輸出及評價等。

第一節　民俗體育的概念

一、臺灣民俗體育的源起

　　以世界體育史的觀點而言，所有的國際性運動項目大多是地方性的身體活動發展而來的，開始於某個地區或一個或少數幾個民族中，漸次發展為各國所接受的運動，並成為全人類所共有的體育活動，或進一步形成特有的體育文化。

　　原始社會的人類為求生存，和大自然互動所產生的身體活動，漸漸發展成為各具特色的身體文化活動。在早期人類「採集－狩獵」的生活中，逐漸形成的某些有意義、有目的的徒手活動：從奔跑、攀緣、跳躍、搏擊中發展為論輸贏、快慢、高低的各類競技活動。使用器械、工具等而發展為持器械的體育活動，如標槍、射箭、石製砍器、飛石索等（林伯原，1996：2）。從攻擊和防衛活動中產生身體及軍事的訓練，而有武術活動（谷世權、楊文清，1981：14）。其他如因宗教祭儀而產生的舞蹈及迎神賽會活動，如文舞、武舞、獵首獻祭等，特別是古希臘的奧林匹克四大祭禮競技運動會，最後成為國際性的運動賽會（吳文忠，1957：32）。餘暇的休閒遊憩，如石球、陶球遊戲，豐收、節慶的遊藝活動，成為各地頗具文化性的休閒遊憩活動（曠文楠、胡小明，1989：9）。舉世皆有的原始醫療保健活動，最後成為舒筋壯骨的某些動作，或成為有系統的導引養生術等（易劍東，1998：106）。各地的風土人情互異，也就形成了各種不同的身體活動特色。臺灣民俗體育活動應該是起源於早期臺灣人類與大自然互動的生活要素中，附著於臺灣當地的自然與人文情境中，從地方的人、事、地、物中獲取養分，並在地方中茁壯。

　　臺灣原住民生活中原有種類頗多、意義深遠、具特色且多元的傳統身

體文化活動，並呈現在特殊的節慶活動中，頗受當代世人注目。臺灣原住
民中和漢人較早接觸的平埔族，亦有相關的身體活動特色，文獻中亦有習
走、鬥走、鬥捷、走鏢[1]等身體活動。山地原住民亦有陀螺、鞦韆、刺球等
具特色的身體活動。漢人社群中有源自中國的傳統身體活動，有土著化後
質變的各種身體活動，如武術、舞龍舞獅、宋江陣、各式藝陣及陣頭等。
這些活動在臺灣的歷史當中成為動態文化的一環，在軌跡中以不同的姿態
述說先民生活文化的特色，也成為現代臺灣人尋根的依據。據此，筆者認
為以臺灣為範圍，歷史上存在過的身體文化活動，都是臺灣民俗體育活動
的一部分。

二、臺灣民俗體育的定義

（一）廣義的臺灣民俗體育

　　從世界的角度觀之，我們理解的傳統體育運動（Traditional Games,
Play, and Sports）[2]中，臺灣熟用的民俗體育（Folk Sports）、鄉土體育
（Indigenous PE.）名詞，日本結合觀光產業的民族運動（Ethnic Sports）
等，乃至於中國所稱的民族體育，都有對現代體育全球化的反思，提供人

---

[1] 埔里打里摺文史工作室和基督教愛蘭長老教會合辦的「牽田、走鏢」活動中，其活動的形式及訪談耆
老的口碑，均對巴宰族賽跑形式的「走鏢」活動給予極重要的地位及角色，稱之為過年最重要的活
動。見賴貫一〈牽田、走鏢〉，巴宰族群文化協會，1999。

[2] 傳統體育活動近年來備受注目，歐洲在一九九二年於德國波昂（Bonn）舉辦第一屆國際傳統運動節
慶以來，陸續在日本東京（一九九二年起多次）、中國各地、泰國曼谷、加拿大蒙特婁等地舉辦傳統
體育運動的國際研討會及博覽會（conference and festival），其目標是描述、分析、保存尚未被商業
影響，且與各地傳統文化有關聯的運動，甚而有「保存與發展傳統運動國際研討會」（International
Conference on the Preservation and Advancement of Traditional Sport），希望透過活動中的交流，以運動
做為國際關係的模範、對運動多樣性的了解、激勵國際性和各學門間的體育學術合作、藉此重新找回
奧林匹克精神，以追求世界和平之夢（Blanchard，2000：148-151）。

們在從事身體活動時，和在地文化連結，從運動器材、活動的方式和規範，以及從事活動時觀念和想法的獨特性來展示在地文化，甚而形成文化特色，有時成為具經濟價值的文化產業。如臺灣近年來所推出的地方文化節活動中，如頭城搶孤、平溪天燈、大溪「陀螺文化節」、大甲媽祖文化節、內門羅漢門宋江陣、臺東炸寒單等，都有提升地方意識、凝聚力，並帶動地方文化產業、促進觀光事業的意圖，這種結合身體運動文化的產業在媒體宣傳效果快而有效，活動中對社群的凝聚與社區意識的培養更具效果，我們可以從各地的文化活動中看出此類的文化產業活動方興未艾。若以更具視野的制高點、更統合的概念來看待傳統的身體文化活動，以臺灣的民族運動（ethnic sports）稱呼此類活動是可行的作法，唯仍待此領域的專家學者凝聚共識。

　　從地方的角度觀之，在一般傳統的認知裡，「鄉土」就是代表一個人出生乃至幼年、少年成長的地方，也就是俗稱的故鄉。在現代流動快速的工商社會裡，鄉土不僅僅是出生的「故鄉」，更應包括求學、就業、工作甚至終老的地方。對鄉土的觀念已由強調其根性及先天性的「屬人主義」，過渡到強調個人生活實踐上的「屬地主義」（夏黎明，1994：4）。「鄉土」亦有以英文中的「indigenous」為相對應的名詞者[3]，故有「本土的」及「在地的」之意涵，所以「鄉土體育」可視為，某一特定地區所特有的體育活動，而鄉土體育也可能因為從事者眾，或因其文化價值等，而成為一個國家或民族的「民俗體育」。在民國八十五年（一九九六）鄉土教育實施後，曾以「鄉土體育」為體育類科推展鄉土教育的代表，近年來又回歸「民俗體育」的稱呼，有許多論著均是在既有的「民俗體育」概念下，闡釋「鄉土體育」的定義及內容、範疇。

---

[3] 根據臺南師範學院鄉土文化研究所（現更名為臺灣文化研究所）的英文翻譯，及訂定之研究方向與內涵，主題為「本土化」及「在地化」。

　　有別於一般習稱的「民俗體育」，列入教學課程並定時舉辦競賽的有踢毽子、跳繩、扯鈴、彈腿、舞龍、舞獅、划龍舟等項目。《國民體育》季刊在八十四年九月二十四卷第三期中，特別以鄉土體育為主題進行一系列的探討，至此「鄉土體育」的名詞其涵蓋面增廣，將民俗體育包含在內，內容上並將雜技、百戲、陣頭、遊藝、雜耍、競技、遊戲、搏擊等，只要是鄉土文化中與身體運動有關者都包含在內。

　　如果我們把視野擴增至全世界，相對於現代體育的傳統體育，已漸漸受到世界各地的重視，其名稱也因為各地的文化、傳統及需求等，而有不同的稱呼。在英文稱「Folk Sport」、「Traditional Games」中指出傳統的、民俗的意涵；中國稱為「民族體育」亦在指涉西南地區、東北地區、蒙古、新疆、西藏或邊疆地區少數民族特有的傳統運動；日本因為結合觀光及文化產業的需求而稱為「民族運動」（Ethnic Sport）；臺灣早期有「傳統藝術」、「民族藝術」、「傳統雜技」、「傳統藝能」、「民間遊藝」等稱呼，後來挑選適合在學校體育課程中推行的項目，逐漸施行於學校當中並定期辦理比賽，在民國六十四年（一九七五）六月教育部「普遍推行民俗體育活動」的指示後，省政府謝東閔主席即在省府委員會中，倡導推廣民俗體育活動，並暫訂為跳繩、踢毽子、放風箏三項目做為推廣標的，從此「民俗體育」就成為臺灣稱呼此類傳統體育的通行用語。若深究民俗體育的意義及範圍，我們以為應有更新、更廣的解釋才符合世界潮流，能涵蓋「臺灣的」、「傳統的」、「身體活動的」、「運動的」等概念，才能為「臺灣民俗體育」下個清楚且明確的定義。但本章限於篇幅，只得聚焦於官方及民間所具體推廣的民俗體育活動上。

（二）狹義的臺灣民俗體育

　　相較於廣義的民俗體育概念，我們需要在意義、內容、範圍等面向更嚴謹的定義民俗體育，以便於以下的討論。在民國六十四年（一九七五）

政府以行政力大力推廣民俗體育活動後，相關學者也紛紛提出看法，學者
對民俗體育的定義如下：

　　李秉彝：「民俗體育」是一種含有民族風格，配合當地環境、氣候、
風俗習慣，充滿鄉土氣息的體育活動（李秉彝，1982：13）。

　　樊正治：凡屬中華民族固有的人體活動，用作祭祀、慶生、教育、養
生、醫療、休閒活動等，並藉以達成人體健康、促進團結意識、發揮精神
力量的教育目標，稱之為民俗體育。其活動項目包括舞龍、舞獅、跳繩、
踢毽、扯鈴等（樊正治，1985：2）。

　　吳騰達：「民俗體育」其實就是鄉土體育，不但是體育的一環，更是
我們祖先所留下的寶貴文化遺產，其內涵泛指具有地方風情、風俗習慣、
歷史淵源等文化特色，或因各項民俗祭典而產生的體育活動或表演行為而
言。其所提供的活動，必須是經過選擇而合乎教育要求。故鄉土體育具有
每一個國家、每一地區、每一種族的特色（吳騰達，1995：79）。

　　蔡宗信：「民俗體育」，是一個民族在本身居住的地方，慢慢共同創
造形成傳承，而延續下來的一種民族身體運動文化，此種運動文化必須能
夠透過大肌肉的活動，來達到身心教育之目的（蔡宗信，1995：69）。

　　林玫君則以傳統體育的觀點概述臺灣民俗體育，強調廟會中傳統體育
的價值：「臺灣廟會中有豐沛的體育活動，是最活躍、影響最直接最廣
泛，而又為深遠的社會文化實踐活動之一，這活生生的現象，客觀地存在
於人類社會發展歷史過程中，加上廟會活動中娛神兼具娛人的性質十分明
顯，也得以保存許多傳統體育，如前述的宗教陣頭，在廟會中顯得更為活
絡，雖然因社會的變遷，使得推展有些阻礙，但是不可否認的，廟會舉辦
的迎神賽會活動，的確提供了更豐富的傳統體育盛宴。體育之所以進步，
不單是依靠各方面的發展，並需要對傳統體育文化進行反思，並融合自己
的文化，產生獨特的傳統體育，並結合國際性體育活動，妥善保存及發展
這寶貴的文化財產。」（林玫君，1997：35）

　　行政院體委會在〈我國民俗體育活動現況與發展策略之研究〉專論裡，有如下之定義，民俗體育：「是一個民族慢慢共同形成與傳承延續及久相因襲的一種具有身心教育意義之身體運動文化習慣。」其後在傳統體育體系界定與民俗體育定義界定者，均稱為民俗體育（陳光雄，1999：5）。

　　綜上所述歸納之，「民俗體育」應是地方性的身體運動文化，透過系統化的教育體系傳承，並具備鄉土文化與傳統特色的體育活動。

三、民俗體育的內容

　　承上所述，「臺灣民俗體育」所包含之內容應該不限於跳繩、踢毽子、放風箏等[4]，本文擬以臺灣為範圍、傳統為依歸，在系統化傳承與身體運動的角度，探討臺灣民俗體育的內容，而不限定民俗體育的內容。

　　若將傳統體育項目依其推行性質分類，摔角、拳術、器械等屬於國術內容者，歸之為武術類，適合在中等及專科以上學校推展。將風箏、踢毽子、跳繩、扯鈴、鞦韆、舞龍、舞獅、拔河、民族舞蹈、陀螺等歸之為遊藝類，適合實施於國中、小的體育正課或課外活動中。將宋江陣、龍舟及各種藝陣等團體活動歸為社戲類，實施於社區、鄉鎮等節慶賽會中（鍾志強，1997：24-25）。試將民俗體育的內容分述如下：

1.節慶祭儀的體育活動

　　廟會是臺灣民間重大慶祝活動，在農閒時期準備牲禮祭天敬祖，祈求平安與豐收，因此發展出不少宗教儀式，或以敬鬼神之儀式達到驅凶避邪

---

[4] 民國六十四年（一九七五）六月，教育部「普遍推行民俗體育活動」，推廣民俗體育運動，暫定跳繩、踢毽子、放風箏三個項目為主。

之作用，如登高、龍舟、民俗舞蹈、舞龍、舞獅及各種陣頭等（陳鏡清，1997：117）。

2.養生強身的體育活動

「延年益壽，卻病強身」一直是世人的期待，運用智慧與經驗，實踐探索出以肢體的活動達到身體健康的目的，如國術、五禽戲、太極拳等，用於預防疾病、養生保健、修身養性等主導軀體運動的一種身體活動。

3.嬉戲休閒的體育活動

嬉戲是人類成長的要素，也是人格發展的良伴，世界各地因人文風情的不同而有各式各樣的嬉戲活動，也據此形成各種不同的體育文化活動。兒童在遊戲中活動，透過模仿、想像、創造適合他們自己的遊戲與遊戲規則，這種文化財豐富了各地人們的文化生活。具體活動如：鞦韆、踢毽子、跳繩、干樂（陀螺）及扯鈴等。

臺灣民俗體育的推展初期只限於國中、小的跳繩、踢毽子、扯鈴等，器材取得較易、較屬於個人技巧性的活動，而具有在地性及傳統文化的大型民俗活動如舞龍、舞獅、宋江陣、跳鼓陣等，卻仍未受到普遍的重視，原因不外師資、設備、經費的缺乏及社會環境的因素。其在文建會成立之後，配合社區總體營造、傳統藝術教育等活動，開始以經費及獎勵措施鼓勵地方性的各類藝陣發展。一時間具臺灣味的各類身體活動如雨後春筍般出現，顯現出臺灣多元文化、生動活潑的一面，各類的身體文化活動加入臺灣民俗體育的一部分，這種可擴充性、包容性成為臺灣民俗體育活動的一大特色。「傳統再造」的議題漸受重視，未來我們將可以看到，「臺灣民俗體育」活動繼續以各種不同的型態呈現臺灣文化的特色，在型制、器材、理念上繼續呈現動態的發展。目前常見的臺灣民俗體育活動如下表：

表8-1　現今常見的臺灣民俗體育活動

民俗體育項目	內容說明
舞獅	臺灣獅：開口獅－臺灣北部。閉口獅－臺灣南部 客家獅：分布新竹、苗栗等地。 醒獅：兩廣同鄉會爲主幹。 北京獅：僅見於劇校及綜藝團。
舞龍	各縣市皆有舞龍團體。北部居多，部隊較流行。
宋江陣	僅見於臺灣地區，以臺南縣、高雄縣、屏東縣爲主要分布地。
踩高蹺	團體不多，以臺南縣爲發源地。
跳鼓陣	常見於各項慶典及神誕廟會，以臺南縣、臺南市、高雄縣最盛行。
車鼓陣	常見於神誕賽會，以中南部最多。
牛陣	性質與車鼓陣同。亦以南部較多。
布馬陣	發源於西螺，亦見於宜蘭縣、彰化縣。
鬥牛陣	最具農村風味，常見於臺南縣市的廟會活動。
跑旱船	常與水族陣一起表演。
跳繩、踢毽子、扯鈴、風箏	此四項爲目前國內民俗體育運動協會推廣的主要項目，每年各縣市皆辦有比賽，參加對象以國民中小學爲主，鄉間、社區民衆甚少參與。
干樂（陀螺）	大型干樂以大溪地區最富盛名。小型干樂散見於臺灣各地，包括部分原住民區域。
划龍舟	主要活動配合端午節之相關節慶。
國術	包括各派拳術與十八般武器。散見於民間國術館、拳頭師傅，爲獅陣、宋江陣的主要表演內容。
滾鐵環	已成兒童嬉戲內容。
原住民舞蹈	原住民各族皆有其獨特的舞蹈方式，主要見於原住民的各項祭典。2002年教育部主辦之學校民俗體育觀摩賽，曾列入競賽項目中。
摔角	僅見於少數原住民族豐年祭舉行之競賽。
鞦韆	少數原住民祭典儀式之一。
舞涼傘	僅見於各神誕祭典及澎湖縣國中。

資料來源：蔡榮捷整理自（吳騰達，1995：78-84）。

第二節 民俗體育的孕育

　　臺灣特有的人文社會背景與歷史發展的脈絡，孕育了多元與豐富的身體運動文化。以原住民及漢族身體活動爲基礎，融合祭典、廟會、保鄉衛國的武術、休閒娛樂等，形成有特色的各類民俗體育活動。早在二十世紀初，學校體育活動中即有「鄉土遊戲」、「武術」等課程規劃，後來在「復興中華文化」的思維中，政府的教育行政系統大力推展民俗體育活動，在教材的取捨、蒐集、發展後，選取特定的項目全力推展，並規劃相關的師資培訓，在學校的推動下，民俗體育也陸續舉辦地方的及全國性的競賽，最後也成爲全民運動會中的競賽項目。臺灣民俗體育的發展若從臺灣史的觀點，自原住民的傳統身體運動文化談起，恐怕力有未逮，擬就上節民俗體育狹義的定義爲範圍，探討臺灣民俗體育的發展。

一、臺灣民俗體育的發展背景

　　從一九六〇至一九八〇年代，臺灣的「經濟奇蹟」不僅是國人自豪，更是世人所稱道的。戰後臺灣以一個島國，在極缺乏資源、市場與資本的條件下所發展的經濟成就，能成爲開發中國家的典範（蔡文輝，1995：219）。經濟的發展也造成國民所得的增加、中產階級活躍、民間企業發達、大眾傳播媒體愈趨多元化、教育普及。各行各業蓬勃發展，人民不以經濟物質條件的提升爲滿足，轉而開始要求一種更民主的生活條件，要求更開放、無限制的自由空間。這些新的社會力量成爲改革動力的來源。

　　民國五十四年（一九六五）十一月，姚文元發表論文批判吳晗的「海瑞罷官」，成爲導火線。次年夏天起，中共陷入所謂文化大革命的大動盪

中，全世界爲之震驚；文化大革命給全世界留下惡劣的印象，並對這個政權的不確定性產生疑懼（王育德，1999：202）。國民黨政府因爲敵人歷時十一年的摧殘傳統文化，亟欲成爲中華文化正統的繼承者，藉以昭告世人，並鞏固在華人世界的聲譽（傅啓學，1995：622），隨即發起了「中華文化復興運動」捍衛中華文化，一九六六年十一月十二日總統明令定國父誕辰爲「中華文化復興節」。當時與會者：孫科、王雲五、孔德成、謝東閔等一千五百多人全體聯合簽名，發起請政府明定　國父誕辰紀念日爲「中華文化復興節」（編者著，1967：19）。

當時文化推動機構，主要是「中華文化復興運動推行委員會」及「國民黨中央委員會」，其後國民黨成立文化工作會，亦即黨政不分的推展中華文化的任務。直到一九八一年後成立行政院文化建設委員會後，才統籌綜理文化事務。「中華文化復興運動推行委員會」（文復會）即因此於一九六七年七月二十八日成立，以「發揚傳統中華文化與倫理道德」爲宗旨，鼓勵公私立文化學術機構，在思想上、學術上宏揚中華優良文化，並推行各項深入民間的文化建設與活動。

中華文化復興運動推行委員會主要之工作任務計有：教育的改革與促進、國民生活現代化與合理化的促進、中華文化之宣揚與中外文化溝通之促進、展開倫理民主科學之新文藝運動、推展海外中華文化復興運動、加強對匪文化作戰（谷鳳翔，1968：69-71）。

「中華文化之宣揚與中外文化溝通之促進」、「推展海外中華文化復興運動」，以及「加強對匪文化作戰」都有向海外宣示之意，希望藉由正統的中華文化鞏固國民黨政權在臺灣的地位，以及宣示國際上合法的中國政權的意味。文復會推動工作之初並無涉及體育活動的案例，但在民俗體育推動具成效之後，卻成爲政府推行民俗體育政策與選派「中華民國青少年民俗運動訪問團」出國宣慰僑胞、宣揚中華文化的主要依據。

二、臺灣民俗體育的胎動

　　體育的萌芽和藝術的萌芽一樣，與勞動、軍事、生活、娛樂有關。傳統體育是當代世界流行的國際體育之母，具有民族或地方的特色，其概念在表述與現代競技運動相對的民間傳統體育活動。傳統體育通常開展於某一族群中，存在著明顯的地域性和濃郁的民族傳統文化色彩，與西方的現代體育有明顯的差別。但另一方面來說，傳統體育又是人類社會生活的組成部分，也是滋生現代競技項目的沃土。縱觀世界體育史的進程，不少風靡全球的運動項目最初都是由傳統體育發展而來的，最終為各國各民族接受，成為全人類共有的體育文化財富，也融入大眾閒暇娛樂生活中（胡小明，2000：1-2）。

　　英國的傳統戶外遊戲活動，大都伴隨著殖民擴張於十九世紀末傳遍世界各地，又一項一項地被納入奧運會。相對於西方的現代體育來說，世界各地都有傳統體育的活動，其名稱有「民族體育」、「民族運動」、「民俗體育」、「鄉土體育」等，不一而足。在歷程上，從活動成形、受肯定、大眾投入、官方支持，具規模的表現方式、形成運動文化、傳承等，各有其條件和發展的過程。當地方性的身體活動發展到具相當組織，而以官方或半官方推行時，通常就能充分代表當地的特色，並成為當地文化的內涵之一。

　　臺灣民俗體育的推動契機是以「復興中華文化」為思維，但是以臺灣的場景來尋找素材，以當時來臺的新住民帶來的武術、雜耍、藝陣、踢毽子、扯鈴、放風箏等為主，在衡量師資、教材、體育教學的實務等各面向後，以踢毽子、跳繩與放風箏三項為最初的推展項目，在經過師資培訓、教學、觀摩、比賽後，陸續加入扯鈴、彈腿等推展項目，在解嚴後才開始加入鄉土文化中可成為體育教學的項目，如舞龍、舞獅、跳鼓陣等。

　　在推展民俗體育的過程中，以此範圍的開會、討論、組織協會等，已

經孕育了後來民俗體育的胚胎，也爲日後的鄉土藝術教學、鄉土體育活動
等奠定了推展的模式，以政府的行政力蒐集、整理、保存民俗體育活動，
研發教材、邁向系統化的教育方式，藉以傳承民俗體育活動，爲日後臺灣
民俗體育的推展奠定了根基。

第三節　民俗體育的推展

　　臺灣民俗體育的推展基本上是由上而下，以政府行政力推展開的，體育相關政策的擬定與配合也積極的布局。在相關的民俗體育組織上，中華民國民俗體育運動協會及地方縣市級的民俗體育協會陸續成立，在民俗體育成為例行的國家級賽會後，標準化的競技型態成形。中央政府集權領導的型態漸有改變後，標準化的民俗體育型態及內容有所變化，加上本土化運動後，鄉土教育也逐步實施，著根於鄉土、非競技化、表演性強的的廟會活動、藝陣及舞龍舞獅活動等，陸續加入臺灣民俗體育的行列，漸受重視。在教育部體育司的主導下推出「學校民俗體育中程計畫」，以全方位的思維，從師資、教材、競賽、研發等面向出發，讓民俗體育在新世紀有重新出發的機會，也藉此展望未來。

一、體育相關政策的推展

　　在民國六十四年（一九七五）之前，政府「民俗體育」推展的主軸仍在國防、自衛為目的的國術上。國民體育法第三條：「國民體育，對我國固有之優良體育活動，應加以倡導及推廣。」民國七十五年（一九八六）教育部發布積極推展全民運動計畫，其中也有加強推展固有之優良體育活動的計畫，其內容為：

　　1.切實執行固有優良體育活動之推展計畫。

　　2.編訂適當之教材與規則，以普遍推廣使用。

　　3.輔導績優民俗運動團隊出國訪問表演。

　　4.成立國術中心。

　　由以上可看出與民俗體育有關的法規中，其相關的措施有：

1.輔導成立民俗體育運動協會加入體協為團體會員。

2.培訓青少年民俗體育運動訪問團赴國外巡迴訪問。

3.辦理國術訓練中心至一階段有成效後，再行辦理民俗體育運動之短　期訓練班。

4.蒐集整理、研究發展、維護保存固有優良傳統體育活動。

　　除了以上四項之外，其餘十餘項都與國術有關。可見，體育政策的實施，使得民俗體育長期以來處於邊陲地帶，是屬於冷門的項目，在推廣的實務中亦以「國術」為發展重點。

　　一般史料中的遊藝、雜耍、特技、遊戲、搏擊、雜技等，甚至具武術特質的「宋江陣」、融合舞蹈藝術的「十二婆姐」、「花鼓陣」等，現今臺灣以「民俗體育」統稱之。其肇始為一九七五年六月，教育部頒布「普遍推行民俗體育活動」臺灣省主席謝東閔據此擬定實施方式，推廣民俗體育運動暫訂跳繩、踢毽子、放風箏三個項目為主要推展之重點內容。在教育部文化局[5]及後來的行政院文化建設委員會等文化行政單位成立後（教育部，1996：1785；蕭阿勤，1991：106-108），亦對民俗體育活動有所影響，其整體發展脈絡如下：

表8-2　我國近年來推廣民俗體育政策及活動

年	行政單位	推展項目及內容簡述
民國五十三年（1964）	臺灣省政府	三到六年級的體育遊戲課程中，加入「跳繩遊戲」，做為體育教材的實施（臺灣省政府公報，1964：冬一3）。

[5]　一九六七年行政院在教育部成立文化局來處理全國文化事宜，因成立目的為因應文化復興運動，決策太匆促，因此推行全國文化業務有其難處，由於「業務太廣、無成規可循、缺乏經費、職級太低、權責不清與衝突」，遂於一九七三年遭到裁撤。

民國五十六年（1967）	臺灣省政府	政府擬於升學國中階段，考試體育課程項目中，加入跳繩並選定國校實施（樊正治，1985：24）。
民國六十年（1971）	臺灣省政府	「臺灣省民間遊藝競賽」及「民間遊藝社會處講習班」。
民國六十四年（1975）六月	教育部	「普遍推行民俗體育活動」並列入各級運動會比賽或表演項目。1.省政府倡導推廣民俗體育運動並暫訂跳繩、踢毽子、放風箏三個項目爲主要推展之重點內容。2.公布了民俗體育運動實施要點，正式頒布了踢毽子、跳繩、放風箏的三項競賽辦法（教育部，1996：115）。
民國六十四年（1975）八月	臺灣省政府	在省立體育場，舉辦民俗體育活動跳繩、踢毽子指導人員研習會（臺灣省政府教育廳，1976：19）。
民國六十四年（1975）十月	臺灣省政府	謝主席在省府委員會中指示，應普遍加強推行民俗體育活動，包括踢毽子、放風箏、跳繩等項目，經研訂實施要點，積極推行（臺灣省政府教育廳，1976：19）。
民國六十四年（1975）八月	臺灣省政府教育廳	在省立體育場，舉辦民俗體育活動跳繩、踢毽子指導人員研習會、全省每一縣市選派國小教師二人參加、希望以研習學員爲種子、向各縣市各學校團體普遍推廣（臺灣省政府教育廳，1976：19）。
民國六十四年（1975）十二月	臺灣省政府教育廳	由教育廳五科主辦，省立體育場協辦，科長王天燧先生、視察余勖先生、體育場推廣組主任朱振華先生、省立體專蘇金德教授、雲林縣仁和國民小學校長李秉彝先生等研訂推展計畫及辦法，同時調集臺灣區各級學校有關教師、到臺中省立體育場參加民俗體育研習會，在研習會上介紹簡單的跳繩及踢毽子的基本動作及比賽辦法（廖達鵬，1991：29）。
民國六十五年（1976）九月	教育部體育司	選擇踢毽子、跳繩等項目，列爲各中小學課間活動（國小）或課外活動或指定「運動作業」之項目，以推展民俗體育活動，發揚國粹，增進學生身心健康。
民國六十五年（1976）起	教育部體育司	六十四學年度結束前，國小三年級以上之中小學應測驗其連續踢毽子及連續跳繩（單或雙足均可）之次數，並記錄統計次數存校備查。

民國六十五年 （1976）起	教育部體育司	委請專家蒐集資料，編輯民俗體育活動畫刊，文稿已草擬完成，再考證與補充即可付印。
民國六十六年 （1977）二月	教育部體育司	六十五年冬令自強活動體育研究會時列爲研討之項目，以爲廣泛之介紹。
民國六十六年 （1977）二月	教育部體育司	委請中華電視臺製作中國民俗體育影片乙種，以劇情方式將跳繩、踢毽子、舞龍、舞獅、滾鐵環、放風箏、划龍舟等民俗運動之起源、運動方法與功效加以介紹，影片並拷貝十餘部，分送國內有關單位，俟機放映宣傳。我駐外單位得悉有是種影片，紛紛來函索取，以便在國外映演宣傳，影片以國語發音錄製，另加英語發音拷貝乙種，國內外索取者極多，顯見中國民俗體育在國內外人士心中仍有相當吸引力。
民國六十六年 （1977）二月	教育部體育司	（二）配合推展全民運動，將民俗體育活動列爲主要活動項日，廣爲推行。
民國六十七年 （1978）	教育部體育司	六十七年督導省市政府教育廳局舉辦民俗體育活動競賽（教育部體育司編印，1978：33-125）。
民國六十九年 （1980）	教育部	核定公布「積極推展全民體育運動重要措施實施計劃」，積極推展國術及民俗體育訓練中心。
民國七十年 （1981）	教育部	舉辦「民俗藝術大展」，「民俗技藝」在活動中的表演是不可缺少的一環。
民國七十年 （1981）	教育部	組派中華民國青少年民俗運動訪問團，開展國民外交的任務。
民國七十一年 （1982）二月	臺灣省政府 教育廳	臺灣省中小學加強體育設施工作要項：第五項普遍推展民俗體育活動，暫以跳繩、踢毽、放風箏爲重點，鼓勵學生利用課間、課餘加強練習，舉辦班級性比賽，並配合美勞工藝課時間製作風箏及毽子（教育部體育司編印，1978：498）。
民國七十一年 （1982）五月	臺灣省政府 教育廳	訂頒「臺灣省改進固民教育新措施」實施要點：肆、臺灣省國民中小學……體育活動除一般體育外，應特別提倡民族體育（如國術）；民俗體育（如踢毽子、跳繩、放風箏、舞獅、舞龍等），以發揚我國固有的文化。伍、臺灣省國民中小學……配合節令或慶典活動……舉辦民俗藝街活動，發揚國粹；學校……運動會，重視民俗活動，邀請學區民眾共同參與，以促進全民體育（臺灣省政府公報七十一年夏字第四十六期）。

民國七十一年 （1982）	教育部	修正公布之國民體育法第三條：國民體育，對我國固有之優良體育活動，應加以提倡及推廣。
民國七十一年 （1982）	行政院	公布「文化資產保存法」，民俗體育有必要設置研習班或傳授班來加以推廣。
民國七十一年 （1982）二月十日	體育委員會	「中華民國民俗體育運動協會」成立，參加中華民國體育運動總會，接受中華體總輔導與指導。
民國七十二年 （1983）	臺灣省政府 教育廳	訂頒了「中國傳統技藝班實施計劃」，訂定實施計畫，設班展開各項研習活動。
民國七十三年 （1984）	教育部	訂定「加強維護及發揚民俗藝術實施要點」，加強國民對民俗藝術的體認與傳承意願，提升民俗藝術水準。
民國七十四年 （1985）	教育部	發布國民體育法施行細則第三條：所稱我國固有之優良體育活動，指國術及民俗體育活動。
民國七十五年 （1986）	行政院	擬定「加強文化資產與觀光事業結合實施計畫全國行政會議」。
民國八十年 （1991）四月二日	教育部	將國民中小學推展傳統藝術教育列為其業務重點（國民中小學推展傳統藝術教育實施要點，1991），……補助項目在傳統雜技中列入戲法、舞獅、舞龍、車鼓、宋江陣、跳鼓、國術、扯鈴、跳繩、踢毽子、民俗特技或民俗體育及其他傳統雜技。
民國八十二年 （1993）	教育部	公布「國民小學課程標準」將民俗體育納入體育、團體活動，以及鄉土教學活動等科目中。
民國八十三年 （1994）	臺灣省政府 教育廳	……各縣市國民小學運動會應以下列競賽種類選擇舉辦，並得輔以縣市傳統或特色項目為舉辦原則。……（二）民俗體育：踢毽、扯鈴、跳繩等團體賽（臺灣省體育法規彙編，1994：413）。
民國八十四年 （1995）	教育部	公布「國民中學課程標準」將民俗體育納入體育、團體活動，以及鄉土教學活動等科目中。
民國八十五年 （1996）	教育部	頒布「國民小學課程標準」。實施鄉土教學。
民國八十五年 （1996）八月	臺灣省教師 研習會	製發「民俗體育教學手冊」，分發至全國國民中小學。
民國八十六年 （1997）	臺灣省教師 研習會	製發「鄉土體育教學手冊」，分發至全國國民中小學。

民國八十七年 （1998）	教育部	頒布「國民中學課程標準」。實施鄉土教學。
民國八十七年 （1998）	教育部	修正公布「國民體育法」，對我國固有之優良體育活動，應加以倡導及推廣。
民國八十七年 （1998）	教育部	公布「原住民族教育法」，應成立原住民族推廣機構，提供原住民民族技藝、特殊技能等訓練。
民國八十九年 （2000）二月十六日	教育部	教育部發布「發展學校民俗體育中程計畫」，……委託國立臺南師範學院發展優質化的民俗體育，……預定五年內，在全國各國中、小做鄉土民俗體育的教學，使民間的民俗體育能轉回到學校的系統中，做到民俗體育精緻化，在學校推廣後再回頭推廣到民間……。
民國八十九年 （2000）十月二十七日	體育委員會	雲林縣政府主辦的「第一屆全民運動會」將民俗體育列入比賽。項目為：踢毽、跳繩、扯鈴、舞龍舞獅。
民國九十年 （2001）十一月八日	教育部	教育部九十年度全國各級學校民俗體育觀摩賽於臺南師範學院舉行，此後年年舉辦。
民國九十一年 （2002）十月二十六日	體育委員會	臺北市政府主辦的「第二屆全民運動會」將民俗體育列入比賽。項目為：踢毽、跳繩、扯鈴、舞龍舞獅。
民國九十三年 （2004）五月七日	臺北市	臺北市民俗體育運動資料館成立。
民國九十三年 （2004）九月四日	體育委員會	基隆市政府主辦的「第三屆全民運動會」將民俗體育列入比賽。項目為：踢毽、跳繩、扯鈴、陀螺、舞龍舞獅。
民國九十五年 （2006）十月二十九日 至十一月一日	體育委員會	臺中市政府主辦的「第四屆全民運動會」民俗體育比賽項目為：跳繩、扯鈴、陀螺、踢毽等四項。舞龍舞獅另立單項，委由中華龍獅運動協會辦理競賽事宜。
民國九十六年 （2007）	教育部	體育司執行民俗體育發展計畫，推出「九十六年度推展學校民俗體育方案」，委由臺北市立教育大學體育系執行。
民國九十六年 （2007）十二月八日	教育部	九十六年度「全國各級學校民俗體育觀摩表演賽競賽」於臺北市立教育大學舉辦。比賽項目為：扯鈴、跳繩、雜耍、陀螺等。

民國九十六年（2007）十二月十五日	教育部	九十六年度推展學校民俗體育「快樂成長、活力學習」民俗體育闖關活動。活動地點擺設十個民俗體育闖關攤位，學生至各攤位學習各項民俗體育活動的基本技巧，以開啟學生學習民俗體育之興趣。
民國九十六年（2007）十二月十五、十六日	教育部	九十六年度推展學校民俗體育「各區學校民俗體育種子教師培訓」研習活動。課程內容：扯鈴、陀螺、雜耍（撥拉棒、晃板、傘上轉球、環與球等）。
民國九十七年（2008）十月二十五至二十八日	體育委員會	中華民國九十七年全民運動會於高雄市舉辦，民俗體育在中正高中比賽，競賽項目分別為：踢毽、扯鈴、跳繩與陀螺等四項比賽。

資料來源：蔡榮捷整理自（蔡逸欣，1996：107-118；林建宏，1996：1-8；詹俊成、詹彩琴，2000：67-71）。

　　在威權時期，政府推展是項活動必有其目的，發揚中華文化故是遠因，在外交困境之下，當時的少棒隊頻頻以「世界冠軍」之態，活躍於國際間，政府感同身受，亟欲在國際上發光發亮，而能表現「中國特色」的民俗體育就顯得耀眼。我們可從當時中央與地方齊心協力、由上而下指示、培訓指導教師、推廣研習、製作教材、舉辦比賽中可見一斑，在政策的貫徹上更是由教育部體育司積極督導下級單位執行，而有「六十四學年度結束前，國小三年級以上之中小學應測驗其連續踢毽子及連續跳繩（單或雙足均可）之次數，並記錄統計次數存校備查」之規定。

　　自此，民俗體育便成為臺灣各級學校中的體育課程之一，而且受到官方極度的重視。在教材、師資培育及比賽中，以踢毽子、跳繩、放風箏三項為主，後來在廖達鵬率隊出國表演後，為增加精彩的程度，受到鼓勵而增加扯鈴項目。但在社會體育上，因就學中無此經歷的人還是占多數，在從事傳統體育活動的項目上，還是跟民俗、節慶、廟會等活動相關者多，其中以舞獅、舞龍各類陣頭等居多，形成了新舊世代間從事傳統體育活動的落差。在廟會常出現與地方民眾息息相關的民俗體育活動，如宋江陣、舞龍、舞獅、跳鼓陣、花鼓陣等，卻未有太大的著墨（陳永章，2002：

25）。一九九五年後教育部國教司在鄉土教育的理念下統籌推展「國中小推展傳統藝術教育活動」中，才將傳統戲劇、傳統音樂、傳統舞蹈、傳統工藝、傳統雜技及民俗童玩等納入，政府的政策自此才跟臺灣一般民眾的傳統體育活動連結了起來。

　　民俗體育的概念和日後的積極發揚光大、競賽的制度化、師資及教材教法的研發，乃至於日後組團進行海外的表演及教學，都和發揚中華文化有密切的關係。臺灣社會經過政治高壓、經濟快速的成長，雖然體驗到物質生活的改善，但追求民主、參與政治、爭取發言權的空間仍少。此時國民黨政權的合法性受到挑戰，又面臨外交上的挫敗，對執政當局產生極大的壓力。在文化上，當局以「中華文化復興運動」來加強中國認同及招攬海外華人的向心力，反映在民俗體育的推展上，極力以民俗體育代表中華文化的動態表現，並以海外的民俗體育巡迴表演獲取推展中華文化的具體成效。甄選團隊的過程中競技化的表現，及後來保送升學的制度，影響到民俗體育團隊極力朝標準化的競技活動發展，舉行盛大的標準化比賽，並在器材、打法上不斷的改良，欲以此推展到全國各地。

　　另一方面，民國七十年（一九八一）十一月十日「行政院文化建設委員會」掛牌成立，文建會自此開辦中央主導的全國文藝季至一九九二年為止，臺灣省政府也公布了「臺灣省加強基層文化活動新措施」，官方開始以行政力主導文化活動，在這過程中，具地方特色的民俗藝陣等開始受到注意，並慢慢有了舞臺。

　　民國九十一年（二○○二）八月起，中小學正式實施九年一貫課程，在「健康與體育領域」的分段能力指標中，在第四主題軸「運動參與」項下，對民俗體育的教學有特別的著墨如下：

4－1－56　透過童玩、民俗體育活動等身體活動，了解本土文化。

補充說明：認識童玩，民俗運動的項目。認識並學會童玩、民俗運動的遊戲方法。從童玩、民俗活動中，認識不同族群的身體活動。

4－2－5　透過各種運動了解本土化與世界文化。

補充說明：了解各運動的由來及其發展來源。從參與童玩及民俗運動中了解本土化與世界文化。從觀賞國際性的運動賽會中，體會各國不同背景人們的差異。（教育部，2000：3）

　　至此，原本就應存在於體育教學中的傳統運動，在學校教學系統中有了更明確的法源，應該根據地方的特性採輯適當的民俗體育項目，融入學校總體課程中，成為學校本位課程的一部分。該能力指標也指出，除了運動技能的學習，還要在其中學會了解本土文化及不同文化下的身體活動。了解自己國家的民俗運動的起源，也了解其他國家的運動文化、種類等，使得學童兼具本土化及國際觀。如能徹底實施如上的能力指標，民俗體育將邁入新的境界，並與世界潮流同行。

二、中華民國民俗體育運動協會

　　民國七十一年（一九八二）二月十日「中華民國民俗體育運動協會」獲准成立。民國七十年（一九八一）八月由黃國展等人發起籌組，民國七十一年（一九八二）二月二十八日推選張志通、黃國展、胡繩武、朱振

6　九年一貫課程的規劃一改如前設置課程標準的檢核學生能力的作法，以分斷能力指標來檢核學生各階段的學習狀況。上例「a-b-c」的編號中，a代表主題軸序號，b代表學習階段序號，c代表流水號。4－1－5：指第四個主題軸（運動參與）－第一階段（1-3年級學生），餘類推。

華、鐘武相、李秉彝、顏明江等七人為籌備委員，並推選黃國展為主任委員。五月二十二日於臺中市省立體育場會議室舉行成立大會，通過大會章程，選舉第一屆理監事。第一屆理事長由黃國展擔任，總幹事為張連沛。協會成立後，主要辦理全國性及國際性之民俗體育運動比賽及活動，以發揚民俗運動國粹為宗旨。同年加入中華民國體育運動總會，接受中華體總輔導與指導（中華民國民俗體育運動協會成立大會手冊，1982：2）。

其主要任務為：

1.辦理國內民俗體育運動之發展事項。

2.舉辦全國性及國際性之民俗體育運動比賽及活動事項。

3.選拔及組訓國家代表隊參加國際性民俗體育運動比賽活動事項。

4.國內民俗體育運動團隊參加國際性比賽或活動之資格審查及推薦事項。

5.國外民俗體育運動團隊來華比賽、活動之邀請與安排事項。

6.民俗體育運動裁判及教練之登記、講習訓練及管理事項。

7.民俗體育運動團隊之登記、管理及運動員之訓練事項。

8.國際民俗體育運動裁判之甄選及推薦事項。

9.訂定民俗體育運動比賽規則，解釋比賽規則事項。

10.審定民俗體育運動設備及器材用品等事項。

11.研編民俗體育運動書刊及出版事項。

12.其他有關民俗體育運動推展事項。

因「中華民國民俗體育運動協會」的成立，民俗體育的發展在制度化及經費的籌措上才能進入軌道，並積極的發展基層組織，協調臺北市、高雄市及臺灣省各縣市體育會，籌組各級民俗體育運動協會或委員會，綜理民俗體育發展事宜（中華民國民俗體育運動協會成立大會手冊，1982：4）。

在政府的各方面資助下，開始在各地成立民俗體育運動訓練中心，訓

練民俗體育運動優秀運動員，也配合教育部及臺灣省協助訓練本年出國訪問民俗體育運動團隊，並在寒暑假期間辦理民俗體育運動教練及裁判講習，厚植基層團隊的發展，成為民俗體育發展的動力。

辦理各級民俗體育運動比賽，協調省、市辦理由學校、到縣市、分區之三級比賽，並與省市聯合辦理臺灣區民俗體育運動比賽。協調教育部有關單位、僑委會、國民黨中央海外工作會等有關單位，甄選民俗體育團隊，聯絡國外派隊出國訪問表演。中華民國民俗體育協會可說在政府的主導下，在此階段有效的推展臺灣民俗體育活動。

三、學校民俗體育中程計畫

隨著政治的解嚴以及經濟持續蓬勃發展，臺灣社會接受了民主的洗禮，社會更多元、更活潑也更有動力。「社區總體營造」的觀念漸受重視，從「造景、造產、造人」的理念深化民主的根基，也造成地方意識的抬頭與公權力的式微。地方的、鄉土的、文化的議題浮出檯面，鄉土教育實施、教育改革的浪潮湧現、政黨輪替實現等，正快速的衝擊著臺灣的社會。在這些變革中學校民俗體育成為時代浪潮的具體回應。

為建構完善的教育體系與具體執行策略，來培養身心健康的國民。在二〇〇〇年政黨輪替後，體育教育的規劃與實施，朝「鄉土化」、「活潑化」、「生活化」、「多元化」、「群性化」及「全人化」的目標邁進，並結合校內、外資源，追求健康、進步與卓越，希望以此落實全人教育，奠定優質生活，進而營造祥和社會，提升國家競爭力。

建置學校體育法令制度時，亦相繼推動各項中程計畫，其中以行政院的「挑戰二〇〇八國家發展重點計畫」中，教育部體育司負責推動「一人一運動、一校一團隊計畫」，以養成學生終身運動習慣及培養學生終身運

動技能為具體願景。學校體育素為社會體育及國際體育之基石，也是落實競技運動與全民運動之橋梁，更是體育運動發展的一切基礎，其在教育領域中之重要性與必要性，在中央主管教育行政機關銳意改革下，以「新的思維」、「新的眼光」及「新的態度」再造學校體育，並已完成「學校體育發展中程計畫」之整合，可說是初具成效。為培養學生愛鄉土意識及落實本土化體育之理念，也將學校民俗體育重新建構（洪嘉文，2003：69）；其中，民國八十九年（二〇〇〇）二月十六日教育部發布「發展學校民俗體育中程計畫」，更是學校中身體運動文化特色的展現。

該計畫實施期程自八十九年至九十三年止，其發展目標如下：

1.保存固有民俗體育。

2.研發民俗體育教材。

3.培訓民俗體育師資。

4.推廣民俗體育活動。

整合過去的推展經驗後，研擬出預期的績效：

1.積極辦理各類民俗體育教學研習。

2.研發輕巧化、實用化、省錢化之教具，使民俗體育更利於推廣。

3.師資培育機構將民俗體育輔導工作納入地方教育輔導計畫。

4.全面實施民俗體育現況調查。

5.建立各縣市推展民俗體育基本師資。

6.辦理分區親子民俗體育體驗營。（洪嘉文，2003：171-172）

以一億九千萬元委託國立臺南師範學院發展優質化的民俗體育，委託南師進行發展民俗體育中程計畫，預定五年內，在全國各國中、小做鄉土民俗體育的教學，使民間的民俗體育能轉回到學校的系統中，做到民俗體育精緻化。在學校推廣後再回頭推廣到民間，希望民俗體育的發展能愈來愈精緻，也廣為大眾所接受。據此展開一系列的民俗體育活動，其中較具體可見的有委託國立臺南師範學院培訓種子教師，透過各校推廣到社區，

使民間主動參與永續發展。南師將在五年內讓全國各地中、小學民俗體育的師資不虞匱乏，並在各學校培訓民俗體育的種子教師，各縣市的學校可推薦師資參加培訓，再由種子教師回到各學校全面推廣。並鼓勵各地區辦理民俗體育活動或競賽，由學校延伸到社區，由政府的倡導轉爲民間的主動參與，才能使民俗體育的發展歷久不衰。

　　其中，教育部在全國性的具體措施如下：

1.九十一年八月辦理學校民俗體育指導小組實施計畫。擬定本年度發展學校民俗體育計畫。

2.九十一年十月至十二月辦理編撰各類學校民俗體育基本教材計畫。本年度印製民俗體育教材一千冊與錄音帶一千卷，將分送至全國各中小學機關學校。

3.九十一年十一月辦理各縣市學校民俗體育輔導員與種子教師培訓計畫。本年度將辦理傳統民俗體育、童玩種子教師培訓、原住民傳統運動及舞蹈種子教師培訓等四類，計辦理兩場次。

4.九十一年十一月辦理全國各級學校民俗體育觀摩賽。本年度辦理舞龍、廣東獅、臺灣獅、原住民歌舞、扯鈴、跳繩、踢毽子及陀螺等八項，皆採團體組進行。（洪嘉文，2003：208）

　　民國九十一年（二〇〇二）十一月八日（國立臺南師範學院）籌辦「教育部全國各級學校民俗體育觀摩賽」，算是「學校民俗體育中程計畫」的具體成果之一，在盛大的民俗體育團隊匯集切磋之下，再一次燃起民俗體育延續發展的火苗。

　　接續，配合民國九十一年（二〇〇二）五月三十一日教育部「一人一運動、一校一團隊計畫」，實施期程自九十一年至九十六年止。希望在學校體育上達成「運動習慣的養成」及「終生運動」的理念，在中小學的部分有許多學校結合地方文化、需求、師資、設備及教師專長後，針對民俗體育經營成爲學校發展特色，在學校本位課程的設計中，融入民俗體育項

目。具體而言，挑選一項民俗體育項目（如扯鈴），至少學會一種運動技能，並養成主動運動之習慣，使各級學校學生參與規律運動之比例每年提高百分之三，六年共提高百分之十八。同時成立具民俗體育特色之運動團隊，並參加區域性運動交流，最終培養學生每人至少學習一種終身運動技能，將民俗體育的種子灑向國民教育階段的學童，著根於基層社區，日後開花結果，終生習之並代代相傳。

四、臺灣民俗體育的深耕

隨著全球化後地方文化特色的需求，民俗體育已漸漸擺脫「為國爭光」的工具性思維，而回歸到既有傳統的、民俗的、技藝的與表演性的特質。在執行上除了種子教師與教材內容的精進外，也朝社團組織的發展與體驗闖關活動為主軸。具體的方案可由教育部體育司委由臺北市立教育大學執行的「九十六年度推展學校民俗體育方案」中看出民俗體育的發展趨勢。計畫分為「民俗體育種子教師培訓暨民俗社團幹部民俗體育創意營」、「民俗體育教材編製計畫」、「全國各級學校民俗體育觀摩表演賽」、「『快樂成長、活力學習』民俗體育闖關活動」、「各區學校民俗體育種子教師培訓暨民俗社團幹部民俗體育創意營」等四大項[7]，分述如下：

（一）各區學校民俗體育種子教師培訓暨民俗社團幹部民俗體育創意營

具體作法是採四梯次，將全國分北、中、南、東及離島地區，辦理種

---

[7] 以下資料引自教育部體育司網站：「96年度推展學校民俗體育方案」http://140.122.72.62/sportedu/index?style=2&id=73ad7aa9e8d2313b9ee053bd2b9722d047d107b1baeba。

子教師培訓研習，每梯次一百人，研習時間二天。北區辦理：扯鈴、晃
板、陀螺、撥拉棒、轉盤技、拋沙袋、傘上轉物、跳繩等項目；南區辦理
扯鈴、陀螺、撥拉棒、轉盤技、傘上轉物、跳繩等項目；東區辦理扯鈴、
晃板、轉盤技、拋沙袋、跳繩等項目；中區辦理扯鈴、陀螺、撥拉棒、拋
沙袋、傘上轉物、跳繩等項目。

（二）各級學校推展民俗體育教材編製計畫

　　本計畫教材內容共分成四部分：第一部分為環與棒教學教材，第二部
分為陀螺教學教材，第三部分為撥拉棒教學教材，第四部分為工作坊網頁
建置。

（三）全國各級學校民俗體育觀摩表演賽

　　分大專、高中、國中、國小組，綜合本計畫之各項活動辦理「民俗體
育月」活動，邀請國際民俗體育好手於觀摩賽現場表演，如法國之鈴，南
韓之跳繩等。並辦理全國各級學校民俗體育觀摩表演賽，如舞龍、舞獅、
扯鈴、跳繩及原住民舞蹈項目。透過記者會之發表，結合觀摩表演賽進行
民俗體育之器材展示、親子活動及相關民俗體育延伸產品之介紹等。

（四）「快樂成長、活力學習」民俗體育闖關活動

　　採四梯次將全國分北、中、南、東四區辦理。邀請本年度及九十三、
九十四、九十五年度培訓之民俗體育種子教師，帶領其在校所推動民俗體
育之班級或社團參與本次活動。擺設民俗體育學習攤位，發放闖關單，讓
極少運動的學生在闖關中能體驗到民俗體育運動之成就感。並邀請國際民
俗體育好手在各攤位中教學，期能引起學生對民俗體育更濃厚的興趣，使
民俗體育帶動極少運動之學生動起來，全部過關者將給予民俗體育相關紀
念品，以茲鼓勵。民俗體育學習攤位包括：扯鈴、雜耍、跳繩、撥拉棒、

舞獅、舞龍、滾鐵環等項目。在各攤位中間設置一表演廣場，安排各種子教師所帶領之團隊演出，並藉此演出讓各團隊技藝交流，各校教師交換推展經驗。

透過方案的執行，希望培訓優良民俗體育師資，以保存民俗體育技藝，以體育促使文化得以傳承。也關照到民俗體育傳承的基本面，藉由提供學校民俗體育教學教材，以推展校園民俗體育活動，提供多元化學校體育課程，活絡學校民俗體育教學。由觀摩賽的作法降低競技的色彩，推展校園民俗體育活動，提供多元化學習體育活動，藉以培養學生終生運動之習慣。最後透過體驗、闖關的方式鼓勵學生從事動態運動，強化同儕與親子活動及社會行為，使學校經營發展促進全體學生動態運動，並帶動社區運動推展，結合政府民間相關資源並輔導成立新興運動組織。此為臺灣民俗體育的深耕，期盼透過師資、教材、課程活動與相關競賽的提升，帶動民俗體育的新頁。

第四節　民俗體育的輸出

在臺灣民俗體育活動漸臻成熟之際，基於擴大以民俗體育推展中華文化的目的，以及臺灣外交工作失利下「中華民國」能見度的考量，開始以民俗體育精采的表演，來規劃「宣揚國威」、「宣慰僑胞」及「爭取認同」的海外活動。這種具東方色彩的民俗體育表演引起頗大的迴響，所以年年出團，規模也日漸擴大，足跡遍布全球，成爲擴大臺灣能見度的利器。隨後，也在行政院僑務委員會的規劃下，在世界各地舉辦「中華文化夏令營」，其中「民俗體育類派外文化教師」就以國內推展的民俗體育項目從事海外的教學和示範，將民俗體育的種子播撒在全球各地，成爲當時體育輸出的重要活動。

一、中華民國青少年民俗運動訪問團

民俗體育活動在政府大力推動之下，於中小學的校園中成長、茁壯，在技術的提升、創新與研發後，配合器材的改良和更新，師資也不斷的培訓、傳承下，以跳繩、踢毽、扯鈴爲中心的民俗體育重點項目，成果可觀。在競賽和表演項目也具可看性，在「宣揚國威」、「宣慰僑胞」及「爭取認同」上效果顯著。「中華民國青少年民俗運動訪問團」出團單位及訪問國家如表8-3。

表8-3　中華民國青少年民俗運動訪問團出團單位及訪問國家一覽表

年度	單位	跳繩	扯鈴	踢毽	前往國家
70	教育部	基隆市中正國中	無	嘉義縣溪口國中	菲律賓
71	教育部	嘉義縣民和國中	無	嘉義縣溪口國中	美國
72	教育部	嘉義縣民和國中	無	嘉義縣溪口國中	美國
73	教育部	基隆市中正國中	基隆市中正國中	嘉義縣溪口國中	美國
			臺北市復興劇校	宜蘭縣東光國中	
74	教育部	基隆市中正國中	基隆市中正國中	嘉義縣溪口國中	美國、加拿大
75	教育部	基隆市中正國中	基隆市中正國中	臺北縣蘆洲國小	日本、美國、菲律賓、泰國、馬來西亞、新加坡
76	教育部	基隆市中正國中 臺北市永樂國小 臺南市西嶺國小 嘉義市北園國小	基隆市中正國中	臺北市西園國小	西德、法國奧地利、荷蘭
77	教育部	基隆市信義國小	高雄市楠梓國中	臺北縣蘆洲國小	美國、荷蘭、法國、西德、盧森堡、比利時、瑞士
	臺灣省	基隆市中正國中	基隆市中正國中	臺北縣光榮國中	宏都拉斯、瓜地馬拉、薩爾瓦多、哥斯大黎加、哥倫比亞、美國
	臺北市	西門國小	大安國小	西園國小	新加坡、南非
	高雄市	三民國小	七賢國中	楠梓國小	美國
78	教育部	沒有組團			
	臺灣省	基隆市中正國中	基隆市中正國中	臺北縣蘆洲國小	美國
	臺北市	弘道國中	大安國小	西園國小	奧地利、丹麥、盧森堡、瑞士、西德
	高雄市	楠梓國小	楠梓國中	楠梓國小	中南美洲
79	教育部	沒有組團			
	臺灣省	基隆市中正國中	基隆市中正國中	臺北縣光榮國中	宏都拉斯、瓜地馬拉、薩爾瓦多、哥斯大黎加、哥倫比亞、美國
	臺北市	弘道國中	大安國小	西園國小	日、韓、美、新加坡
	高雄市	楠梓國小	楠梓國小	楠梓國小	丹麥、挪威

80	教育部	沒有組團			
	臺灣省	基隆市中正國中	基隆市中正國中	嘉義縣溪口國小	菲律賓、泰國、馬來西亞、新加坡、南非
	臺北市	明湖國小	大安國小	西園國小	東加勒比海
	高雄市	楠梓國小	楠梓國中	楠梓國小	美國、加拿大
81	教育部	基隆市中正國中	苗栗縣談文國小	臺北市蘆洲國小	中南美洲
	臺灣省	臺北縣蘆洲國小	基隆市中正國中	嘉義縣溪口國中	澳大利亞
	臺北市	弘道國中	大安國小	西園國小	歐洲
	高雄市	楠梓國小	楠梓國小	楠梓國小	加拿大、日本、美國
82	教育部	基隆市中正國中	臺北市中正國小	臺北市大安國小	澳大利亞
	臺灣省	基隆市中正國中	基隆市中正國中	嘉義縣溪口國中	匈牙利、捷克、波蘭、俄羅斯
	臺北市	弘道國中	大安國小	西園國小	美東
	高雄市	楠梓國中	楠梓國小	楠梓國小	中南美洲
83	臺灣省	基隆市中正國中	臺北市中正國小	臺北縣蘆洲國小	美國
	臺灣省	基隆市中正國中	基隆市中正國中	嘉義縣溪口國中	日本、南韓
	臺北市	大安國小	大安國小	西園國小	東南亞
	高雄市	莊敬國小	楠梓國小	楠梓國小	英、法、土耳其、約旦、科威特、泰國、香港
84	教育部	沒有組團			
	臺灣省	基隆市中正國中	基隆市中正國中	嘉義縣溪口國中	加拿大、美國
	臺北市	弘道國中	中正國小	西園國小	中南美洲
	高雄市	莊敬國小	楠梓國中	楠梓國中	南非、荷蘭、波蘭、捷克、法國
85	教育部	基隆市中正國中	基隆市中正國中	臺北市弘道國中	美國
	臺灣省	基隆市中正國中	基隆市中正國中	臺北縣三民國中	瑞士、德國、法國
	臺北市	弘道國中	明道國小	西園國小	中南美洲
	高雄市	莊敬國小	楠梓國小	楠梓國中	加拿大、美國
86	教育部	基隆市中正國中	苗栗縣談文國小	高雄市光榮國小（跳鼓隊）	美國、聖克里斯多福、多明尼克、聖文森、格瑞那達
	臺灣省	基隆市中正國中	基隆市中正國中	嘉義縣溪口國中	德國、奧地利
	臺北市	弘道國中	中正國小	西園國小	中東
	高雄市	莊敬國小	楠梓國中	楠梓國中	菲律賓、德國、俄羅斯

87	教育部	基隆市中正國中	基隆市中正國中	臺北市弘道國中	比利時、瑞典、德國、波蘭
	臺灣省	基隆市中正國中	基隆市中正國中	臺北縣蘆洲國中	美國、馬來西亞
	臺北市	弘道國中	弘道國中	西園國小	蒙古、東歐
	高雄市	莊敬國小	楠梓國小	楠梓國中	澳大利亞、斐濟、汶萊
88	教育部	基隆市中正國中	基隆市中正國中	臺北市弘道國中	馬紹爾群島、紐西蘭、澳大利亞
	臺灣省	已停			
	臺北市	弘道國中	弘道國中	西園國小	美東
	高雄市	大仁國中	楠梓國小	楠梓國中	約旦、土耳其、希臘
89	教育部	基隆市中正國中	基隆市中正國中	臺北市弘道國中	美國
	臺灣省	已停			
	臺北市	弘道國中	弘道國中	西園國小	加拿大
	高雄市	大仁國中	楠梓國小	楠梓國中	大陸雲南
90	教育部文教處	基隆市中正國中	基隆市中正國中	無	韓國
	教育部	已停			
	臺灣省	已停			
	臺北市	弘道國中	萬華國中	雙園國中	日本、韓國
	高雄市	中正高中	已停	已停	韓國
91	教育部文教處	基隆市中正國中	基隆市中正國中	無	美國德州
	教育部	已停			
	臺灣省	已停			
	臺北市	弘道國中	弘道國中	西園國小	中南美洲
	高雄市	已停			
92	教育部文教處	基隆市中正國中	基隆市中正國中	無	美國德州
	教育部	已停			
	臺灣省	已停			
	臺北市	弘道國中	明道國小	西園國小	澳洲
	高雄市	已停			

93	教育部	已停			
	臺灣省	已停			
	臺北市	弘道國中	弘道國中	西園國小	歐洲
	高雄市	已停			
94	教育部	已停			
	臺灣省	已停			
	臺北市	弘道國中	明道國小	西園國小	美國
	高雄市	已停			
95	教育部	已停			
	臺灣省	已停			
	臺北市	弘道國中	明道國小	西園國小	中南美
	高雄市	已停			
96	教育部	已停			
	臺灣省	已停			
	臺北市	弘道國中	吳興國小	西園國小	美國
	高雄市	已停			

資料來源：蔡榮捷整理自歷屆「中華民國青少年民俗運動訪問團表」表演報告書及訪談基隆市中正國
　　　　中、臺北市弘道國中等出團相關學校。

　　「中華民國青少年民俗運動訪問團」自民國七十年（一九八一）教育部組團，由基隆市中正國中表演跳繩、嘉義縣溪口國中表演踢毽開始，表演地區幾乎涵蓋了世界各地，在各地造成轟動，成為臺灣體育運動的特色之一。民國九十一年（二○○二）後只剩臺北市常態出團赴外表演，基隆市中正國中民俗體育班則是在教育部文教處及行政院僑務委員會或相關駐外單位的聯繫、規劃下機動的出團演出，而這些團隊的師資及教材等，也成為日後行政院僑務委員會在世界各地舉辦「中華文化夏令營」中民俗體育課程的基礎。日後僑委會選派民俗體育專長教師赴國外教學，深耕民俗體育活動，成為臺灣文化輸出的現象，一時傳為美談。此活動一直是宣傳我國民俗體育，展示我青少年有活力、富朝氣的教育成果，以宣慰海外僑胞，促進實質外交關係，並配合政府達成體育及文化國民外交的目標。

二、行政院僑務委員會民俗體育類派外文化教師

　　「中華民國青少年民俗運動訪問團」自民國七十年（一九八一）教育部團開始，同一時期，行政院僑務委員會也積極的尋找對於民俗體育教學有興趣和有專精的老師，直接派外擔任短期巡迴文化教師，不但成功的將民俗體育技能授予僑胞和國外友人，也同時將我國的友誼積極推展到世界各地。表演地區幾乎涵蓋了世界各地，在各地造成轟動，成爲臺灣體育運動的特色之一，而這些團隊的師資及教材等等，也成爲日後行政院僑務委員會在世界各地舉辦「中華文化夏令營」中民俗體育課程的基礎。日後僑委會選派民俗體育專長教師赴國外教學，深耕民俗體育活動，成爲臺灣文化輸出的現象，一時傳爲美談。

　　「民俗體育」類的派外文化老師，絕大多數是現任的國、中小教師，而且其專長不外是現行民俗體育競賽中的主要項目，諸如：踢毽、跳繩、扯鈴、彈腿等。在巡迴海外教學時，因面對尋找適當教材代表臺灣特色，以及學員學習的成效問題，發現臺灣民俗體育活動如經適當的編擬，改良周邊的器材後，能成爲具特色、生動有趣又簡單易學的體育活動，所以開始編擬代表臺灣特色的教材，如干樂教學[8]。在最近幾次「民俗體育」類派外教師所編擬的教材以及採購物品中，干樂的角色地位日益加重。爲更加了解派外教師的屬性及派外的情形，將教師的現職及派外時間、地區等列表如下：

---

[8]　干樂即是臺灣產出的TOP，中國稱「陀螺」，臺灣稱「干樂」，依世界各地的人文風情各有稱呼。見 Don Olney,TOPS,Running Press,Philadelphia,1993,p5。及（黃連發，1943：5）蔡伯期率先實施干樂教學，也熱心的推廣，提供教材教具給每個派外教師。每年一次的工作檢討會就成爲研習、討教的最佳場合。

表8-4 民俗體育類文化教師一覽表

編號	教師姓名	派外時間及地點	現職
1	丁俊美	2006年－美中、美南	臺北縣瑞芳國小
2	王錦士	1994年－歐洲	高雄市前金國小
3	何明政	2007年－歐洲二	臺灣省國術會
4	吳紹文	2006年－美東二	基隆中正國中
5	吳騰達	1997年－美中 1998年－美東　1999年－歐洲	臺東教育大學教授
6	呂永昌	1993年－南非　1994年－美中　1999年－美西	臺北市康寧國小
7	林昌湘	2002年－巴拿馬　2003年－歐洲　2006年－歐洲	青島國術館館長
8	邱文嶽	1994年－美東1995－關島、夏威夷1996－歐洲 1997－美西1998－美中　1999年－加拿大	屏東縣長興國小
9	高玉蓉	2006年－美東一	基隆市中正國中
10	高逸凡	2007年－加拿大	基隆市中正國中
11	張惠宴	2005年－美西、美中、美南	南投縣嘉和國小
12	張銘月	1994年－歐洲　1995年－美國、巴西 1997年－智利、阿根廷	臺南縣大橋國小
13	許芳瑾	2007年－美西	基隆市中正國中
14	許書維	2007年－美東一	高雄市三民國小
15	郭燉淪	1995年－馬來西亞　1996年－印尼 1997年－歐洲　1998年－加拿大	臺北縣鄧公國小
16	陳世文	1997年－印尼	臺北縣蘆洲國小
17	陳明德	1993年－休士頓　1994年－休士頓	宜蘭縣憲明國小
18	陳重佑	2004－美東	臺灣體育大學助理教授
19	陳傳宗	1990年－新加坡　1991年－南非　1999年－美中	臺北市中山女高教師
20	陳儀常	2006年－歐洲一	臺北市永春高中
21	陳慶宗	1999年－韓國　2000年－祕魯　2001年－美東 2002年－加拿大　2003年－尼加拉瓜 2004年－日本　2005年－日本 2006年－日本　2007年－巴拿馬	臺中傳練堂綜藝團團長
22	陳輝宏	1992年－阿根廷　1993年－斐濟　1994年－歐洲	高雄市楠梓國小
23	陳鐘金	1999年－馬來西亞	宜蘭縣順安國小
24	傅居幹	1992年－祕魯　1995年－澳洲　2005年－美東二	屏東市建國國小
25	黃哲雄	1993年－美東	嘉義市北園國小
26	黃雅輝	1993年－美西	臺北市北投國小

27	楊政宗	1992年－泰國1993年－阿根廷　1994年－馬來西亞	高雄市楠梓國小
28	詹益淦	1998年－歐洲	和平鄉達觀國小教師
29	趙禔	2002年－歐洲三　2007年－歐洲一	臺北市雨農國小
30	劉述懿	1998年－澳洲　1999年－美西	臺北縣瑞芳國小
31	潘衛儂	2002年－美西	南投縣大成國小
32	蔡伯期	1990年－韓國　1991年－澳洲　1992年－巴拿馬 1994年－美西	嘉義縣溪口國小
33	蔡季樺	2007年－美東二	臺北市百齡國小
34	蔡景昌	1991年－祕魯、巴拉圭　1998年－南非	高雄市楠梓國小
35	蔡榮捷	1994年－德國、英國　1996年－南非、馬拉威 1997年－加拿大1999年－法屬波里尼西亞－大溪地 2000年－美國東、西部　2002－歐洲	彰化縣民靖國小
36	鄭寶玉	1994年－加拿大2005年－南非	嘉義縣柴林國小
37	蘇建鴻	1998年－澳洲　2000－美中　2001－美東 2002－美西　2004－南非	彰化縣員林國小

資料來源：蔡榮捷整理自：歷屆「派外文化教師工作檢討會書面資料」、訪談派外教師資料、訪
　　　　　談僑委會二處社教科歷屆承辦人員與訪談志工洪文蘭老師等所得資料（蔡榮捷，2000：
　　　　　51-53）。

　　在僑委會派遣下，「民俗體育類派外文化教師」的海外教學，前往
全球巡迴教學民俗體育，海外華人子弟熱中學習民俗體育的盛況，實令人
感動，反觀國內學校中民俗體育的學習，在比例上日漸消落（吳騰達，
2000：26）。僑務委員會近年來更是持續推動「海外民俗文化種子教師培
訓計畫」，課程中持續向海外僑校的老師進行「臺灣民俗體育」的研習課
程，持續將臺灣本土的民俗體育活動散播到海外各地。

　　儘管如此，臺灣還是持續的孕育民俗體育的種子教師，相關的技術、
師資與教材也不斷的研發中。有了派外的刺激與相關的教學經歷，造就了
「民俗體育」類的派外教師們將民俗體育活動進行「教學實驗」的團體。
基於派外教師工作的特性，以及課程中以文化為國民外交的目的。在編擬
教材的同時，必須注意國外教學的高標準的「樂趣化」和「效率化」原

則，教學活動中要有如推銷商品般的將課程推出，並在最後將所教的課程編排成表演的節目，在成果發表會中表演。如此一套程序下來，因爲民俗體育教學的計畫容易有回饋的機會，所以豐富了民俗體育的內容和方法[9]，成爲日後鄉土教育普遍實施後的最佳民俗體育教材。

---

[9] 這是每個派外文化教師的共同體認，這些原則頗爲現實，要在極短的時間有成果，又要使學生保持一定的樂趣實在是很難，所以在選擇、編擬教材時均投入大量的心血。在巡迴世界各地時，一一接受考驗，故他們的成果可視爲一時之作，其中的佼佼者蔡伯期、陳明德、蔡榮捷等，後來都成爲民間教科書、民俗體育教科書或教學媒體的編輯人員，即爲明證。

第五節　民俗體育的評價

　　臺灣民俗體育的發展在中小學萌芽、生根、茁壯，但是早期所推展的主要項目並非出自於地方文化背景[10]，努力的方向也鎖定在參加比賽、爭取獲選出國演出為主，在這種工具性的思考下，連帶的影響到日後推展的方向而產生了一些問題。「民俗體育」或「傳統體育」在現今全球化的世界更顯得重要，所謂「文化國家主義」的觀念，更進一步確認在地文化獨特性與多元性的重要。在動態的文化展演上，民俗體育具有優異的條件，但是與大多數傳統技藝的困境相同，面臨著傳承的問題與質量遞變中取捨的問題。如何在既有的基礎上，檢視傳統精髓、衡量現況條件，將其融合而為現代社會中具特色且系統化教學的民俗體育活動，並展望為動態文化創意產業，為當今要務。

一、民俗體育在中小學發展的檢視

　　民俗體育發展一直以中小學的校園為主，民俗體育是由官方制定政策、研擬教材、指定課程後由學校推動[11]，並定期比賽，甄選團隊出國表演，是一種由上而下的推廣活動，直接又有效，的確為這段時期的民俗體育活動帶來生機，但另一方面也因為扎根淺短，很快的帶來政息事息的命運。以發展成功的案例而言，國民小學最為成功，小學比中學好，中學又比大專院校好。以發展項目及領域而言，在各項民俗體育比賽的項目中，

---

[10] 早期民俗體育競賽以踢毽子、跳繩、扯鈴、彈腿等為主，直到後來才有舞龍舞獅的競賽。
[11] 推動的主要對象原先集中在中小學，後來高中、大學的團隊才隨之漸增，師資、教材的研發仍以小學教師為主。

除彈腿外，較少社會組的參與，比賽時只有國中組、國小組和帶隊的中小
學教師組為選手，除此而外，少有其他社會各階層人士與會者。

綜觀民俗體育活動的發展有幾個重要的因素，首先是師資，而師資又
牽涉到熱誠、能力及動機。

在熱誠方面，學校教師負擔日常課務及各種行政工作，已顯吃力。尤
其在民俗體育如火如荼推動的年代，一個星期超過三十堂課也是常有的
事，中小學的課程安排緊湊，也無今日的彈性課程。二十多年的經驗看
來，絕大多數的民俗體育團隊帶隊老師（均是老師兼教練）都是憑著一股
熱誠，付出教育愛、給學生多元的成功經驗，來化解這些超額的負擔[12]。

在能力方面，大部分民俗體育的帶隊老師都不是體育相關科系畢業，
在師資培育機構也未修習相關民俗體育的課程，有些情形是師院沒開相關
課程，或是課程中不足以學得相關教學技能。或者，因為民俗體育項目繁
多，自己具備的能力不見得是學校所發展的項目，或是學校能提供的基本
條件不足。所幸當今小學師資，是師專時代全方位、能力本位角度所培養
的師資，重視藝能教學的養成，所以教授體育並不構成太大負擔。所以，
學校需要什麼或缺什麼，帶隊老師就得去克服。教學相長、現學現賣就成
為普遍的現象，有些成功的民俗體育帶隊教師，跟隨資深教練學，甚至跟
技能成熟的選手學的現象，俯拾皆是[13]。反之，在能力上無法做此在職進

---

[12] 練習的時間往往安排在升旗時間及接下來的導師時間（通常是7：50～8：30），有些是中午飯後的午
休時間（也許是12：40～13：30），或是放學後留校一至二小時（也許是16：00～18：00），技能的
學習又重在天天練習的程度（有些動作已牽涉到特技表演的層次），這樣分析下來，帶隊的老師平均
一星期得多出十堂課的上課時間，這其中又包括器材的管理、整修、採購，學生的管理、運動傷害的
預防及處理、醫護、家長的溝通及諮詢。小學教師並無超鐘點的津貼補助，也就是多出十堂課沒有多
領鐘點費。一連串的實務經驗談下來，吾人可知，在中小學帶隊的老師，除非行政上有特殊的安排，
否則，這些多出來的工作和付出是要自行吸收的。
[13] 只要有熱誠，在職進修、尋訪名師、苦練技能，又經過教材的編輯、教案的規劃整合經驗，在教材教
法的研究上就能精進，日後更為民俗體育領域的教材、書籍、教學媒體拍攝等提出重大的貢獻，這些
成為日後民俗體育教材，也豐富了這時期的民俗文化內涵，成為傳統再製、傳統再現的最佳代言人
（陳明德、蔡伯期、廖達鵬、蔡榮捷、傅居幹、楊政宗等人均為此間佼佼者）。

修、同步成長、教材教法編輯、統整教案者，很快就退居邊緣，造成現今民俗體育發展現況中，一直呈現點的散布，無法做到連成線、擴及面的成長。由北而南，基隆中正國中，臺北市弘道國中、西園國小、大安國小，臺北縣蘆洲國小，苗栗縣談文國小，嘉義市北園國小，嘉義縣溪口國小，高雄市楠梓國小[14]等，幾乎囊括所有比賽獎項以及歷屆國外民俗體育訪問團的表演，新興發展民俗體育的學校絕難染指。

　　在動機方面，民俗體育在學校的發展中，訓練學生、參加比賽、獲獎，成為基層教師獲得升遷管道的另一出路[15]。所以除了熱誠、能力之外，當局為鼓勵民俗體育的發展，定期舉辦縣級比賽，乃至規劃後來全國性的中正杯民俗體育競賽等，無非給選手們有競賽的舞臺，也給老師們有獎勵的機會，藉以累積服務積分。這個發展也帶來民俗體育的發展項目中，局限於能發展標準化的規則藉以競技的原因。是故，民俗體育的發展當中，基於比賽才能帶來實質鼓勵，而比賽需要標準化、公平的競賽規則，所以競技化的發展主導了臺灣民俗體育活動早期的型態，規則的發展與變遷形成重要的議題。

---

[14] 這些學校的付出難能可貴，教練團隊的付出更是出色，但也豎立起望之彌高的高牆，玩玩可也、樂趣化教學之部分可也、鄉土教育課程之一部分可也，與之競爭獎項、一較長短，則萬萬不可。

[15] 國民中小學老師升遷管道有限，在日積月累的班級教學中固然有人樂此不疲，但是隨著教學經驗的累積成長，想要一展抱負或是轉換教育行政跑道者，也不乏其人。早期由省政府教育廳所主辦的國中小校長、主任班甄選報考人數踴躍的情形，可見一斑。在考試資格的項目中，積分的因素占重要的部分，積分不夠初選中即被淘汰，根本無法進入複試參加筆試口試，而總分的計算中又算積分一次（約占加權計分的百分之二十～三十），積分中可以努力爭取的項目裡，記功、嘉獎、指導學生獲獎均占重要的比例。

二、臺灣民俗體育的質量遞變

　　臺灣民俗體育的推展初期只限於器材取得較易、較屬於個人技巧性的項目，而數百年來存在於臺灣社會具有在地性及傳統文化的廟會常見活動，反而未受到普遍的重視。其在文建會成立之後，配合重視地方意識的社區總體營造、重視傳承的傳統藝術教育等活動，開始以經費及獎勵措施鼓勵地方性的民俗體育活動。一時間，具臺灣味的各類身體活動如雨後春筍般出現，顯現出臺灣多元文化、生動活潑的一面，各類的身體文化活動加入臺灣民俗體育的一部分，這種可擴充性、包容性成為臺灣民俗體育活動的一大特色。「傳統再造」的議題漸受重視，未來我們將可以看到「臺灣民俗體育」活動，繼續以各種不同的型態呈現臺灣文化的特色，在型制、器材、理念上繼續呈現動態的發展。

　　傳承自中國民俗活動的臺灣民俗體育活動，在民國六十四年（一九七五）推動後，就吸附在臺灣社會所提供的基本條件下。最明顯的例子是改良竹製扯鈴而為耐摔尼龍扯鈴，在堅固耐用、價格低廉的條件下，盛況空前，直到現在都是臺灣學童學習民俗體育活動的首選。以器材、技術而言，傳自中國的扯鈴、踢毽子等民俗體育活動，兩岸的差距已經頗大，而自成風格。質量的遞變也同樣在本土的民俗體育活動中存在，以干樂（陀螺）而言，傳統型式的器材和施打方法已遞變為：大型干樂重達數百臺斤；小型干樂揚棄互相釘劈，而為特技表演（蔡榮捷，2000：28-29）。整體而言，物質層面的使用器具隨工藝技術的精進變化較大；在施打技術上，先是迎合標準化的競賽，後遞變為休閒與娛樂的表演型態；在理念上先是傳承中華文化，後融合為臺灣文化中，多元文化的動態表現之一環。

三、「民俗體育」的傳承與再造

　　「保存中華文化」曾是臺灣民俗體育的重要任務，過去中國的許多民俗活動，在臺灣地區大都有完好的保存遺跡，或者是配合臺灣當時情況的需要而創新的民間活動，今日則已成爲傳統的習俗（蔡敏忠，1980：2）。在多元文化的觀點上，我們可視爲臺灣推展的民俗體育活動，爲民國三十八年（一九四九）遷入臺灣的新住民保存了他們原有的文化傳統，並成功的融入了臺灣的社會當中，並適應臺灣的在地文化，使得傳統再造、質變量變並發揚光大。

　　臺灣的政治、社會及文化的變遷，對於民俗體育與鄉土體育[16]的發展是影響非常深遠的。由這些年政治的發展來看，政治的走向愈來愈民主，大家也愈認同自己居住的這塊土地，有關民俗體育與鄉土體育的政策也因爲本土化的緣故，從制定得不多到列入重要政策，可以說比以前重視多了。於是民俗體育慢慢遞變爲鄉土體育（張育羚，2005：141-143）地方性的、本土的體育活動，如舞龍、舞獅、宋江陣等，成爲各地發展的焦點。政府對地方的廟會、文化節與原住民傳統節慶的活動涉入頗深，也挹注了大量的經費，希望再結合在地化的鄉土文化特色，促進地方的觀光、產業等發展。這些作爲大大的改變了民俗體育的範圍、內容及實踐的理念，也降低了民俗體育競技化的程度，並提升了表演的成分，增加可看性與娛樂性。

---

[16] 依張育羚的說法：民俗體育與鄉土體育，並沒有學者眞正清楚的定義它，可以說是模糊不清，實際上主要是因爲他們有些部分是重疊的。但民俗體育與鄉土體育在層次上並不盡相同。民俗體育屬於國家、民族的體育，範圍較大；而鄉土體育則屬於地區的體育，由人民自發的，各地有各地的特色，故範圍較小（張育羚，2005：141-143）。

四、臺灣民俗體育的展望

　　民俗體育的發展隨著臺灣社會文化的變遷，在各個階段均面臨不同的問題。在相關的研究中，許多學者專家也都提出民俗體育發展的相關問題與觀察，其相關的議題如下（蔡宗信，2000：9；徐元民，1999：3；蔡榮捷，2006：269-270）：

1.民俗體育的傳承，保存固有與去蕪存菁的理念和實踐，應平衡。
2.民俗體育相關教材教法能在現今的九年一貫課程「健康與體育領域」中，融入系統化的教育活動中實施，甚或成為學校本位課程之一部分。
3.體育師資培育機構能有民俗體育相關技能的養成。
4.民俗體育結合相關文化節慶與產業活動結合，在社會活動中注入活力。
5.重新檢視傳統運動的價值，並平衡競技運動取向與全民運動取向間的政策指導和實施。

　　在這些觀察下，民俗體育發展所面臨的問題：在政策上必須平衡普及化及競技化；並持續精進教材教法與培育師資，使得基層教師、教練等有所依據；設計推廣活動與獎勵措施，並結合各類社會藝文活動以持續推廣的熱度；繼續研究傳統體育的本質，方能探究從事民俗體育的價值，邁向永續經營的目標。我們固有的、傳統的、本土的體育活動之保存與傳承，必須賦予文化的觀點看待之，提供它富有生命力的人文關懷，方能持久，且具價值。

　　另外，以行銷與經營管理的觀點，擬定民俗體育行銷企畫，促使全民了解民俗體育，創刊民俗體育專屬刊物或與主流媒體合作，爭闢民俗體育專欄宣導民俗體育等（錢慶安與何建德，2002：146），將有效的帶領臺灣民俗體育活動走出中小學校園，到現代社會的軌道中而行。

結 語

　　回溯過往歷史，放眼國際，臺灣已由農業社會演進到工業化社會，正式邁入現今之資訊化時代。時代進步，體育教育亦不斷推進中，戰後臺灣學校體育、社會體育、運動競技、國際體育、運動設施、體育學術研究、休閒運動產業及民俗體育各領域，都歷經相當程度的演進、變革與發展，茲綜論如下：

　　一、就臺灣戰後學校體育而論，從國家主義轉向個人主義發展，原來「強身強國」的國防或「爲國爭光」的外交工具，轉而成爲人本教育理念，藉以掌握運動樂趣，追求自我實現，充分發展身心，養成終生運動的習慣。而今，伴隨著高度科技化、自動化、網路化及電子化步履，人類身體活動的型態，及人與人之間藉活動以互動的模式，必然受到相當程度的影響。爲因應臺灣學生面臨科技文明高度發展的衝擊，學習和成長環境的劇變，以及尋求人文自然科學的發展等因素，學校體育的政策必須契合國家當時情勢，並隨著環境加以調整，且朝向正面與健康的發展方向。此外，爲配合課程鬆綁的改革趨勢，各級學校體育課程自主空間加大，亦趨向活動化、健身化、樂趣化、休閒化及多元化等方向發展，因此各類型之體育活動、運動競賽、團體活動及健身運動等內涵，必然有結合課程規劃延伸的空間。尤其隨著國民所得及生活水準提高，人們對於重視健康的觀念逐漸興起，影響所及，各體育師資和人力養成單位莫不積極修改專業課程，期使能符合重視專業養成的教育環境。在回歸本質目的的人本化、多元化、鄉土化與民主化發展的同時，期望未來的學校體育帶給學生的是包含健康體適能的提升、身體運動能力的精進、人際溝通協調的強化，及合群互助精神的涵養等全人教育。

　　二、回顧臺灣戰後社會體育的發展，從民國三十八年（一九四九）中央政府播遷來臺，動員戡亂時期爲反攻大陸所實施的體育軍事化，以及之後爲回歸教育本質的體育教育化，到現階段以「競技運動」和「全民運動」雙軸並進爲主要的體育政策，國家的體育政策一直隨著社會氛圍

的改變而愈加精進。學校提供休閒活動，配合辦理社會教育、社區發展等項目，增進與社區居民結合的政策，起始於民國五十四年（一九六五）行政院頒布「民生主義現階段社會政策」的實施方針，於民國五十七年（一九六八）訂定「臺灣省社區發展計畫」；民國六十四年（一九七五）頒布「各級學校開放學校場所實施要點」；地方政府有如臺北市亦訂定「臺北市立各級學校校園開放實施要點」[1]。這些法令政策使學校提供社區民眾正當的休閒場所，充實社區民眾之育樂生活，以改革社會風氣。誠如鄭志富所提，學校運動場館若能透過有效的開放與管理，當可提供國人更多休閒空間，對於全民運動推廣、社會風氣導正以及生活品質提升，當有其具體成效與貢獻[2]。因為社會體育是學校體育的延續，它能彌補學校體育之不足，以學校體育為基礎，推展到社會，進而蔚成風氣，促進全民運動，這乃是體育的終極目標[3]。尤其近幾年，隨著臺灣各地大型場館的興建，如桃園巨蛋、臺北小巨蛋，以及近日完工的高雄世運會場館，在舉辦完大型賽會後，如何善加利用，讓國民有更多參與休閒運動的機會和場域，是未來體委會以及有關單位必須努力的重點。透過國際運動組織對於各項目運動規則的統一與全球化，運動得以在世界各個角落蓬勃發展，成為人類生活中重要的一部分，人們透過運動的參與，維持身體與心理的健康，全民運動的理念被提出，並廣為各國視為推動運動事務的主軸。一九八五年國際奧會亦成立了全民運動委員會，終身運動、休閒運動及樂趣化運動，漸漸成為競技運動外的主流體育運動思想，全民運動已經成為世界的潮流。

---

[1] 李晶，〈學校所提供的休閒活動在社區中扮演的角色〉，《國民體育季刊》，29(4)，(2000)：頁83-87。
[2] 鄭志富，〈學校運動場地設施經營管理策略之研究〉（1997）。2007年8月15日取自http://www.ntnu.idv.tw/jeff/page_02/004.pdf。
[3] 謝應裕，〈學校體育在推展全民運動之重要〉，《國民體育季刊》28(1)(1999)：頁139。

　　三、臺灣運動競技的成就，常取決於主管體育行政單位的團體戰力，從我國在奧運會的成績來看，明顯地反應了這樣的現象。主管體育的行政單位歷經教育部國民體育委員會、教育部體育司及行政院體育委員會，因主管層級的提升，經費更為充裕，組織制度更臻完善，行政更有效率，所以二○○四年能獲得兩面奧運金牌，達成奧運會奪金的期望，實非偶然。其實運動競技有其政治目的，一為增加臺灣在國際上的能見度，二是可以提振民心士氣。中央政府遷臺後，由於外交的困境所致，對於有體育聯合國之稱的奧運會，自然不可輕易放過。然而，在體委會成立之前，就政策面而言，並沒有認真地將運動競技視為重要的一部分，以致行政層級太低、經費短缺、行政組織紛亂，運動競技成績不盡理想，然而，體委會成立以後的穿金戴銀是否真有上述兩種功能，似乎有待商榷，因為投注在棒球、射箭、跆拳道、舉重等運動項目，在國際上都過於冷門。為速求奧運會金牌是可以理解，但是就上述的政治目的而言，顯然成效太低。再則，不論過去或現在，政府對於運動競技的獎勵措施有二，其一為輔導就學就業，其二為提供獎金，前者讓選手取得資格後不再練習，後者奧運會金牌獎金一千兩百萬高不可攀，使得獎勵措施無法發揮最大的效用。此外，國人似乎表面關心運動競技，其實不然。有幾個面向可見其端倪，諸如：國民體育法的訂定，立意良善，但一直不敢加入強制性的罰則；多數企業不願意投資運動競技團隊的訓練；運動比賽除了少數運動盃賽外，觀眾少得可憐；職業運動觀眾過少，球團難以維持；社會價值對運動員普遍評價不高等。在這樣的情況下，縱然有體委會的層級，想要吸引選手或教練真心投入訓練，仍有其盲點。如何從根本來提升運動員的價值，值得深思。

　　四、就國際體育的發展而言，受到種種因素的影響，我國體育運動交流之發展，能否融入世界的潮流，依舊需要政府與民間關心與付出。一九八一年之後，臺灣就以「中華臺北」的名稱參加國際各項賽事，而使用的會歌和會旗亦非我國的國歌和國旗，這是國際政治現實下，不得不接

受的妥協。隨著中國國際影響力的增加,可以預期臺灣在未來國際體育交流事務上,所面對的挑戰日益嚴峻。雖然國際情勢的發展對臺灣或有不利,國人卻不能因此氣餒,畢竟國際體育運動交流的推動,將能幫助臺灣走出去,讓世人更了解臺灣。因此,為提升我國在國際上的知名度,臺灣應該嘗試申辦一些重大的國際性比賽,對於國際間之體育運動相關事務應該積極參與,多邀請國際重要人士來臺灣參加體育運動會議或是學術研討,促進各方實質交流。此外,強化我國選手運動比賽的實力也是刻不容緩,當國際社會礙於中國因素,無法給予臺灣正面支持之際,唯有突破自己,以優異的運動成績在國際上展現臺灣,自然能贏得國際的肯定與認同。而臺灣旅美大聯盟投手王建民即是最佳的範例,本身球技的提升,加上媒體大幅度的報導,名聲很快的在美國紐約當地傳開,很多人因王建民而知道臺灣,其國際宣傳之效果無法估量,而這也是推動國際運動交流最具魅力之處,更是政府與全民必須積極面對的重要課題。

五、回顧臺灣運動設施的發展,從臺灣割讓給日本,到國民政府光復臺灣實施戒嚴、解嚴直到現代,隨著不同統治者的歷史時代背景與社會環境的變遷,而不斷的演進與建構。由日本殖民者同化、臣服教化下導入的體操科公學校相關體育設施,為臺灣體育運動設施的開端,到光復初期主要運動設施都以學校體育教學為主。一九七〇年代中期以後,隨著經濟性基礎建設的逐漸完成,政府開始重視各縣市社會、文化基礎設施之興建,大型運動場館陸續的興建完成。一九八〇年代彰化縣舉辦區運起,各縣市紛紛以舉辦區運做為爭取興建大型運動場館;再加上政府經費補助的充裕,運動場館的建設規模也大幅擴張,此期間運動賽會的舉辦,對運動設施的增建與整修影響甚鉅。一九九〇年代以後,因為政府面臨必須照顧更多的社會需求,以及財務日益拮据的兩難窘境,許多公共運動場地設施管理維修經費龐大與疏於維護,面臨了嚴苛的批判以及檢討,因而導入企業化經營管理的理念,朝向多元化、國際化、專業化方式邁進,期能以最少

的經費做最有效率的運用，整合資源，規劃成區域運動園區，除可提供全民運動之用，並可積極爭取國際運動賽會在臺灣舉行，提升競技水準與塑建國家健康新形象。

六、臺灣體育學術研究方面，於一九四五至一九七○年間尚處起步摸索階段，體育系所少，研究者亦少；加上研究所需的儀器設備、經費俱不足，使得體育學術研究的質量均不高，多半是翻譯的文章或是介紹各國的研究成果。到一九七○至一九九○年間，臺灣師範大學體育研究所培育體育學術研究人才，逐步見到成果。經濟條件躍升，所需的儀器設備逐步獲得改善，所以研究方法、研究題材也日趨完善，研究風氣逐漸形成。此時，教育部體育司的成立，以推動體育學術研究爲重要的政務之一，在經費上補助體育學會及大專體育總會推動學術研究，使得臺灣的體育學術研究在此時期有長足的進展，當時體育學術研究不論在論文的選題、研究方法或是過程皆有可觀之處。而論文的數量上也因研究人員多，研究的環境獲得改善而增加很多。一九九○至二○○六年間，由於體育相關系所數量大增，其中包括新增、轉型、改名的系所，培育研究人員多，經濟條件佳，研究所需的儀器設備、研究方法、學術論文的數量大增，是本時期的特色之一。各系所、學門競相舉辦體育學術研討會，出版體育期刊論文，但品質似未隨量多而提升。投稿論文登載率高，參與的研究生及讀者卻未增加。舉辦的成效如何？值得探究。再者，受政治環境的影響，強調臺灣主體性的相關研究，也是本時期的特色。

七、臺灣休閒運動產業，特別是休閒運動用品製造業，經歷了從OEM、ODM，一直到 OBM 等三種工業型態的演變，在國際的市場上占有舉足輕重的地位。隨著世界的潮流與社會快速的變遷，加上全球化的趨勢與高科技的應用，不但縮短世界每一個角落的距離、改變人們生活的方式，而且加速臺灣休閒運動相關產業的發展。回顧臺灣自一九七○年代開始不斷累積的能量，創造出驚人的經濟奇蹟，因而改變日常生活及消費的

型態。當然，最近十年來，所得增加、生活水準提高、知識成長等，一般人民對於運動、休閒、健康相關的議題逐漸重視，休閒運動產業的轉變，從外銷到內需，已成為主流產業。有鑑於臺灣休閒運動產業蓬勃發展，其專業人力的供需與培養，為近十年來高等教育體系逐漸重視，且成為發展目標之一。自一九九五年（民國八十四年）真理大學成立臺灣第一所運動管理學系以來，休閒運動相關系所便如雨後春筍般出現。到了二〇〇七年（民國九十六年）一百六十三所大專院校中設有休閒相關系所已經高達一百零一校、四百九十所，其中運動相關科系有一百二十七所，觀光相關科系有三百六十三所**4**。儘管如此，臺灣休閒運動產業的發展還是會受到國際整體大環境的影響，如全球化的趨勢、知識經濟時代的來臨、臺灣加入WTO 的效應等三個趨勢與挑戰**5**，將會持續的衝擊休閒運動相關產業。因此，相關的產、官、學三方面的學者專家，必須積極尋求因應之道，順應變遷，才能延續臺灣休閒運動產業的競爭力。

　　八、民俗的、傳統的體育活動，在現代社會中有其價值及日後發展的遠景，也有成為文化產業及觀光、休閒的趨勢。傳統體育根植於地方的傳統文化，因為地域及人文社會條件的差異而局限於某個地區，在發展、傳播上有許多限制。在全球化的當下，理念與價值觀的交流頻繁，人們往來更加便利，使得學習或欣賞其他民族傳統運動的機會大增，進而達到以體育活動為文化傳播載體的目的。如此，更能達到「重新找回奧林匹克精神，以追求世界和平之夢」的理想。在西方體育當道、席捲全球時，也意味著某種程度的文化侵蝕與傳統運動傳承之不易，民俗體育在此時更是彌足珍貴。特別是基於觀光的經濟考量以及文化特色的表現，傳統體育更是

4　教育部統計處，大專院校科系別概況－95學年度，http://www.edu.tw/EDU_WEB/Web/STATISTICS/index.php。

5　蘇維杉，《運動產業概論》，頁210-234。

文化載體中重要的一環。當此時，臺灣民俗體育的發展，奠基於臺灣歷史文化的多元與兼容並蓄，在身體活動的領域中表現特色，將成為日後持續推展的動力。

　　九、本書因受篇幅所限，未能將原有規劃中之臺灣各種運動項目史，包括各種運動的引進與發展史、各運動協會組織沿革、運動賽會史、運動技術演變史、運動比賽制度史、規則演變史、體力訓練史、運動家史等列入，應可列為下次繼續編輯之重點工作。

附錄

戰後臺灣體育大事紀（一九四五～二○○九）

年代	大 事 紀 要
1945	・八月十五日臺灣「光復」。 ・省教育處將總督府臺北、臺中、臺南師範學校改為臺灣省立師範學校，在新竹、屏東所設預科改為臺中、臺南師範學校分校。 ・八月二十五日「臺灣行政長官公署教育處」，頒發「臺灣省師範學校普通師範科等暫行教學科目及各學期每週各科教學時數表」。 ・八月三十日臺灣省行政長官公署教育處籌組成立。 ・九月四日臺灣行政長官公署在重慶舉行第一次政務會議，並決定到臺接收應做到「行政不中斷、學校不停課、工廠不停工」三原則。 ・九月二十日國民政府公布「行政長官公署組織條例」，在行政長官公署下設教育處。
1946	・一月五日改定國民學校義務教育為六年制；改正全省國民學校名稱。 ・六月五日成立臺灣省立師範學院（後來改制為臺灣師範大學），設立三年制體育專修科。 ・臺灣省立師範學院招收中學畢業生，四年制專修科一班，新生二十二人。 ・第一屆臺灣省運動會在臺灣大學操場舉行，運動設備與場地非常簡陋。 ・第一屆省運棒球賽。
1947	・八月臺灣省立臺北師範學校成立體育師範科。 ・五月行政長官公署改組為省政府，教育處改為教育廳。 ・行政院衛生署改為衛生部。 ・第一屆臺北市市長盃軟式棒球賽。
1948	・八月臺灣省立師範學院改體育專修科為體育學系，擴充四年制體育專修科為五年制體育學系一班（十八人）。 ・第一屆「臺北市銀行公會棒球賽」。 ・第一屆全省「協會盃」及「金像獎盃」棒球賽。
1949	・中華全國體育協進會在臺復會。 ・五月「衛生部」改為「內政部衛生署」，八月改為「內政部衛生司」。
1950	・六月十五日訂頒〈戡亂建國教育實施綱要〉，以為反共復國時期教育設施之準繩。 ・八月臺灣省立臺南師範學校成立體育師範科。 ・臺灣省政府衛生處借調技正一名兼任教育廳衛生督學，訂定「臺灣省各級學校教職員健康檢查辦法」。

1951	・臺灣省立師範學院體育學系創刊《體育研究》季刊。 ・訂定「臺灣省各級學校教職員結核病給假療養辦法」。
1952	・第一屆臺灣省中等學校運動大會。 ・訂定「臺灣省中等學校衛生設備最低標準」。
1953	・救國團成立「體能訓練委員會」。 ・先總統 蔣公於民國四十二年（一九五三）手著〈民生主義育樂兩篇補述〉，開創「全民運動」的先聲。 ・《今日體育》出刊。 ・臺灣第一家運動健身俱樂部成立，以服務美軍為主的單店式型態。
1954	・七月教育部恢復設置「國民體育委員會」，下設「學校體育組」、「社會體育組」、「研究實驗組」。 ・教育部鑑於體育工作亟待推展，恢復設置「國民體育委員會」。 ・臺灣第一次參加亞運會，獲二金四銀七銅。 ・訂定「各縣山地衛生所協助當地國民學校辦理學校衛生工作實施要點」及「臺灣省各級學校健康檢查辦法」。
1955	・臺灣省立師範學院改制為臺灣省立師大學，體育衛生教育學系隸屬教育學院。增設三年制體育專修科。 ・救國團實施中學生的團體體能測驗。 ・成立「臺灣省衛生教育委員會」。
1956	・救國團公布實施「青年體育獎章頒授辦法」，將民眾分為青年、健兒、武士、英雄、青年救國等五級分區辦理。 ・第一屆臺灣省中等以上學校運動會。 ・訂定「臺灣省國民中等學校整潔與秩序考核辦法」，修正「臺灣省學校傳染病預防規則」。
1957	・大專院校體育總會成立。 ・試辦供應學生午餐。
1958	・國民體育委員會遭到裁撤，停會期間，體育行政工作由社教司代理相關業務。 ・八月臺南師範學校體育師範科停辦。 ・第三屆亞運會，獲六金十一銀十七銅。 ・第一屆全省「主席盃」棒球賽。
1959	・訂定「臺灣省學校教職員工肺結核防治辦法」。
1960	・楊傳廣於羅馬奧運會中，勇奪十項全能運動銀牌，為華人首次贏得獎牌，也讓臺灣耀眼國際。

1961	・五月「國民體育委員會」再度復會，重新掌理全國體育業務。下設學校體育組、社會體育組、研究實驗組三組，並聘請二十七位資深的教育及體育專家爲委員，規劃與推動體育政策。 ・六月十二日臺灣省立體育專科學校創辦。 ・臺北師範學校體育師範科停辦。 ・「臺灣省立體育專科學校」成立。 ・中華民國學校衛生學會成立。
1962	・公布國民小學體育課程標準。 ・修訂完成公布的中學體育課程標準（含初級中學和高級中學課程標準）。
1963	・中國文化學院（現中國文化大學）設體育系。
1964	・教育部修正公布「專科以上學校體育實施方案」。 ・響應全民運動的號召，從 AAHPER 體適能測驗項目中，選擇折返跑在臺北市二二八公園進行市民測驗。 ・東京奧運會聖火傳遞首次來臺，也是奧運史上聖火第一次在我國點燃，意義非凡。 ・訂定「臺灣省各級學校衛生教育實施辦法」。 ・三到六年級的體育遊戲課程中，加入「跳繩遊戲」，做爲體育教材。
1965	・十二月二十七日臺灣省政府舉行的省府例會中，決議利用臺東師範學校的校舍設備，設立「省立臺中體育專科學校臺東分校」。 ・東京奧運會成績欠佳，教育部提出「發展國民體育五年計畫」。
1966	・教育部公布「各公私立中等學校體育成績優良學生保送升學辦法」。 ・第五屆亞運會獲五金四銀十銅。 ・訂頒「臺灣省國民中等學校加強推行環境衛生及生活教育實施辦法」。
1967	・八月臺灣省立臺東師範學校改制爲五年制師範專科學校，成立「國校體育師資科」。 ・臺灣省教育廳規劃學生體能測驗，測驗項目爲五十公尺、立定跳遠、耐力跑、握力、引體向上、穿梭跑、仰臥起坐、體格測驗等，選定全省二十三所中小學，舉行抽樣測驗。 ・「臺灣省衛生教育委員會」改名爲「臺灣省學校衛生教育委員會」。
1968	・實施九年國民教育，以提升國民的素質。 ・教育部根據行政院頒布〈九年國民教育實施綱要〉，訂定「國民小學暫行課程標準」及「國民中學暫行課程標準」。 ・八月臺北市立體育專科學校成立。 ・教育部頒定「發展全民體育、培養優秀運動人才實施方案」。 ・「臺北市體育專科學校」成立。

1968	・教育部提出「發展全民體育培養優秀運動人才實施方案」，是中央政府開始有明確的體育政策之始。 ・紀政於一九六八年墨西哥奧運上，以十秒四成績打破女子八十公尺跨欄奧運紀錄，並獲得銅牌，也成爲我國奧運史上第一位獲得獎牌的女選手。 ・臺灣省各縣教育科，改組爲「教育局」，並在旗下設立第四課（體育保健課）。
1969	・輔仁大學設體育系。 ・進行二十五歲以上國民的五十公尺快跑、立定跳遠、俯地挺身、四十公尺折返跑等體能測驗。 ・四月教育部爲發展全民體育，乃飭令臺北市政府教育局及臺灣省政府教育廳，應於文到三個月內，將省、縣（市）、鄉、鎮等各級國民體育委員會籌組完成，以發揮行政督導功能。 ・第一屆大專院校運動會。 ・大專院校體育總會暑假辦理體育學術研討。 ・教育部國民體育委員會恢復發行《國民體育季刊》。
1970	・五月十六日臺灣師範大學奉准成立體育研究所碩士班。 ・四月臺灣省國民體育委員會對全省各中等學校實施體育抽考，辦理中小學生的體能測驗。 ・四月教育部針對十至十八歲，共八千六百八十二名男女學生進行基本體能測驗，項目是五十公尺快速跑、立定跳遠、一千公尺、引體向上、折返跑、壘球擲遠。 ・八月教育部召開第五次全國教育會議，其中有關社會體育政策之方針爲「增設各縣市體育運動場所，且各級學校及體育設備應配合社區體育活動，以促進全民體育之發展」。接受會議的結論與建議，建議於教育部增設體育司，統籌體育相關業務。 ・第六屆亞運會獲一金五銀十二銅。 ・全國大專運動會正式脫離臺灣省中等以上學校運動會獨立主辦，承辦單位由各大專院校輪流舉辦，對臺灣運動設施建設有相當的建樹。 ・臺灣師範大學設立體育學系碩士班。 ・訂定「臺灣省各縣市國民小學護士保健員遴用及訓練辦法」。
1971	・九月全面修訂國民中學課程標準。 ・教育部體育司舉辦標準體能測驗，分區取樣七十二所國民中小學校，約兩萬兩千人。 ・內政部衛生司改爲行政院衛生署。 ・舉辦「臺灣省民間遊藝競賽」及「民間遊藝社會處講習班」。

1972	・公布國民中學課程標準。 ・中華民國體育學會在臺復會。 ・裁撤「臺灣省衛生教育委員會」。 ・臺灣省政府教育廳第六科下設「衛生教育股」，訂定「臺灣省腸內寄生蟲防治計畫」。
1973	・體育司成立，延攬當時旅美學人蔡敏忠博士返臺首任司長之職。 ・教育部修正公布「高級中等以上學校體育實施方案」。 ・體育司擬定發展體育五年計畫，並致力於學校體育、社會體育、國際體育和體育研究發展為推展之工作目標。 ・各級民間運動團體或組織，在教育部的輔導下，全面改組為「中華民國體育協進會」、「中華奧林匹克委員會」及全國性之各種運動協會，積極強化領導階層、健全組織、加強訓練和辦理運動競賽等活動。 ・體育司成立，中央及省市政府成立體育主管機關前後，均各訂轄區發展計畫，並強調體育場地設備之擴建與充實。因此，各級學校的運動場、體育館、游泳池及各類球場逐年興建。縣市較具規模之綜合運動場亦配合臺灣區運動會陸續擴建。 ・臺灣省政府公布「臺灣省各級學校衛生教育實施辦法」。
1974	・第一屆臺灣區運動會。 ・國防部提出「國軍長期培養運動人才實施規定」。 ・第一屆臺灣區中等學校運動大會。 ・「中華民國營養學會」成立。
1975	・著手修訂國小課程標準。 ・「民生主義現階段社會政策」中全力推行「社區體育」，積極充實運動設備，此乃政府推展全民運動最早規劃。 ・成立預防醫學研究所，訂定「臺灣省學生團體平安保險辦法」。 ・六月教育部「普遍推行民俗體育活動」，並列入各級運動會比賽或表演項目。 ・八月在省立體育場，舉辦民俗體育活動跳繩、踢毽子指導人員研習會。 ・十月謝東閔主席在省府委員會中指示，應普遍加強推行民俗體育活動，包括踢毽子、放風箏、跳繩等項目，經研訂實施要點，積極推行。 ・十二月由教育廳五科主辦、省立體育場協辦，調集臺灣區各級學校有關教師，到臺中省立體育場參加民俗體育研習會。
1976	・訂定「推展全民體育重點實施計畫」，甄選社區、工商團體、體育場三類型共八個單位，試辦全民運動觀摩會，成效良好。 ・成立左營國家運動訓練中心。 ・臺灣省政府教育廳委託中華民國學校衛生學會研訂「學校衛生法」。

1976	・選擇踢毽子、跳繩等項目，列為各中小學課間活動（國小）或課外活動或指定「運動作業」之項目。 ・國小三年級以上應測驗其連續踢毽子及連續跳繩（單或雙足均可）之次數，並記錄統計次數存校備查。
1977	・教育部體育司頒布「改進國民小學體育實施計畫」。 ・瓊斯盃國際籃球邀請賽開始舉辦，除一九八九年因中華體育館火災及二〇〇三年SARS 疫情分別停辦外，每年都吸引眾多的觀眾球迷到場觀看比賽。 ・六十五年冬令自強活動體育研討會，民俗體育列為研討之項目且廣泛介招。 ・委請中華電視臺製作中國民俗體育影片，將跳繩、踢毽子、舞龍、舞獅、滾鐵環、放風箏、划龍舟等民俗運動之起源、運動方法與功效加以介紹，分送國內、外有關單位放映宣傳。
1978	・教育部委託國立臺灣師範大學規劃和執行辦理國民體育獎章，用以評量國人的速度（一百公尺或曲折跑）、心肺耐力（視年齡擇其一，八百公尺、一千兩百公尺、一千五百公尺、兩千四千公尺、三千公尺）、肌力與肌耐力（引體向上或仰臥起坐）、瞬發力（立定跳遠或立定三次跳）與協調性（壘球擲遠或手球擲遠）等項目，最後依測驗成績，針對少年、青年、壯年、中年以及忘年五組須發金質、銀質、銅質獎章。 ・成立藥物食品檢驗局，開始進行「學校衛生法」的草擬工作。 ・六十七年督導省市政府教育廳局舉辦民俗體育活動競賽。
1979	・高雄市改制院轄市，教育局設置「體育科」。 ・二月七日，教育部公布「師範教育法」。 ・行政院推出「積極推展全民體育運動計畫」和「加強推展社區全民運動實施要點」，目標定為全民體育和培養運動人才兩項。 ・教育部頒布「長期培育中小學優秀運動人才實施要點」。 ・體育學會發行《體育學報》（年刊）。 ・中華民國衛生教育學會成立，中華民國兒童保健協會成立。 ・寶成國際集團開始代工製造當時世界最大的運動鞋業 Adidas。
1980	・七月臺北市教育局內設立「體育科」。 ・體育司增置專業人員一名，辦理學校衛生工作，臺北市政府教育局第五科下設「衛生保健股」。 ・大專院校休閒運動管理相關課程開始萌芽。 ・核定公布「積極推展全民體育運動重要措施實施計畫」，積極推展國術及民俗體育訓練中心。

1981	・一月臺灣省教育廳設置「體育科」。 ・第一屆世界運動會,獲一金一銀一銅。 ・大專體育總會發行《大專體育》雙月刊。 ・臺灣省政府教育廳成立體育科,下設學校體育股、社會體育股、學校保健股。 ・舉辦「民俗藝術大展」,「民俗技藝」在活動中的表演居要角,反應熱烈。 ・組派中華民國青少年民俗運動訪問團,開展國民外交的任務。
1982	・二月十九日頒布「臺灣省國民中小學體育課循環教學實施要點」。 ・研擬修訂國中課程標準。 ・臺灣省政府開始舉辦勞工運動會,各縣市都組隊參加。 ・維他露公司為了響應政府的「全民運動」政策,決定在公司所在地臺中市舉行最適合全民運動的路跑比賽,開啟了迄今連續二十六年不曾中斷的「舒跑杯」。 ・重修「國民體育法」。 ・教育部、內政部、行政院衛生署發布「學校衛生保健實施辦法」。 ・臺灣省中小學加強體育設施工作要項中,第五項為普遍推展民俗體育活動,暫以跳繩、踢毽、放風箏為重點,鼓勵學生利用課間、課餘加強練習,舉辦班級性比賽,並配合美勞工藝課時間製作風箏及毽子。 ・訂頒「臺灣省改進國民教育新措施」,規定:臺灣省國民中小學……體育活動除一般體育外,應特別提倡民俗體育(如踢毽子、跳繩、放風箏、舞獅、舞龍等)。 ・修正公布之國民體育法第三條:國民體育,對我國固有之優良體育活動,應加以提倡及推廣。 ・公布「文化資產保存法」,民俗體育有必要設置研習班或傳授班來加以推廣。 ・二月十日「中華民國民俗體育運動協會」成立,參加中華民國體育運動總會,接受中華體總輔導與指導。
1983	・師資培育法公布。 ・公布實施國中課程標準。 ・配合高級中學法,修訂高級中學課程標準。 ・教育部「長期培養大專院校優秀運動人才實施要點」;教育部「教育部中正體育獎章頒發要點」和「教育部國光體育獎章頒發要點」。 ・訂頒「中國傳統技藝般實施計畫」,訂定實施計畫,設班展開各項研習活動。
1984	・公布「教育部中正國光體育獎章頒發要點」。 ・漢城奧運會蔡溫義獲舉重銅牌。 ・訂定「加強維護及發揚民俗藝術實施要點」,加強國民對民俗藝術的體認與傳承意願。

1985	・教育公布「學校專任運動教練實施計畫」。 ・第二屆世界運動會，獲三銀一銅。 ・發布國民體育法施行細則第三條：所稱我國固有之優良體育活動，指國術及民俗體育活動。
1986	・教育部修正高中、高職規程，明令訓導處下設「衛生保健組」。 ・臺灣休閒運動產業後發展期開始。 ・擬定「加強文化資產與觀光事業結合實施計畫全國行政會議」。
1987	・八月五年制師範專科學校升格為師範學院。 ・國立體育學院成立，並設立體育研究所。
1988	・教育部「國家體育建設中程計畫」。 ・漢城奧運，我國桌球女單選手陳靜贏得女單銀牌。 ・政府推動國家體育建設中程計畫。
1989	・一月成立「國民小學課程標準修訂委員會」。 ・成立「國民中學課程標準修訂委員會」。 ・體育司推出為期四年的「國家體育建設中程計畫」。 ・中華民國體育協進會改名為中華民國體育運動總會。 ・「重點運動項目發展學校」的政策停止，改以聯賽制度。 ・「中華職業棒球聯盟」正式成立。 ・第三屆世界運動會，獲四金。 ・臺灣省教育廳配合行政院推展全民運動，提出五百億元「一縣一場、一鄉一池、一校一館」大計畫。 ・國立體育學院設立運動科學研究所。 ・成立檢疫總所。 ・寶成國際集團與 Nike 建立代工合作關係。
1990	・成立「高級中學課程標準修訂委員會」。 ・國立體育學院成立「中華民國體育運動總會北部運動訓練中心」。 ・臺灣重返第十一屆亞運會，獲十銀二十一銅。 ・臺灣師範大學設立體育學系博士班。
1991	・參加世界大學運動會，獲一金。 ・政府推動國家建設六年計畫充實運動場地計畫。 ・教育部成立學校衛生教育委員會，中華民國性教育學會成立，訂定「加強藥物教育計畫」。 ・將國民中小學推展傳統藝術教育列為其業務重點，補助項目在傳統雜技中列入戲法、舞獅、舞龍、車鼓、宋江陣、跳鼓、國術、扯鈴、跳繩、踢毽子、民俗特技或民俗體育及其他傳統雜技。

1992	·教育部體育司實施爲期五年的「提升國民體能計畫」。 ·巴塞隆納奧運會，獲棒球銀牌，跆拳道示範賽我三位選手羅月英、童雅琳及陳怡安分別獲得三面金牌。 ·成立「臺灣省政府教育廳學校衛生教育委員會」。
1993	·九月，公布新的國民小學課程標準。 ·第一屆東亞運動會，獲六金五銀十九銅。 ·參加世界大學運動會，獲三銅。 ·第四屆世界運動會，獲二金四銀三銅。 ·臺北師範學院及屏東師範學院設立體育學系。 ·中華民國學校衛生護理學會成立，教育部訂頒「大專院校健康教育中心設備標準」。 ·行政院衛生署訂頒「國民保健四年計畫」。 ·行政院衛生署訂頒「衛生白皮書」。 ·豐泰企業與 Nike 共同研究 SOTAP（State Of The Art Production）專案。 ·公布「國民小學課程標準」將民俗體育納入體育、團體活動及鄉土教學活動等科目中。
1994	·訂頒「改進特殊體育教學計畫」，進行國內適應體育教學現況的各項調查。 ·四月十三日公布實施「國民中學課程標準」。 ·一月五日公布「大學法」。 ·召開第七次全國教育會議，體育被編在「推展全民體育」一組，政策包含有效運用社會資源，落實全民體育運動。 ·臺灣職業籃球開打。 ·第十二屆亞運會獲七金十三銀二十三銅。 ·第一屆臺灣區殘障國民運動會。
1995	·公布實施「高級中學課程標準」。 ·二月二十二日「師資培育法施行細則」公布。 ·六月二十八日公布「大學校院教育學程師資及設立標準」。 ·十一月二十三日公布「中華民國國民體能測驗項目」，以六歲至二十四歲學生爲主，檢測項目有「身體質量指數」、「坐姿體前彎」、「立定跳遠」、「一分鐘屈膝仰臥起坐」、「八百或一千六百公尺跑步」等五項。 ·參加世界大學運動會，獲一金一銀三銅。 ·成立中央健康保險局，中醫藥委員會，全民健康保險監理委員會，全民健康保險爭議審議委員會。 ·眞理大學成立臺灣第一所運動管理學系。 ·公布「國民中學課程標準」，將民俗體育納入體育、團體活動及鄉土教學活動等科目中。

1996	·亞特蘭大奧運會陳靜獲桌球銀牌。 ·成立全民健康保險醫療費用協定委員會，中華民國學校護理人員協進會成立。 ·豐泰企業設立 SKATE 溜冰鞋生產線。 ·頒布「國民小學課程標準」。實施鄉土教學，內容包括鄉土體育。 ·製發「民俗體育教學手冊」，分發至全國國民中小學。
1997	·七月十六日行政院體育委員會正式掛牌運作，於十月起隨即提出「陽光健身計畫」。 ·職棒臺灣大聯盟成立。 ·第二屆東亞運動會，獲八金二十二銀十九銅。 ·參加世界大學運動會，獲二金一銀一銅。 ·第五屆世界運動會，獲四金三銀三銅。 ·體育司掌管學校衛生業務為第二科。 ·教育部頒布「國民小學學生健康檢查實施辦法」。 ·製發「鄉土體育教學手冊」，分發至全國國民中小學。
1998	·公布實施「培育原住民學生田徑人才計畫」。 ·臺灣職業籃球結束。 ·第十三屆亞運會獲九金十七銀四十一銅。 ·由臺灣省政府主導五十幾年的省、區運會，由臺南縣主辦最後一屆區運會，會後正式走入歷史由全運會取代。 ·頒布「國民中學課程標準」。實施鄉土教學，內容包括鄉土體育。 ·修正公布「國民體育法」，對我國固有之優良體育活動，應加以倡導及推廣。 ·公布「原住民族教育法」，應成立原住民族推廣機構，提供原住民民族技藝、特殊技能等訓練。
1999	·訂頒「學校體育教學中程計畫」。 ·研訂公布「提升學生體適能中程計畫（三三三計畫）」。 ·提出「適應體育教學中程發展計畫」。 ·體委會成立「國民體能推展指導小組」，督導規劃各項提升國民體能業務。 ·第一屆全國運動會。 ·召開第一次全國體育會議。 ·第一屆原住民運動會。 ·參加世界大學運動會，獲二金二銀。 ·全國首座以 ROT 方式進行委外經營的臺南市立棒球場案件成立。 ·高雄縣立澄清湖棒球場完工啓用。 ·運動休閒系所大幅增加。 ·成立「疾病管制局」，整合防疫處、檢疫總所、預防醫學研究所。

1999	·配合政府精簡臺灣省政府組織，收編「臺灣省政府衛生處」，改制爲衛生署中部辦公室。 ·第四科掌管學校體育衛生。 ·教育部推動「學校引用水衛生改善四年計畫」及「加強學童視力保健五年計畫」。 ·行政院衛生署訂頒「國民保健三年計畫」。 ·行政院衛生署開始推動「社區健康營造計畫」。
2000	·公布「發展學校民俗體育中程計畫」。 ·八月七日公布「加強運動安全實施要點」。 ·體委會輔導各縣市將「臺灣區身心障礙國民運動會」改爲每兩年辦理全國身心障礙國民運動會。 ·國民體育法大幅修正。 ·出版第一本《中華民國體育白皮書》。 ·公布「國光體育獎章及獎助學金頒發辦法」。 ·雪梨奧運會獲一銀（女子舉重黎鋒英）、四銅（女子舉重郭羿含；女子桌球單打陳靜；女子跆拳道紀淑如；男子跆拳道黃志雄）。 ·第一屆全國中等學校運動會。 ·第一屆全國身心障礙國民運動會。 ·教育部擬定「提升學生健康四年計畫」，推動「提升學生體適能中程計畫」。
2001	·推動「提升學生游泳能力中程計畫」。 ·頒布「改善各級學校運動場地中程計畫」。 ·三月八日公布「各級學校運動會舉辦要點」。 ·委託國立體育學院執行臺灣地區國民體能檢測活動（三年內共計執行約二十四萬人之體能檢測）。 ·成立「國家運動選手訓練中心」。 ·發布「國家體育競技代表隊服補充兵役辦法」。 ·第三屆東亞運動會，獲六金十六銀三十一銅。 ·參加世界大學運動會，獲三銀五銅。 ·第六屆世界運動會，獲三金三銀五銅。 ·臺灣第一次舉辦世界盃棒球賽，並獲得銅牌。 ·中華民國體育學會分科會紛紛成立各領域學會獨自運作。 ·成立「國民健康局」；「慢性病防治局」改制爲「胸腔病院」；成立衛生教育推動委員會。 ·教育部發布「發展學校民俗體育中程計畫」，委託國立臺南師範學院發展優質化的民俗體育。

2001	・雲林縣政府主辦的「第一屆全民運動會」將民俗體育列入比賽。項目為：踢毽、跳繩、扯鈴、舞龍舞獅。 ・教育部九十年度全國各級學校民俗體育觀摩賽於臺南師範學院舉行，此後年年舉辦。
2002	・訂頒「學校體育教學發展中程計畫」。 ・推動「一人一運動，一校一團隊計畫」。 ・六月十日公布「民間參與學校游泳池興建營運作業要點」。 ・六月十六日修正公布「各級學校體育實施辦法」。 ・委託衛生署規劃執行之臺灣地區國民體能檢測活動（三年內共計執行約二十四萬人之體能檢測）。 ・首次辦理日月潭萬人泳渡活動，正式列入世界游泳名人堂。 ・配合行政院六年海洋生態發展計畫，研訂「海洋運動發展計畫」。 ・第十四屆亞運會獲十金十七銀二十五銅；實施國軍體育替代役制度。 ・我國主辦國際體健休閒運動暨舞蹈學術研討會（ICHPER）。 ・政府辦理國民運動設施需求調查計畫。 ・政府輔導公共體育場館經營管理計畫。 ・頒布「學校衛生法」，發布「學校餐廳廚房員生消費合作社衛生管理辦法」。 ・教育部長和行政院衛生署長聯合簽署「學校健康促進計畫」聲明書。 ・衛生署遴選十個學校推動健康促進學校計畫。 ・臺北市政府主辦的「第二屆全民運動會」將民俗體育列入比賽。項目為：踢毽、跳繩、扯鈴、舞龍舞獅。
2003	・公布「增進適應體育發展方案」。 ・公布「培育優秀原住民學生運動人才中程計畫」，針對田徑、跆拳道、柔道、舉重、體操等五項運動種類，進行有計畫的培育訓練。 ・提出「改善學生棒球運動方案」和「振興學生足球運動方案」。 ・一月十五日教育部發布「國民中小學九年一貫課程綱要」的學習領域，計有語文領域、健康與體育領域、生活課程、社會領域、綜合活動領域、藝術與人文領域。 ・納入運動人口倍增計畫，各縣市政府配合於國民體能檢測月辦理檢測，二〇〇三至二〇〇六年檢測人數計六萬〇一百三十九人。 ・中華職棒聯盟與臺灣大聯盟合併，更名為中華職棒大聯盟。 ・設置「行政院體育委員會精英獎獎勵辦法」。 ・體委會輔導辦理「超級籃球聯賽」。 ・參加世界大學運動會，獲六金二銀四銅。 ・政府拓展國際體育活動空間計畫。 ・政府推動全國自行車道系統計畫。

2004	・政府改善國民運動環境計畫。 ・政府建構國家運動園區計畫。 ・公布「學校衛生法施行細則」，「學生健康檢查實施辦法」，「教育部主管各級學校緊急傷病處理準則」。 ・臺灣體育運動管理學會編錄臺灣六千一百六十二家休閒運動相關產業，並彙整成「臺灣地區運動產業名錄」。 ・八月七日臺北市體育處由臺北市立體育場正式升格成立。 ・公布「推動中小學生健康體位五年計畫」。 ・實施「增加學生運動時間方案」。 ・辦理「二〇〇四年雙槳帆船師資培訓計畫」，培訓四十多位種子師資。 ・輔導體育團體舉辦青少年體育休閒活動外，並於全省適合水域活動地區，規劃辦理各項青少年獨木舟、風浪板等海洋運動，計六梯次，讓一萬人體驗獨木舟運動。 ・體委會輔導甲級男子企業排球聯賽。 ・扶助成立職棒二軍制度。 ・第二十八屆雅典奧運會獲二金（跆拳道男子組朱木炎；跆拳道女子組陳詩欣）、二銀（跆拳道男子組銀牌：黃志雄；射箭男子團體賽：陳詩園、劉明煌、王正邦）、一銅（射箭女子團體賽：陳麗如、吳蕙如、袁叔琪），為我國參加歷屆奧運以來最佳表現。 ・政府推動國家運動訓練專責機構設置計畫。 ・政府推動建構區域運動設施網。 ・「醫政處」改名「醫事處」；成立「護理及健康照護處」，專責推動山地離島醫療及長期照護服務業務。 ・成立「國際合作處」，專責國際衛生事務拓展業務。 ・成立「醫院管理委員會」，專責署立醫院及療養院之監督與管理。 ・臺北市民俗體育運動資料館成立。 ・基隆市政府政府主辦的「第三屆全民運動會」將民俗體育列入比賽。項目為：踢毽、跳繩、扯鈴、陀螺、舞龍舞獅。
2005	・實施「推動學生游泳能力方案」，落實海洋國家政策。 ・推動「我國高級中等學校體育班重點發展方案」。 ・辦理「二〇〇五年青少年活力擂臺賽——民俗文化體育創意競賽」活動，約有百餘隊伍參加，同臺較藝；輔導相關體育團體辦理武術、民俗、極限運動等活動近一百五十梯次，約五千人次參與。 ・體委會訂定「挑戰二〇〇八黃金計畫」實施計畫；第四屆東亞運動會，獲十二金三十四銀二十六銅。

2005	・政府辦理國家運動選手訓練中心設置計畫。 ・雲林縣斗六國際標準棒球場興建計畫，於九月完工啓用。 ・佳姿俱樂部全面歇業。 ・公告「校園飲品及點心販售範圍」。
2006	・推動「學校運動志工實施計畫」。 ・教育部體育司委託臺灣師範大學體育與研究發展中心，訂定中小學生運動能力分級指標，完成基本運動能力——田徑（跑）、體操（地板）、游泳、桌球、籃球、民俗運動等七類之規劃與撰寫。 ・完成「推展海洋運動策略及措施之研究」等委託之研究。 ・體委會制定「行政院體育委員會有功教練獎勵辦法」。 ・第十五屆杜哈亞運獲得九金十銀二十七銅，其中，深爲國人期待的棒球項目也贏得金牌。 ・「高級中等以下學校執行校園食品規範督導考核要點」，五百一十八所學校參與「學校健康促進計畫」。 ・臺中市政府主辦的「第四屆全民運動會」民俗體育比賽項目爲：跳繩、扯鈴、陀螺、踢毽等四項。舞龍舞獅另立單項，委由中華龍獅運動協會辦理競賽事宜。
2007	・實施「二一〇活力晨光體適能推展計畫」。 ・中小學生運動能力分級指標，增加羽球、排球、棒壘球、田徑（跳）、體操（單槓）、足球等七類之規劃與撰寫。 ・進行「健康體育護照電子化」，與體適能績效評估系統整合。 ・規劃推動「體適能納入考試計分之可行計畫」。 ・七月公布「快活計畫」方案。 ・十月一日臺北縣升格爲準直轄市，縣屬三大運動場整併爲臺北縣政府體育處。 ・加強推動臺灣自行車日（五月五日），全民健走日（十一月十一日），社區少年足球與身心障礙者休閒運動，預計將突破三百萬規律運動人口之總目標。 ・國民體育法十三條修正，規定專任運動教練依教育人員任用條例任用。 ・臺中洲際棒球場完工啓用。 ・亞力山大俱樂部於十二月十無預警歇業。 ・九十六年度「全國各級學校民俗體育觀摩表演賽競賽」於臺北市立教育大學舉辦。比賽項目爲：扯鈴、跳繩、雜耍、陀螺等。 ・九十六年度推展學校民俗體育「快樂成長、活力學習」民俗體育闖關活動。 ・九十六年度推展學校民俗體育「各區學校民俗體育種子教師培訓」研習活動。

2008	・一月一日將高雄市立體育場改制編修為高雄市體育處。 ・一月二十四日臺中發布「普通高級中學課程綱要總綱」（八月一日開始實施） ・中華民國九十七年全民運動會於高雄市舉辦，民俗體育在中正高中比賽，競賽項目分別為：踢毽、扯鈴、跳繩與陀螺等四項比賽。
2009	・七月十六日～七月二十六日世界運動會於高雄市舉辦。 ・九月五日～十五日聽障奧運會在臺北市舉行。

參考文獻

基本史料

1981 *Agreement between the international Olympic Committee*, Lausanne and Chinese Taipei Olympic Committee, Taipei".

井上一男

　　1971《學校體育制度史》。東京：大修館。

　　臺灣省政府公報七十一年春字第二十七期（檢送七十一年臺灣省民俗體育活動比賽暨團體表演選拔賽規程要點）。

　　臺灣省政府公報七十一年春字第五十期（檢送「中華民國七十一年臺灣省民俗體育活動比賽暨團體表演選拔賽規程要點」部分條文修訂對照表）。

　　臺灣省政府公報六十九年春字第十四期（檢送「臺灣省民俗體育活動競賽實施要點」）。

　　臺灣省政府公報六十六年春字第二十四期（檢送「中華民國六十六年臺灣省民俗體育活動競賽實施要點」）。

　　臺灣省政府公報六十四年冬字第七十一期（檢送中華民國六十五年臺灣省民俗體育活動競賽實施要點）。

　　臺灣省政府公報六十四年夏字第七十二期（各單位今後舉辦各級運動會應將民俗體育活動列入比賽項目或表演項目）。

行政院主計處

　　1994《中華民國臺灣地區八十三年家庭收支調查報告》。臺北：行政院主計處。

行政院體育委員會

　　1998《陽光健身計畫——厝邊相招來運動成果報告書》。臺北：行政院體育委員會。

　　1999a《我國體育政策發展與展望》。臺北：行政院體育委員會。

　　1999b《我國體育組織制度的現況及發展策略》。臺北：行政院體育委員會。

　　2007《中華民國體育白皮書初稿》。臺北：行政院體委會。

李仁德

　　1995《體育法令彙編》。臺北：一品文化事業有限公司。

　　1999《體育法令彙編》。臺北：一品文化事業有限公司。

周何總編纂、陳偉民監修

　　1992《臺灣省政府教育廳志》第三卷：教育行政。臺灣臺中縣，臺灣省政府教
　　育廳。

　　1992《臺灣省政府教育廳志》第十一卷：國民體育。臺灣臺中縣：臺灣省政府
　　教育廳。

林天祐

　　2004《中華民國教育年報》第一章總論。臺北市：國立教育資料館編。

　　國民小學課程標準修訂（1975）。

　　國民小學課程標準修訂（1993）。

　　國民中學課程標準修訂（1995）。

　　國民體育法（1982）。

教育部

　　1933《第一次中國教育年鑑》。臺北：宗青圖書公司。

　　1946《各級學校體育實施方案》。臺北：正中書局。

　　1948《第二次中國教育年鑑》。臺北：宗青圖書公司。

　　1952《師範學校課程標準》。臺北：正中書局。

　　1955《教育法令》。臺北：正中書局。

　　1957《第三次中華民國教育年鑑》。臺北：教育部。

　　1967《教育法令》。臺北：正中書局。

　　1969《教育法令》。臺北：正中書局。

　　1970《第五次全國教育會議報告》。臺北：教育部。

　　1971《教育法令》。臺北：正中書局。

　　1975《國民小學課程標準》。臺北：正中書局。

　　1979《積極推展全民體育運動計畫》。臺北：教育部體育司。

　　1983《高級中學課程標準》。臺北：正中書局。

　　1984《體育法規選輯》。臺北：教育部體育司。

　　1985《教育部公報》130期。

　　1990《體育法規選輯》。臺北：教育部體育司。

　　1991《教育部公報》196期。

　　1994《教育部八十三年施政成果報告》。臺北：教育部。

　　1997《臺閩地區中小學學生體適能檢測資料處理常模研究》。臺北：教育部。

　　2000《國民中小學九年一貫課程暫行綱要》。臺北：教育部。

2002《學校衛生法》

2003《92年臺閩地區中小學生體適能狀況調查研究》。臺北：教育部。

2006《94學年度學生體適能檢測與護照實施績效之調查研究》。臺北：教育部。

2006《師資培育統計年報》。臺北：教育部。

2007《快活計畫》。臺北：教育部。

教育部中等教育司

1962《中學課程標準》。臺北：正中書局。

1968《國民中學暫行課程標準》。臺北：正中書局。

1978《五年制師範專科學校普通、音樂、美勞、體育等四科課程標準暨教學科設備標準》。臺北：正中書局。

教育部教育年鑑編纂委員會

1974《第四次中華民國教育年鑑》。臺北：正中書局。

1976《第四次中華民國教育年鑑》。臺北：正中書局。

1985《第五次教育年鑑》。臺北：正中書局。

教育部教育計畫小組

1976《教育部師資培育規劃小組研討報告書》。臺北：教育部。

1984《教育計畫叢書之八十四──全國專科以上學校教師人力結構異動追蹤調查研究報告》。臺北：教育部。

教育部體育司

1974《體育司成立一週年工作報告》。臺北：教育部體育司。

1976《體育學術研究報告之三──體育從業人員供需量調查》。臺北：教育部體育司。

1977《臺灣省體育法規彙編》。臺中：臺灣省政府教育廳。

1977《體育學術研究報告之四──體育師資訓練課程研究》。臺北：教育部體育司。

1980《體育學術研究報告之六──中華民國大專體育現況調查研究》。臺北：教育部體育司。

1990《體育法規選輯》。臺北：教育部體育司。

2007《2007年教育部體育司成果彙編》。臺北：教育部體育司。陳鴻等執行編輯。

曾瑞成

　　2005《中華民國教育年報》第一章總論。臺北市：國立教育資料館編。

臺灣省政府教育廳

　　1955《十年來的臺灣教育》。臺北：臺灣書店。

　　1959《臺灣省推行國民體育工作報告書》。臺中：臺灣省政府教育廳。

　　1971《今日的臺灣省教育》。臺中：臺灣省政府教育廳。

　　1972《臺灣省中小學教育調查報告——民國六十年》。臺中：臺灣省政府教育廳。

　　1987《臺灣省各級教育發展概況分析》。臺中：臺灣省政府教育廳。

　　1987《臺灣教育發展史料彙編　體育教育篇》。臺中：臺灣省立臺中圖書館。

　　1987《臺灣教育發展史料彙編師範教育篇（上）（下）》。臺中：臺灣省立臺中圖書館。

　　1986《積極推展全民運動計畫》

　　1980《積極推展全民體育運動重要措施實施計畫》

臺灣省國民體育委員會

　　1958《體育法令彙編》。臺中：臺灣省國民體育委員會。

臺灣教育會

　　1939《臺灣教育沿革誌》。臺北：臺灣教育會。

劉春榮、廖于萱

　　2006《中華民國教育年報》第一章總論。臺北：國立教育資料館編

體育司

　　1974《體育司成立一週年工作報告》，臺北：教育部體育司。

　　1975《體育司成立二週年工作報告》，臺北：教育部體育司。

專書與論文集

2006《中華民國體育統計——民國95年》，行政院體育委員會編印，頁75-77。

Blanchard Kendall

　　1998 The Anthropology of Sport, In Jay Coakley and Eric Dunning eds., Handbook of sports Studies, London, SAGE Publications Ltd.

Bucher, C. A., Shtvers, J. S., & Bucher, R. D.

1984 Recreation for Today's Society (2nd ed).Upper Saddle River, NJ: Prentice-Hall Inc.

Don Olney

1993 TOPS,Running Press,Philadelphia.

Kando, Thomas M.

1980 Leisure and Popular Culture in Transition (2nd ed.).St. Louis, MO: Mosby Publishing.

Kelly, J. R.

1996Leisure (3rd ed.).Boston, MA: Allyn & Bacon.

McLean, D., Hurd, A., & Rogers, N. B.

2005 Kraus' Recreation and Leisure in Modern Society (7th ed.).Sudbury, MA: Jones and Bartlett Publishers.

Mundy, J.

1999 Leisure Education-Theory and Practice (2nd ed.).Champaign, IL: Sagamore Publishing.

Parkhouse, B. L.

2004 The management of sport: its foundation and application (4th ed.).New York, NY: McGraw-Hill.

Tsurumi，E. Patricia

1977 *Japanese Colonial Education in Taiwan*，1895-1945.Harvard University Press Cambridge, Massachusetts and London, England.

Swanson，Richard A. & Spears，Betty

1955*History of Sport and Physical Education in the United States*, Madison Wis.: Brown & Benchmark.

Roberts, K.

2006 Leisure in Contemporary Society (2nd ed.).Wallingford, OX: CAB International.

中華民國師範教育學會主編

1990《各國小學師資培育》。臺北：師大書苑。

1990《師範教育政策與問題》。臺北：師大書苑。

文崇一

1990《臺灣居民的休閒生活》。臺北市：東大圖書股份有限公司。

毛連塭、林貴福主持
　　1993《臺北市中小學健康體能常模研究報告書》。臺北：臺北市政府教育
　　局。
王育德著；黃國彥譯
　　1999《臺灣：苦悶的歷史》。臺北市：草根。
王建臺
　　2000《臺灣原住民的傳統體育研究——以排灣、魯凱族為對象》。臺北：行政
　　院體育委員會。
　　2001《臺灣原住民的傳統體育研究——以泰雅、賽夏族為對象》。臺北：行政
　　院體育委員會。
王慶堂
　　1996〈當前體育政策——提升學生體能政策〉，收於國立臺灣師範大學體育與
　　研究發展中心，《教育部八十五年度提升國民體能計畫體育教師體能研習會報
　　告書》，頁67-74。臺北：國立臺灣師範大學體育與研究發展中心。
臺灣省國民學校教師研習會
　　1996《民俗體育教學手冊》。國民小學體育科教學資料（七）。
臺灣省教育廳
　　1988《臺灣教育發展史料彙編體育教育篇（下）》，臺灣省教育廳編印頁
　　1191-1192。
全國意向顧問公司
　　1999《臺灣地區體育場館資料庫建立結案報告》。臺北市：行政院體育委員
　　會。
江良規
　　1968《體育學原理新論》。臺北市：臺灣商務印書館。
牟鍾福等
　　2002《臺灣地區民眾運動休閒設施需求研究》。臺北市：行政院體育委員
　　會。
行政院體育委員會
　　1999《中華民國體育白皮書》，臺北市：行政院體育委員會。
　　1999《體育白皮書》。臺北市：行政院體育委員會。
吳文忠
　　1957《體育史》。臺北：正中。

1981《中國體育發展史》，臺北市：三民書局。

1981《中國體育發展史》。臺北：國立教育資料館。

1985《體育史》。臺北：三民書局。

1990《體育學圜勤墾錄吳文忠八十回顧影集》，臺灣師範大學體育研究所。

1993《中國體育史圖鑑及文獻》。中華民國大專院校體育總會發行。

吳昆財

2003《一九五〇年代的臺灣》。臺北縣：博揚文化事業有限公司。

吳松齡

2003《休閒產業經營管理》。臺北縣：揚智文化事業有限公司。

李力昌

2005《休閒社會學》。臺北市：偉華書局有限公司。

李仁德

1998《體育法令彙編》。臺北市：一品文化。

李秉彝

1981《中華民俗體育》。雲林：知音印刷打字公司。

李園會

1984《臺灣光復時期與政府遷臺初期教育政策之研究》。高雄：復文圖書。

汪知亭

1978《臺灣教育史料新編》。臺北：臺灣商務印書館。

谷世權·楊文清編著

1981《中國體育史》。北京體育學院體育理論教研室，體育史教學組。

楊穆郁

2008（舒跑杯路跑賽明日開鑼）。2008年05月03日取自http://news.sina.com.
tw/article/20080503/295538.html。

谷鳳翔

1968〈如何推行中華文化復興運動〉，《如何認識中華文化復興運動》。臺
北：文源書局。

周宏室

1994《我國體育學術發展現況與評估之研究》，臺北市：國立教育資料館。

易劍東

1998《體育文化學概論》。文津。

林世澤

1994〈體適能的由來與推展〉，收於臺北市政府教育局，《八十三年區運健康體適能研討會》，頁6-8。臺北：臺北市政府教育局。

林正常

1995〈健康理能理論〉，收於國立臺灣師範大學體育研究與發展中心，《八十三學年度體育教師體能教育研習會報告書》，頁70-74。臺北：國立臺灣師範大學體育研究與發展中心。

林伯原

1996《中國古代體育史》。臺北：五洲。

林房儹（總編）

2003《臺灣地區運動產業名錄》。臺北縣：臺灣體育運動管理學會。

林建元、鄭良一

2007《城鄉運動設施規劃與利用》。臺北市：行政院體育委員會。

邱金松

1985〈臺灣省推展社區全民運動之探討〉，《體育學報》7：1。

邱金松、李誠等人

1988《現代體育運動思潮（下）》。桃園：國立體育學院。

1999《我國體育專業人力供需、運用及管理制度之研究》。臺北：行政院體育委員會編印。

2006《專題研究計畫（十三）　體育人力資源規劃與利用》。臺北：行政院體育委員會編印。

洪文彬

〈春樹暮雲話北師——懷人、記事、抒感〉，收於臺灣省立臺北師範專科學校，《北師四十年》，頁87。臺北：臺灣省立臺北師範專科學校。

胡小明

1999《體育人類學》。廣東人民出版社，中國：廣東。

胡小明等主編

2000《民族體育》。廣西師範大學出版社。

夏黎明

1996《清代臺灣地圖演變史》。臺北：知書房。

徐元民

2005《體育史》。臺北市：品度。

徐南號

　　1993《臺灣教育史》。臺北：師大書苑。

涂淑芳

　　1996《休閒與人類行為》。臺北市：桂冠圖書有限公司。

國立臺灣師範大學體育研究與發展中心

　　1984《國民體育獎章測驗第三期工作報告書》。臺北：國立臺灣師範大學體育研。

　　1994《「提升學生體能專案」研究（第一年）報告書》。臺北：國立臺灣師範大學體育研。

屜本武治

　　1992〈工業化的開展過程〉，收於谷蒲孝雄編《臺灣的工業化：國際加工基地的形成》，雷慧英譯。臺北市：人間出版社。

雷寅雄

　　〈中華民國大專院校運動大會的起源與發展〉，《年鑑第一冊》（臺北市，中華民國大專院校體育總會，1992年8月），頁206。

張思敏、黃英哲

　　1996〈臺灣地區大學院校於大學法修訂後體育行政組織暨課程教學現況之研究〉，收於《中華民國大專院校八十五年度體育學術研討會專刊》，頁295。

教育部

　　2000《國民中小學九年一貫課程暫行綱要》。臺北：教育部。

　　2001《學校民俗體育基本教材》。臺北：教育部。

　　1969〈政令報導〉，《國民體育學刊》復刊號1：第一卷。頁：45。

教育部體育司

　　1978《體育司成立五週年工作報告》，臺北：教育部體育司。

　　1999《發展學校民俗體育中程計畫》。臺北：教育部體育司。

　　2005《94學校體育統計年報》。臺北：教育部體育司。

許義雄

　　1977《體育學原理》。臺北市：臺灣師範大學體育學會。

陳光雄

　　2002《我國民俗體育活動現況與發展策略之研究》。臺北：行政院體育委員會研究。

陳在頤
　　1971《國民小學體育》。臺北：臺灣商務印書館。
傅啟學
　　1995《世界史綱（下冊）》。臺北：國立編譯館。
曾永義等
　　1989《臺灣的民俗技藝》。臺北市：臺灣學生書局。
曾瑞成
　　2003〈中學體育三十年〉，《學校體育三十年——教育部體育司成立三十週年特刊》，頁85-94。臺北：國立臺灣師範大學體育與研究發展中心。
程瑞福
　　2003〈三十年來體育專業發展——教育部體育司成立三十週年特刊〉，收於國立臺灣師範大學體育研究與發展中心，《學校體育三十年》，頁120-126。臺北：國立臺灣師範大學體育研究與發展中心。
葉公鼎
　　1999《落實公共運動場館業務運作，創造全民福祉，公共運動設施相關法令報告書》。臺北市：行政院體育委員會。
葉淑貞、劉素芬
　　1995〈工業的發展〉，編於李國祁《臺灣近代史經濟篇》，頁199-310。南投縣：臺灣省政府印刷廠。
臺灣省立臺北師範專科學校
　　1985《北師四十年》。臺北：臺灣省立臺北師範專科學校。
臺灣區製鞋工業同業公會
　　1989《臺灣製鞋三十年史》。臺北市：臺灣區製鞋工業同業公會。
劉一民
　　1999《我國體育學術研究之現況與未來願景》，臺北市：行政院體育委員會。
　　1967《中華文化復興論集》。臺北：改造出版社。
蔡文輝
　　1995《社會變遷》。臺北：三民。
蔡宏進
　　2004《休閒社會學》。臺北市：三民書局股份有限公司。

蔡長啟

　　1983《體育建築設備》。臺北市：體育出版社。

蔡厚男

　　2001《體育運動園區規劃設置之研究》。臺北市：行政院體育委員會。

蔡禎雄

　　1995《日據時代臺灣初等學校體育發展史》。臺北：師大書苑。

　　1998《日據時代臺灣師範學校體育發展史》。臺北市：師大書苑。

鄭志富

　　1998《全國各級學校運動場地設施調查研究》。臺北市：教育部。

　　1999《我國運動場地設施的現況及發展策略》。臺北市：行政院體育委員會。

謝政瑜

　　1989《休閒運動的理論與實際》。臺北市：幼獅文化事業公司。

曠文楠‧胡小明

　　1989《中國體育史話》。中國成都：巴蜀書社。

蘇維杉

　　2007《運動產業概論》。臺北縣：揚智文化事業公司。

蘇雄飛

　　1992〈三十五年來的大專運動會〉，《年鑑第二冊》（臺北市，中華民國大專院校體育總會），頁1-23。

期刊（學報）論文

Broughton, D., Lee, J., & Nethery, R.

　　1999The answer: $ 213 Billion.Street & Smith's Sports Business Journal, 2(35), 23-26.

未列作者

　　1969〈國內外體育動態〉，《國民體育季刊》1(1)：58。

　　1970〈國內外體育動態〉，《國民體育季刊》1(4)：53。

　　1970〈國內外體育動態〉，《國民體育季刊》1(5)：52。

　　1970〈國內外體育動態〉，《國民體育季刊》2(1)：54。

　　1971〈國內外體育動態〉，《國民體育季刊》2(2)：59。

　　1971〈國內外體育與運動消息綜合報導〉，《國民體育季刊》2(4)：68

　　1972〈教育部國民體育委員會工作動向概要〉，《國民體育季刊》2(6)：44。

　　1984〈重視國民的體能〉，《國民體育季刊》12(4)：5-8。

　　2004〈臺灣體育學術研究之回顧與前瞻——就體育學會在臺復會三十一週年談起〉，《中華體育季刊》18卷1期，頁129-144。

中華民國奧會

　　1993〈世界運動會簡史〉，《奧林匹克季刊》23：13。

中華民國參加第一屆世界運動會代表團籌備委員會

　　1981《中華民國參加第一屆世界運動會代表團報告書》（臺北市，中華民國參加第一屆世界運動會代表團籌備委員），頁1。

方瑞民

　　1984〈各國國民體格與體能之比較〉，《國民體育季刊》12(4)：9-17。

臺灣省政府教育廳

　　1976《一年來臺灣省教育革新工作的重點——六十五年度重要工作檢討報告》

臺灣體育資料室

　　1984〈第一屆全國中正盃民俗體育運動錦標賽〉，《臺灣體育》11：44。

　　1985〈中華民國七十三年全國中正盃民俗體育運動錦標賽〉，《臺灣體育》17：45。

　　1986〈中華民國七十五年臺灣省中正百年紀念盃民俗體育運動錦標賽〉，《臺灣體育》28：39－40。

　　1987〈七十六年中正盃民俗體育運動錦標賽〉，《臺灣體育》34：39。

　　1988〈中華民國七十七年臺灣省中正盃民俗體育運動錦標賽〉，《臺灣體育》40：47。

　　1989〈中華民國七十八年臺灣省各界慶祝體育節秋季體育活動聯合競賽大會臺灣省中正盃民俗體育運動錦標賽〉，《臺灣體育》45：47。

　　1990〈中華民國七十九年臺灣省各界慶祝體育節秋季體育活動聯合競賽臺灣省中正盃民俗體育運動錦標賽〉，《臺灣體育》52：57。

　　1991〈中華民國八十年臺灣省中正盃民俗體育運動錦標賽〉，《臺灣體育》58：27。

　　1992〈中華民國八十年臺灣省中正盃民俗體育運動錦標賽〉，《臺灣體育》64：73。

　　1993〈中華民國八十二年臺灣省中正盃民俗體育運動錦標賽〉，《臺灣體

育》70：78。

1997〈中華民國八十五年臺灣省省長盃民俗體育運動錦標賽〉，《臺灣體育》89：62。

1983〈教育部國民體育獎章測驗試測報導〉，《國民體育季刊》12(1)：86-95。

行政院體育委員會。

2002〈運動產業得推動發展方向〉，《國民體育季刊》，第135期：5-7。

2003〈我國準備參加二○○四年雅典奧林匹克運動會奪金策略〉，《國民體育季刊》32(4)：5。

余嬪

1999〈休閒活動的選擇與規劃〉，《學生輔導》，第60期：20-31。

吳文忠

1982〈賀徐亨先生七秩華誕，收錄於「奉獻的人生」一輯中〉，《中華日社》：143-144。

吳富德

2000〈推展學校民俗體育活動的策略〉，《學校體育》6：13-18。

吳萬福

1980〈我國大專院校體育學術研究的趨勢與未來努力的方向〉，《體育學報》第二輯，頁67-76。

1992〈我國大專體育學術研究的展望與今後的展望〉，《總會年鑑》第一冊回顧篇，頁124-131。

吳騰達

1988〈民俗表演團體之現況與輔導〉，《社教雙月刊》28：32-36。

1995〈鄉土體育的意義、範圍與內容〉，《國民體育季刊》24(3)：78-84。

2000〈我國學校推展民俗體育的問題與對策〉，《學校體育》10(6)：26-30。

宋維煌

1997〈體適能檢測活動之實施——以新竹市及彰化縣之辦理情形為例〉，《臺灣省學校體育》41：4-10。

李仁德

1992〈臺灣海峽兩岸體育交流現況分析與未來展望〉，《中華民國體育學

1994〈大學法有關體育之規定〉，《國民體育季刊》23(1)：93-104。

李玉芳

　　1995〈APOSA簡介〉,《奧林匹克季刊》,32：9。

李玉玲、陳惠雯

　　2001〈臺灣區運動之探討〉,《屏師體育》5：85-103。

李勇霆、畢璐鑾

　　2006〈臺灣運動健康俱樂部經營類型探討〉,《運動管理季刊》,第9期：83-87。

李勝雄

　　1993〈小學體育循環教學法的省思（上）〉,《臺灣省學校體育》17：28-31。

　　1993〈小學體育循環教學法的省思（下）〉,《臺灣省學校體育》18：11-17。

李晶

　　2000〈學校所提供的休閒活動在社區中扮演的角色〉,《國民體育季刊》29(4)：83-87。

杜登明、林輝雄

　　1984〈臺灣省立體育專科學校畢業校友概況分析〉,《體育學報》13：75。

杜登明

　　1981〈臺灣省國民小學體育實施調查研究〉,《體專學報》10：159-202。

阮昌銳

　　1985〈臺灣民俗研究的過去與未來〉,《臺灣文獻》36(3)：25-51。

季力康

　　1999〈運動心理學研究的回顧與展望〉,《國民體育季刊》28卷3期,頁29。

林玉體

　　2002〈體育時勢系列圓桌論壇會議紀錄——我國體育學術研究發展的挑戰與突破〉,《中華體育季刊》16卷1期,頁16。

林房儹、劉秀端

　　2005〈運動休閒產業發展重要課題與策略〉,《國民體育季刊》,第145期：18-23。

林明源

　　1984〈不拿奧運金牌不罷休〉,《體育世界周刊》126：8-9。

林玫君

　　1997 〈臺灣廟會與傳統體育初探〉，《國民體育季刊》26(2)：29-37。

林國棟

　　1985 〈中華民國大專體育總會之展望〉，《國民體育季刊》14卷3期，頁75。

　　1987 〈我國體育外交之研究〉，《中華民國體育學報》9：36-49。

林麗娟

　　1991 〈二十一世紀我國體育學術研究之展望〉，《國民體育季刊》90期副
　　　　 刊。

邱金松

　　2001 〈我國體育專業人力政策之探討〉，《國家政策論壇》1(5)。http：//old.
　　　　 npf.org.tw/monthly/00105/theme-050.htm，2008年1月20日。

洪煌佳

　　2001 〈休閒運動體驗對青少年自我概念影響之初探〉，《國立臺灣體育學院學
　　　　 報》，第九期：249-258。

紀海泉

　　1974 〈臺灣光復初期的國民教育〉，《臺灣教育》287：31-32。

徐元民

　　1999 〈以文化的觀點重視傳統體育之傳承〉，《學校體育》9(4)：2-3。

徐孟達

　　2002 〈體育時勢系列圓桌論壇會議紀錄——我國體育學術研究發展的挑戰與突
　　　　 破〉，《中華體育季刊》16卷1期，頁162-177。

翁嘉銘

　　1992 〈棒球的美麗與哀愁——民心變遷下的棒球史〉，《中國論壇》32：12。

高俊雄

　　1999 〈運動管理學術研究的回顧與展望〉，《國民體育季刊》28卷3期，頁
　　　　 8-11。專體育學刊》6(2)：16。

張訓誥

　　1983 〈就新國民體育法談小學體育師資的培養〉，《國民體育季刊》12(3)：
　　　　 34-40。

張進德

　　1992 〈體育科輔導員雜感〉，《臺灣省學校體育》10：46-47。

張壽山

　　1985〈中華民國大專體育總會的現況〉，《國民體育季刊》14卷3期，頁70。

莊萬壽、林淑慧

　　2003〈本土化的教育改革〉，《國家政策季刊》2(3)：34。

許義雄

　　1985〈我國體育學術研究動向探討〉，《教育資訊集刊》10輯，頁1-23。

　　1991〈從建國八十年談——我國學校體育的過去、現在與未來〉，《臺灣省學校體育》1：3。

　　1992〈體育課程將更具彈性——就新訂國中體育課程標準談起〉，《臺灣省學校體育》9：4-5。

許樹淵

　　1985〈我國體育學術研究的展望〉，《國民體育季刊》14卷3期，頁79-84。

　　1996〈中華民國體育學會學報的研究啟示〉，《中華體育》10卷1期，頁12。

　　2002〈體育時勢系列圓桌論壇會議紀錄——我國體育學術研究發展的挑戰與突破〉，《中華體育季刊》16卷1期，頁163-164。

陳定雄

　　1994〈休閒運動相關術語之歷史研究〉，《國立臺灣體專學報》，第四期：1-27。

陳俊忠、盧素娥

　　1994〈體育學術與運動科學研究〉，《我國體育發展現況與評估之研究》，國立教育資料館，頁80。

陳朝陽

　　1994〈中華民國體育運動總會北訓中心回顧與展望〉，《國民體育季刊》23(1)：46。

陳鴻雁

　　1995〈世界大學運動會的沿革與申辦〉，《國民體育季刊》24(2)：17-18。

　　2002〈運動產業之根基——競技運動〉，《國民體育季刊》，第135期：8-12。

陳鏡清

　　1997〈傳統體育與休閒活動〉，《學校體育雙月刊》33：117。

傅建益

　　2000〈幼兒民俗體能教學實務之研究〉，《幼兒教育年刊》12：189-199。報

社：143-144。

游鑑明

　　2000〈日治時期臺灣學校女子體育的發展〉，《中央研究院近代史研究所集刊》33：5-75。

湯銘新

　　1985〈我國參加歷屆奧運（夏季）、亞運概況〉，《國立教育資料館教育。

蔡長啟

　　1994〈我國體育政策回顧與展望〉，《國民體育季刊》23(1)：6-7。《資料集刊第十輯》：421-430。

　　1995〈我國參加奧林匹克運動會史〉，《國民體育季刊》33(2)：3。

程瑞福

　　2003〈三十年來體育專業發展〉，《學校體育三十年──教育部體育司成立三十週年特刊》，國立臺灣師範大學體育研究發展中心編印，頁121。

黃松元

　　2003〈我國學校衛生之發展〉，《學校衛生》42期，59-81。

黃啟明

　　2001〈國內健康休閒俱樂部經營模式介紹〉，《遠東學報》，19期：382-385。

黃順良

　　1995〈踢毽子發展介紹〉，《國民體育季刊》24(3)：98。

黃瓊儀

　　2003〈國際婦女與運動會議紀要及其宣言〉，《國民體育季刊》136：39。

彭小惠

　　2006〈淺談體育系所之發展現況與學生未來生涯的規劃方向〉，《國教之友》，57：4期，12-18。

楊珮琳、林靜萍

　　2007〈中等學校體育師資就業之困境與因應策略〉，《中華體育》82：67-73。

楊基榮

　　1967〈師專生應兼修體專課程〉，《國教世紀》2（10）：3-4。

　　1970〈體能是什麼？〉，《國民體育季刊》1(4)：7-9。

　　1974〈我國體育師資訓練之現況與改進〉，《國民體育季刊》4(4)：8-12。

葉憲清

　　1988〈臺灣省運動會史〉，《國民體育季刊》17(4)：69-76。

　　2001〈新世紀我國高等體育人力之教育體制回顧與展望〉，《國民體育季刊》30卷1期，頁7。

廖達鵬

　　1991〈中國民俗運動在臺灣的發展記實〉，《國民體育季刊》20(1)：29-34。

聞鐘

　　1975〈近四分之一世紀以來中華民國體育學術研究與發展〉，《國民體育季刊》5卷2期，頁9。

鐘任翔

　　2004〈臺灣女性運動員參與奧運會之研究〉，《文化體育學刊》第二輯：249。

鐘宜純

　　2007〈從國際婦女運動的發展進程反思臺灣推展近況〉，《中華體育季刊20(3)：86-87。

劉一民

　　1991〈二十一世紀我國體育學術研究之展望〉，《國民體育季刊》90期副刊，頁19。

　　1999〈二十年來臺灣運動哲學研究的回顧與展望〉，《國民體育季刊》28卷3期，頁40-43。

劉仲華

　　1978〈談中老年人運動與跳繩健身法〉，《國民體育季刊》7(3)：34-40。

劉進坪，蔡禎雄

　　1994〈促成「奧會模式」的國際奧會主席──薩馬蘭奇～以1981年前後為中心～〉，《中華民國體育學報》18：52。

　　1993〈中華民國參加奧林匹克運動會會籍問題之探討：1949～1993〉，《中華民國體育學報》15：15-20。

　　1993〈中華民國參加21屆蒙特婁奧運會之始末～以維護IOC會籍之策略為中心～〉，《中華民國體育學報》16：100-107。

劉進坪

　　1997〈中華民國未能參加第十三屆冬季奧運會之經緯（1980）〉，《體育學報》第二十三輯：51。

樊正治

　　1985〈近三十年來我國民俗體育活動發展〉，《教育資料集刊》10：
　　225-262。

蔡宗信

　　1995〈民俗體育範疇與特性之探討〉，《國民體育季刊》24(3)：68-77。

　　2000〈如何推動學校民俗體育之探析〉，《學校體育》10(6)：6-12。

蔡長啟

　　1991〈體育場地設備之回顧與展望〉，《國民體育季刊》20(3)：74-85。

　　1995〈我國（臺灣地區）鄉土體育之回顧與展望〉，《國民體育季刊》
　　24(3)：4-11。

　　1995〈提升國民體能落實全民體育〉，《國民體育季刊》24(2)：60-66。

蔡特龍

　　1988〈臺灣省運動會史〉，《國民體育季刊》17(4)：77-85。32-36。

蔡敏忠

　　1980〈對中國民俗體育活動的說明和期望〉，《國民體育季刊》9(2)：2-3。

蔡逸欣

　　1996〈醒獅活動發展之研究〉，《體育學報》21：107-118。

蔡禎雄

　　2002〈體育時勢系列圓桌論壇會議紀錄——我國體育學術研究發展的挑戰與突
　　破〉，《中華體育季刊》16卷1期，頁166。

　　2003〈教育部體育司行政組織之演進〉，《學校體育三十年——教育部體育司
　　成立三十週年特刊》，國立臺灣師範大學體育研究發展中心編印，頁32。

鄭百成

　　2002〈一個新的體適能分數〉，《測驗統計簡訊》49：1-19。

鄭志富

　　2003〈三十年來學校體育學術發展〉，《學校體育三十年》，國立臺灣師範大
　　學體育研究與發展中心，頁104-112。

盧俊宏

　　1994〈國立體育學院運動技術學系回顧與展望〉，《國民體育季刊》23(1)：
　　25。

盧煥升、王瑞麟

　　2006〈臺灣運動休閒相關系所設置趨勢〉，《大專體育》86期，頁86。

賴貫一

　　1999〈牽田、走鏢〉，巴宰族群文化協會。

錢慶安、何建德

　　2002〈學校民俗體育發展現階段的困境探討〉，《大專體育》61：141-147。

薛淑美

　　2005〈師資培育新制的發展歷程與衝擊之初探〉，《教育社會學通訊》58：
　　11-21。

薛雲道、李加耀

　　1996〈臺灣區運動會之變遷與影響初探〉，《臺灣體育》88：2-7。

謝立文

　　2005〈淺談臺灣運動休閒相關系所現況及師資學生數概況〉，《國民體育季
　　刊》145：52-56。

謝應裕

　　1999〈學校體育在推展全民運動之重要〉，《國民體育季刊》28(1)：
　　139-139。

鍾志強

　　1997〈傳統體育之推展與振興〉，《國民體育季刊》26(2)：24-25。

鍾建忠

　　1999〈迎向21世紀，我國全民運動的發展方向與策略〉，《奧林匹克季刊》
　　46：68-71。

顏君彰、陳鎰明

　　2007〈全國大專校院體育學門人力調查之探討〉，《大專體育》89期，頁65。

魏香明

　　2003〈大專院校體育總會之演進〉，《學校體育三十年──教育部體育司成立
　　三十週年特刊》，國立臺灣師範大學體育研究發展中心編印，頁80。

羅開明

　　1985〈近三十年我國體育體育政策的演進〉，《教育資料集刊》，第十輯。臺
　　北：國立教育資料館。

蘇金德

　　1988〈臺灣區運動會之探討〉，《國民體育季刊》17(4)：57-68。

蘇瑞陽

　　2000〈對「奧運金牌夢」的省思──從陳瑞蓮事件談起〉，《民國體育季刊》

29(4)：60-67。

2004〈兩岸政治互動與體育交流——非開放期（1981.3-1988.12）〉，《大專
體育學刊》6(2)：16。

學位論文

王漢忠

1998〈臺灣地區國小體育師資供需之推估研究（八十八至一百學年度）〉。臺
北：國立臺灣師範大學體育研究所碩士論文。

王慶堂

2004〈休閒運動園區開發策略研究〉。臺北市：國立師範大學育大學體育學系
碩士論文。

吳建宏

2007〈臺灣運動健身俱樂部產業研究〉。屏東市：國立屏東教育大學體育研究
所碩士論文。

吳慧貞

2002〈臺灣民俗體育發展之研究〉。臺東：國立臺東師範學院教育研究所體育
教學碩士學位論文。

李玉麟

2006〈臺灣地區小學體育師資培育課程之探討〉。臺北：國立臺灣師範大學體
育研究所碩士論文。

李坤展

2002〈扯鈴在臺灣的文化傳承〉。臺北：國立體育學院體育研究所碩士論
文。

李建興

1995〈政府遷臺後初級中學體育課程標準修訂之歷史考察～以民國五十一年為
中心〉。臺北：國立臺灣師範大學體育研究所碩士論文。

林玫君

1992〈戰後臺灣國民小學體育師資養成的歷史探源——民34至民76年〉。桃
園：國立體育學院體育研究所碩士論文。

花梅真

1998〈政府遷臺後中央體育行政組織之歷史變遷——民國38～86年。臺北市：

國立體育學院體育研究所碩士論文。

金湘斌

2007〈日治初期臺灣初等學校運動會之歷史考察〉。臺北市：國立師範大學育大學體育學系碩士論文。

洪嘉文

2003〈我國學校體育政策制定之研究〉臺北市：國立臺灣師範大學 體育系博士論文。

張育羚

2005〈從民俗體育到鄉土體育的文化遞變（1967～2005）〉臺北：國立體育學院體育研究所碩士論文。

許佩賢

2001〈臺灣近代學校的誕生──日本時代初等教育體系的成立（1895～1911）〉。臺北：國立臺灣大學歷史研究所博士論文。

連書賢

2003〈運動鞋產業垂直分工之起源〉。桃園縣：國立中央大學產業經濟研究所碩士論文。

陳柏如

2003〈國立臺北師範學院體育學系體育專業人力培育之研究〉。臺北市：國立臺灣師範大學體育研究所碩士論文。

曾瑞成

2000〈我國學校體育政策之研究（1949～1997）〉。臺北市：國立臺灣師範大學體育研究所博士論文。

楊建隆

1996〈臺灣地區大四學生選修「體育課」考量因素之研究〉。臺北：國立臺灣師範大學體育研究所碩士論文。

劉萬得

2001〈屏東縣原住民傳統體育之研究〉。屏東：國立屏東師範學院國民教育研究所碩士論文。

蔡宗信

1991〈日據時代臺灣棒球運動發展過程之研究──以一八九五～一九二六年為中心〉。臺北市：國立師範大學體育學系碩士論文。

蔡欣欣
　　1989〈臺灣地區現存雜技考述〉。臺北市：國立政治大學中國文學研究所碩士
　　論文。
蔡榮捷
　　2000〈臺灣鄉土文化中的干樂活動之研究〉。臺南市：國立臺南師範學院鄉土
　　文化研究所碩士論文。
　　2006〈大溪干樂活動之研究——一個臺灣民俗體育的發展與變遷〉。臺北市：
　　國立臺灣師範大學體育系博士論文。
蔡禎雄
　　1987〈日本統治下臺灣における初等學校教科體育の歷史的考察〉。東京：日
　　本筑波大學修士論文。
薛雲道
　　2002〈全國運動會之歷史變遷〉。臺北市：國立師範大學育大學體育學系碩士
　　論文。
謝仁義
　　2003〈戰後臺灣社會變遷對全國運動會發展之影響〉。桃園縣：國立中央大學
　　歷史研究所碩士論文。
謝仕淵
　　2002〈殖民主義與體育——日治前期（1895～1922）臺灣公學校體操科之研
　　究〉。桃園：國立中央大學歷史研究所碩士論文。
謝辰育
　　2004〈國民小學民俗體育課程變遷過程之研究——以民64年至民89年為中
　　心〉。臺南：臺南師範學院體育研究所碩士論文。
謝佳芬
　　2005〈臺灣棒球運動之研究（1920～1945年）〉。屏東縣：國立屏東教育大學
　　體育學系碩士論文。
謝辛珠
　　1973〈幼兒運動能力調查研究〉。臺北：臺灣師範大學體育研究所碩士論
　　文。
蘇維杉
　　2003《臺灣運動產業發展的社會過程》。臺北：國立臺灣師範大學。

報刊文章

孫蓉華

　　2005.12.23〈師資檢定考科目 暫不改變〉，《聯合報》第C7版。

楊正敏

　　1995.08.31〈開辦教育學程 第一批15所學校過關〉，《聯合報》，第17版。

　　1995.11.29〈學士後教育學分班 最快明年開設〉，《聯合報》，第16版。

魯永明

　　2007.04.28〈大專績優選手代課 擬報准留任〉，《聯合報》，第C2版。

網路資料

2005〈IWG會長小笠原女士拜會體委會簽署布萊頓宣言〉。2008年5月2日，取自 http://www.ncpfs.gov.tw/news/news-1.aspx?No=399。

2006寶成年報http://www.pouchen.com.tw/download/2006%20Annual%20 Report.pdf, 2008, Feb. 27.

2007〈奧運風雲（奧會模式宣導）〉。2007年8月16日取自http://www.tpenoc.net/ changes/changes_02_06.asp。

2007〈國際體壇〉。2008年4月20日取自 http://www.sportsnt.com.tw/ Quotation/TPENOCv2/changes/changes_03.asp?struct_id=26&struct_ide= 4471&cu_no=3&file=/LTD/sample/spo_sample/Sample_03.asp。

2007年曼谷世界大學運動會中華代表團官方部落格，〈（世大運報你知）我國歷年成績表現及獎牌分佈〉，http://blog.pixnet.net/bangkok2007/post/6939691，2008年6月6日。

2007年曼谷世界大學運動會中華代表團官方部落格，〈啥米是世大運〉，http:// blog.pixnet.net/bangkok2007/post/6894667，2008年6月6日。

2009世運在高雄，〈我國參加歷屆世界運動會成績〉，http://www.worldgames2009. tw/about/about_012.asp，2008年6月6日。

ING臺北國際馬拉松網站〈2005ING臺北國際馬拉松〉2007年9月6日，取自：http:// www.ingtaipeiinternationalmarathon.com/2005/html/international.htm。

YAHOO奇摩運動網站：http://tw.sports.yahoo.com/bj2008/tw_hero/p229.html，2008年7月1日。

YAHOO奇摩運動網站：http://tw.sports.yahoo.com/bj2008/tw_hero/p230.html，2008

年7月1日。

中華民國行業標準分類2007http://www.stat.gov.tw/lp.asp?ctNode=1309&CtUnit=566& BaseD SD=7, 2008, Feb., 27.

中華民國射箭協會網站,〈本會會史〉,http://www.archery.org.tw/about/index_01. asp,2008年1月23日。

中華民國體育運動總會網站,〈簡介〉,http://www.rocsf.org.tw/about_us/ about_us_1_4.asp , 2007年8月10日。

中華民國體育學會,http://www.rocnspe.org.tw/ 2008年1月20日。

中華奧林匹克委員會網站,〈中華奧會〉。2007年8月16日取自http://www.tpenoc. net/about/about_02.asp。

中華奧林匹克委員會網站,〈奧運風雲〉。2007年8月16日取自http://www.tpenoc. net/changes/changes_03.asp。

中華奧林匹克委員會網站,〈名人殿堂,桌球〉,http://www.tpenoc.net/changes/ changes_03.asp,2008年1月20日。

中華奧林匹克委員會網站,〈奧運風雲〉,http://www.tpenoc.net/changes/ changes_03.asp,2007年8月10日。

中華奧林匹克委員會網站,〈會史簡介〉,http://www.tpenoc.net/changes/ changes_03.asp , 2007年8月10日。

中華奧林匹克委員會網站,〈競技盛會──亞運〉,http://www.tpenoc.net/changes/ changes_03.asp,2007年8月10日。

中華奧林匹克委員會網站,〈競技盛會〉,http://www.tpenoc.net/changes/ changes_03.asp,2007年8月10日。

王順正2004〈近日體育運動學術研討會的發展趨勢〉,《運動生理週訊》177期。 http://140.123.226.100/epsport/week/show.asp?repno=177&page=12006年12月10 日

司法院大法官解釋網站,http://www.judicial.gov.tw,2008年2月11日。

全國法規資料庫,http://law.moj.gov.tw,2008年1月10日。

全國法規資料庫,http://law.moj.gov.tw,2008年2月10日。

全球華人奧運熱線網無日期〈為申辦東亞運 臺灣可能再發生「南、北戰爭」〉。 取自http://www.sports-hotline.com.tw/2000olympics/list/4sole-report/docu02.htm

行政院研究發展考核委員會,〈臺灣年鑑〉,http://www7.www.gov.tw/EBOOKS/ TWANNUAL/show_book.php?path=3_007_026,2008年1月23日。

行政院衛生署，http://www.doh.gov.tw，2008年2月11日。

行政院體育委員會網址，〈全國原住民運動會舉辦準則〉，http://www.ncpfs.gov.tw/law/law-1.aspx?No=36，2008年6月7日。

行政院體育委員會網站，〈體壇風雲人物，90，傑出運動員〉，http://www.sac.gov.tw/sport/sport3-1.aspx?No=188，2008年1月20日。

行政院體育委員會網站，〈體壇風雲人物，93，最佳女運動員〉，http://www.sac.gov.tw/sport/sport3.aspx，2008年1月20日。

行政院體育委員會網站，〈體壇風雲人物，93，最佳男運動員〉，http://www.sac.gov.tw/sport/sport3.aspx，2008年1月20日。

行政院體育委員會網站，〈體壇風雲人物，94，最佳男運動員獎〉，http://www.sac.gov.tw/sport/sport3.aspx，2008年1月20日。

行政院體育委員會網站，〈體壇風雲人物，94，最佳運動精神獎〉，http://www.sac.gov.tw/sport/sport3.aspx，2008年1月20日。

行政院體委會2003〈體委會與中華奧會洽商明年度兩岸奧會交流活動計畫〉。2007年10月28日，取自：http://www.sac.gov.tw/news/news-1.aspx?No=89。

行政院體委會網站（2008）。2008年2月20日取自http://www.ncpfs.gov.tw/aboutus/aboutus1-2.aspx。

法務部全國法規資料庫，〈國民體育法〉，http://law.moj.gov.tw/Scripts/Query4A.asp?FullDoc=all&Fcode=H0120001，2007年12月2日。

法務部全國法規資料庫，〈國光體育獎章及獎助學金頒發辦法〉，http://law.moj.gov.tw/Scripts/Query4A.asp?FullDoc=all&Fcode=H0120022，2007年12月2日。

法務部全國法規資料庫，〈中等以上學校運動成績優良學生升學輔導辦法http://law.moj.gov.tw/Scripts/Query4A.asp?FullDoc=all&Fcode=H0120004，2007年12月3日。

法務部全國法規資料庫，〈行政院體育委員會有功教練獎勵辦法〉，http://law.moj.gov.tw/Scripts/Query4A.asp?FullDoc=all&Fcode=H0120047，2007年12月2日。

法務部全國法規資料庫，〈國家體育競技代表隊服補充兵役辦法〉，http://law.moj.gov.tw/Scripts/Query4A.asp?FullDoc=all&Fcode=F0040025，2007年12月1日。

法務部全國法規資料庫，〈績優運動選手就業輔導辦法〉，http://law.moj.gov.tw/Scripts/Query4A.asp?FullDoc=all&Fcode=H0120031，2007年12月1日。

威廉瓊斯盃國際籃球邀請賽網站，〈第二十八屆Mazda3威廉瓊斯盃國際籃球邀請賽〉。2007年9月18日取自http://jonescup.udn.com/about_mr.htm。

范綱武2007〈2007日月潭萬人泳渡嘉年華〉。2007年9月5日取http://news.yam.com/
　　ttn/life/200709/20070905706953.html

國史館臺灣文獻館http://59.120.88.195/taiwan_first/p4.asp?Id=72臺灣第一，2008年6
　　月6日。

國民體育季刊137期，網址：http://www.ncpfs.gov.tw/annualreport/Quarterly137/p15.
　　asp，2008年6月6日。

國立臺灣體育學院師資培育中心，http://unit.ntcpe.edu.tw/epcent/epitome_train.htm，
　　2007年11月28日。

國立體育學院師資培育中心，http://cte.ncpes.edu.tw/about3.php，2007年11月28日。

教育部，http://www.edu.tw，2008年2月11日。

教育部中部辦公室，http://www.tpde.edu.tw/view_history.htm，2008年2月11日。

教育部高教司，大學院校碩博士班概況檢索系統，http://reg.aca.ntu.edu.tw/college/
　　search/default.asp。

教育部統計處，大專院校科系別概況——81～84學年度，http://www.edu.tw/
　　EDU_WEB/Web/STATISTICS/index.php。

教育部統計處，大專院校科系別概況——95學年度，http://www.edu.tw/EDU_WEB/
　　Web/STATISTICS/index.php。

教育部體育司，http://140.122.72.62/old/intro-1.html，2008年2月11日。

教育部體育司網站（2008）。2008年2月20日取自 http://140.122.72.29/spess/94spess.
　　htm?open。

黃邱明〈世運會／臺灣歷屆成績16金15銀15銅〉2007年10月15日取自東森電子報
　　http://www.ettoday.com/2004/06/14/733-1644241.htm。

黃邱明2004 〈世運會/臺灣歷屆成績〉。2007年9月26日，取自臺灣省政府公報
　　網，http://www.tpg.gov.tw，2007年10月15日。

經濟部公司行號營業項目代碼表檢錄系統2007http://gcis.nat.gov.tw/cod/doc-cgi /
　　show_gen.exe, 2008

維基百科網站，〈東亞運動總會〉，http://zh.wikipedia.org/w/index.php?
　　title=%E6%9D% B1%E4%BA%9E%E9%81%8B%E5%8B%95%E6%9C%83%
　　E7%B8%BD%E6%9C%83&variant=zh-tw，2008年6月6日。

維基百科網站，〈1993年東亞運動會〉，http://zh.wikipedia.org/w/index.php?title=1
　　993%E5%B9%B4%E6%9D%B1%E4%BA%9E%E9%81%8B%E5%8B%95%E6%
　　9C%83&variant=zh-tw，2008年6月6日。

維基百科網站，〈1997年東亞運動會〉，http://zh.wikipedia.org/w/index.php?title=
　　1997%E5%B9%B4%E6%9D%B1%4%BA%9E%E9%81%8B%E5%8B%95%E6%
　　9C%83&variant=zh-tw，2008年6月6日。

維基百科網站，〈2001年東亞運動會〉，http://zh.wikipedia.org/w/index.php?title
　　=2001%E5%B9%B4%E6%9D%B1%E4%BA%9E%E9%81%8B%E5%8B%95%
　　E6%9C%83&variant=zh-tw，2008年6月6日。

維基百科網站，〈2005年東亞運動會〉，http://zh.wikipedia.org/w/index.php?title
　　=2005%E5%B9%B4%E6%9D%B1%B1%E4%BA%9E%E9%81%8B%E5%8B%95%
　　E6%9C%83&variant=zh-tw，2008年6月6日。

臺灣女子體育運動協會專屬官方網站2007〈無標題〉。2008年5月3日取自資料引自
　　http://www.taws.org.tw/taws.htm。

臺灣健康促進暨衛生教育學會，http://www.healthedu.org.tw，2008年2月11日。

臺灣棒球維基館，〈世界盃棒球錦標賽〉。2007年10月15日取自http://twbsball.dils.
　　tku.edu.tw/wiki/index.php/%E4%B8%96%E7%95%8C%E7%9B%83%E6%A3%
　　92%E7%90%83%E9%8C%A6%E6%A8%99%E8%B3%BD。

臺灣棒球維基館，〈亞洲運動會簡介〉http://twbsball.dils.tku.edu.tw/wiki/index.
　　php/%E4%BA%9E%E6%　B4%B2%E9%81%8B%E5%8B%95%E6%9C%83。
　　2007

臺灣營養學會，http://www.nutrition.org.tw，2008年2月11日。

趙麗雲，〈臺灣休閒產業之專業人力發展〉，《國改研究報告》，財團法人國家政
　　策研究基金會：（2008），http://www.npf.org.tw/print-4339.html。

國家圖書館出版品預行編目資料

臺灣體育史／張妙瑛,林玫君,林建宇,劉進枰,
李炳昭,陳明坤,范春源,林明宏,蔡榮捷著. --
二版. --臺北市：五南圖書出版股份有限公
司,2022.09
　　面；　　公分

ISBN 978-626-317-904-2(平裝)

1.體育 2.歷史 3.臺灣

528.9933　　　　　　　　111008336

1WE3　臺灣史研究叢書

臺灣體育史

作　　　者 —	張妙瑛(213.3)、林玫君、林建宇、劉進枰
	李炳昭、陳明坤、范春源、林明宏、蔡榮捷
發 行 人 —	楊榮川
總 經 理 —	楊士清
總 編 輯 —	楊秀麗
副總編輯 —	黃惠娟
責任編輯 —	羅國蓮
美術編輯 —	王麗娟
出 版 者 —	五南圖書出版股份有限公司
地　　　址：	106台北市大安區和平東路二段339號4樓
電　　　話：	(02)2705-5066　傳　真：(02)2706-6100
網　　　址：	https://www.wunan.com.tw
電子郵件：	wunan@wunan.com.tw
劃撥帳號：	01068953
戶　　　名：	五南圖書出版股份有限公司
法律顧問	林勝安律師事務所　林勝安律師
出版日期	2009年8月初版一刷
	2022年9月二版一刷
定　　　價	新臺幣460元

經典永恆·名著常在

五十週年的獻禮——經典名著文庫

五南，五十年了，半個世紀，人生旅程的一大半，走過來了。

思索著，邁向百年的未來歷程，能為知識界、文化學術界作些什麼？

在速食文化的生態下，有什麼值得讓人雋永品味的？

歷代經典·當今名著，經過時間的洗禮，千錘百鍊，流傳至今，光芒耀人；

不僅使我們能領悟前人的智慧，同時也增深加廣我們思考的深度與視野。

我們決心投入巨資，有計畫的系統梳選，成立「經典名著文庫」，

希望收入古今中外思想性的、充滿睿智與獨見的經典、名著。

這是一項理想性的、永續性的巨大出版工程。

不在意讀者的眾寡，只考慮它的學術價值，力求完整展現先哲思想的軌跡；

為知識界開啟一片智慧之窗，營造一座百花綻放的世界文明公園，

任君遨遊、取菁吸蜜、嘉惠學子！